Droemer
Knaur®

Knaurs Kulturführer
in Farbe
Berlin

Knaurs Kulturführer
in Farbe
Bodensee und Oberschwaben

Knaurs Kulturführer
in Farbe
Franken

Knaurs Kulturführer
in Farbe
Oberbayern

Knaurs Kulturführer
in Farbe
Dänemark
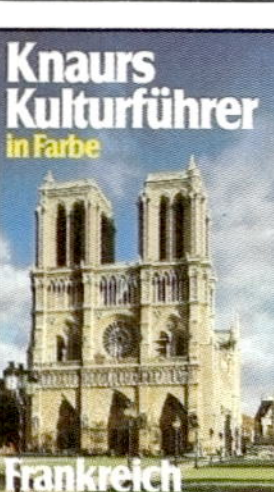
Knaurs Kulturführer
in Farbe
Frankreich

Knaurs Kulturführer
in Farbe
Elsaß

Knaurs Kulturführer
in Farbe
Paris
und Ile de France
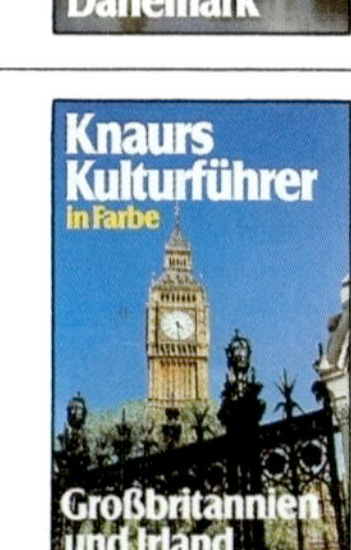
Knaurs Kulturführer
in Farbe
Großbritannien und Irland

Knaurs Kulturführer
in Farbe
London
und Umgebung

Knaurs Kulturführer
in Farbe
Holland

Knaurs Kulturführer
in Farbe
Italien
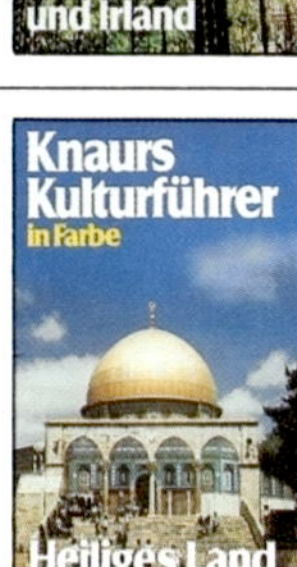
Knaurs Kulturführer
in Farbe
Heiliges Land
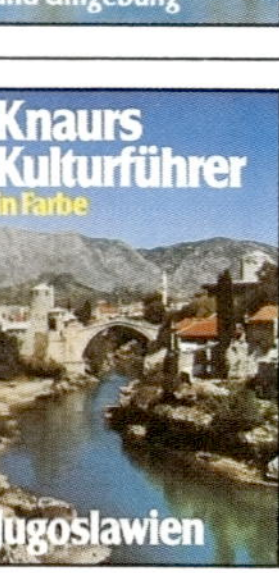
Knaurs Kulturführer
in Farbe
Jugoslawien

Knaurs Kulturführer
in Farbe
Österreich

Knaurs Kulturführer
in Farbe
Kärnten
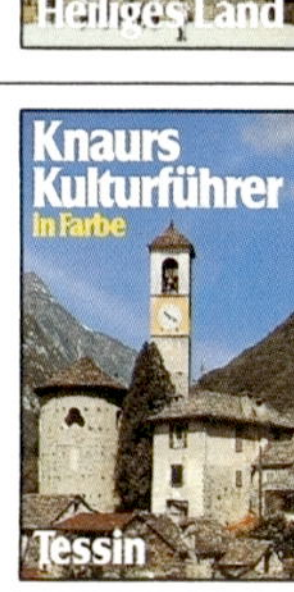
Knaurs Kulturführer
in Farbe
Tessin
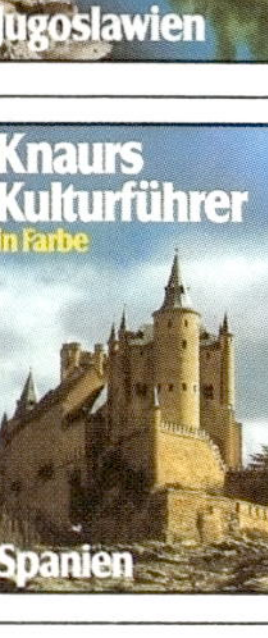
Knaurs Kulturführer
in Farbe
Spanien

Knaurs Kulturführer
in Farbe
Andalusien
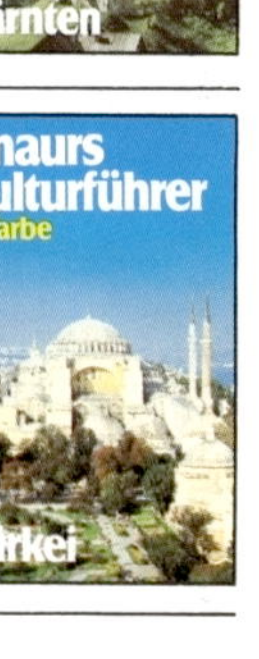
Knaurs Kulturführer
in Farbe
Türkei

Marianne Mehling (Hg.)

KNAURS KULTURFÜHRER IN FARBE DÄNEMARK

Über 200 farbige Fotos und Grundrisse
sowie 7 Seiten Karten

Droemer Knaur

Autoren: Holger Wolandt

Fotos: J. Keil

CIP-Kurztitelaufnahme der Deutschen Bibliothek

Knaurs Kulturführer in Farbe Dänemark / Marianne Mehling (Hg.). [Autoren: Holger Wolandt . . .]. – München : Droemer Knaur, 1987.
ISBN 3-426-26244-4
NE: Mehling, Marianne [Hrsg.]

Für Hinweise auf Veränderungen und Ergänzungen ist die Redaktion dankbar
Zuschriften an Droemer Knaur Verlag, Postfach 800480, 8000 München 80
Idee: Redaktionsbüro Harenberg (Schwerte)
Gestaltung und Herstellung: von Delbrück, München
Stadtplan: Huber Kartographie, München
Grundrisse: Karl Schneider, Solms
Reproduktion: Repro Ludwig, Zell am See
Einbandgestaltung: Franz Wöllzenmüller
Umschlagabbildung: Schloß Frederiksborg in Hillerød. (Foto: Picture Finders/Bavaria)
Satz und Druck: Appl, Wemding
Aufbindung: Großbuchbinderei Sigloch, Künzelsau
Printed in Germany
ISBN 3-426-26244-4

5 4 3 2 1

VORWORT

Dänemark ist die Heimat des Märchenerzählers Hans Christian Andersen. Heimelige, verträumte, verwinkelte kleine Städtchen mit spitzen Dächern und hohen Fenstern, wo sich hinter spitzen Vorhängen das Leben abspielt. Einsame Holzhütten mit moosbedeckten Rieddächern und Gehöfte inmitten karger Heideflächen oder zwischen weiten fruchtbaren Feldern. Alte Schlösser und Landsitze in sanfter Hügel- und Seenlandschaft. Wälder, geschützte Naturparks, im Wind klappernde Mühlen, Bäche in Kanäle gefaßt, auf denen man sich den »standhaften Zinnsoldaten« in seinem Papierboot vorstellen kann, lebhafte farbenfrohe Häfen, vom Meer umrauschte Klippen auf Bornholm und Mön und flache Küsten mit endlosen Sandstränden, verwehten Dünen und weiß und rot gestrichenen Spielzeughäusern. Kein Wunder, daß hier in Billund das weltberühmte Legoland, ein Spielparadies für Kinder und Erwachsene, entstand. Und dann die großzügige bunte und lebendige Hauptstadt Kopenhagen - wegen ihres besonderen Charmes, der hochstehende geistige Ambitionen, künstlerisch sicheren Instinkt und ein genießerisches »Savoir vivre« miteinander zu kombinieren versteht, nicht zu Unrecht das »Paris des Nordens« genannt -, wo die steinerne Meerjungfrau auf einem Felsen sitzt und träumend in die Ferne blickt.
Typisch für das Interesse der Dänen an ihrer Vergangenheit sind die sorgfältig ausgestatteten, oft ganz modern konzipierten Museen. Das für Hans Christian Andersen findet sich in einem neoklassizistischen Bau, der an das einstöckige Fachwerkhaus, sein angebliches Geburtshaus, angebaut ist, auf Fünen in seiner Vaterstadt Odense. Das kleine Haus, wo er seine Kindheit verbrachte, steht noch heute hinter der Kirche.
Dänemark besteht aus der Halbinsel Jütland und 483 Inseln, von denen nur ca. 100 bewohnt sind. Es ist ein Land zwischen zwei Welten, zwischen dem Festland Europa und dem N Skandinaviens - dies bestimmte seine Kultur von Anfang an.

Nach Ende der Eiszeit lebten Menschen als Jäger und Fischer auf Dänemark. Aus der jüngeren Steinzeit erzählen Funde von Ackerbau und Hünengräbern. Bei Roskilde hat man ein archäologisches Zentrum zur Erforschung des Lebens in der Eiszeit angelegt. Um Christi Geburt ist das Eindringen der römischen Kultur durch Exponate nachgewiesen, die durch dänische Söldner und durch Tauschhandel nach Dänemark kamen. Um 400 nach Christus zeigt sich germanischer Einfluß, und ab 800 kamen die Wikinger zur Herrschaft. Von ihnen zeugen noch heute die Runensteine von Jelling, Wikingerschiffe in einem Museum in Roskilde und die Wikinger-Grabhügel. Am Großen Belt ließ sich eine Wikingerburg, Trelleborg, rekonstruieren. Auf Jütland in Jelling hatte man von der ursprünglichen Burg noch Teile des Wallgrabens und Grabstätten mit Runensteinen entdeckt, die von Gorm Grymme, dem Wikingerkönig, zeugen, dessen Tragödie so eindringlich in Fontanes Ballade geschildert wird. Auch Shakespeares »Hamlet« war ein Wikinger. Erste Aussagen über ihn finden wir in der Edda-Liedersammlung, und um 1200 wurde sein trauriges Schicksal in der »Historica Danica« des Saxo Grammaticus geschildert. Noch heute wird im Schloßhof von Kronborg in Helsingør, dem angeblichen Wohnsitz Hamlets, das Shakespeare-Drama aufgeführt. Durch die Raubzüge der Wikinger um die halbe Welt kam Dänemark mit der gesamten europäischen und teils sogar außereuropäischen Kultur in Berührung, so auch mit dem Christentum. Ab 800 gab es erste Holzkirchen, und gegen Ende des 9. Jahrhunderts unter König Harald Blauzahn wurde Dänemark offiziell christianisiert. Nachdem die Wikinger sogar England unterjocht hatten, begann gegen Ende des 11. Jahrhunderts der Zerfall ihrer Macht.
1167 wurde Kopenhagen gegründet. Der aufstrebende Handel brachte einen Wohlstand, der im 12. Jahrhundert durch Kriege und im 14. Jahrhundert durch Hungersnot und Seuchen drastisch zurückging. Inzwischen waren jedoch Klöster entstanden, Bischofsdome, Bauernkirchen und auf dem Land sogenannte Eigenkirchen, die der aufstrebende Adel mit romanischen Wandmalereien und ab dem 15. Jahrhundert mit Schnitzaltären und Gemälden ausstatten ließ. Rundkirchen wie die Olskirche bei

Alling-Sandvig auf Bornholm wurden als Fluchtburgen gebaut. Wachtürme und königliche Befestigungen entstanden seit dem 12. Jahrhundert. Anstelle der Holzhütten ließ man nach und nach immer mehr Fachwerkbauten errichten, und reiche Kaufleute konnten sich Ziegelhäuser leisten. Im 14. und 15. Jahrhundert entstanden in den Städten größere Hallenkirchen. Den Eindruck eines mittelalterlichen Städtchens vermittelt noch heute z. B. der Stadtkern von Ribe.

Im 16. Jahrhundert wurde die Reformation eingeführt. Nach immer erneuten Kriegen verlor Dänemark schließlich seine Vormachtstellung über den N Skandinaviens und alle Ostprovinzen. Dänemarks Machtpolitik war gescheitert, aber künstlerisch konnten sich neben italienischen und deutschen französische und niederländische Einflüsse geltend machen. Durch die erweiterte Macht des Adels und eine erneute wirtschaftliche Blüte entstanden reich ornamentierte und skulptierte Renaissance-Bauten, Kirchen und Schlösser, wie z. B. das stattliche Herrenhaus Gammel Estrup auf Djarsland, Kronborg bei Helsingør oder die malerischen Wasserschlösser wie Egeskov auf Fünen.
Im 17. Jahrhundert, das die Apotheose des Königtums feierte, wurden Städte, Paläste und Prunkschlösser wie Frederiksborg bei Kopenhagen errichtet. Das 18. Jahrhundert brachte die Landreform, die Bauernfreiheit und damit die Auflösung der Dörfer und Einzelstellung der Höfe und Kirchen. Nach den Napoleonischen Kriegen war Dänemark verarmt. Aber gerade im 19. Jahrhundert traten weit über das Land hinaus bedeutende Künstler- und Gelehrtenpersönlichkeiten auf wie der klassizistische Baumeister Christian Frederik Hansen, namhafte Maler, der besonders in Rom tätige Bildhauer Bertel Thorwaldsen, der Philosoph Søren Kierkegaard und der Dichter Hans Christian Andersen.
Das 20. Jahrhundert bedeutete für Dänemark gleichzeitig mit einschneidenden sozialen Reformen zusammen mit der gesamteuropäischen Kunstrevolution eine großzügige Neuerung der Architektur mit Reihen- und Hochhäusern und besonders in den Großstädten, wo neben Sakralbauten bedeutende Zweckbauten entstanden wie z. B. das Kunstmuseum in Ålborg, das Royal Hotel in Kopenhagen oder das Louisiana-Museum in Humlebæk.

Der Konflikt mit Schleswig-Holstein und die beiden Weltkriege hatten eine Distanz vor allem zum N Deutschlands geschaffen, die sich erst nach und nach durch den Reiseverkehr wieder überbrücken ließ. Heute ist Dänemark mit seinem milden Klima, den schönen Badestränden, seinen von Menschen noch nicht überfluteten Naturschönheiten, seinen archäologischen Ausgrabungen und Freilichtmuseen und stilvoll renovierten Märchenschlössern aus der Vergangenheit zu einem beliebten Reiseziel geworden, nicht zuletzt deshalb, weil neben einer ausgezeichneten Gastronomie ein blühendes Kunstgewerbe – Handarbeiten, Schnitzereien, Töpfer- und Kupferwaren, die mit einfachen modernen Formen von sicherem Geschmack zeugen – für jeden Reisenden, ob er nun mit dem Schiff, dem Fahrrad, dem Auto oder dem Flugzeug kommt, von besonderem Reiz ist.

Wie in den übrigen Bänden der Reihe stehen auch hier die Farbabbildungen gleichrangig neben dem Text. Von mehr als 500 beschriebenen Orten werden Burgen, Kirchen, Schlösser, Theater, Museen und andere Baudenkmäler vorgestellt. Über 200 farbige Fotos und Skizzen sowie 7 Seiten Karten illustrieren den Text. Und analog zu den Vorgängerbänden sind die Artikel alphabetisch nach Orten geordnet. Die Brücke zwischen den Orten schlägt der Kartenteil auf Seite 254–259. Er führt alle behandelten Orte auf und bietet einen Überblick darüber, welche Orte in der Nachbarschaft eines Zielpunktes liegen und deshalb vielleicht zusätzlich in einen Reiseplan einbezogen werden können. Bei jedem Ort sind im Kopf des Artikels Einwohnerzahl und ein Hinweis auf die betreffende Karte (S. 254 □ D3 = Seite 254, Planquadrat D3) angegeben. Die einzelnen Sehenswürdigkeiten sind jeweils fett gedruckt. Im Anhang findet sich ein Register aller behandelten Orte, ein Sachregister und ein Künstlerregister.

Allinge-Sandvig
Bornholm

Einw.: 8600	S. 258 □ O 6

Die beiden Städte an der Nordküste von Bornholm, deren Zentren etwa 2 km voneinander entfernt liegen, sind erst während der letzten Jahrzehnte zusammengewachsen. Größere Bedeutung erlangten die Orte zunächst 1891 mit der Gründung eines Granitwerks und in diesem Jahrhundert als Touristenzentrum. Die Häfen wurden im 19. Jh. angelegt. In Allinge gibt es viele hübsche Fachwerkhäuser, ein *Rathaus* aus dem 17. Jh. und eine *Kirche,* die 1891 umgebaut wurde; ihre ältesten Teile sind das spätgot. Schiff und der Turm aus der Renaissancezeit. Auf dem Kirchhof steht ein *Runenstein* aus der Wikingerzeit. Zwischen den Orten liegt ein Fels, *Madsebakken,* mit den flächenmäßig größten *Felszeichnungen* Dänemarks; zu sehen sind Schiffe und Fußspuren. Das *Tømmerhus* in Sandvig (Hammerhusvej 8) ist ein kleines Heimatmuseum mit einer schönen Sammlung des Kunsthandwerks von Bornholm. Im NW von Sandvig liegt der größte See Bornholms, der *Hammersee,* jenseits davon befindet sich eine Felsgruppe aus Granit, *Hammeren.* In der Nähe der *Hammerodde* (dem nördlichsten Punkt auf Bornholm) steht ein Gedenkstein für die Mannschaft des Schulschiffs »København«, das 1929 sank. Zwischen dem Hammerodde-Leuchtturm und dem Hammeren-Leuchtturm liegt auf einer Anhöhe die Ruine der *Salomons Kapel,* die im MA von Fischern besucht wurde; nahebei entspringt die *Salomonsquelle,* deren Wasser im MA als wundertätig galt.

Umgebung

Gudhjem (15 km sö): Ein Fischerort mit vie-

Gudhjem (Allinge-Sandvig), Kirche

len steilen Straßen und hübschen winkeligen Gassen. Hier haben seit Tausenden von Jahren Menschen gewohnt. Eine Blütezeit erlebte Gudhjem im MA durch den Heringsfang; damals hatte es auch Stadtrechte. Bei einer Pestepidemie um 1660 kam fast die ganze Bevölkerung ums Leben. Die *Kirche* wurde 1893 von M. Bidstrup* erbaut. Der Altar stammt aus der Zeit um 1475, die Kanzel wurde etwa hundert Jahre später angefertigt. Auf dem Kirchhof steht die *Ruine der Sankt-Annæ-Kapelle* aus dem 12. Jh. An der Mauer der Ruine erinnert eine Gedenktafel an elf finnische Seeleute, die beim Untergang von zwei Schiffen am 1. Mai 1840 den Tod fanden. Der Maler *Oluf Høst* ist auf dem Friedhof begraben. Von den beiden Häfen kann der Gudhjem-Hafen bei starkem Ostwind nicht angelaufen werden; der Hafen Nørresand jedoch kann bei allen Wetterverhältnissen benutzt werden. Im ehem. Bahnhofsgebäude (Stationsvej) ist heute ein *Heimatmuseum* untergebracht. – Oberhalb von Gudhjem liegt die 50 m hohe Klippe *Bokul,* von der man einen hervorragenden Ausblick über Gudhjem, die Salene-Bucht und hinüber nach Christiansø hat. – Von Gudhjem führt ein 3 km langer Weg über die Klippen nach *Melsted.* Hier findet sich einer der für Bornholm typischen Fachwerkbauernhöfe; die vier Flügel stammen aus dem 18. und 19. Jh. In dem Hof hat man ein *landwirtschaftliches Museum* untergebracht.

Hammershus (3 km sw): Die Festungsruine Hammershus ist mit ihrer etwa 750 m langen Ringmauer, die ein Areal von 235 × 750 m umschließt, die größte ma Burgruine Nordeuropas. Sie liegt strategisch günstig auf einem 74 m hohen Felsen. Erbaut wurde sie um 1250 von Jacob Erlandsen, dem Erzbischof von Lund, zum Schutz gegen die dän. Könige, die sie jedoch in den folgenden Jahrhunderten wiederholt einnahmen. Endgültig gelang dies aber erst 1520 Christian II. Im Jahr 1743 verließ der letzte Kommandant die Burg Hammershus. Danach verfiel sie und wurde als Steinbruch benutzt, bevor sie 1822 unter Denkmalschutz gestellt wurde.

Zur Festung gelangt man über eine gemauerte *Brücke* mit Spitzbögen, die aus dem Spätmittelalter stammt. Das erste Gebäude auf der r Seite war einmal das *Thinghaus.* Dahinter liegt der Teich, der die Wasserversorgung der Festung während Belagerungen sicherstellte. Durch das *Festungstor,* bei dem der Trompeter wohnte, gelangt man in den *äußeren Schloßhof,* auf dem eine Sonnenuhr steht und um den sich die Ruinen eines Magazingebäudes, einer Bäckerei und einer Brauerei sowie von Ställen gruppie-

Allinge-Sandvig, Kirche

Ols Kirke, Rundkirche Sankt Olaf

ren. Der *Mantelturm* aus dem 13. Jh., die *Margarethenkapelle*, die *Küche* des Schloßherrn und einige weitere Gebäude bzw. was noch davon erhalten ist, umschließen den sog. *inneren Schloßhof;* sie bilden den ältesten Teil der Burg. Der Mantelturm hatte einst fünf Stockwerke; im vierten waren Corfitz Ulfeldt und Leonora Christina, eine Tochter Christians IV., gefangen, nachdem sie bei Hofe in Ungnade gefallen waren. Sie flohen durch ein kleines Fenster in der Ostseite, 13 m über dem Erdboden gelegen.

Jons Kapel (s v. Vang und Ringebakker, 10 km sw): 40 m hohe Klippenformation. Durch eine Klamm gelangt man über eine steile Treppe mit 108 Stufen zur Küste. Im Felsen befindet sich eine kleine Höhle; ein Einsiedlermönch soll hier die Bornholmer zum Christentum bekehrt haben. Von der Spitze der Klippe kann man bei klarem Wetter die schwedische Küste sehen, die immerhin 40 km entfernt ist.

Ols Kirke (Olsker, 4 km s): Die *Ols-* oder *Sankt-Olafs-Kirche* ist die höchste der Bornholmer Rundkirchen; vom Boden bis zum Kegeldach mißt das dreistöckige Rundschiff 13 m. Die Kirche war urspr. gleichzeitig eine Verteidigungsanlage; im Obergeschoß sind noch 9 Schießscharten zu sehen. Die darüberliegenden Rüstlöcher stützten einmal eine umlaufende Galerie. Der Chor mit Chorapsis wurde gleichzeitig mit dem Rundschiff um 1150 erbaut. Das Waffenhaus ist spät-ma Ursprungs. Die beiden Strebepfeiler nach W hin stammen aus den Jahren 1823–25; damals drohte das ganze Bauwerk einzustürzen. Erdgeschoß und 1. Obergeschoß haben ringförmige Tonnengewölbe, die auf massiven Mittelpfeilern ruhen. Hier sind noch Reste von Kalkmalereien aus der Zeit um 1500 zu sehen. Das Altarbild aus Keramik wurde 1950 von Gunnar Hansen* geschaffen. Die Kanzel ist von ca. 1575. Gegen wen diese Wehrkirchen schützen sollten, ist immer noch ungeklärt; wahrscheinlich handelte es sich um die Wenden. Der Glockenturm ist frei stehend. Der obere Teil aus Fachwerk stammt aus der Zeit um 1800, der untere Teil aus Feldstein ist älter. – In der Nähe von Olsker lebte der dt. Schriftsteller *Hans Henny Jahnn* (1894–1959) von 1934 bis 1950 als Pferdezüchter auf dem Hof *Bondegård.* Hier schrieb er seine Romantrilogie »Fluß ohne Ufer«.

Ruts Kirke (Rutsker, 8 km s): Von der roman. Kirche, die um 1150 erbaut wurde, sind nur noch Chor und Chorapsis unverändert erhalten. Das Langhaus wurde 1887 umgebaut. Gleichzeitig errichtete man einen klobigen Westturm und einen Anbau an der Nordseite. Im Chor findet man

Østerlars Kirke (Allinge-Sandvig), Rundkirche

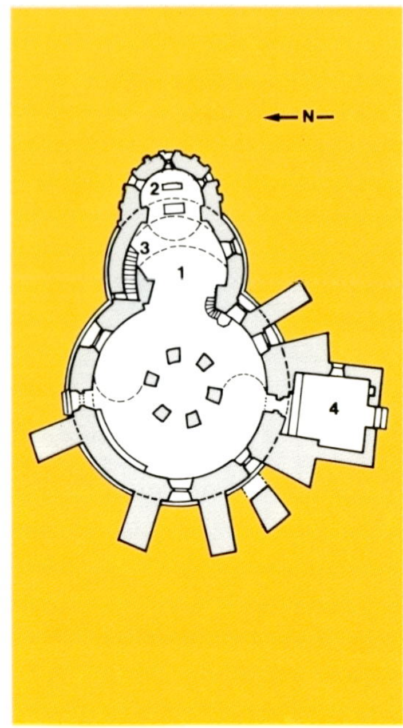

Østerlars Kirke **1** Chor **2** Chorapsis **3** Treppen ins Obergeschoß **4** Waffenhaus

Kalkmalereien. Der Granittaufstein ist roman. Ursprungs; die übrige Innenausstattung ist modern. Die Kirche liegt am höchsten Punkt im N von Bornholm, 130 m über dem Meeresspiegel.
Rø (9 km sö): Bei Rø stehen zwei holländische *Windmühlen;* im W die *Stenby-Mühle* von 1860, im SO die *Rørbro-Mühle* von 1894. Beide Windmühlen sind inzwischen außer Betrieb.
Tejn (5 km sö): Die um 1850 hierher versetzte *Bockmühle* steht unter Denkmalschutz. Tejn ist das größte Fischerdorf auf Bornholm; von hier laufen die Fischkutter zum Fang von Ostseelachs aus.
Vang (8 km sw): Die unter Denkmalschutz stehende *Wassermühle* stammt aus der Zeit um 1780.
Østerlars Kirke (Østerlarsker, über Gudhjem, 21 km sö): Die Kirche ist die größte der vier Rundkirchen auf Bornholm. Sie wurde Ende des 11. Jh. erbaut und dem hl. Laurentius geweiht. Das dreistöckige Rundschiff hat einen äußeren Durchmesser von 16 m. Es wird durch zahlreiche Stützpfeiler vor dem Einsturz bewahrt. Das Erdgeschoß und das Mittelgeschoß besitzen ringförmige Tonnengewölbe, die auf einem innen hohlen Mittelpfeiler ruhen. Im Obergeschoß befand sich früher ein Wehrgang. Die Brustwehr wurde erhöht, nachdem keine Angriffe mehr befürchtet werden mußten. Das kegelförmige Dach stammt aus dem 17. Jh., ist jedoch nach ma Konstruktionsprinzipien errichtet worden. An das Rundschiff sind ein Chor und eine Chorapsis sowie ein Waffenhaus angebaut.
Am Mittelpfeiler im Untergeschoß sind Kalkmalereien aus der Zeit um 1325 und 1350 zu sehen; dargestellt sind das Jüngste Gericht und Szenen aus dem Leben Jesu. Der Altar ist von ca. 1600, die Kanzel von 1595.

Assens Westfünen	
Einw.: 11 000	S. 256 □ D 6

A. erlangte erste Bedeutung im 13. Jh. durch den Fährverkehr über den Kleinen Belt nach Jütland. Wann es die Stadtrechte erhielt, ist unklar; jedenfalls gehörte die Fährstelle bis ins 17. Jh. der Krone, später der Stadt. Während der bürgerkriegsähnlichen Grafenfehde stand A. auf der Seite Christians II. und wurde 1535 geplündert. 1628 wurde es befestigt. Sein Aufstieg endete 1864 nach dem Deutsch-Dän. Krieg, als es mit Nordschleswig, dem heutigen Südjütland, einen seiner Märkte verlor.

Vor Frue Kirke: Die hohe, dreischiffige spätgot. Kirche ist mit 60 m Fünens zweitlängster Sakralbau. Sie wurde vermutlich 1488 fertiggestellt, das Waffenhaus 1500. Der schlanke achteckige Turm (neben den Türmen der → *Kalundborg Kirke* der einzige dieser Art in Dänemark) ist älter. Die Seitenschiffe weisen an der S-Seite doppelt so viele spitzbogige Fenster wie an der N-Seite auf. Im Inneren befindet sich ein Altar aus dem Jahre 1620 mit einem Altarbild von 1828. – Gegenüber liegt die *Mands Samling*

Assens, Vor Frue Kirke ▷

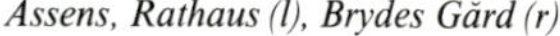

Assens, Rathaus (l), Brydes Gård (r)

(Damgade 26), ein kulturhistorisches Museum.

Willemoesgården (Østergade 36): Der Fachwerkhof wurde 1669-74 errichtet und wiederholt umgebaut. 1783 kam hier der Seeheld *Peter Willemoes* zur Welt. An ihn erinnert eine Ausstellung, die Teil des *Heimatmuseums* ist.

Außerdem sehenswert: *Brydes Gård* (Østergade 42), der erste Hof in A. ganz aus Stein, wurde 1777 erbaut. - In der Korsgade 11 steht ein *Fachwerkhaus* aus der 2. Hälfte des 16. Jh. - Am Hafen befindet sich das *Kogehus* (Kochhaus), ein kleines sechseckiges Bauwerk, das in den Jahren 1825/26 errichtet wurde; hier konnten sich die Seeleute im vorigen Jahrhundert ihre Mahlzeiten zubereiten, weil es verboten war, offenes Feuer auf den Schiffen zu haben. Vor dem Kogehus ist eine *Statue von Peter Willemoes* zu sehen. - Vor der Kirche stehen *Büsten* des Bildhauers *J. A. Jerichau* und des Malers *Dankvart Dreyer.*

Umgebung

Brahesborg (3 km nö): *Herrensitz,* 1638-56 im Renaissancestil errichtet und Mitte des 18. Jh. umgebaut. Das zweistöckige Bauwerk, in der Mitte dreistöckig mit Frontispiz, ist relativ schlicht gestaltet. Im *Park* befindet sich eine *Hängebrücke,* die 1850 in Norwegen hergestellt wurde. - In der *Kirche von Gamtofte* (2 km w) stößt man auf die Grabkapelle eines Adligen und im Chor auf ein roman. Relief; dargestellt ist ein musizierender Engel.

Hagenskov (8 km sö): *Herrensitz.* 600 m sö des heutigen klassizistischen Hauptgebäudes, 1774-76 erbaut, lag im MA eine Burg, die dem König gehörte. Die Tochter Valdemars des Großen wohnte hier im 12. Jh. Der später verbannte Corfitz Ulfeldt, der Mann von Leonora Christina, der Tochter Christians IV., wurde hier 1609 geboren. 1669 schenkte Frederik III. den Besitz dem Amtmann auf Hagenskov, Niels Banner. Seither führt das Gut auch den Namen *»Frederiks-*

gave« (Frederiksgabe). 1841–47 war es die Sommerresidenz von Frederik VII., als er als Kronprinz Gouverneur von Fünen war.
Hårby (16 km sö): Hier steht eine der größten ma *Dorfkirchen* Fünens. Grabkapelle der Grafenfamilie Trampe. In der Krypta ist Dänemarks letzter Reichsmarschall Anders Bille beigesetzt. – Die *Volks- und Realschule* ist ein berühmtes Bauwerk, das 1949–50 von Arne Jacobsen* errichtet wurde.
Krengerup Slot (über Glamsbjerg, 17 km ö): Das *Schloß* ist der schönste klassizistische Herrensitz in Dänemark. Es wurde 1772–76 v. Hans Næss* für F. S. Rantzau erbaut. Der Mittelteil des zweigeschossigen Gebäudes wird durch vier korinthische Pilaster betont; darüber befinden sich auf dem Dachsims Vasen, Wappen und ein Füllhorn.
Løgismose (an der Helnæs Bucht, 17 km sö): Der nö got. Seitenflügel des *Herrensitzes* wurde in der 1. Hälfte des 16. Jh. von Mogens Gøye errichtet. 1575 baute der Reichshofmeister Peder Oxe einen nw Torflügel. Dieses L-förmige Bauwerk wurde Anfang des 17. Jh. durch Hinzufügung eines sö Flügels von Reichsmarschall Anders Bille zu einer dreiflügeligen Renaissance-Anlage ausgebaut. Die geschwungenen Renaissancegiebel stammen aus dieser Zeit. Der Treppenturm entstand 1882.
Sandager (8 km n): In der ma *Dorfkirche* sind ornamentale Kalkmalereien von 1500–20 zu sehen.
Wedellsborg (17 km nw): Großer *Herrensitz*. Die Gebäude sind zweigeschossig und besitzen ein rotes Walmdach. Die ältesten Teile stammen aus dem 14. Jh., als der Besitz noch *Ivernæs* hieß. Sein heutiges Äußeres erhielt er im späten 17. Jh. unter Lehnsgraf W. F. Wedell. Am Ende der großen Allee steht ein Torhaus von 1689.
Ørsted (12 km nö): Die *Sankt Jørgen Kirke* wurde um 1150 aus Feldstein erbaut; Sokkel, Fenster- und Türeinfassungen bestehen aus Granit. Das urspr. S-Portal (innerhalb eines später erbauten Waffenhauses) wird noch benutzt. An seiner r Seite befindet sich ein Bildstein: Ein mit Schild und Schwert bewaffneter Mann greift ein Phantasietier an. Die Runeninschrift bedeutet: Erik in Gård schnitt Samson. Er tötete den Löwen. – Im Inneren der Kirche befinden sich ein Renaissancealtar und eine Renaissancekanzel, außerdem ein roman. Taufstein.

Bogense Nordfünen	
Einw.: 6200	S. 256 □ E 5

B. ist die kleinste Stadt Fünens. Sie liegt im N der Insel. Die Stadtrechte erhielt sie 1288. Im MA befand sich hier ein wichtiger Fährhafen nach Jütland. Der heutige Hafen wurde 1827–44 angelegt, der Sportboot-Hafen 1976 eingeweiht. B. ist eine der idyllischsten und am besten erhaltenen Kleinstädte Dänemarks.

Sankt Nikolaj Kirke (Torvet): Der Chor und das Schiff der Feldsteinkirche stammen aus der Zeit um 1200. Die beiden Querschiffe mit Blendgiebeln und der Turm (mit Schindeldach v. 1760) wurden im späten MA aus Backsteinen angebaut. Im Inneren befinden sich ein Altar v. 1588, eine Kanzel aus dem frühen 17. Jh. und ein roman. Taufstein, außerdem die Grabsteine des sog. Bogense-Adels. – Der Marktplatz mit seinen niedrigen Häusern aus dem frühen 19. Jh. ist einer der schönsten Marktplätze Dänemarks.

Nordfyns Museum (Vestergade): Im *Heimatmuseum* sind u. a. Volkstrachten, Möbel, Gegenstände des Haushalts und Handwerks und Münzen ausgestellt.

Außerdem sehenswert: In der Østergade 2 steht das sog. *Landbohjem* (Landbewohnerheim), ein Fachwerkbau aus dem frühen 17. Jh., der unter Denkmalschutz steht. Nr. 19 ist ein *Kaufmannshof*, ebenfalls ein aus dem 17. Jh. stammender Fachwerkbau;

Asperup (Bogense), Granitquaderkirche

bes. hübsch der Erker zur Straße. - Am Anfang der Østergade befindet sich das *Ting-, Råd- og Domhus* (Rathaus und Gerichtsgebäude), ein neoklassizistischer Bau von 1921. In einem Dachreiter hängt die Glocke des alten Rathauses, die 1591 gegossen wurde. - Das *alte Rathaus* steht in der Sankt Annagade. Es wurde 1846-47 erbaut.

Umgebung

Asperup (über Baring, 20 km sw): Roman. *Dorfkirche* aus Granitquadern. Im späten MA wurde die Apsis abgebrochen und der Chor in derselben Breite wie das Schiff nach O verlängert; die Chorverlängerung ist also breiter als der urspr. roman. Chor. Chor und Waffenhaus mit Treppengiebeln sind spätgotisch. Im Inneren finden sich u. a. ein roman. Taufstein aus dem 12. Jh. und eine geschnitzte Kreuzigungsgruppe von Claus Berg* (1510-20).

Dallund (bei Søndersø, 15 km sö): Die ältesten Teile des *Schlosses*, der N- und O-Flügel, stammen aus dem 16. Jh. Die Anlage ist schlicht gestaltet: zwei Etagen, Treppengiebel und blaues Ziegeldach. Der Treppenturm an der Gartenseite des N-Flügels wurde 1634 errichtet.

Glavendrup (19 km sö): Restaurierte *Schiffssetzung* aus der Wikingerzeit (800-1050). Die großen Bautasteine, die symbolisch das Schiff bilden, haben eine Länge von 45 m und eine Breite von 12 m. Auf einem *Runenstein* steht die längste Runeninschrift Dänemarks (um 925). Sie beginnt: »Ragnhild setzte diesen Stein für Alle den Bleichen ...« und schließt mit einer Drohung an alle, die versuchen sollten, den Stein zu beschädigen. Insgesamt umfaßt die Inschrift 210 Zeichen.

Gyldensteen (3,5 km ö): Das Renaissancegebäude des *Herrensitzes* aus rotem Backstein wurde 1640 errichtet; die zwei niedrigeren Seitenflügel stammen von 1700. Interessant sind die geschwungenen Giebel, die sich auch über den erkerartigen Ausbauten zur Gartenseite hin finden.

Harritslevgård (3 km sö): Das *Rittergut* wur-

Asperup (Bogense), Dorfkirche, Kreuzigungsgruppe des Lübecker Bildschnitzers Claus Berg

de erstmals 1231 erwähnt. Die heute bestehende dreiflügelige Renaissanceanlage stammt aus dem Jahre 1606.

Kærsgård (bei Brenderup, 14 km sw): Neoklassizistischer *Herrensitz*, 1815-17 erbaut. Hier befindet sich eine Sammlung von 50 Pferdewagen und Kutschen.

Kørup (16 km ö): Der Mittelteil der dreiflügeligen Anlage des *Herrensitzes* wurde um 1582 errichtet; er hat geschwungene Renaissancegiebel ähnlich denen von *Holckenhavn* bei Nyborg. - Der 4 km n an der Küste liegende *Egebjerggård* wurde 1830/31 von J.P. Jacobsen* in spätklassizistischem Stil errichtet. Er ist zweigeschossig; seine Längsseite besitzt 16 Fenster.

Søndersø (15 km sö): In der ma *Dorfkirche* finden sich Kalkmalereien aus der Zeit um 1520 von hoher Qualität. Dargestellt sind u.a. Gottvater, Maria und das Jesuskind, weiterhin Bethlehem und die Anbetung der Hl. Drei Könige. Die Bilder sind durch einen lat. Text kommentiert. Bemerkenswert ist außerdem die eisenbeschlagene Tür im N-Portal des Kirchenschiffs von 1483.

Christiansø Ertholmene	
Einw.: 130	S. 258 □ P 6

Insel in der Ostsee, ca. 20 km nö von Gudhjem auf Bornholm. - Fährverbindung von Svaneke (Postboot, das ganze Jahr) und

von Gudhjem und Allinge (nur im Sommer).
Die Inselgruppe wird erstmals 1390 genannt. Sie heißt vermutlich wegen ihrer Größe *Ertholmene* (= die *Erbseninseln*). Im MA befanden sich hier die Sommerlager von Fischern. 1660, nach dem Verlust der Provinz Schonen, beschlossen die Dänen, auf den beiden größten Inseln, *Frederiksø* und *Christiansø* (nach Christian V.) eine Festung zu bauen. Die Arbeiten wurden jedoch erst 1684 unter Leitung von Anthon Coucheron* begonnen. Die Festung wurde nur ein einziges Mal, und zwar im Jahre 1805 von den Engländern, angegriffen und fünf Stunden lang beschossen. 1855 wurde sie aufgegeben. 1725-1856 diente sie als Staatsgefängnis für Verbrecher und politisch mißliebige Personen. Der berühmteste Gefangene war ein gewisser Dr. Dampe, ein Pfarrer, der sich für die Einführung der Demokratie eingesetzt hatte und darauf wegen Hochverrats angeklagt worden war; 1826-41 saß er auf C. gefangen. Die größte der unbewohnten Inseln und Klippen heißt *Græsholm*.
Bauwerke: Die *Kirche* wurde 1821 in der ehem. Waffenschmiede eingerichtet. Der Glockenturm stammt aus dem Jahre 1928. Die erste Kirche auf C. befand sich im Untergeschoß des Großen Turms, Dänemarks erste und bislang einzige Kirche mit Kanonen. - Der *Große Turm* auf C., der *Kleine Turm* auf Frederiksø sowie die beiden *Kanonentürme* am Hafen wurden 1684 nach Plänen von Coucheron erbaut. Das Kommandantenhaus ist aus dem Jahre 1704, die Hauptwache von 1735; das Verwaltergebäude entstand 1738. »Gaden«, die zweistöckigen Wohnhäuser für die Besatzung der Festung, Gemeine und Offiziere sowie deren Familien, wurden 1789-91 errichtet, die Magazingebäude am Hafen 1808. Das Staatsgefängnis von 1824 ist das jüngste Gebäude auf C., ebenso wie die übrigen im Stil der Militärarchitektur gehalten: nüchtern und streng. - Die Erde für die Gärten mußte von Bornholm herübergebracht werden.
Im Kleinen Turm hat man ein *Museum* eingerichtet. Die Sammlungen befassen sich mit der Militärgeschichte der Inseln, der Fischerei und dem reichen Vogelleben auf Græsholm, das man von der Turmspitze aus hervorragend beobachten kann.

Ebeltoft Mols	
Einw.: 12 100	S. 254 □ F 4

Die Kleinstadt an der Ebeltoft-Bucht - die einen natürlichen Hafen darstellt - erhielt bereits 1301 die Stadtrechte. Über ihre Geschichte im Mittelalter ist jedoch kaum etwas bekannt. Ein bescheidener wirtschaftlicher Aufschwung fand erst in der 2. Hälfte des 19. Jahrhunderts statt. In E. gibt es zahlreiche Fachwerkhäuser aus dem 18. Jh.

Ebeltoft, Fregatten Jylland, Gallionsfigur

Kirke: Die got. Kirche aus Backstein stammt aus dem späten MA. Der Turm, der im Unterschied zum Langhaus nicht weißgekalkt ist, erhielt seine heutige Form (durchbrochene Turmspitze) bei einem Umbau 1790–92. Die Innenausstattung besteht u.a. aus einem Altar von 1790 und einem Schiffsmodell von 1845. Außerdem sind in der Kirche spätgot. Kalkmalereien von etwa 1520 zu sehen; dargestellt sind ein Reiher (im Chor), ein Schiff und eine Jolle, der Kreuzweg und die Kreuzigung (im Langhaus).

Farvergården (Adelgade 13 og 15): *Färberhof* mit Gebäuden aus dem 18. und 19. Jh. Die Färberei mit allen Werkzeugen, die vom Färber selbst hergestellt wurden, ist erhalten.

Gamle Rådhus/Ebeltoft Museum: Das *alte Rathaus* wurde 1789 als Fachwerkbau auf den Kellern (Kerker) eines Rathauses von 1576 errichtet. Heute ist darin ein *Heimatmuseum* eingerichtet. Von bes. Interesse unter den Exponaten ist Falschgeld aus dem frühen 14. Jh. – Das *neue Rathaus* ist ein klassizistisches Bauwerk aus dem Jahre 1840. Urspr. nur 7 Fenster breit, wurde es 1876 um ein Fenster nach N erweitert; dabei ging seine klassische Symmetrie verloren.

Sigvard Rasmussens Gård (Adelgade 28–32): *Kaufmannshof* aus Fachwerk aus dem 18. Jh. Der Balken über der Tür mit der Jahreszahl 1611 stammt von einem älteren Bauwerk. Bes. sehenswert ist der Hinterhof mit Galerie. Im Torflügel befindet sich ein Restaurant (Rådhuskroen) mit einer Einrichtung von ca. 1850.

Fregatten Jylland: Die *Fregatte*, heute Museum, wurde 1862 gebaut. Im Jahre 1864 nahm sie an der Schlacht vor Helgoland teil, in der die Dänen über einen österreichischen Flottenverband siegten.

Umgebung

Bregnet Kirke (vor Rønde, 18 km nw): Von der Kirche aus hat man eine gute Aussicht über die Ruine der Burg → Kalø. Das spätgot. Gotteshaus wurde im 15. Jh. erbaut. Die Innenausstattung stammt überwiegend aus dem 19. Jh.

Dråby (3 km nö): Die got. *Kirche* wird wegen ihrer Größe auch *»Mols Dom«* genannt. Der Chor und die halbrunde Chorapsis entstanden im 14. Jh., das Schiff und das Waffenhaus im frühen 15. Jh., die Westverlängerung und der ungewöhnlich schlanke »Stelzenturm« im späten 15. Jh. In der Mauer

Kalø Slotsruin (Ebeltoft), Ruine des Bergfrieds

sind noch die Löcher zu sehen, auf denen das Baugerüst auflag. Im Inneren finden sich Kalkmalereien aus der Zeit um 1550 mit Darstellungen alttestamentlicher Propheten. Barocker Altar von ca. 1700, Kanzel von ca. 1600.

Feldballe (12 km nw): *Backsteinkirche* aus dem 13. Jh. Das spät-ma Waffenhaus ist zweistöckig. Der Turm war urspr. ein sog. Stelzenturm (vgl. *Dråby*). Die Öffnung nach W hat man jedoch später zugemauert. An der flachen Balkendecke im Innenraum finden sich Reste von Verzierungen aus dem 18. Jh. Hinter dem Altar liegt die *Grabkapelle* der Elisabeth Rosenkrantz, der Herrin von Møllerup, und ihrer beiden Ehemänner Knud Gyldenstierne und Joachim Schack. Die Wände sind ganz mit geschnitzten und bemalten Holzepitaphien bedeckt (alles um 1700).

Hyllested (15 km nö): In der ma *Dorfkirche* befinden sich Kalkmalereien aus der Zeit um 1500 vom sog. Brarup-Meister. Dargestellt sind u. a. die Schöpfung, Adam und Eva, der hl. Michael mit dem Drachen sowie das Jüngste Gericht. Die Fresken wurden erst 1963–66 freigelegt. Altar von 1525 mit einem Gemälde von 1910 (H. H. Schou*); roman. Granittaufstein.

Kalø Slotsruin (s v. Rønde, 16 km nw): Hier befand sich einst eine große Burg, die 1314 von König Erik Menved erbaut worden war. Ihr Standort auf einer Insel war nahezu ideal. Die Insel ist durch einen befestigten Damm mit dem Festland verbunden; früher konnte diese Verbindung durch eine Zugbrücke unterbrochen werden. Die 10 m hohe Ruine des Bergfrieds (mit Kerker) stammt aus der Zeit Christoffers II., des Nachfolgers von Erik Menved. – Im 16. Jh. war Gustav Vasa hier gefangen, jedoch gelang ihm 1519 die Flucht; später wurde er König von Schweden. Frederik III. schenkte die Burg 1661 seinem Sohn Ulrik Frederik Gyldenløve (der mit Marie Grubbe verheiratet war – vgl. Tjele bei →Viborg). Dieser ließ sie schleifen und benutzte die Steine zum Bau von Schloß Charlottenburg in Kopenhagen. – Die Fachwerkgebäude auf der Insel stammen von 1703. – Jeden Sommer, am letzten Wochenende im Juli, findet hier unter freiem Himmel die Aufführung eines historischen Schauspiels statt.

Møllerup (über Tåstrup, 14 km nw): Der Besitz war im 13. Jh. Eigentum von Stig Andersen Hvide (Marschall Stig), der wegen der angeblichen Beteiligung an der Ermordung von Erik Klipping 1286 für vogelfrei erklärt wurde. Das heutige Hauptgebäude wurde 1681 errichtet (Westflügel von 1722, Ostflügel von ca. 1750) und später wiederholt um-

Esbjerg, Vor Frelsers Kirke (l), Wasserturm am Hafen (r)

gebaut. Die Neben- und Wirtschaftsgebäude stammen teilweise aus dem 18. Jh. Der Besucher hat auch Zugang zum Park und zu den Ställen.

Rugård (am Nørresø, 15 km nö): Zweieinhalbgeschossiger Renaissance-Herrensitz mit zwei achteckigen Ecktürmen; im oberen Halbgeschoß unter dem Dach befinden sich Schießscharten. Erbaut wurde er um 1590 von Hans Axelsen Arenfelt. Einer der späteren Besitzer ließ im 17. Jh. einen nördlichen Seitenflügel aufführen. Im südlichen Turm gibt es einen Raum, in dem sich Jørgen Arenfelt vor seinen Gläubigern zu verstekken pflegte. – Arenfelt hat sich außerdem mit Hexenverfolgungen einen Namen gemacht. Die berüchtigte Hexenprobe wurde im nahe gelegenen Schmiedeteich durchgeführt: Ging das Opfer unter, war die Unschuld erwiesen; schwamm es, was seltener vorgekommen sein wird, galt dies als Beweis der Schuld.

Tirstrup (12 km n): Die weißgekalkte *Backsteinkirche* wurde 1465 erbaut; sie ersetzte eine roman. Kirche. Die Ausstattung besteht aus einem geschnitzten Flügelaltar aus der Werkstatt von Claus Berg* in Odense (um 1520), einer eigentümlichen viereckigen Kanzel aus gotländischem Sandstein mit Blumenornamenten (um 1300) und einem Triumphkreuz aus dem 15. Jh.

Esbjerg Südwestjütland	
Einw.: 80 200	S. 256 □ A 6

Dänemarks fünftgrößte Stadt und größter Hafen an der W-Küste Jütlands entstand nach dem Deutsch-Dän. Krieg 1864. Damals war E. nur eine Ansammlung von einigen Höfen. Nach dem Krieg durften die Dänen die schleswigschen Häfen nur noch gegen Zahlung hoher Zollgebühren benutzen. Da Hjerting und Agger-Thyborøn (n v. E.) als Häfen zu klein waren, war der Handel mit England ernsthaft gefährdet. Der Bau des neuen Hafens dauerte von 1868 bis 1878; ab 1873 konnte er angelaufen werden. Seine Lage im Schutz der Insel Fanø ist überaus günstig: Er ist eisfrei und zugleich vor dem Versanden geschützt. Heute besitzt er Kais von 10 km Länge; 493 Fischkutter haben hier ihren Heimathafen. – Während des 2. Weltkriegs war E. Hauptquartier der Organisation Todt; 1939 und 1940 wurde es von den Engländern bombardiert. Weitere Zerstörungen wurden durch Sabotage und dt. Vergeltungsakte angerichtet.

Der schachbrettartige Stadtplan hat sein Vorbild in der Festungsstadt → Fredericia an der O-Küste Jütlands.

Esbjerg, Fiskeri- og Søfartsmuseum

Jerne Kirke (Strandby Kirkevej): Die roman. Dorfkirche aus Granitquadern liegt nö vom Stadtzentrum. Schiff, Chor und Apsis wurden vermutlich im 12. Jh. erbaut. Der W-Turm aus Backstein stammt aus dem 15. Jh. Etwa zur gleichen Zeit wurde die Kirche gewölbt. Das Waffenhaus an der N-Seite des Schiffs und die Sakristei an der S-Seite des Chors wurden um 1500 aus Granit und Backstein errichtet. Die Innenausstattung besteht u. a. aus einem roman. Granittaufstein, einer Kanzel von ca. 1550 und einem Altar von 1653.

Sankt Nikolaj Kirke (Kirkegade 58): Die 1969 geweihte kath. Kirche (Entwurf Johan Otto von Spechelsen*) ist ein ungewöhnliches Bauwerk: Altar und Eingang des quadratischen Kirchenraums liegen auf einer Querachse. Die Fenster sind sehr hoch angebracht.

Treenighedskirke (Grådybet): Die Kirche wurde 1958–61 von K. Thomsen* und E. Flagsted-Rasmussen* errichtet. Die Mosaikfenster aus Glas und Zement stammen von Jens Urup Jensen*.

Vor Frelsers Kirke (Kirkegade 24): 1887 von Axel Møller* in neuroman. Stil erbaut. Im Inneren finden sich ein Kruzifix von N. W. Fjeldskov* (1900) sowie eine Altartafel und eine Kanzel von Ole Søndergaard* (1928).

Esbjerg Kunstpavillon (Havnegade): Sammlung dän. Kunst des 20. Jh. Das Gebäude (1962) im Stadtpark wurde von Jytte und Ove Tapdrup* entworfen. – Vor dem Museum steht eine 3 m hohe *Eisenskulptur »Esbjerg«* von Robert Jacobsen* (1963). Sie ist das Wahrzeichen der Stadt. – Ein anderes Wahrzeichen von E. ist der in der Nähe des Museums gelegene *Wasserturm*, der 1896/97 von Christian Clausen* in einem historisierenden Stil erbaut wurde. Er erinnert leicht an eine got. Ritterburg vom Rhein.

Esbjerg Museum (Finsensgade 1): Die Sammlungen dokumentieren die Vor- und Frühgeschichte der Gegend um E. sowie die Geschichte der Stadt. Außerdem sind Trachten von Fanø ausgestellt.

Fiskeri- og Søfartsmuseum/Saltvandsakvariet og Sælariet (Hjertingvej/Tarphagevej): In dem 1966–68 von Halldor Gunnlögsson* und Jørn Nielsen* erbauten Fischerei- und Seefahrtsmuseum werden Fischereigeräte und Schiffsmodelle gezeigt. Im Salzwasseraquarium sind Fische und andere Meeres-

Fanø (Esbjerg), »Seemannskirche«

tiere aus dän. Gewässern zu sehen. Das *Seehundsbecken* wurde 1976 eingeweiht; hier leben 10 Seehunde in 10000 Liter Salzwasser.

Außerdem sehenswert: Auf dem Markt (Torvet) *Reiterstandbild Christians IX.* von L. Brandstrup* (1899). - *Fiskernes Mindelund* (Hjertingvej/Gravlundvej): In eine Granitrotunde sind die Namen aller Fischer aus E. eingehauen, die seit 1900 ihr Leben bei der Ausübung ihres Berufes verloren haben. Die Skulpturengruppe aus Bronze in der Mitte ist ein Werk von August Keil*.

Veranstaltungen: Morgens um 7 Uhr findet an Wochentagen in der 225 m langen Fischauktionshalle am Fischereihafen die erste *Fischauktion* statt (freier Eintritt).

Umgebung

Bramming (19 km ö): Am N-Rand des Ortes liegen ein *Gutshof* aus dem Jahre 1786 (Seitenflügel von 1848) und eine ma *Kirche*. Die Innenausstattung der Kirche besteht u.a. aus einer Kanzel von 1620 und einem Kruzifix von ca. 1500. - Im Park des Gutshofes findet sich ein *Denkmal für »Das Opfer des Weltkrieges Nr. 45834422«*.

Bryndum (8 km n): Die roman. *Kirche* wurde Anfang des 13. Jh. aus Granitquadern erbaut: sie ist ungewöhnlich groß. W-Turm, Sakristei und Waffenhaus entstanden im späten MA. In die W-Fassade des Turms ist das roman. Tympanonrelief des urspr. N-Portals eingemauert; dargestellt sind zwei Löwen. Im Chor finden sich Kalkmalereien aus dem späten 13. Jh.; zu sehen sind der auferstandene Christus und das Martyrium des hl. Laurentius, der im 3. Jh. zur Zeit des röm. Kaisers Valerius auf einem glühenden Rost zu Tode gefoltert wurde und dessen Erkennungszeichen deshalb der Rost ist. Roman. Granittaufstein, Altar von ca. 1600, Kanzel von 1617.

Endrup (17 km nö): *Endrupholm*. Der aus drei Flügeln bestehende schlichte Herrensitz wurde 1805 fertiggestellt; der Architekt war Mikkel Stobberup*. Die Gebäude sind von einem Graben umgeben.

Fanø (mit der Fähre nach Nordby, 20 Minuten): Die Insel im Wattenmeer hat etwa 3000 Einwohner. Der Hauptort ist **Nordby** an der O-Küste. Hier gibt es viele strohgedeckte alte Fachwerkhäuser. Im *Fanø Museum* (Skolevej 1), in dem mehr als 200 Jahre alten Haus eines Schiffers, sind Fayencen, Schiffsmodelle, Gemälde und Zeichnungen aus der Zeit der Segelschiffahrt sowie Gegenstände ausgestellt, die die Seeleute von

Fanø (Esbjerg), Kirche, Innenansicht mit Schiffsmodellen an der Decke

ihren weiten Reisen nach Übersee mit nach Hause gebracht haben. - Im *Skipperhus* (Hovedgade) ist die Entwicklung Fanøs zu einem der wichtigsten Seehandelszentren dokumentiert, die im 19. Jh. stattfand. Im Jahre 1859 hatte Fanø nach Kopenhagen die größte Handelsflotte in Dänemark; das blieb so bis zum Aufkommen der Dampfschiffe und hörte mit der Einweihung des Hafens in Esbjerg ganz auf. Neben Schiffsmodellen und zahlreichen Photographien wird eine große Trachtensammlung gezeigt. - Die *Kirche* stammt von 1786. Das von Peder Frisvad* errichtete Bauwerk ist mit einem Walmdach aus schwarz glasierten Ziegeln gedeckt. Der Altar stammt aus dem Jahre 1864, die Kanzel von 1620, die eiserne Taufe von 1450. An der Decke hängen 8 Schiffsmodelle.

11 km s v. Nordby liegt **Sønderho:** *Hannes Hus* (Haus Nr. 228), ein Gebäude von ca. 1800, steht fast unverändert mit Möbeln, Hausgerät und Fliesen an den Wänden und ist heute ein Museum. - Nr. 180 *Kaptajn Bruchs Hus* von 1772, ist das größte Haus im Ort. - Die *Gastwirtschaft* ist eines der ältesten Gebäude auf Fanø aus dem 17. Jh. - Die *Kirche* wurde 1782 erbaut. Von den 12 Schiffsmodellen, die man dort besichtigen kann, ist eines ein Kriegsschiff von 1747 und eines ein Rettungsboot. Kanzel von ca. 1600 mit Schalldeckel von 1661. - In einem *Gedächtnishain* (Mindelund) wird der 500 ertrunkenen Seeleute aus Sønderho gedacht. Auf 20 Steinen sind 200 Namen eingehauen. Die Skulptur *Fanøkone med barn* (Fanøfrau mit Kind, 1949) wurde von Elof Nielsen* geschaffen.

Hjerting (8 km nw): In der kleinen roman. Kirche befindet sich ein Renaissancealtar von 1619, außerdem ein got. Kruzifix aus der Zeit um 1500.

Kærgård (20 km sö): Herrensitz von 1695. Die dreiflügelige Anlage wurde von Ernst Brandenburger* erbaut und 1941-44 umgebaut. Heute ist darin eine Landwirtschaftsschule untergebracht.

Tjæreborg (8 km ö): Roman. *Kirche.* Der Raum unter dem spät-ma Turm öffnet sich zum Langhaus durch eine hübsche Arkade. Die Bemalung der Langhausdecke (die 12 Apostel) stammt aus dem 18. Jh., die der Chordecke ist modernen Ursprungs. Altar von 1655 von Anders Mortensen*. Im Langhaus ein weiterer Altar aus der Zeit um 1500 sowie ein Kruzifix von ca. 1475. Kanzel von 1651.

Fredericia Ostjütland	
Einw.: 46 100	S. 256 □ D 5

Die *Festungsstadt* F. wurde unter dem Namen *Frederiksodde* im 17. Jh. gegründet. Hier lagen im MA drei Dörfer. 1650 erhielt F. die Stadtrechte; 1664 wurde der Name in *Fredericia* geändert, nach Frederik III. Die Festung sollte die Überfahrt von Jütland zu den Inseln sichern. Der alte Stadtkern besitzt hinter dem halbbogenförmigen Festungswall ein rechtwinkliges Straßennetz. - F. war einer der wenigen Orte, wo im 17. Jh. in Dänemark Glaubensfreiheit herrschte. Seit 1679 gab es dort Juden, die 1719 eine Synagoge bauten, die bis 1914 bestand. Außerdem bot F. Bankrotteuren Asyl. Das waren zwei der Maßnahmen, um die Zuwanderung nach F. zu fördern. Die Festung wurde erst 1909 aufgelassen. Ab diesem Zeitpunkt dehnte sich die Stadt auch auf Gebiete außerhalb der Wälle aus.

Reformert Kirke (Dronningensgade): Das Gotteshaus, ein kleines rechteckiges Bauwerk im Stil des Barock, wurde 1735 für die *reformierte Gemeinde* in F. errichtet. Über dem Westportal sind die Monogramme von Christian VI. und seiner Frau Sophie Magdalene zu sehen. Christian VI. (1699-1746) war einer der wenigen Könige, die nie einen Krieg geführt haben. Das Walmdach ist mit schwarzen Ziegeln gedeckt.

Sankt Knuds Kirke (Vendersgade): Die kath. Kirche wurde 1767 erbaut. Der Turm stammt aus dem Jahre 1865, die Einrichtung aus der Zeit um 1770.

Trinitatis Kirke (Kongensgade): Die Kirche löste 1689 einen Vorgängerbau aus Fachwerk ab. Mit ihren Treppengiebeln ist sie vermutlich das späteste got. Bauwerk in Dänemark. Die Glocken sind im Westgiebel aufgehängt. - Die Innenausstattung besteht aus einem Barockaltar von 1692 und einer Barockkanzel von 1690 sowie einem roman. Taufstein, der aus der nicht mehr existierenden Kirche von Ullerup stammt. - Auf dem Kirchhof befindet sich ein großes Bronzerelief von H. V. Bissen*, *»Zwei Soldaten begraben einen gefallenen Kameraden«* (1851).

Ting- og Arresthus (Prinsengade 39): Das ehem. Rathaus dient jetzt als *Amtsgericht*. Es wurde 1859-61 nach Plänen von F. Meldahl* in einem historisierenden Stil, einer Mischung aus Gotik und Renaissance, erbaut. Die Mauern aus rotem Backstein werden durch waagerechte Streifen aus grauem Stein aufgelockert. Das Gebäude besitzt drei Giebel.

Voldene: Die *Wälle* stellen neben den Wällen in Nyborg und in Christianshavn sowie denen des Kastells in Kopenhagen die größten Festungsanlagen in Dänemark dar. Sie sind halbbogenförmig und verlaufen von Ufer zu Ufer, so daß sie den Zugang zur Halbinsel *Bersodde* abschneiden, auf der F. liegt. Mit dem Bau wurde 1648 nach Plänen des Festungsingenieurs Gottfried Hoffmann* begonnen. Urspr. gelangte man durch das *Strandtor*, das *Königstor* und das *Prinzentor* in die Stadt; davon ist nur noch das Prinzentor (Prinsenport) von 1752 erhalten. Hier liegt auch die 1732 erbaute Hauptwache. Vor der Hauptwache steht die Plastik *»Den tapre Landsoldat«* (Der tapfere Landsoldat) von H. V. Bissen* (1858). Das *Königs-* und das *Dänemarkstor* wurden erst in den 20er Jahren erbaut, als der Verkehr zunahm. Zur Festung gehören auch ein *Kastell* auf der Spitze der Halbinsel und ein *Pulverturm* (1675) am Østerstrand.

Fredericia Museum (Jernebanegade 10): Das Museum ist in fünf alten Gebäuden untergebracht, die hier wiederaufgebaut worden sind. Das Hauptgebäude stammt von ca. 1700. Die Sammlungen sind sehr vielseitig; sie beschäftigen sich u. a. mit der Geschichte der Religionsgemeinschaften in F., mit dem denkwürdigen 6. Juni 1849, als die eingeschlossenen Dänen einen erfolgreichen Ausfall gegen die belagernden Deut-

Fredericia, Pulverturm mit Kanonen

schen machten, und mit dem Tabakanbau. Zu sehen sind weiterhin Gemälde, Kircheninventar, Möbel, handwerkliche Gerätschaften, Kinderwagen und Kachelöfen.

Außerdem sehenswert: Der *Jüdische Friedhof* in der Vestervoldgade. - Beim *Rathaus* (1965 nach Plänen von Halldor Gunnløgsson* und Jørn Nielsen* erbaut) befindet sich eine *Porträtbüste General Bülows* von H. V. Bissen* (1859). - Bei der Bibliothek (Prinsessegade 27) steht eine Büste des Schriftstellers und Nobelpreisträgers *Henrik Pontoppidan* von Gottfred Eickhoff* (1932). Pontoppidan wurde 1857 in F. geboren und starb 1943; er schrieb mehrere umfangreiche Romane. - Das vermutlich älteste Haus in F. ist ein *Fachwerkhaus* aus dem Jahre 1660 in der Kongensgade 25.

Frederikshavn Nordjütland	
Einw.: 35400	S. 254 □ F 2

F., der größte Ort n des Limfjords, liegt am Kattegat. Es ging aus dem Fischerdorf *Fladstrand* hervor, das einen natürlichen Hafen besaß. Von hier aus trieb man Handel mit der damaligen dän. Kolonie Norwegen. Ab 1627 wurde Fladstrand zu einer Küstenfestung ausgebaut. Die Festungsanlagen wurden bis auf das Kommandantenhaus, den Pulverturm und zwei Schanzen in der 2. Hälfte des 19. Jh. abgebrochen. 1818 erhielt Fladstrand die Stadtrechte und den Namen *Frederikshavn* nach König Frederik VI. An die Zeit F.s als Fischerort erinnern noch die kleinen Häuser in der *Fiskergade* aus dem frühen 19. Jh. Die hauptsächlichen Erwerbszweige der Stadt sind heute Fischerei (Flundern und Austern), Metallindustrie und Tourismus. Eine wichtige Einnahmequelle stellt außerdem der große Fährhafen mit seinen ständigen Verbindungen nach Schweden und Norwegen dar.

Fladstrand Kirke (Skagensvej): 1688-90 errichtet und wiederholt umgebaut. Auf dem Friedhof findet man engl. und dt. Gräber aus dem 2. Weltkrieg.

Frederikshavn Kirke (Kirkepladsen): Die neoroman. Kirche wurde 1890-92 nach Plänen von V. Ahlmann* errichtet. Sie besitzt vier gleichlange Kreuzarme mit dreiseitigem Abschluß. Als Baumaterial fand Kalkstein aus Fakse Verwendung. Das Altargemälde stammt von Michael Ancher*.

Frederikshavn Kunstmuseum og Exlibrissamling (Kallsvej/Danmarksgade): Spezialmuseum für Kleingraphik und Exlibris (künstlerisch gestaltete Bücherzeichen mit Namen der Bucheigentümer). Wechselnde Ausstellungen mit moderner Kunst.

Krudttårnsmuseet (am Hafen): Der Pulverturm wurde in der 2. Hälfte des 17. Jh. aus Feldstein nach Plänen des Festungsbaumeisters Anthon Coucheron* errichtet. Urspr. befanden sich auf einer Plattform sechs bis acht Kanonen; heute ist hier ein *militärhistorisches Museum* mit Waffen aus der Zeit zwischen 1600 und 1900 eingerichtet.

Nordre Skanse (Frydenstrand): Die *nördliche Schanze* wurde 1627-29 von den Truppen Wallensteins errichtet, die sich während des Dreißigjährigen Krieges in Dänemark befanden.

Umgebung

Bangsbo (3 km sw): Die dreiflügelige Anlage des *Herrensitzes* aus Fachwerk wurde um 1750 von Jens Niels Møller* errichtet. Seit 1948 befindet sich hier das *Stadt- und Heimatmuseum* von Frederikshavn. Die Sammlungen umfassen im Hauptgebäude Textilien und Handarbeiten (u. a. aus Menschenhaar) sowie eine Dokumentation (gefälschte Pässe etc.) über den Widerstand gegen die Deutschen 1940-45. In der Scheune von ca. 1650 sind Pferdekutschen aus der Zeit von 1600 bis 1900 ausgestellt; in einem ehem. Wirtschaftsgebäude sind das *Ellingåschiff*, ein Handelsschiff aus dem 12. Jh., das starke Ähnlichkeit mit Wikingerschiffen hat, sowie Schiffsmodelle und Galionsfiguren zu sehen. Im *Park* kann man »Boolsens Steingarten« besichtigen: über 1000 verschiedene behauene Steine, Mahlsteine aus prähistorischer Zeit, Taufsteine und Weihwasserbecken aus dem MA, Mühlsteine, Grenzsteine und Meilensteine.

Cloostårnet (Richtung Gærum, 4 km sw, Brønderslevvej): 60 m hoher *Aussichtsturm*

Frederikshavn, Pulverturm

Sæby (Frederikshavn), Kirche

mit einzigartigem Blick über Nordjütland, 1962 erbaut.

Flade Kirke (Richtung Gærum, 4 km sw): Roman. Dorfkirche aus dem 13. Jh. Kanzel von 1588, Gestühl von 1592, spätgot. Triumphkruzifix von ca. 1500 mit einem »Wappenschild« Christi, auf dem u. a. Marterwerkzeuge, Würfel und eine Dornenkrone zu sehen sind. Die Wandmalereien wurden 1958 von Robert Risager* geschaffen.

Hirsholm (8 km nö, mit der Fähre 40 Minuten): Insel im Kattegat. Ma *Kirche* mit geschnitztem got. Altar. *Leuchtturm* von 1882 (36 m hoch). Die Höfe sind aus Feldstein errichtet.

Læsø (mit der Fähre 1 Stunde 40 Minuten): 112 km² große Insel im Kattegat mit 2700 Einwohnern; zwei Drittel der Insel sind unberührte Natur: Sumpf, Heide und Gebüsch. Im N liegt auf der Düne *Højsande* der mit 24 m höchste Punkt der Insel. – Der Hauptort ist **Byrum.** Hier gibt es eine got. *Kirche* aus gelbem und rotem Backstein. Das gewölbte Langhaus besitzt einen dreiseitigen Chorabschluß, der Turm Treppengiebel. Die Innenausstattung besteht aus einem got. Altar von ca. 1450, einer Kanzel v. 1704 und einem Kruzifix v. 1525. – Im W der Insel steht eine weitere got. Kirche, *Vesterø Kirke.* – Im NO von Byrum befindet sich im 300 Jahre alten *Tanggård* ein Heimatmuseum. Das Gebäude wird »Tanghof« genannt, weil das Dach mit Seetang gedeckt ist.

Strandby (7 km n): Die 1965–66 von Jacob Blegvad* für die Methodistengemeinde errichtete *Kirche* ist ein schlichtes Bauwerk aus gelbem Backstein mit schwarzem Schieferdach.

Sæby (12 km s): S. liegt an einem natürlichen Hafen (der Mündung des *Sæby Å).* Im MA war der Ort wesentlich bedeutender als Frederikshavn, bereits 1524 erhielt er die Stadtrechte. Der Niedergang begann, als der Hafen im 17. Jh. versandete. Von dem um 1460 eingerichteten Karmeliterkloster *Maristed* (Stätte Mariens) ist nur noch die *Kirche* erhalten; das got. Bauwerk an der Strandgade ist aus Backsteinen errichtet und weiß gekalkt. Es besteht aus Chor, Langhaus, S-Kapelle und Turm; die große S-Kapelle diente im 19. Jh. als Spritzenhaus. Die Kapelle besitzt vier Kreuzgewölbe, die von einer Mittelsäule getragen werden. Die Kirche ist berühmt für ihre *Kalkmalereien* aus dem frühen 16. Jh. Im Chor und im ersten (ö) Gewölbe des Langhauses ist die Legende von der Geburt und Kindheit Mariens (nach dem apokryphen Jakob-Evangelium) dargestellt. Im zweiten Gewölbe sieht man das Jüngste Gericht, im dritten Gewölbe Szenen aus dem Leben Jesu, u. a. die Anbetung der Heiligen Drei Könige, die Geburt, den Einzug in Jerusalem und das Abendmahl, und im vierten Gewölbe adlige Wappenschilder. Ein Wappenschild findet sich auch in der S-Kapelle, nämlich das von Stygge Krumpen (1485–1551), dem letzten katholischen Bischof von Børglum. Der Altar ist eine hervorragende niederländische Arbeit aus dem Jahre 1520; ein blinder Mann soll ihn am Strand gefunden haben. Die Kanzel stammt aus dem späten 16. Jh., das Chorgestühl von ca. 1500. Auffällig ist, daß der Chor die gleiche Breite wie das Schiff hat; nur auf diese Weise fanden dort alle Mönche Platz. Eine geschnitzte Madonna stammt aus der Werkstatt von Claus Berg* in Odense. Die geschnitzte hölzerne Taufe in der Kapelle entstand 1645. An den Wänden finden sich zahlreiche Epitaphien aus verschiedenen Jahrhunderten. – In der Algade 1, im *Konsul Ørums Gård,* einem Fachwerkgebäude aus dem 18. Jh., ist das *Heimatmuseum* untergebracht. Hier sind u. a. ein Klassenzimmer, ein Laden und eine Apotheke von ca. 1900 zu sehen. *Algade 3* ist ein Fachwerkhaus mit einer gemauerten klassizistischen Fassade von 1834; *Algade 12* war einmal das Haus des Bürgermeisters Hans Gram, der es 1624 errichten ließ, auch ein Fachwerkbau. – Das *Rathaus,* ebenfalls in der Algade, wurde 1848 nach Plänen von F. F. Friis* erbaut; der Baustil ist eine Art ländlicher Klassizismus.

Sæbygård (w v. Sæby, 14 km s): Der dreiflügelige Renaissance-Herrensitz aus Backstein ist von Wallgräben umgeben. Der n Flügel wurde 1576 von dem holländischen Baumeister Hercules Minow* errichtet. Der ö Flügel wurde während der Schwedenkriege 1558–60 zerstört und danach neu wieder-

Sæby (Frederikshavn), Fresken in der Kirche ▷

HER VNDER HVILER ERLIG

aufgebaut. Der s Flügel schließlich stammt von 1746. Der Torturm mit achteckiger Spitze ist aus dem Jahr 1861. – Der *Sæbygård-Wald* ist ein hübscher Buchenwald mit vielen idyllischen Lichtungen.

Fåborg Südfünen	
Einw.: 17800	S. 256 □ E 6

F. am F.-Fjord wird erstmals 1229 urkundlich erwähnt, als König Valdemar der Sieger die Stadt seiner Schwiegertochter Eleonora von Portugal schenkte. 1251 erhielt sie die Stadtrechte. Ihre Blütezeit erlebte die Stadt im 19. Jh. Im Zentrum gibt es viele Häuser aus dem 18. und 19. Jh.

Helligåndskirken: Die stattliche dreischiffige Kirche im Stil der Spätgotik (Länge 50 m) ist eine von drei noch erhaltenen Heiliggeistkirchen in Dänemark; die beiden anderen befinden sich in Kopenhagen und Randers (Sankt Morten). Diese Kirchen gehörten zu einem Bettelorden, dem sog. Hospitaliterorden. An der N-Seite der Kirche sind noch Spuren der Klosteranlage zu sehen. Mit dem Bau der Kirche wurde nach 1477 begonnen. Der lange, schmale Chor mit dreiseitigem O-Abschluß ist vermutlich etwas älter. Die Kirche hat keinen Turm, nur einen Dachreiter. Als Glockenturm wird der spät-ma Turm der Nikolaj-Kirche in der Lille Tårnstræde benutzt, die im 16. Jh. abgebrochen worden ist. Der achteckige Turmhelm mit Laterne stammt aus dem Jahre 1778.

Fåborg Museum (Sundstræde): Das *Kunstmuseum* wurde 1910 von dem Fabrikanten Mads Rasmussen gestiftet. Zu sehen ist darin eine ausgezeichnete Sammlung der *Fünen-Maler*, einer Malerschule der Jahrhundertwende (1890–1920); vertreten sind Johannes Larsen*, Poul S. Christiansen*, Fritz Syberg*, Peter Hansen* und Jens Birkholm*. Gemeinsam ist diesen Malern die realistische Darstellung der dän. Landschaft. Weiterhin gibt es eine Sammlung von Plastiken Kai Nielsens* (u.a. eine Skulptur von Mads Rasmussen). – Das in den Jahren 1912–15 von Carl Petersen* erbaute Museumsgebäude ist eines der Hauptwerke des dän. Neoklassizismus. Das Portal in der fensterlosen Fassade zur Straße wird von zwei mächtigen Säulen flankiert. Die Fußbodenmosaike im Inneren sind nach Entwürfen von Petersen angefertigt. Im Archiv befinden sich Fresken von Joh. Larsen und Möbel von Kaare Klint*.

Fåborg, Helligåndskirken

Horne (Fåborg), Rundkirche

Außerdem sehenswert: In der Holkegade 1, *Den gamle Gård*, ein Fachwerkhaus, das um 1702 erbaut wurde; hier befindet sich das *Heimatmuseum* (seit 1932). Im Garten steht ein achteckiges *Lusthaus* (um 1800). Holkegade 2, die *Smedehuse* (Schmiedehäuser) wurden 1730 errichtet. *Nr. 3* ist ebenfalls ein hübsches Fachwerkhaus (um 1720). - Das *Rathaus* (Torvet) ist ein spätklassizistischer Bau, 1839/40 errichtet. - In der Vestergade 10 steht ein *klassizistisches Bürgerhaus* (1790-91). - Auf dem Markt kann man den *Ymerbrunnen* von Kai Nielsen* (1914) bewundern, beim Stadion die Skulptur *Sportspige* (Sportmädchen) von Gerhard Henning*. - Das *Vesterport* (W-Tor) ist der einzige erhaltene Teil der ma Stadtbefestigung; es stammt aus dem 15. Jh.

Umgebung

Arreskov (11 km nö): Das vierflügelige *Renaissanceschloß* aus Backstein, an der NO-Seite des größten Sees von Fünen gelegen, wurde 1558-80 erbaut. Über der Tordurchfahrt sieht man die Wappen von Erik Ottesen Rosenkrantz und seiner Frau Helveg Hardenberg, den ersten Besitzern.

Brahetrolleborg (11 km nö): Urspr. lag hier das 1172 von den Zisterziensern gegründete *Holme-Kloster.* Auf diese Zeit geht nur die *Schloßkirche* zurück. Das *Schloß* ist eine dreiflügelige Anlage, die wiederholt umgebaut wurde, zuletzt im späten 19. Jh.; ältester Teil ist im W-Flügel das ehem. Refektorium aus dem 15. Jh. - Schöner Park mit vielen seltenen Bäumen.

Holstenshus (bei Diernæs, 6 km ö): 1910 im Stil des Barock von V. Petersen* erbauter Herrensitz, nachdem das Vorgängergebäude abgebrannt war.

Horne (6 km w): Die auf einer Anhöhe gelegene ma *Kirche* ist eine der sieben erhaltenen Rundkirchen in Dänemark. - Der Rundbau wurde im 12. Jh. aus Feldsteinen errichtet und hatte urspr. zwei Etagen, die untere für den Gottesdienst, die obere mit Schießscharten für die Verteidigung. Die Mauerdicke beträgt 2,3 m. Die neun Gewölbe, die auf vier achteckigen Pfeilern ruhen, stammen aus dem späten 15. Jh. Der got. Chor entstand vermutlich etwas früher. Der Turm stammt von 1540, die geschwungenen Turmgiebel von ca. 1588. Die Einrichtung der Kirche ist überwiegend klassizistisch: Taufstein von Thorvaldsen* und Altargemälde von C. W. Eckersberg* (1812).

Kaleko Mølle (2 km ö): 600 Jahre alte *Wassermühle.* Das bestehende Gebäude aus dem 17. Jh. wurde zwischen 1963 und 1968 restauriert und ist jetzt ein Museum.

Brahetrollborg (Fåborg), Ehemaliges Kloster

Sandholt (bei Vester Hæsinge, 12 km n): *Herrensitz* mit 4 Flügeln. Der O-Flügel ist spätgot. (frühes 16. Jh.). Seine beiden achteckigen Ecktürme stammen aus dem späten 16. Jh. Die Hauptfassade besitzt aus Gründen der Symmetrie zwei Torbögen, von denen nur einer als Durchfahrt angelegt ist.
Stensgård (7 km nw): Dreiflügeliger *Herrensitz,* teils aus Backstein, teils aus Fachwerk, Anfang des 16. Jh. errichtet.
Østrupgård (12 km n): Herrensitz des niederen Adels, bestehend aus einem Steinhaus von ca. 1500 mit Fachwerkflügeln aus dem frühen 18. Jh. Wirtschaftsgebäude mit Strohdach von 1742.

Grenå Djursland	
Einw.: 18500	S. 254 □ F 4

G. ist die größte Stadt auf der Halbinsel Djursland. Im MA lag sie am Fjord des jetzt ausgetrockneten Kolingsund, der einmal das größte Süßwassergewässer Dänemarks war. 1445 erhielt G. die Stadtrechte. Mit dem Bau des großen Hafens ö des Stadtzentrums (ca. 3 km entfernt) wurde 1812 begonnen. Heute sind die Haupterwerbszweige in G. Fischerei, Textilindustrie und Tourismus.

Kirke: Die einschiffige got. Backsteinkirche wurde um 1400 erbaut. Westturm, Sakristei und Waffenhaus stammen aus dem späten MA. Das n Seitenschiff wurde im frühen 17. Jh. errichtet. 1649 brannte die Kirche ab und wurde ohne größere Veränderungen wiederaufgebaut. 1874–75 erhielt der Turm seine heutige Spitze mit Treppengiebeln. Die Glocken sind von 1648; Glockenspiel morgens, mittags und abends. Im Inneren der Kirche ein Altar von 1619 mit einem Gemälde von 1852, eine Kanzel von 1650 (Niels Jensen Koch*) sowie eine Taufe von 1857. Die zwei Glasfenster in der Ostwand wurden 1930 von Jais Nielsen* geschaffen.

Rådhus: Das hübsche klassizistische *Rathaus* wurde 1805 von Just Møller* errichtet. In der Nähe steht eine *Statue von Søren Kanne* (Johannes Bjerg*, 1949). Der Schriftsteller Steen Steensen Blicher hat Kanne, der unter Einsatz seines Lebens zwei Menschen vor dem Ertrinken gerettet haben soll, in einem Gedicht verewigt. Eine weitere Statue von H. W. Bissen* (1868) zeigt *König Frederik VII.*

Djurslands Museum (Søndergade 1): Das *Heimatmuseum* ist in einem aus zwei Gebäudeflügeln (der zweite zur Kannikegade) bestehenden Fachwerkhaus aus dem frühen 18. Jh. untergebracht. Es besitzt zwei Stockwerke; auf der Hofseite befindet sich vor dem 1. Stockwerk eine umlaufende Galerie. Die Sammlungen umfassen Gegenstände aus geschichtlicher und prähistorischer Zeit: Münzen, Spielzeug, Werkzeug, Textilien und Waffen. In einer eigenen *Fischereiabteilung* sind zahlreiche Schiffsmodelle ausgestellt.

Außerdem sehenswert: Auf dem Rosenvinges Plads steht die Skulptur *Grenåpigen (Mädchen aus Grenå) von* Carl Otto Johansen* *(1955). – Lillegade 39 ist ein* Fachwerkhaus aus der Zeit um 1750. Nr. 50 ist der alte *Bürgermeisterhof* von 1768. Eine Gedenktafel erinnert an den Nobelpreisträger *August Krogh,* der hier 1874 geboren wurde. Der Physiologe erhielt die Auszeichnungen für seine grundlegenden Untersuchungen des Haargefäß- und Kapillarnetzes; er starb 1949.

Umgebung

Anholt (50 km nö): Die Fahrt zu der großenteils unter Naturschutz stehenden Insel im Kattegat dauert 2 Stunden 45 Minuten. Der

Leuchtturm wurde 1785–88 erbaut und 1881 erhöht. Die *Kirche* stammt aus dem Jahre 1818. Die erste Kirche war von den Engländern zerstört worden, die A. um 1811 besetzt hatten. Aus der alten Kirche ist nur noch der ma Granittaufstein erhalten.

Gjerrild (11 km nw): Roman. *Kirche* aus Kreidestein. Die Fassade ist mit Blendbogen verziert. Der Westturm, das Waffenhaus im S und die Kapelle im N sind spät-ma. Kalkmalereien von ca. 1500; geschaffen hat sie der sog. Brarupmeister. Dargestellt sind: die Schöpfung, Gott verteidigt das Himmelreich gegen Luzifer und seine Unterteufel (so hat man sich wohl eine spät-ma Schlacht vorzustellen), der Sündenfall, die Vertreibung aus dem Paradies und schließlich Eva spinnend und Adam mit einem Pflug, vor den zwei Pferde gespannt sind. Roman. Granittaufstein; Kanzel von 1683.

Hammelev (2 km n): Die roman. *Kirche* wurde um 1100 aus Kalkstein erbaut. Das Schiff ist mit Blendarkaden verziert, der Chor mit einem Rundbogenfries. Der Westturm, das Waffenhaus und die Gewölbe stammen aus der Zeit um 1500. Im Inneren der Kirche befindet sich ein roman. Granittaufstein. Das Pfarrhaus wurde um 1760 errichtet.

Katholm (7 km s): Renaissance-Herrensitz. Haupt- und Seitenflügel mit Treppenturm zum Hof und zwei achteckigen Ecktürmen wurden zwischen 1588 und 1591 erbaut, der unscheinbare zweite Seitenflügel (der Westflügel) 1922. Die Giebel sind geschwungen, wie es zur Zeit der Renaissance üblich war. Scheune von 1618. Das Gebäude liegt auf einer Insel.

Lykkesholm (n v. Balle, 15 km sw): Einstökkiger Herrensitz. Das klassizistische Bauwerk wurde 1804 von Just Møller* errichtet. Seitenflügel von 1850.

Rimsø (10 km nw): *Dorfkirche.* Chor und Schiff aus Granitquadern sind roman.; Turm und Waffenhaus aus Backstein sind spätgot. Prächtiges reliefgeschmücktes Südportal. – Auf dem Kirchhof steht ein *Runenstein* aus der Wikingerzeit. Der strohgedeckte *Pfarrhof* aus Fachwerk gilt als der älteste Pfarrhof in Dänemark; er wurde 1593 erbaut.

Ryomgård (28 km w): Der Herrensitz *Gammel Ryomgård* wurde im 17. Jh. errichtet und 1768–70 umgebaut. Die Scheune stammt aus dem Jahre 1635. – 2 km nw von R. liegt die *Marie Magdalene Kirke;* Schiff, Chor und Apsis wurden zwischen 1225 und 1250 aus Backstein auf einem Granitsockel errichtet, der Turm 1593. Die Grabkapelle an der Südseite des Chores entstand 1693. Aus dem Giebel des Waffenhauses wächst ein Vogelbeerbaum. Kalkmalereien aus der

Thorsager (Grenå), Rundkirche

Zeit um 1500; Rokokoaltar von 1757 und Taufstein von 1716.

Skaføgård (über Ryomgård, 35 km w): Der Renaissance-Herrensitz wurde 1580-82 von dem Bauherrn von → *Rosenholm* (vgl. Århus), Jørgen Rosenkrantz, errichtet. Die dreiflügelige Anlage besitzt ein Stockwerk über einem hohen Keller. Das ungewöhnliche Torhaus mit zwei quadratischen Ecktürmen und einem Wendeltreppenturm wurde um 1600 in Verlängerung des einen Seitenflügels erbaut. Das Pächterhaus parallel zum Haupthaus stammt aus dem 17. Jh., ein Treppenturm auf der Hofseite des Hauptflügels von 1856/57 (L. Winstrup*). Die Gebäude sind von einem Wassergraben umgeben.

Sostrup (bei Gjerrild, 11 km nw): Der dreiflügelige *Renaissance-Herrensitz* wurde 1599-1609 erbaut; er besitzt drei Stockwerke. Seit 1960 befindet sich hier eine Hotelpension, die von Nonnen geleitet wird. Schönes Sandsteinportal. Wirtschaftsgebäude aus dem 17. Jh. Hier befindet sich auch eine 1968 geweihte Kapelle.

Thorsager (über Kolind, 34 km sw): Der Name des Ortes bedeutet »Thors Acker«. Hier steht die einzige Rundkirche Jütlands. Rundschiff, Chor und Apsis wurden im 13. Jh. vermutlich im Auftrag König Valdemars des Siegers als Hofkirche erbaut. Das Untergeschoß eines Westturmes und das w Waffenhaus stammen aus dem Spät-MA. Das Rundschiff ist zweistöckig. Die neun Gewölbe des Untergeschosses werden von vier massiven Säulen getragen. Das mittlere Gewölbe fehlte ursprünglich, so daß eine Verbindung zwischen beiden Stockwerken bestand. Das obere diente wahrscheinlich als Herrscherempore. In dieses Obergeschoß gelangt man über eine Wendeltreppe; es besitzt eine flache Decke. Die vier Rundpfeiler im Inneren der Kirche tragen den Turm. Kruzifix von 1525.

Vejlby (über Ålsø, 6 km sw): Die *Kirche* in V. ist durch ihren Pfarrer *Søren Quist* bekannt geworden, der im Jahre 1607 hingerichtet wurde - für den Mord an seinem Kutscher. Die Frage, ob er wirklich schuldig war, ist immer noch umstritten; jedenfalls gelang es seinem Sohn, zwei der offenbar leicht geistesgestörten Zeugen wegen Falschaussage ebenfalls hinrichten zu lassen. Ein Gemälde von 1652 auf der Rückseite des Altars (1588) stellt angeblich Søren Quist dar. Steen Steensen Blicher (1782-1842) hat diese Begebenheit als Stoff für eine hervorragende Kriminalgeschichte verwendet, die 1829 erschienen ist: »Der Pfarrer von Vejlby«. Die Kanzel der roman. Kirche stammt aus der Zeit um 1600.

Voldby (4 km n): Ma *Dorfkirche*. Altar von ca. 1660; Kanzel von 1666; roman. Granittaufstein. Die gesamte Kirche wurde um 1520 ausgemalt; zu sehen sind u. a. ein Kriegsschiff mit einer dän. Flagge und Karikaturen von Ritterturnieren: Ein nackter König ohne Kopf (sein Oberkörper weist Gesichtszüge auf) und ein König ohne Körper (sein Kopf hat Beine) bekämpfen sich. (Die Bauernkriege kündigten sich an!)

Ålsø Kirke (5 km s): Die urspr. roman. Kirche aus Kreide- und Feldstein wurde im MA umgebaut. Das Waffenhaus hat einen geschwungenen Renaissancegiebel von 1609; der Turm stammt von ca. 1450. Altar von 1602; Kanzel von 1590. Die Grabkapelle an der Südseite des Chores für das Ehepaar Thomas Fasti und Christence Bryske wurde 1611 errichtet. Schöne Grabsteine (u. a. von Johannes Wiedeveldt*, 1791). - Auf dem Friedhof befindet sich das Grab von Søren Kanne (vgl. Grenå).

Haderslev/Hadersleben Südjütland	
Einw.: 29900	S. 256 □ C 6

H. entstand Ende des 12. Jh. zur Zeit Valdemars des Großen. Die Stadtrechte erhielt es 1292. Im MA war die Stadt ein wichtiges

Haderslev, Domkirken (l), Sankt Severin Kirke (r)

Handels- und religiöses Zentrum (Dominikanerkloster). Außerdem gab es eine Burg, *Haderslevhus* oder *Hansborg* genannt, weil sie im 16. Jh. Herzog Hans d. Ä. gehörte; später war sie im Besitz der Krone. Frederik II. und Christian IV. hielten sich hier oft auf. Im 16. und 17. Jh. versandete der Fjord. H. verlor seine Bedeutung als Verkehrsknotenpunkt. Nach dem 2. Schleswig-holsteinischen Krieg fiel H. 1864 an Deutschland.

Vor Frue Kirke/Domkirken: Der Dom steht an einem der höchsten Punkte der Stadt. Bereits im 12. Jh. hatte sich an dieser Stelle eine Kirche aus Granitquadern befunden, die wahrscheinlich zerstört wurde, als König Erik Pflugpfennig H. 1247 in Brand steckte. Einige Granitquader, die beim Neubau im 13. Jh. mitverwendet wurden, weisen Brandspuren auf. – Der älteste Teil der heute bestehenden Backsteinkirche ist das spätroman. Querhaus von ca. 1250. Das dreischiffige Langhaus wurde um 1260 errichtet. Es handelt sich dabei um eine Hallenkirche; die drei Schiffe haben fast gleiche Höhe. 1420 wurden der roman. Chor und die O-Kapellen des Querhauses abgebrochen; an deren Stelle wurde ein dreischiffiger got. Langchor mit dreiseitigem O-Abschluß errichtet. Bemerkenswert sind die Strebepfeiler, einzigartig in Dänemark, die 18 m hohen Fenster sowie der Fußgängerdurchgang entlang der Nørregade. – Im Inneren sind bes. sehenswert ein gegossenes Taufbecken, das der Flensburger Glockengießer Peter Hansen fertigte, und der Altar; dieser besteht aus einem roman. Kruzifix von ca. 1300, den Figuren von Maria und Johannes (um 1425–30) und einer Reihe von Apostelfiguren aus Alabaster (um 1425). Die Kanzel stammt von 1636, der Orgelprospekt von 1652. Zu sehen sind außerdem noch Grabsteine aus dem 17. Jh.

Sankt Severin Kirke (Storegade): Granitquaderkirche aus dem 12. Jh. Der W-Turm ist spätgot. und wurde 1912 erhöht. Das Fresko in der Chorapsis ist von Hjalte Skovgaard* (1926), von dem auch das Kruzifix stammt.

Hertug Hans' Hospital (Sønderbro): Das Spital wurde 1569 von Herzog Hans d.Ä. gegründet. Aus dieser Zeit stammt auch der Hauptflügel mit W-Giebel zur Straße, in dem sich die Kirche befindet. Die beiden Seitenflügel, parallel zur Straße gelegen, entstanden 1726. In den W-Giebel ist eine Sandsteintafel mit dem Wappen von Herzog Hans eingemauert.

Haderslev Museum/Südjütlands Freilichtmuseum (Dalgade 7): Bes. sehenswert bei den *archäologischen Sammlungen* sind zwei Goldschalen aus der jüngeren Bronzezeit, die 1886 in Ladegård bei Vojens gefunden wurden, eine Kopie der Tracht des sog. Skrydstrup-Mädchens (Fund in einem Eichensarg 1935, Original im Nationalmuseum in Kopenhagen), ein großer Waffenfund aus der älteren Eisenzeit (Ejsbøl) und der sog. Vejstrup-Skov-Fund (Gegenstände des Neandertalervolks von ca. 240000 v.Chr.). Die *Sammlungen aus historischer Zeit* umfassen Trachten, Einrichtungsgegenstände und Silber. Im Freien schließlich sind einige alte Höfe und eine Bockmühle zu sehen.

Außerdem sehenswert: Slotsgade 20 und 23: *Fachwerkhäuser* aus dem späten 16.Jh. - In der Badstuestræde 16 ein *Erkerhaus* aus dem Jahre 1821; in einer Nische über dem Haupteingang steht eine Eisenfigur der Fortuna. - Auf dem Møllepladsen die *Große Mühle* von 1827. - In der Smedegade steht die *Lateinschule* von 1735.

Veranstaltungen: Jeden Freitag findet eine *Wachtparade des Schleswigschen Fußregiments* von der Kaserne (Nørregade) zum Dom statt; dort wird eine Seite im Gedenkbuch für die Gefallenen umgeblättert. Die ersten drei Freitage im Juli ohne Musik. - Die Kapelle desselben Regiments spielt jeden Sonntag von 11 bis 12 Uhr im Dampark (nicht während der Schulferien).

Umgebung

Christiansfeld (12 km n): Der nach Christian VII. benannte Ort wurde 1772 von der *Herrnhuter Brüdergemeine* gegründet, vermutlich auf Initiative des Geheimkabinettsministers Struensee. Es wird behauptet, daß er den geisteskranken König dadurch bei Laune halten wollte, daß ein Ort nach ihm benannt wurde. Wahrscheinlicher ist jedoch, daß sich Struensee durch die Ansiedlung der Sektierer einen wirtschaftlichen Aufschwung für die Gegend erhoffte. Die beiden Hauptstraßen, *Lindegade* und *Nørregade,* bilden ein Kreuz; sie schneiden sich am Kirkeplads (Kirchplatz), an dem auch der Löschteich und das Spritzenhaus liegen. Die Gebäude - zweistöckig - wurden aus gelbem Ziegel errichtet. - Die *Kirche* bietet Platz für 1000 Personen. Der Kirchenraum ist weiß getüncht, die Bänke sind weiß gestrichen. Es gibt weder Altar noch Kanzel, nur einen auf einem Podest stehenden Predigt- oder Liturgietisch. Der Dachreiter der Kirche stammt aus dem Jahre 1894, nachdem der ursprüngliche von einem Sturm herabgeweht worden war. - *Lindegade 17* war das erste Haus in Christiansfeld. Nr. 25, das *Hotel,* wurde wiederholt umgebaut; hier wurde am 18.7.1864 der Waffenstillstand zwischen Deutschland und Dänemark geschlossen. *Lindegade 26* und *28* waren die Häuser der Gründer der Siedlung, Jonathan Briant und Johannes Prätorius. Nr. 34 ist das *Brødrehus* (Brüderhaus); hier leben die unverheirateten männlichen Mitglieder der Gemeine (1774-77 errichtet). - Das entsprechende *Søstrehus* (Schwesternhaus) liegt in der Nørregade 14; es wurde zwischen 1776 und 1800 erbaut. Im Chorsaal befindet sich eine Orgel. Nørregade 16 ist das *Enkehus* (Witwenhaus); es beherbergt in einem Anbau ein *Museum,* in dem die Geschichte Christiansfelds und der Missionstätigkeit der Herrnhuter dokumentiert wird. Im Keller befindet sich das *Feuerwehrmuseum Südjütlands* mit 26 Spritzen, Leitern und Uniformen hauptsächlich aus der Zeit zwischen 1851 und 1920. - Der *Friedhof* (Gudsager = Gottesacker) ist bes. sehenswert: Die Männer liegen w vom Haupteingang, die Frauen ö davon. Alle Grabsteine sind gleich gestaltet. - In der Nähe des Friedhofs steht auch ein *Monument für die Wiedervereinigung 1920* (Hans Syberg* und Niels Skovgaard*, 1935).

Fjelstrup (11 km n): Chor und Schiff der *Backsteinkirche* stammen aus der Zeit zwischen 1200 und 1225. In der S-Mauer des Schiffes ist ein Relief mit einer Kreuzigungsszene zu sehen. Turm, N-Kapelle und Chorverlängerung sind spät-ma. Ursprungs.

Starup (Haderslev), Kirche

Oksenvad (über Sommersted und Mølby, 18 km nw): Hübsche roman. *Kirche* aus Granitquadern. Die S-Tür und die Fenster im N und O sind original erhalten. Kalkmalereien im Chor vom sog. Lilje-Meister (um 1515). Kruzifix von ca. 1250.

Starup (3 km ö): Die einsam am Haderslev-Fjord gelegene *Kirche* ist vermutlich die älteste in S-Jütland. Sie wurde im späten 12. Jh. aus Schwemmstein erbaut und war wohl als dreischiffige roman. Basilika geplant; diese Form erhielt sie schließlich bei einer Restaurierung 1908–18. Chor und Apsis entstanden gleichzeitig mit dem Mittelschiff; Waffenhaus und Sakristei stammen aus dem späten MA. Die Fresken an den Wänden des Mittelschiffs wurden 1917/18 von A. Wilckens* geschaffen. Das Taufbekken ist sehr unkonventionell gestaltet; es wird von einem schwebenden Rokokoengel gehalten (18. Jh.). Kanzel von 1622. Auf dem Kirchhof befindet sich einer der ältesten *Runensteine* Dänemarks.

Store Nustrup (22 km w): Große roman. *Kirche*, bestehend aus Langhaus, Chor und Apsis (Länge 40 m), im 13. Jh. aus Granitquadern errichtet. Turm und Waffenhaus entstanden im Spät-MA. Altartafel von ca. 1475; Kruzifix von ca. 1400, außerdem ein etwa zur gleichen Zeit geschaffenes Prozessionskruzifix; Kanzel von 1575; Reliefs und Himmel von 1635. – Hier befindet sich auch eine Holzskulptur des hl. Hjælper von ca. 1500 (vgl. Kliplev bei →Abenrå). Wahrscheinlich handelt es sich dabei um einen bärtigen Christus am Kreuz mit einem langen Gewand und einer Krone auf dem Kopf. Es gibt jedoch auch eine Legende, die besagt, dargestellt sei eine portugiesische Königstochter: Als ihr Vater sie verheiraten wollte, obwohl sie ihr Leben Jesus geweiht hatte, flehte sie den Himmel um Hilfe an, sie wolle für Männer nicht mehr begehrenswert sein. Und siehe: Ihr wuchs ein Vollbart.

Sønder Vilstrup (7 km s): Am Weg nach Nørre Vilstrup steht eine roman. *Kirche* aus Granitquadern, die im späten MA zu einer Kreuzkirche umgebaut wurde. Der Turm ist ebenfalls spät-ma (Kuppel von 1748). Ro-

Helsingør, Schloß Kronborg

man. Granittaufstein; zwei Kruzifixe von ca. 1325 und ca. 1500; Kanzel von 1678.
Tyrstrup (sw v. Christiansfeld, 12 km n): Die urspr. zum *Pfarrhaus* gehörende *Scheune* wurde um 1660 aus bis zu 70 cm breiten Eichenplanken erbaut; solche Gebäude, sog. *Bulhuse*, sind typisch für diese Gegend.
Vedsted (11 km sw): Auf dem *Friedhof* bei der ma *Kirche* steht ein großes *Kriegerdenkmal*, ein Friedensengel, für die Gefallenen des 1. Weltkriegs von Joakim* und Johan Thomas* Skovgaard.
Øsby (10 km ö): Ungewöhnlich große spätgot. *Dorfkirche*, die um 1500–25 an der Stelle einer roman. Kirche errichtet wurde. Teile des roman. Bauwerks aus Feldstein sind in den got. Bau aus Backstein eingegangen, z. B. der O-Giebel. An die s Seitenkapelle ist ein Beinhaus angebaut. Im Inneren befindet sich eine Kanzel von 1559 mit Darstellungen des Teufels und seiner Großmutter sowie – symmetrisch dazu – von Adam und Eva. Kruzifix von 1475.
Åstrupgård (am nö Stadtrand): Herrenhaus von 1781. Die nahe gelegene roman. *Kirche* aus Feldstein ist berühmt für ihre prächtige Kassettendecke von 1675. Eine Sonnenuhr zeigt »die von Gott hervorgebrachte Sonnenzeit, nicht die von Deutschland 1893 eingeführte Einheitszeit«.

Helsingør (Elsinore)

Nordseeland

Einw.: 56 100	S. 258 □ K 4

H. entstand im 13. Jh. am Øresund, an der Stelle, wo die Überfahrt von Seeland nach Schonen am kürzesten ist. Im Jahre 1426 erhielt es die Stadtrechte. Die große Zeit der Stadt begann, als König Erik von Pommern 1429 den sog. *Øresundzoll* einführte, der von allen Schiffen erhoben wurde, die durch den Sund fuhren. Dieser Zoll wurde erst im letzten Jahrhundert, nämlich 1857, abgeschafft. Im 15. Jh. wurde H. außerdem ein geistliches Zentrum, als ein Franziskaner-, ein Dominikaner- und ein Karmeliterkloster entstanden.

Helsingør, Schloß Kronborg, Rittersaal

Kronborg: Schloß Kronborg ist wahrscheinlich das berühmteste Schloß in Dänemark. Es ist der Schauplatz von Shakespeares Tragödie *»Hamlet«* (1590 geschrieben). - Erik von Pommern ließ hier 1410 eine *Krogen* (Haken) genannte Burg mit massiver Ringmauer und quadratischem Innenhof bauen. Reste davon sind im N-Flügel (Saal mit Holzsäulen und Kalkmalereien) und im W-Flügel (gewölbter Festsaal) des heutigen Schlosses erhalten. Dieses entstand im Auftrag Frederiks II. in den Jahren 1574-85 im Renaissancestil; die Baumeister waren die Niederländer Hans van Paeschen* und Antonius van Opbergen*. Die vierflügelige Anlage mit geschlossenem Innenhof, Eck- und Treppentürmen ist ganz mit Sandstein aus Schonen verkleidet; die Dächer sind alle mit Kupfer gedeckt. 1629 verwüstete ein Brand das Schloß. Christian IV. ließ es umgehend von Hans von Steenwinckel* in unveränderter Form wiederaufbauen. 1785-1922 diente es als Kaserne; 1925-32 wurde es restauriert.

In 27 Räumen ist ein *Handels- und Seefahrtsmuseum* untergebracht, dokumentiert werden u.a. die dän. Kolonialgeschichte, die Geschichte des Schiffbaus und der Leuchtfeuer. - Im N-Flügel des Schlosses befinden sich die ehem. Gemächer des Königs und der Königin mit prachtvollen Marmorkaminen, Türrahmen und Deckengemälden aus der Zeit um 1630. Von dem urspr. Mobiliar ist kaum noch etwas erhalten; die heute zu sehenden Einrichtungsgegenstände stammen aus dem 17. Jh. - Im S-Flügel liegt die *Schloßkirche,* die sich über die zwei unteren Stockwerke erstreckt. Dank ihrer steinernen Gewölbe blieb sie 1629 vom Feuer verschont. Die Ausstattung im Renaissancestil stammt aus dem 16. Jh. (Altar mit einem die Kreuzigung darstellenden vergoldeten Alabasterrelief von 1587). Über der Kirche liegt der 62 m lange und 11 m breite *Tanz-* oder *Rittersaal,* der größte Rittersaal Skandinaviens. Daran schließt sich eine *O-Galerie* an, in der zahlreiche großformatige Gemälde aus dem 16. Jh. hängen. - Im W-Flügel, im sog. *Kleinen Saal,* sind sieben wertvolle Gobelins (ca.

1582) ausgestellt. Bemerkenswert im äußeren Festungsring, dem sog. *Kronwerk,* sind außerdem ein *Portal* von L. van Haven* (1690) und gegenüber vom Schloßportal das sog. *Mørkeport* (dunkles Tor, 1577).
Auf Kronborg finden gelegentlich im Sommer die *Hamlet-Festspiele* statt. Lawrence Olivier und Michael Redgrave sind hier schon aufgetreten.

Sankt Mariæ Kirke og Karmeliterklostret: Die dreischiffige spätgot. Kirche wurde 1450–85 erbaut. Sie bildet den S-Flügel eines ehem. Karmeliterklosters und ist wie dieses aus rotem Backstein errichtet. Die Treppengiebel sind mit Blendwerk verziert. Im Inneren sind neben Kalkmalereien, die zwischen 1460 und 1525 entstanden sind (u. a. Szenen aus dem Leben Jesu), ein Barockaltar (1637), ein Renaissancetaufstein, eine Kanzel von 1597 und eine Orgel von 1637 zu sehen. Der weltberühmte Barockkomponist *Dietrich Buxtehude* (1637–1707) war hier von 1660 bis 1668 Organist; er wohnte übrigens in der Sankt Annæ Gade 6. – Die *Klostergebäude* umschließen einen Innenhof mit offenem Kreuzgang. Im n Flügel liegt das *Refektorium* (Kalkmalereien aus der Zeit um 1500), im ö befinden sich der *Kapitelsaal* mit vier prächtigen Gewölben (im Schnittpunkt der Gewölberippen farbige Sandsteinreliefs aus dem späten 15. Jh.) sowie das *Dormitorium,* die *Sakristei* und darüber ein *Musikzimmer.* Hier sind Fresken musizierender Engel von ca. 1510 zu finden. Das Karmeliterkloster ist die am besten erhaltene Klosteranlage in Skandinavien.

Sankt Olai Kirke (Domkirken): Der spätgot. Backsteinbau wurde 1480–1559 errichtet. Im n Seitenschiff finden sich noch Reste einer roman. Vorgängerkirche aus dem 13. Jh. Die Ausstattung ist teilweise barock (Altar und Chorgitter). In der Taufkapelle sind Gemälde von Joakim Skovgaard* zu sehen. Zahlreiche Epitaphien. Dreifaltigkeitskapelle von 1474 an der N-Seite.

Marienlyst Slot (Marienlyst Allé): Der Mittelteil des Schlosses wurde 1587 als Lusthaus, *Lundehave* genannt, für das Schloß Kronborg erbaut. 1759–63 wurde es von dem franz. Architekten N.-H. Jardin* erweitert. Der dreistöckige neoklassizistische Bau erinnert an einen ital. Palast. Im Schloß, mit Innenausstattungen im Stil Ludwigs XVI., ist eine Abteilung des *Stadtmuseums* (Gemälde und Stiche) untergebracht.

Alte Häuser: Von den sehenswerten Gebäuden aus dem 16. bis 19. Jh. stehen die mei-

Helsingør, Karmeliterklostret (l); Humblebæk, Louisiana, Plastik von Alexander Calder

sten in der *Stengade* und der *Strandgade*, die parallel verlaufen. Stengade 46 ist das *ehem. schwedische Konsulat*, um 1790 von dem schwed. Architekten C. F. Adelcrantz im Stil des Neoklassizismus erbaut. Nr. 59 ist das monumentale neogot. *Rathaus* (um 1850). 1739 wurde *Nr. 64* für den Ratsherrn Nikolaj Christian Dahl errichtet, ein barokkes Bürgerhaus, dessen Fassade von einem gewaltigen halbrunden Frontispiz bekrönt ist. Der Giebel zur Færgestræde des Hauses *Stengade 66* stammt aus dem 15. Jh. und hat große Ähnlichkeit mit einem Kirchengiebel. Ebenfalls spätgot. sind *Nr. 72* und *Nr. 74*. *Stengade 76* ist das älteste erhaltene bürgerliche Renaissancehaus in Dänemark, 1579 erbaut. *Nr. 77* schließlich ist ein ansehnliches Rokokohaus. - Der Rückweg führt durch die Strandgade: Das Rokokopalais *Nr. 95* wurde 1759-61 von P. de Lange* errichtet; ungewöhnlich sind die Schiebefenster. *Nr. 93* ist ein klassizistisches Palais, 1791-93 erbaut für einen Reeder und Kaufmann; die Pläne stammen von H. C. Harsdorff*. *Rasmussens Gård* (Nr. 91) ist ein Fachwerkbau mit gemauerter Fassade, 1580 erbaut und 1637 aufgestockt. *Nr. 79* ist ein spätgot. Gebäude von 1577 mit einem got. Giebel; hier befindet sich die *alte Apotheke*. - Jetzt lohnt sich noch ein Abstecher in die schmale idyllische *Færgestræde!* - Ebenfalls zur Apotheke gehört *Strandgade 77*, ein Haus aus der Zeit Christians IV. (1642). *Nr. 75* ist ein barockes Bürgerhaus aus der Mitte des 18. Jh. - *Strandgade 55* besitzt eine hübsche Renaissancefassade, die flämische Einflüsse erkennen läßt.

Danmarks Tekniske Museum (*Allgemeine Abteilung:* Nordre Strandvej 23, *Verkehr:* Ole Rømersvej): Im *Technischen Museum* werden die Entwicklung und die Bedeutung von Naturwissenschaften und Technik dokumentiert. Zu sehen sind u. a. Kopenhagens älteste Straßenbahn und ältester Omnibus, der älteste Zug der dän. Staatsbahnen und die ersten Fahr- und Motorräder (Marken: Ellehammer und Nimbus), die in Dänemark gebaut wurden. Eine Spezialsammlung ist dem Astronomen und späteren Polizeipräsidenten von Kopenhagen, *Ole Rømer* (1644-1710), gewidmet, der 1675 die Lichtgeschwindigkeit maß und somit als endliche Größe bestimmte.

Helsingør Bymuseum/Karmeliterhuset (Hestemøllestræde): Das *Stadtmuseum* ist im ehem. Armenhaus untergebracht, einem spätgot. Bauwerk, das zwischen 1516 und 1530 errichtet wurde.

Außerdem sehenswert: Die *Svea-Säule* am

Humblebæk (Helsingør), Museum Louisiana, Plastik »Die Liegende« von Henry Moore

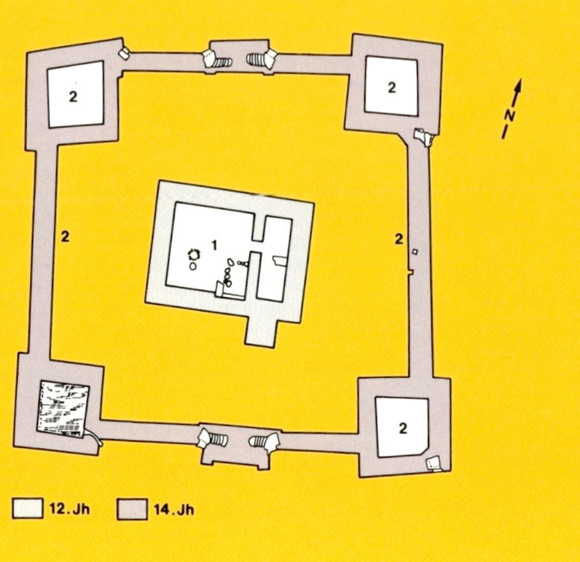

Burgruine Gurre 1 Mitteltum, 12. Jh. **2** Ringmauer und Ecktürme aus der Zeit Valdemar Atterdags (14. Jh.)

Hafen, die zur Erinnerung an die Hilfe, die Schweden dän. Flüchtlingen während der Zeit der dt. Besetzung 1940–45 zuteil werden ließ, errichtet wurde. – Der *Erik-von-Pommern-Brunnen* auf dem Axeltorv ist ein Werk von E. Utzon-Frank* – Das *Øresundakvarium* an der Strandpromenade.

Umgebung

Gurre (6 km w): *Burgruine* am idyllischen Gurre-See. Die Burg bestand aus einem rechteckigen Bauwerk aus Feldstein, das eine Ziegelmauer mit vier Ecktürmen umgab. König Valdemar Atterdag starb hier 1375. Während der bürgerkriegsähnlichen Grafenfehde wurde die Burg 1534 zerstört.

Hellebæk (6 km nw): Der Herrensitz *Hellebækgård* wurde 1747 von P. de Lange* errichtet. In einem s Seitenflügel befindet sich eine Kapelle (1796).

Humlebæk (9 km s): *Louisiana* wurde als Museum für moderne Kunst 1958 von Knud W. Jensen gegründet. Eine Villa von etwa 1860 bildet das Eingangshaus. Die Ausstellungsgebäude wurden 1958 und 1982 errichtet; sie harmonieren in einzigartiger Weise mit dem Park, der zum Øresund hin abfällt. Die ständige Sammlung von internationalem Rang umfaßt u. a. Werke von Henry Moore*, Alexander Calder*, Edvard Munch*, Poul S. Christiansen*, Niels Larsen Stevns* und Max Ernst*. Häufig wechselnde Sonderausstellungen.

Nivå (15 km s): Im Kunstmuseum *Nivågårds Malerisamling* sind Werke der holländischen und ital. Renaissance und der dän. Malerei des 19. Jh. zu sehen.

Tikøb (13 km w): Die roman. *Kirche* wurde zwischen 1175 und 1200 erbaut. Sie ist eine der ältesten Backsteinkirchen Dänemarks. Bes. sehenswert sind die Bogenfriese an Chor und Schiff und die beiden roman. Portale. Das Waffenhaus entstand um 1250; die

Gewölbe stammen aus dem 14. Jh., Turm und Sakristei sind spät-ma, ebenso die Treppengiebel. Im Inneren befinden sich ein Triumphkreuz aus dem späten 15. Jh., eine Kanzel aus dem späten 16. Jh. und ein roman. Taufstein aus Sandstein.

Herning
Mitteljütland

Einw.: 55900	S. 254 □ B 4

H. bekam erst 1913 die Stadtrechte. Der inmitten der Heide an der Landstraße Århus – Ringkøbing gelegene Ort hatte 1840 nur 21 Einwohner. Heute ist er vor allem für seine 300 Trikotagenfabriken bekannt.

Carl-Henning Pedersen og Else Alfelts Museum (Uldjydevej): Das 1976 eröffnete Museum besitzt 4000 Werke des Künstlerehepaares *Carl-Henning Pedersen** und *Else Alfelt**. Die Außenseite des Gebäudes (Architekt C. F. Møller*) ist mit einem 90 m langen Steingutfries von Pedersen geschmückt.

Herning Kunstmuseum (Uldjydevej): Die Sammlungen sind in einer ehem. Textilfabrik (»Angli«) untergebracht, einem kreisförmigen Gebäude, das 1965/66 von C. F. Møller* errichtet wurde. Die Wand zum Innenhof ist mit einem 220 m langen und 5 m hohen keramischen Bilderzyklus von C. H. Pedersen* mit dem Titel »Fantasiens leg omkring livets hjul« (Spiel der Phantasie um das Rad des Lebens, 1966–68) verkleidet. In der Ausstellung werden Werke von Manzoni*, Asger Jorn*, Richard Mortensen*, Dewasne* und Vasarely* gezeigt. – Zum Museum gehört ein *Skulpturenpark* mit Werken von Ghermandi*, Tajiri*, Visser*, Jacobsen* und Wiig-Hansen*.

Herning Museum (Museumsgade 1): Archäologische Sammlungen sowie Sammlungen, die sich mit dem Leben der Heidebauern befassen, und Trikotagen. Außerdem ein kleines *Freilichtmuseum.*

Herningholm og Blichermuseet (Viborgvej 72): In dem 300 Jahre alten Herrensitz ist ein Museum für den volkstümlichen jütländischen Dichter *Steen Steensen Blicher* (1782–1848) untergebracht.

Außerdem sehenswert: In *Birk* am O-Rand von H. liegt die *Herning-Hochschule,* ein interessantes modernes Gebäude. Der Komplex, der 1962 von Viggo Møller-Jensen* und Tyge Arnfred* errichtet wurde, besteht aus einem 16 Etagen hohen Hochhaus (Wohnheim) mit Aluminiumverkleidung sowie flachen Gebäuden aus rotem Backstein (Unterrichtsräume etc).

Umgebung

Avlum (17 km nw): Ma *Dorfkirche.* Altar von Jørgen Jensen* (1593). Kruzifix von ca. 1650. Roman. Taufstein aus Granit.
Brande (25 km sö): Ma *Kirche.* Der Turm wurde 1724–37 errichtet. Altar von ca. 1620. – Das Stadtbild wird durch zahlreiche bemalte Hausgiebel belebt (ab 1968), gestaltet von den Malern Poul Agger*, Leif Jepsen*, Kai Führer* und Bjørn Knudsen*. – 5 km sw steht bei *Uhre* eine holländische *Windmühle* aus dem Jahre 1840.
Gjellerup (7 km ö): Roman. *Kirche* aus Granitquadern aus dem 12. Jh. Auf dem Tympanon des zugemauerten S-Portals findet sich die Jahreszahl 1140; das macht die Kirche zur ältesten *datierten* Kirche in Dänemark. Der Turm ist spätgot. Altar von ca. 1700; Kruzifix von ca. 1500; Kanzel von ca. 1650; roman. Granittaufstein. Auf dem Kirchhof ist ein hübscher roman. Grabstein zu sehen.
Søby (12 km s): Im S vom Søby-See wurde von 1940 bis 1967 Braunkohle abgebaut. Der stillgelegte Tagebau wirkt wie eine bizarre Mondlandschaft. – *Braunkohlemuseum,* das die überaus harten Lebensbedingungen der bis zu 5000 Arbeiter, die einmal hier beschäftigt waren, dokumentiert. 56 von ihnen kamen bei Erdrutschen ums Leben oder ertranken.

Hillerød
Nordseeland

Einw.: 33550	S. 258 □ I 5

Die Stadt verdankt ihr Entstehen *Schloß Frederiksborg.* Seit der Eröffnung der S-Bahn 1968 ist sie fast schon ein Vorort von Kopenhagen. Ihren besonderen Charakter

Fredensborg (Hillerød), Fredensborg Slot mit Wachablösung

erhält die Stadt dadurch, daß große Park- und Waldflächen bis ins Zentrum hineinreichen, der *Schloßpark* und der *Grib Skov* (skov = Wald) im N und der *Store Dyrehave* (Große Tierpark) im S.

Frederiksborg Slot: An dieser Stelle lag im MA der Herrensitz *Hillerødsholm.* 1560 erwarb ihn Frederik II. durch Tausch von Admiral Herluf Trolle; er ließ den See (Slotssø) aufstauen und baute ein erstes Schloß, von dem nur noch *Wirtschaftsgebäude* und *zwei Türme* auf der südlichsten der drei Schloßinseln erhalten sind.

Das heutige *Renaissance-Schloß* wurde 1600–20 von Christian IV., dem Sohn Frederiks II., der auf Frederiksborg geboren wurde, auf der mittleren und der nördlichen Insel nach einem ziemlich symmetrischen Plan erbaut: Man verläßt die südliche Insel durch ein *Tor* mit korinthischen Säulen und Dreikantgiebel, das 1736 von dem Bildhauer Didrik Gercken* geschaffen wurde. Die Brücke ist S-förmig, um in gerader Linie auf die Hauptachse des neuen Schlosses zuführen zu können. Durch einen mächtigen *Torturm,* 1618–23 von Hans Steenwinckel d. J.* errichtet, betritt man den *äußeren Schloßhof* auf der mittleren Schloßinsel, der von zwei zweigeschossigen Gebäuden mit niedrigen Treppentürmen begrenzt wird, l vom *Schloßverwaltergebäude* und r vom *Kanzleigebäude.* Auf dem Hof wurde 1620 ein *Neptunbrunnen* von Adrian de Fries* aufgestellt; die originalen Bronzefiguren wurden 1660 von den Schweden geraubt und stehen jetzt im Park von Schloß Drottningholm bei Stockholm. – Über eine weitere Brücke gelangt man zur Hauptinsel, wo sich das *Hauptgebäude* befindet. Der n Flügel, der *Königsflügel,* ist der älteste; danach entstanden der w *Kirchenflügel* mit dem *Kirchturm,* der als einziger die Symmetrie stört, und der ö *Prinzessinnenflügel.* Die Anlage wird zum Kanal und äußeren Schloßhof durch einen niedrigen *Terrassenflügel* abgeschlossen. Die Architekten waren Hans Steenwinckel d. Ä.* und sein Sohn Hans Steenwinckel d. J.*. 1613 wurde in der nw Verlängerung des Königsflügels ein *Brückenflügel* (*Løn-*

Fredensborg (Hillerød), Schloßkapelle

gang = Geheimgang) als Verbindung zum *Møntport* (Münztor) erbaut, wie dieses und im Unterschied zu den andern Gebäuden, die aus rotem Backstein bestehen, aus grauem Sandstein. 1665 brannten Løngang und Møntport aus. Etwa 15 Jahre später richtete man hier nach Plänen von Lambert van Haven* einen *Audienzsaal* und eine *Galerie* mit reicher Stuckdekoration und Wandverkleidung aus gemaltem Marmor ein, die noch unverändert existieren. Das Hauptschloß brannte abgesehen von der Kirche 1859 vollständig ab. Bereits 1865 war der Wiederaufbau (F. Meldahl*) abgeschlossen. – Die Innenrestaurierung wurde weitgehend von dem Brauereikönig J.C. Jacobsen finanziert, der auch die Einrichtung des *Nationalhistorischen Museums* vorschlug, das sich heute hier befindet. Die Sammlungen umfassen in 70 Sälen Historienbilder, Gemälde bekannter Dänen (Könige, Königinnen, Künstler, Politiker), Miniaturen, Skulpturen, Möbel und Teppiche sowie Kunsthandwerk. – Die *Schloßkirche* besitzt eine umlaufende Galerie sowie eine reiche Stuck- und Marmordekoration. Der Altar aus Ebenholz mit Silberreliefs wurde 1606 in Hamburg v. Jacob Mores* gefertigt, ebenso die Kanzel. Die *Orgel* stammt von dem Braunschweiger Meister Esaias Compenius (1610 ff., 1617 aufgestellt); sie ist eines der wertvollsten Musikinstrumente Europas (jeden Do zwischen 13.30 und 14 Uhr zu hören). Die Kirche ist Ordenskirche des dän. Ritterordens. Während der Zeit des Absolutismus (1660–1848) wurden hier die dän. Könige gekrönt.

Nördlich vom Schloß liegt einer der besterhaltenen Barockgärten des Nordens mit einem kleinen zweigeschossigen Renaissance-Schloß (um 1580), das *Badstue* (Badezimmer) genannt wird. Frederik II. benutzte es als Eremitage und besaß dort auch ein Badezimmer mit einem Bleibassin von beachtlichen Ausmaßen.

Nordsjællands Folkemuseum (Helsingørgade 65): Das *Heimatmuseum* ist im Haus eines Kleinbauern aus Helsinge aus dem 18. Jh. untergebracht.

Hillerød, Frederiksborg Slot, Schloßkirche

Umgebung

Esrumgård (16 km nö): Von dem *Zisterzienserkloster* aus dem 12. Jh., das 1559 aufgegeben wurde, steht nur noch ein Wirtschaftsgebäude aus der Zeit zwischen 1350 und 1450. Von diesem Kloster gingen zahlreiche Klostergründungen aus, z. B. ein Kloster *Eldena*, um das herum die Stadt *Greifswald* entstand, was soviel bedeutet wie *Grib Skov*.

Fredensborg (9 km nö): *Fredensborg Slot.* Das Schloß wurde für Frederik IV. errichtet. Sein Name »Burg des Friedens« erinnert an das Ende des großen Nordischen Krieges 1700–21. Das *Hauptgebäude* mit dem eindrucksvollen *Kuppelsaal* und die Seitenflügel um den achteckigen *Schloßhof* wurden 1722 fertiggestellt. Der Architekt war J. C. Krieger*, der seine Vorbilder in Italien hatte. 1741 wurde das Hauptgebäude durch Laurids Thurah* erhöht. Die vier *Eckpavillons* stammen von Niels Eigtved* aus der Zeit nach 1750. 1754–56 wurden die *Seitenflügel* von C. F. Harsdorff* aufgestockt. – Das Innere des Schlosses, das der kgl. Familie als Sommerresidenz dient, ist mit Möbeln aus dem 18. Jh. ausgestattet. – Die *Schloßkirche* ö des Hauptgebäudes aus dem Jahre 1726 besitzt noch ihre urspr. Einrichtung. – Der *Schloßpark* wurde um 1760 von N. H. Jardin* angelegt. Hier findet man den sog. *Marmorgarten* mit Skulpturen von Johannes Wiedeveldt* und außerdem das sog. *Nordmannstal* mit 69 Sandsteinfiguren norwegischer, isländischer und färöischer Bauern, Fischer und Handwerker (J. G. Grund*, 1764–84). – Am Esrum-See liegen zwei *Pavillons* (J. C. Krieger* 1725; umgebaut von C. F. Harsdorff*, 1770). – In der *Slotsgade* in Fredensborg stehen einige hübsche Häuser aus dem 18. und 19. Jh.

Frederikssund (22 km sw): *J. F. Willumsens Museum* (Jenriksvej): In einem 1957 von T. Hvass errichteten Museumsbau, einer H-förmigen Anlage, sind Gemälde, Skulpturen, Graphiken und Zeichnungen des Symbolisten *Jens Ferdinand Willumsen* (1863–1958) ausgestellt. Er selbst ist im Park des Museums begraben. – Neben den Werken Willumsens gibt es hier außerdem eine kleine *Gauguin-Sammlung*. – Die *Kirche* ist eine ma Dorfkirche mit einem Anbau nach N von 1744.

Überquert man den Roskilde-Fjord, so gelangt man nach **Jægerspris** (6 km): *Jægerspris Slot*, eine dreiflügelige Schloßanlage. Der N-Flügel ist spät-ma, der Turm an seiner S-Seite und der S-Flügel wurden von Christian IV. erbaut; die übrigen Teile stammen aus den Jahren 1722–46 (Barock). Im Inneren finden sich Einrichtungen aus dem 18. Jh. – Frederik VII. kaufte das Schloß 1854 und lebte hier jeden Sommer mit seiner Frau, der ehem. Modehändlerin Louise Rasmussen, geadelte Danner. Nach seinem Tod 1863 machte die Witwe daraus eine Stiftung für »hilflose und verlassene Mädchen des Volkes«. – Im Park stehen 54 *Denkmäler* für bekannte Dänen, Norweger und Holsteiner von Johannes Wiedeveldt* (1777–89). Gräfin Danner ist hier in einem Sarkophag in einem offenen Hügelgrab beigesetzt.

Frederiksværk (21 km nw): Eine der ersten Industriestädte Dänemarks. Bereits im 18. Jh. gab es hier eine Kanonenfabrik, eine

Hillerød, Frederiksborg Slot, Schloßkirche ▷

Pulvermühle und eine Gießerei. Am Markt (Torvet) im *Arsenal* befindet sich ein *Fabrik- und Heimatmuseum.* Haus *Nr. 2* ist ein Palais von 1765, das ehem. Verwaltungsgebäude, *Nr. 6* ist das 1804 errichtete Hotel. Auf dem Platz steht die Skulptur *Gießereiarbeiter* von Axel Poulsen* (1956). Ein weiteres *Museum* ist in einer *ehem. Pulvermühle* untergebracht.

Grib Skov (n v. Hillerød): Zweitgrößter Wald Dänemarks mit alten Eichen, Buchen und Birken, 12 km lang und 7 km breit. Er wird nach W hin vom Esrum-See begrenzt. – Der Philosoph und Theologe *Søren Kierkegaard* (1813–55) ging hier gerne und häufig spazieren. An einer bestimmten Stelle, genannt *Stjernen* (= Stern), an der acht Waldwege zusammentreffen und sich Kierkegaard bevorzugt aufhielt, weil sie für ihn das menschliche Dilemma symbolisierte, hat man ihm ein *Monument* errichtet. – Nahe davon liegt ein idyllischer Waldsee, der *Grib Sø.*

Lynge (13 km s): Am Turm der ma *Kirche* befindet sich zwischen den Schallöffnungen ein Monogramm Frederiks IV. und seiner Frau (Diderik Gercken*, 1732). Altartafel von ca. 1630; Kanzel von 1614. Berühmt ist die Kirche für ihre *Kalkmalereien* aus der Werkstatt des Isefjord-Meisters von etwa 1450; im Chor sieht man die Schöpfungsgeschichte und den Sündenfall, die Vertreibung aus dem Paradies und den Mord Kains an Abel. Die »Bildergeschichte« bricht mit dem Bau der Arche Noah ab. Im Chorbogen sind zwei Männer zu sehen, Johannes (Vater) und Jacob (Sohn), vermutlich die Stifter der Fresken.

Nødebo (5 km n): Ma *Dorfkirche* aus Feldstein. Kalkmalereien von ca. 1450 vom sog. Undløse- oder Unionsmeister im w Gewölbe; dargestellt sind die Anbetung der Heiligen Drei Könige, der Apostel Paulus, Johannes der Täufer und die Heiligen Barbara (mit Turm), Katharina (mit Schwert), Genoveva (mit Fackel und Buch), Gertrud (mit Kapelle) und Susanna (mit Götzenbild, außerdem ihre Hinrichtung). Das Altarbild von ca. 1500 stammt von dem Holländer Adrian Ysenbrant*.

Nørre Herlev (5 km s): Ma *Dorfkirche* mit Kalkmalereien aus der Werkstatt des Isefjord-Meisters (um 1450). Bes. sehenswert ist die Rettung eines Schiffes durch den hl. Nikolaus. Einer der Seeleute hängt über der Reling und übergibt sich (eine Szene aus der Nikolauslegende, ein bevorzugter Stoff im MA, da Nikolaus als Heiliger der Seeleute verehrt wird und Dänemark eine seefahrende Nation ist).

Slangerup (18 km sw): Die ungewöhnlich große *Kirche* wurde 1588 vollendet, in einem Mischstil aus spät-ma Tradition und Renaissance; die Architekten waren Hans Steenwinckel d. Ä.* und Jørgen Friborg*. Ungewöhnlich reiches Inventar, u. a. ein Grabstein für die Eltern des Kirchenlieddichters *Thomas Kingo* (1634–1703), der in S. geboren wurde und dort auch eine Zeitlang Pfarrer war.

Søborg (19 km n): Von der Vergangenheit S.s im MA als blühender Hafen- und Handelsstadt zeugt heute nur noch die ungewöhnliche Größe der roman. *Kirche* aus dem späten 12. Jh. Sie ist ein schönes Beispiel früher dän. Backsteinarchitektur. Die Gewölbe des zweischiffigen Langhauses stammen aus dem 14. Jh. und ruhen auf drei runden Säulen, die wie die O-, N- und W-Wand um 1350 bemalt wurden. Kanzel von ca. 1600 mit Himmel von 1871; Altarbild aus dem Jahre 1592 und got. Kruzifix von ca. 1400. – *Søborg Slot.* Ruine einer Burg, die um 1100 erbaut wurde. Sie lag auf einer Insel im jetzt ausgetrockneten Søborg-See. Während der bürgerkriegsähnlichen Grafenfehde (1534–36) wurde sie zerstört und ab 1577 als Steinbruch benutzt. Im frühen MA befand sich hier ein Staatsgefängnis.

Æbelholt Klosterruin og Museum (6 km w): *Ruinen eines Dominikanerklosters* von ca. 1175. Ein Freund Bischof Absalons, des Gründers von Kopenhagen, war hier Abt. Im *Museum* sind Skelettfunde ausgestellt, die gute Rückschlüsse auf die Krankheiten des MA und ihre Behandlungsmethoden zulassen. *Klostergarten* mit Heil- und Küchenkräutern.

Hjørring

Nordjütland (Vendsyssel)

Einw.: 34 400	S. 254 □ D 2

H. ist die Hauptstadt der Provinz Vendsyssel und eine der ältesten Städte Dänemarks. Spuren von steinzeitlicher Besiedelung wurden in der Gegend des Marktplatzes, einer fruchtbaren Anhöhe in der Heide, gefunden. 1234 erhielt der Ort die Stadtrechte. Im MA wurde hier der Thing abgehalten. Ihren Niedergang erlebte die Stadt im späten MA durch Bauernaufstände, Kriege, Pest sowie Feuersbrünste. Der letzte große Stadtbrand brach im Jahre 1819 aus; nur wenige Häuser sind ihm entgangen.

Sankt Catharinekirke: Die roman. Backsteinkirche wurde um 1250 erbaut und in den folgenden Jahrhunderten wiederholt umgebaut. Der dreiseitige Chor, die Sakristei und der Turm stammen aus der 2. Hälfte des 15. Jh. Der geschnitzte Altar aus Eichenholz wurde 1651 geschaffen, das Glockenspiel 1943.

Sankt Hans Kirke: Roman. Backsteinkirche. Sie wurde vermutlich um 1250 errichtet. An der Nordwand findet sich eine Kalkmalerei von ca. 1350; dargestellt ist der hl. Christophorus mit dem Jesuskind. Kanzel von Niels Ipsen* (1602).

Sankt Olai Kirke: Die älteste Kirche in H. wurde Anfang des 12. Jh. vermutlich von dem Halbbruder des hl. Olaf, Harald, erbaut. Bei Ausgrabungen fand man 1965 die Reste von zwei Vorgängerkirchen. Das Bauwerk besteht nur aus Langhaus und Chor aus Granitquadern. Im Inneren sind ein got. Triumphkruzifix von ca. 1275 und eine geschnitzte Kanzel von Niels Ipsen* (1604) zu sehen. Der Altar mit einem Altargemälde aus dem 18. Jh. wurde ebenfalls von Ipsen geschaffen.

Rådhus: Das eingeschossige klassizistische Rathaus wurde 1832-34 nach Plänen von L. Vang* errichtet.

Hjørring Konstmuseum (Brink Seidelinsgade 10): Das ehem. Bibliotheksgebäude wurde 1925/26 nach Plänen von Jens Jacobsen* erbaut. Es besteht aus einem Hauptflügel und zwei Seitenflügeln aus gelbem Backstein und weist Stilelemente des Klassizismus auf. Im ehem. Lesesaal sind sechs Fresken von Niels Larsen Stevns* zu sehen; dargestellt ist der Bauernaufstand unter Skipper Clement im 16. Jh. - Die Sammlungen konzentrieren sich auf modernere Kunst, die in Verbindung mit Nordjütland steht; gezeigt werden u. a. Werke von Johannes Hofmeister*, Svend Engelund*, Poul Anker Bech* und Anne Marie Lütken*.

Vendsyssel historiske Museum (Skolegade): Das *Historische Museum* ist im Probsthof, einem Fachwerkhaus von 1773/74, sowie in drei alten Schulhäusern untergebracht. Zum Museum gehört auch ein 1678 errichtetes

Jægerspris (Hillerød), Jægerspris Slot

Pfarrhaus aus Sindal (14 km w), das man im Garten wieder aufgebaut hat. Ausgestellt sind archäologische Sammlungen und Sammlungen mit Gegenständen aus historischer Zeit, u. a. Möbel und Kunstgewerbe.

Außerdem sehenswert: *Aussichtsturm* am n Stadtrand; von ihm aus hat man bei klarem Wetter Sicht bis nach Skagen. – Der Park *Christiansgave* (hinter dem Bahnhof), urspr. eine Pflanzschule, wurde der Stadt 1843 von Christian VIII. geschenkt. – Auf dem *Ny Kirkegård* (Neuer Friedhof, Kirkegårdsvej) finden sich acht 2000 Jahre alte *Steinsetzungen.*

Umgebung

Bjergby (11 km nö): Roman. *Dorfkirche* aus dem 12. Jh. Prächtige Tympana über dem zugemauerten Südportal und dem Waffenhausportal.

Bøgsted (bei Astrup, 7 km ö): Zweiflügeliger *Herrensitz.* Der Westflügel stammt aus der Zeit um 1600, der Nordflügel von 1790/91.

Børglumkloster (ö v. Børglum, 19 km sw): *Børglum* wurde im 12. Jh. nach Vestervig Bischofssitz; zur Zeit Knud des Heiligen war es Königshof. Der Chor der *Kirche,* die den Nordflügel des Klosters bildet, stammt aus dem 12. Jh. Das dreischiffige Langhaus wurde im 15. Jh. fertiggestellt. Das *Kloster,* ein Prämonstratenserkloster, wurde im 12. Jh. gegründet und bestand bis 1536. Mutterkloster war das Kloster *Steinfeld* in der Eifel. Die drei noch existierenden Gebäudeflügel (der Ostflügel wurde im späten 17. Jh. abgebrochen) stammen aus dem späten 15. Jh.; sie sind durch Umbauten geprägt, die der Hofbaumeister Laurids Thurah*, einer der bedeutendsten Vertreter des Barock in Dänemark, durchführen ließ, nachdem Børglumkloster 1750 in seinen Besitz gekommen war. – Der got. Kirchenraum weist eine sehenswerte Rokokoausstattung (Herrschaftsloge mit darüberliegender Orgel) auf. Der Altar ist 12 m hoch und bedeckt fast die gesamte Chorwand. Im Seitenschiff befindet sich das Marmorgrabmal der Familie Thurah.

Børglumkloster (Hjørring), Altarraum

Hirtshals (16 km n): Hafenstadt mit Fährverbindung nach Kristiansand in Norwegen. Der Ort entstand bei einer 1879/80 angelegten 270 m langen Mole. Mit dem Bau des Hafens wurde 1919 begonnen; erst 1930 wurden die Arbeiten abgeschlossen. 1966 wurde der Hafen erweitert. – In der Vanggårdsgade liegt ein *Museum;* gezeigt werden neben einem lokalhistorischen Bildarchiv Sammlungen, die mit dem Fischfang zu tun haben. Das Gebäude aus behauenen Feldsteinen stammt aus dem späten 19. Jh., eines der ältesten Häuser in H. – Der 35 m hohe *Leuchtturm* wurde 1863 nach Plänen von N. S. Nebelong* erbaut. Von der Kuppel hat man eine hervorragende Aussicht. – Östlich von Hirtshals liegt eine einzigartige Dünenlandschaft.

Høgholt (s v. Sindal, 15 km ö): Der älteste Teil des dreiflügeligen *Herrensitzes* entstand um 1550; der Hauptflügel wurde 1886 von F. Uldall* erbaut. Das Gebäude ist von einem ausgetrockneten Graben umgeben.

Løkken (20 km sw): Badeort. Die ersten Häuser wurden hier bereits 1678 errichtet. Von hier aus kann man mit dem Auto am Strand entlang zu dem 15 km entfernten *Blokhus* fahren.

Lønstrup (12 km w): Fischerort mit ausgezeichnetem Badestrand. Bei einem Unwetter 1877 verwandelte sich der Bach, der durch das Dorf fließt, in einen reißenden Strom und riß Häuser und Gärten mit sich ins Meer. – Etwas s in den Dünen liegt die kleine roman. *Mårup Kirke* aus dem 12. Jh. Sie ist mit Blei gedeckt und besitzt keinen Turm. Am Westgiebel sieht man den riesigen, 1939 geborgenen Anker des engl. Kriegsschiffes »Crescent«, das hier am 6. Dezember 1808 strandete. Eine Gedenktafel erinnert an die 250 Seeleute, die dabei ertranken; nur etwa 50 überlebten damals das Unglück. 4 km s befindet sich im *ehem. Leuchtturm* (1900, 1967 wegen Flugsandes stillgelegt – er steht jetzt in einer Mulde) auf dem 74 m hohen *Rubjerg Knude*, einer Anhöhe aus Lehm, Nordeuropas einziges *Flugsandmuseum*.

Serritslev (16 km s): Roman. *Dorfkirche*. Sehenswert ist ein got. Kruzifix, das aus dem 13. Jh. stammt. Kanzel von 1626.

Vrejlev Kloster (12 km s): Das *ehem. Prämonstratensernonnenkloster* wurde zwischen 1215 und 1253 von Kloster *Børglum* aus gegründet. Die *Kirche* stammt aus dieser Zeit. Sie wurde im späten MA zu einer zweischiffigen Hallenkirche umgebaut. Das Hauptschiff besitzt prächtige sternförmige Gewölbe, das Seitenschiff Kreuzgewölbe. Der Altar stammt aus dem Jahre 1604; die Kanzel und die geschnitzte Taufe entstanden 1639. Das spätgot. Kruzifix ist von ca. 1500. An der Nordwand finden sich Kalkmalereien aus der Zeit um 1600. Wappenschilde. – Der spätgot. n Hauptflügel des Klosters (um 1500) weist im Obergeschoß noch die kleinen Fenster der urspr. Klosterzellen auf. Im Untergeschoß befanden sich Repräsentationsräume. Den Südflügel bildeten die Wirtschaftsgebäude und die Vorratsräume. Den Westflügel hat man nach einem Brand 1914 neu wiederaufgebaut; aus dieser Zeit stammt auch der Turm. – Im MA glaubte man, daß die beiden Klöster Børglum und Vrejlev durch einen Geheimgang miteinander verbunden waren.

Vrensted (24 km sw): Ma *Dorfkirche*. Die Ausstattung besteht u. a. aus einem prachtvollen Triumphkruzifix aus dem 13. Jh., einer Holzskulptur des hl. Christophorus aus dem 15. Jh. und einer Kanzel aus dem späten 16. Jh. Die Kalkmalereien und die Bemalung des Altars (1597) hat Niels Larsen Stevns* 1920 geschaffen. – Das *Pfarrhaus* wurde 1928 nach Plänen von Ulrik Plesner* erbaut.

Vrå (14 km s): Roman. *Kirche*. Die Kalkmalereien im Chor stammen vom selben Maler wie die in der Kirche in *Sæby* (bei → Frederikshavn); geschaffen wurden sie um 1520. Dargestellt sind u. a. das Jüngste Gericht und das »Laster« – eine gerade verwitwete Frau teilt ihr Erbe mit ihrem Liebhaber. Der Text dazu lautet: »Vordh thy ey adh han er døth, men vi hawe thy guld sa rødh« (Sorge dich nicht, daß er tot ist, denn wir haben das rote Gold). Die Kalkmalereien an der Nordwand sind das Werk eines anderen Künstlers; dargestellt ist die Leidensgeschichte in zwei Reihen Medaillons, die von Ranken und Tieren umgeben sind, u. a. einem lautespielenden Schwein. Ein got. Relief aus dem 15. Jh. ist Teil des geschnitzten Altars von 1670. – In Vrå findet jedes Jahr im August in der *Kunsthalle der Hochschule* eine *Ausstellung* dän. und internationaler Künstler statt.

Åstrup (3 km sw): Dreiflügeliger *Herrensitz* aus dem Jahre 1820.

Hobro

Nordostjütland

Einw.: 13700	S. 254 □ D 3

H., am Ende des Mariager-Fjords gelegen, wird erstmals 1421 genannt. 1560 erhielt es die Stadtrechte. Damals sollen seine Bewohner so arm gewesen sein, daß sie nicht einmal das Geld hatten, um den Brückenzoll zu bezahlen. 1813 wurde die Stadt von einem Feuer völlig zerstört. Zu diesem Zeitpunkt war H. der Hafen für Viborg und hatte die besten Verbindungen mit Norwegen; der Handel war beträchtlich. 1859 wurde eine regelmäßige Schiffsverbindung mit Kopenhagen eingerichtet. 1869 wurde H. an das Eisenbahnnetz angeschlossen.

Kirke (Adelgade/Skibsgade): Die Kirche ersetzt eine ältere, die 1850 bei einem Feuer zerstört wurde. Sie wurde 1850–52 von M. G. Bindesbøll* aus abwechselnd roten und gelben Backsteinen in neogot. Stil erbaut. Der Turm erhebt sich ungewöhnlicherweise über dem Ostende; die Fenster des Langhauses befinden sich in Ausbauten, die zinnengeschmückte Giebel besitzen. Das Mosaik an der Altarwand entstand nach Plänen v. Joakim Skovgaard* (1952).

Hobro Museum (Vestergade 21): Das Museum ist in einem Fachwerkhaus von 1821 untergebracht. Ausgestellt sind hier die Funde, die man bei der Wikingerburg → *Fyrkat* gemacht hat: Waffen, Gebrauchsgegenstände und Schmuck, daneben auch Funde aus der Stein- und Bronzezeit sowie Silber, Porzellan und Glas aus neuerer Zeit.

Außerdem sehenswert: *Torvekone* (Marktfrau), Plastik von Adam Fischer* (1951).

Umgebung

Astrup (22 km nö): Die *Kirche* wurde 1542 als eine der ersten nach der Reformation im Auftrag von Axel Juul erbaut. Als Baumaterial dienten u. a. Steine einer Vorgängerkirche. Der Westturm ist achteckig. In der Kirche sind eine Reihe schöner Grabmäler aus verschiedenen Jahrhunderten und ein Altar von 1634 zu sehen.

Boldrup (11 km nw): In einem dreiflügeligen Bauernhaus aus Fachwerk ist ein *Museum* untergebracht, das die historische Entwicklung der Landwirtschaft und des Handwerks in dieser Gegend dokumentiert.

Fovlum (39 km nw): Hübsche ma *Kirche* aus Granitquadern, bestehend aus Schiff, Chor und Apsis. Hinter dem Altar (1633, mit einem Gemälde von J. T. Madsen, 1945) liegt der Pfarrer Mads begraben, der zur Zeit Frederiks II. lebte, diesen einen widerwärtigen Trinker nannte und auch dem Gutsbesitzer Jørgen Lykke die Leviten las. Die Geschichte endete damit, daß man ihm an der Grenze zwischen seinen beiden Gemeinden Fovlum und Ullits den Kopf abschlug. An dieser Stelle in der Heide ist das Gras angeblich immer noch rot gefärbt. Bei Restaurierungsarbeiten Jahre später stellte man fest, daß man seinen Kopf zu seinen Füßen begraben hatte; dieses Versehen wurde rückgängig gemacht. Jetzt hört man angeblich häufig in der Nacht, wie sich der Kopf auf den Weg zu seinem angestammten Platz macht. Die Kanzel stammt von ca. 1600, das Gestühl von 1682.

Fyrkat (3 km sw): *Wikingerburg* vom Trelleborg-Typ. Sie wurde um 980 erbaut. Der Burgplatz hat einen Durchmesser von 120 m. Hier standen in vier Karrees jeweils vier ellipsenförmige Häuser. Der Wall, der in allen vier Himmelsrichtungen durchbrochen ist, ist 3 m hoch und 12 m breit. Nach SO und NW ist er durch einen Wallgraben geschützt. Wozu die Burg gedient hat, ist umstritten; wahrscheinlich war sie das Übungslager und Winterquartier des Wikingerheeres. Ohne diese straffe Organisation hätten die Wikinger ihre Eroberungszüge (in Nordengland und Schottland) nicht

Fyrkat (Hobro), Ringwallanlage

erfolgreich durchführen können. – In der Nähe der Ringburg gab es jahrhundertelang eine *Wassermühle*. Die jetzige wurde 1961 aus Fünen hierher gebracht und ist etwa 200 Jahre alt. Der *Mühlenhof* stammt aus Skrødstrup bei Mariager und ist etwa 150 Jahre alt.

Hadsund (24 km nö): *Heimatmuseum* im Rosendalsvej. Orientalische Sammlung.

Hvalpsund (41 km w): Fährstelle nach Sundøre auf der Halbinsel Salling. – 2 km s liegt der Herrensitz *Hessel,* der als einziger in Dänemark ganz strohgedeckt ist. Die Gebäude sind ca. 300 Jahre alt. Heute ist hier ein *Museum* eingerichtet; zu sehen sind die Möbel der letzten Eigentümer aus dem 18. und 19. Jh. sowie in den Außengebäuden Wagen und Landwirtschaftsgeräte. Außerdem kann man eine alte Schmiede, Pferdeställe und die Kammern der Knechte und Mägde besichtigen.

Klejtrup (14 km sw): Am Südende des Klejtrup-Sees befindet sich eine *Weltkarte,* die von Søren Poulsen geschaffen wurde. Sie mißt 45 × 90 m und ist ins Seeufer gegraben. Die Ozeane sind wassergefüllt, die Gebirge aufgeschüttet.

Lerkenfeld (38 km nw): Dreiflügeliger *Herrensitz,* der 1561–65 für Jørgen Lykke erbaut wurde. Auf der Hofseite befindet sich ein Treppenturm.

Mariager (14 km ö): Der Mariager, *Marias ager* (Marias Acker), an der Südseite des Mariager-Fjords entstand um ein Birgittiner-Kloster, das etwa 1430 gegründet wurde. Der Birgittiner-Orden wurde von Königin Margarethe in Dänemark eingeführt. Außer in Mariager gab es noch in Maribo auf Lolland ein solches Kloster. Es handelte sich um Doppelklöster, d. h. es gab hier Nonnen und Mönche. – Die *Klosterkirche,* eine got. Kreuzkirche mit Turm im W, wurde zwischen 1460 und 1480 erbaut. Sie besaß urspr. einen Chor für die Nonnen im O und einen Chor für die Mönche im W – wie die Kirche in → Maribo und die des Mutterklosters in Vadstena in Schweden. Nach der Reformation verfiel die Kirche; zwei Drittel wurden 1788 abgebrochen. Der ö Kreuzarm wurde erst 1931–33 von Mogens Clemmensen* wiederaufgebaut. In der Kirche sind Kalkmalereien von ca. 1460 zu sehen, an der Nordwand die Kreuztragung. Von den Grabmälern aus dem 15. bis 18. Jh. sind bes. die des Marschalls Otto Krumpen und seines Bruders, des Bischofs Stygge Krumpen (16. Jh.), erwähnenswert. Eine bemerkenswerte Holzskulptur aus der Zeit um 1500 zeigt Christus im offenen Sarg sowie den leidenden Christus. – Vom *Kloster* ist nur noch ein Flügel erhalten, der in der 2. Hälfte des 15. Jh. erbaut wurde; er besitzt zwei

Fyrkat (Hobro), Wikingerburg

Stockwerke. Das untere Stockwerk ist gewölbt. Der achteckige Treppenturm stammt aus dem 16. Jh. In dem Gebäude befinden sich heute Büros der Justizverwaltung. – In der Kirkegade 2–4, einem zweigeschossigen Fachwerkhaus aus dem 18. Jh., ist ein *Museum* untergebracht. Die Seitenflügel und der Torflügel des ehem. Kaufmannshauses stammen aus dem 19. Jh. Ausgestellt sind archäologische Sammlungen und Möbel aus dem 18. und 19. Jh. – Das Rathaus wurde 1821/22 nach Plänen von C. F. Hansen* erbaut und 1914 aufgestockt. Hansen war einer der bedeutendsten Architekten des Klassizismus. – Weiterhin gibt es in dem idyllischen Ort zahlreiche *Fachwerkhäuser* aus dem 18. Jh. – Von M. nach Handest verkehrt jeden Sonntag in der Feriensaison (Juni–August) eine *Museumseisenbahn;* die Lokomotiven und Waggons sind aus der Zeit zwischen 1900 und 1935.

Nørlund (20 km n): Der dreiflügelige *Renaissanceherrensitz* wurde 1581–97 für den Statthalter in Norwegen, Ludvig Munk, erbaut. Der oktogonale Treppenturm an der Hofseite des Hauptflügels wurde 1855 erbaut; er ersetzte einen runden Vorgängerturm. Das Portal ist noch original erhalten (1589); das Portal des Ostflügels stammt von 1655.

Overgård (über Mariager, Havndal, 35 km ö): Der spätgot. Herrensitz wurde in den Jahren 1545–47 errichtet. Er besitzt drei Flügel mit je zwei Stockwerken. Der runde Treppenturm wurde 1730 erhöht und mit einem Sandsteinportal sowie einer Kupferspitze versehen. Zu dem Hof gehört Dänemarks größte Landwirtschaft.

Snæbum (10 km w): Im NO des Dorfes liegen unter einem 8 m hohen Hügel zwei der am besten erhaltenen *Ganggräber* in Dänemark; sie stammen aus der Zeit um 2500 vor Christus.

Udbyneder (31 km ö, über Havndal): Roman. *Backsteinkirche* (1200–25) mit spätgot. Anbauten (Westturm, Waffenhaus nach N). Die Gewölbe aus dem frühen 16. Jh. wurden zwischen 1515 und 1520 ausgemalt. Im Chor sieht man Apostel und Heilige, im ersten ö Gewölbe des Langhauses das Jüngste Gericht und Petrus empfängt die Gerechten im Himmelreich, im zweiten Gewölbe u. a. Marias Krönung im Himmel, die Königswappen Dänemarks, die hl. Elisabeth von Wartburg sowie Anna selbdritt (Anna, Maria und das Jesuskind); im dritten Gewölbe sind zu sehen: der hl. Nikolaus, der beschützend über einer Karavelle, einem ma Segelschiff steht, auf dem sich ein betender König befindet, vielleicht Christian II., außerdem der hl. Michael, der hl. Georg sowie das Wappen von Königin Elisabeth, der Frau Christians II. Der Altar stammt aus dem 17. Jh.

Villestrup (vor Astrup, 20 km nö): Der spätgot. vierflügelige *Herrensitz,* 1538–42 für Axel Juul erbaut, liegt auf einem Inselchen in einem künstlichen See. Um 1720 erhielt der Südflügel ein Sandsteinportal mit dem Wappen der Juuls. Im späten 18. Jh. wurde die gesamte Anlage im Barockstil umgebaut. 1819 wurden die got. Treppengiebel entfernt. – Von V. aus gelangt man durch den *Rold Skov* nach *Skørping;* hier befindet sich *Den Jyske Skovhave* (Der jütländische Waldgarten) mit sämtlichen dän. Baumarten.

Visborggård (über Hadsund, 27 km nö): Von dem einstmaligen Renaissanceschloß mit sieben Türmen (1575/76) ist nur noch der zweistöckige Südflügel erhalten; er besitzt achteckige Ecktürme. Der Ostflügel stammt aus dem Jahre 1748, der Westflügel von 1796. Heute ist hier ein psychiatrisches Pflegeheim untergebracht. Der *Park* mit Lindenalleen und geschorenen Hecken ist zugänglich. Die früher zum Gut gehörende *Kirche* ist roman.; sie wurde 1593 umgebaut. Die Bestuhlung stammt aus der Klosterkirche in Mariager (um 1500).

Holbæk

Nordwestseeland

Einw.: 29800	S. 258 □ H 5

Der Ort am Holbæk-Fjord ist eine der ältesten Städte Seelands. König Valdemar der Sieger baute um 1220 eine Burg (im schwedischen Krieg 1660 zerstört) w des Ortes, der an der Fährstelle zum Tuse Næs entstanden war. Ende des 13. Jh. erhielt H. die Stadtrechte.

Museet (Klosterstræde 16): Das *Heimatmuseum* ist in einem ehem. Pfarrhof und späteren Armenhaus von 1669–70 untergebracht. Zu sehen sind Gegenstände (Möbel und Werkzeuge) aus dem 17. bis 19. Jh. Weitere

Abteilungen befinden sich in einem Kaufmannshof von 1660 (u. a. ein Krämerladen) aus der Adelgade, der neben dem Museum wiedererrichtet wurde, in der *Bagstræde 8* (Funde von Ausgrabungen) und in der *Klosterstræde 11* (Handwerk und Gilden).

Sortebrødrekloster (Klosterstræde): Von dem got. Bauwerk des ehem. Dominikanerklosters aus dem 15. Jh. existieren nur noch der Süd- und der Westflügel. Hier befindet sich jetzt ein geistliches Zentrum.

Außerdem sehenswert: In der Klosterstræde steht auch das *ehem. Rathaus* (1844, F. F. Friis*). - Die neoroman. *Sankt Nikolai Kirke* in der Kirkestræde wurde 1869-72 erbaut. Das Altarbild (Christus mit dem Kind) stammt von Carl Bloch* (1873), einem Vertreter der Nationalromantik. - *Møllevangen 1* ist das 1911 errichtete Haus des Architekten Ivar Bentsen*.

Umgebung

Dragsholm (über Hørve, 27 km nw): Das *Schloß* war im MA die Burg des Bischofs von Roskilde. Teile dieser Burg, die im frühen 13. Jh. errichtet wurde, sind noch im Südflügel erhalten. Die dreiflügelige Anlage wurde 1697 in barocken Formen umgebaut. Während der Reformation wurde die Burg Staatsgefängnis; der prominenteste Gefangene war der Earl of Bothwell, James Hepburn, der dritte Gemahl von Maria Stuart und Mörder ihres zweiten Gatten Lord Darnley. Nach dreijähriger Gefangenschaft starb er 1578 und wurde in der Kirche von Fårevejle (5 km nö) beigesetzt: in der Krypta unter der Nordkapelle; ob die Mumie, die sich in dem Sarg befindet, wirklich der Earl ist, ist allerdings umstritten. - Auf Dragsholm schrieb der Reichskanzler *Arild Huitfeldt* (1546-1609) die zweite große Geschichte Dänemarks, »Danmarks Riges Krønike« (Die Chronik des dän. Reichs). Die erste war 400 Jahre früher von einem Sekretär Bischof Absalons, der Saxo genannt wurde, auf Lateinisch verfaßt worden und heißt »Gesta Danorum« (Die Taten der Dänen). - Dragsholm ist seit 1970 ein Hotel.

Eriksholm (8 km sö): Klassizistischer Herrensitz, der 1788 für Hans Brinck-Seidelin von C. F. Harsdorff* erbaut wurde. Der Hauptflügel und die zwei niedrigen Seitenflügel sind weißverputzt und besitzen ein schwarzes Ziegeldach. Im Park in franz. Barockstil steht ein *Belvedere* genannter Empirepavillon aus dem Jahr 1800. - Vom Park aus kann man die *Munksholmbrücke* sehen, die 1952 erbaut wurde.

Fårevejle (22 km nw): *Odsherred Museum.* Hier wird die Geschichte der Trockenlegung des Lammefjords dokumentiert.

Gislinge (11 km w): Ma *Kirche.* Die spätgot. Kalkmalereien stammen von ca. 1480; dargestellt sind die Leidensgeschichte Jesu und das Jüngste Gericht.

Højby (30 km nw): Die *Kirche* wird wegen ihrer Größe auch der Dom von Odsherred genannt. Chor und Schiff wurden aus Feldstein erbaut. Auftraggeber war vermutlich ein Edelmann aus dieser Gegend. Ende des 14. Jh. wurde die Kirche gewölbt und mit einem Westturm aus Backstein versehen. Waffenhaus, Sakristei und die große Kapelle an der Nordseite sind die jüngsten Anbauten aus dem späten MA. Die got. Kalkmalereien entstanden um 1400. Hier finden sich die schönsten Darstellungen von Engeln in der dän. Kunst, nämlich Erzengel Gabriel und Michael. Zu sehen sind außerdem die Legenden des hl. Laurentius und des hl. Stephanus.

Hørby Kirke (9 km nw): Die ma Kirche gehörte einmal zu einem Herrensitz. Im s Waffenhaus befinden sich zwei Türen, die eine spätgot., die andere aus dem Jahre 1520.

Hørve (20 km w): Ma *Kirche.* Die Kalkmalereien stammen von 1564; zu sehen sind u. a. das Jüngste Gericht, der hl. Georg und Jesus beim Gebet im Garten Gethsemane.

Løvenborg Slot (10 km sw): Das dreiflügelige Renaissanceschloß wurde Anfang des 17. Jh. erbaut. Es sollte eigentlich ein zweites Frederiksborg werden; der letzte Flügel, der als Hauptflügel geplant war, wurde jedoch nie gebaut. Das Schloß liegt, umgeben von einem Wassergraben, sehr romantisch in einem großen Park.

Mørkov (19 km sw): In der roman. *Dorfkirche* aus dem 12. Jh. finden sich zahlreiche, ungewöhnlich gut erhaltene Kalkmalereien des Isefjord-Meisters aus der Zeit um 1450. Zu sehen sind Szenen aus dem Leben Jesu. - Südöstlich davon liegt das *Torbenfeldt Slot.* Der älteste Teil des Gebäudes, der Südflügel, stammt aus dem 15. Jh. Die zahlreichen Türme sind spätere Ergänzungen. – Beim Schloß liegt das sog. *Gelbe Palais,* 1907 von Ivar Bentsen* erbaut. – Die zum Schloß gehörende *Kirche* liegt in *Undløse* (3 km sö); sie ist ma. Die Fresken hat der sog. Unionsmeister 1460 geschaffen; zu sehen sind Szenen aus dem Leben des hl. Laurentius. Das Herrschaftsgestühl ist von 1591. – Zwischen Kirche und Schloß liegt der Herrensitz *Kongsdal* aus dem späten 16. Jh.

Nykøbing (31 km n): Die Stadt, die 1443 die Stadtrechte erhielt und im MA ein Zentrum der Heringsfischerei war, ist heute ein bekannter Touristenort. Viele schöne Sandstrände liegen in ihrer Nähe. – Die roman. *Backsteinkirche* ist eine der wenigen zweischiffigen Kirchen in Dänemark; sie wurde im 13. Jh. erbaut.

Rørvig (über Nykøbing, 40 km n): Die *Kirche* liegt 2 km nw des Ortes. Sie wurde um 1250 aus Backstein erbaut und im 15. Jh. nach W verlängert. Die Gewölbe stammen ebenfalls aus dem 15. Jh. Der Turm wurde 1852 errichtet (M. G. Bindesbøll*). Hier lag einmal der Ort *Isøre,* der vom Flugsand verschüttet wurde.

Svinninge (17 km w): Das *Elektrizitätswerk* wurde ab 1913 nach Plänen überwiegend v. Ivar Bentsen* erbaut; die Gebäude sind in neoklassizistischem Stil gehalten.

Tuse (Holbæk), Dorfkirche, Fresken

Trundholm (n v. Vig, 25 km sw): Hier wurden 1902 im Moor der berühmte *Sonnenwagen von Trundholm* gefunden; er ist heute im Nationalmuseum in Kopenhagen ausgestellt. Der Fund stammt aus der älteren Bronzezeit (um 1500 v. Chr.) und besteht aus einer teilweise mit Gold belegten Bronzescheibe und einem hohlen, gegossenen Pferd auf einem sechsrädrigen Wagen. Der Gegenstand wurde für den Sonnenkult verwendet.

Tuse (6 km w): In der roman. *Dorfkirche* finden sich äußerst sehenswerte Kalkmalereien des Isefjord-Meisters aus der Zeit um 1450. Dargestellt ist u. a. die Kindheitsgeschichte Jesu. Frühgot. Granittaufstein.

Tveje Merløse (4 km s): Hier befindet sich eine der ältesten *Dorfkirchen* Dänemarks; sie wurde Anfang des 12. Jh. von dem Adelsgeschlecht der Hvide, aus dem auch Bischof Absalon stammte, erbaut. Das Schiff besteht aus Feldstein, die einzigartigen Doppeltürme sind aus Schwemmstein. Im Inneren sind Kalkmalereien aus dem späten 12. Jh. und ein Altar von Joakim Skovgaard* zu sehen. – Auf dem Kirchhof steht die Skulptur *»Pottemageren«* (Krugmacher) v. Jais Nielsen* (1925).

Ågerup (7 km sö): In der ma *Dorfkirche* befinden sich Kalkmalereien von ca. 1500. Die Darstellung wirkt teilweise sehr unbeholfen; man ist fast versucht, von got. naiver Malerei zu sprechen.

Holstebro Westjütland	
Einw.: 37 200	S. 254 □ B 4

Die Stadt an der Übergangsstelle über den Storå wird erstmals im Jahre 1274 urkundlich erwähnt, bestand damals jedoch wahrscheinlich schon einige Jahrhunderte. Im späten MA lebte sie hauptsächlich vom Ochsenhandel. 1866 wurde H. an das Eisenbahnnetz angeschlossen und entwickelte sich zur führenden Industriestadt NW-Jütlands.

Kirke: 1907 von V. Ahlmann* erbaut. Zur Innenausstattung gehören u. a. ein Altar von ca. 1520, eine Antwerpener Arbeit, und eine Kanzel von ca. 1600. Fenster 1907–09 von Johannes Kragh* geschaffen.

Nørrelandskirke (Doesvej): 1969 von Inger und Johannes Exner* erbaut; Kirche, Gemeindehaus und Büros sind um einen Innenhof herum angelegt. Bes. sehenswert ist der Glockenturm, eine mit Drahtseilen verspannte Gittermastkonstruktion (Glockenspiel).

Rådhus: 1846 von N.S. Nebelong* errichtet; Seitenflügel aus dem Jahre 1881. - Beim Rathaus steht die berühmte Plastik von Alberto Giacometti*, *»Frau auf einer Karre«* (1942-43).

Den våbenhistoriske Samling (Sønderlandsgade 8): *Waffenmuseum* mit Waffen aus ca. 30 Ländern aus der Zeit von 1848 bis 1945. Ein Modell veranschaulicht die Befestigung der W-Küste im Jahre 1944.

Dragon- og Frihedsmuseet (Asylgade 10): Neben der Geschichte eines Dragonerregiments wird hier die Geschichte des Widerstands gegen die dt. Besetzung 1940-45 dokumentiert.

Jens Nielsen og Olivia Holm-Møller Museet (Nørrebrogade 1): In dem an eine Fabrik erinnernden, 1971 von dem Ehepaar Inger und Johannes Exner* erbauten Museum werden Werke religiöser Kunst - Ölgemälde und Aquarelle von Jens Nielsen* und Olivia Holm-Møller* - ausgestellt, außerdem Arbeiten der Malerin Kirsten Lundsgaardvig* und des Bildhauers Niels Helledie. Zu sehen ist außerdem das Atelier von Jens Nielsen.

Holstebro Kunstmuseum (Sønderbrogade 2): In einer nach Plänen von Hack Kampmann* im »Palaisstil« 1904 erbauten Fabrikantenvilla sind neuere dän. Kunst sowie internationale Graphik ausgestellt. Spezialsammlungen umfassen Kunst aus Bali, Afrika und Peru (präkolumbianische Keramik). - Im *Museumspark* stehen Plastiken von Sonja Ferlov*, Astrid Noack* (»Stehende Frau«, 1943); Henry Heerup* und Erik Thommesen*.

Umgebung

Borbjerg (12 km nö): Ma *Dorfkirche*. In den Altar aus der Zeit um 1600 sind fünf Alabasterreliefs eingearbeitet, engl. Arbeiten aus Nottingham von ca. 1425. Pfarrer- und Küsterstuhl von ca. 1625 mit Reliefschmuck; Kanzel ebenfalls von 1625. Roman. Granittaufstein.

Bur (12 km w): Roman. *Kirche*, die ungewöhnlicherweise nur aus Langhaus und Ap-

Tveje Merløse (Holbæk), Dorfkirche

sis besteht. Altar von ca. 1500 und Kanzel von 1634.

Ejsing (über Vinderup, 24 km nö): Roman. *Kirche,* bestehend aus Chor und Langhaus, mit zahlreichen spät-ma Anbauten, u.a. ein n Seitenschiff mit fünf Giebeln. Bedeutende Kalkmalereien aus der Zeit um 1525 im Chor und in der S-Kapelle; die Erschaffung Evas, die Auferweckung des Lazarus und der ungläubige Thomas sind einige der dargestellten Motive. Barockkanzel von 1656 und Rokokoaltar von 1764.

Hjerl Hede (über Vinderup und Sahl, 24 km nö): Die etwa 1000 ha große *Heide* w des *Flyndersees* (8 km lang) ist seit 1934 Naturschutzgebiet; sie ist nach dem Finanzminister H. P. Hjerl-Hansen benannt, der das Gebiet 1910 erwarb. Hier liegt das 1929 gegründete Freilichtmuseum *»Den gamle Landsby«* (Das alte Dorf). Zu sehen ist Dänemarks ältester Bauernhof aus dem 16. Jh., der *Vinkelgård* aus Vinkel bei Viborg, außerdem eine Bockmühle und ein Spritzenhaus aus Seeland, eine Schmiede und ein Dorfgasthof von Fünen sowie eine Försterei von Djursland, in der das *Jütländische Waldmuseum* untergebracht ist. Dahinter liegen ein Sägewerk, das von einem Dampflokomobil (um 1900) angetrieben wird, und ein *Moorwirtschaftsmuseum.* Die Wassermühle stammt aus der Gegend um Vejle, die Schule aus der Gegend um Silkeborg. Die ma Kirche ist nur eine Rekonstruktion; ihr Vorbild steht in Tjørring bei Herning. Dies sind jedoch nur einige der etwa 40 Gebäude, die besichtigt werden können. Weiterhin findet der Besucher Rekonstruktionen eines Wohnplatzes aus der Steinzeit und jeweils eines Hauses aus der Bronze- und der Eisenzeit vor. – Jeden Nachmittag im Juli erwacht das Dorf zum Leben; dann wird demonstriert, wie sich das Leben hier vor etwa 100 Jahren abgespielt haben mag.

Sahl (Holstebro), Kirche

Hjerm (10 km n): Die roman. *Kirche* wurde im 12. Jh. erbaut. Der W-Turm, das Beinhaus und der gewaltige Chorflügel sind spät-ma (um 1450). Die zwiebelförmige Turmspitze stammt aus dem Jahre 1791. Altar von 1606; Kanzel von ca. 1600; Kruzifix von ca. 1450.

Hvidbjerg (auf Tyholm, über Struer, 35 km n): Roman. *Kirche.* Kreuzarme und Turm von ca. 1500; zur gleichen Zeit wurde auch die Chorapsis abgetrennt und in eine Sakristei umgewandelt. Bes. sehenswert ist eine hängende Holzskulptur von ca. 1750: Jonas im Maul des Walfisches. – Altar von 1500 mit einigen späteren Ergänzungen; Kanzel von 1596; Kruzifix v. 1475. Die Eingangstür von 1668 weist Beschläge aus dem 14. Jh. auf (einen Katzenkopf aus Bronze). – An diese Kirche knüpft sich eine Sage, die Hans Christian Andersen literarisch verarbeitet hat: »Der Bischof von Børglum«. Der Bischof wurde in der Kirche von seinem Verwandten Jens Glob mit allen seinen Mannen erschlagen – wegen einer Besitzstreitigkeit. Dieses Gemetzel soll sich nach der Christmette 1260 oder 1262 ereignet haben.

Nørre Vosborg (über Vemb, 21 km w): Die vierflügelige Gutsanlage ist von zwei, nach S hin sogar von drei Wällen umgeben, die bis zu 6 m hoch sind und nicht nur gegen Angreifer, sondern auch vor der Sturmflut schützen sollten. – Der zweigeschossige O-Flügel wurde 1532 von Knud Gyldenstierne, einem Nachfahren von Niels Bugge, erbaut, dem der Besitz im 14. Jh. gehört hatte. Bugge beteiligte sich 1351 an einem Aufstand gegen König Valdemar Atterdag und wurde 1358 mit zwei weiteren jütländischen Adligen in Middelfart ermordet, angeblich von Fischern, wahrscheinlicher jedoch von Getreuen des Königs. Gyldenstierne hielt sich mit einem gewissen Rosencrantz zu der

Zeit in London auf, als Shakespeare sein berühmtes Trauerspiel »Hamlet« schrieb. - Die Einrichtung des O-Flügels stammt aus dem späten 18. Jh. Der N-Flügel aus Fachwerk wurde etwa 1640 errichtet, der W-Flügel in der Mitte des 18. Jh. 1786 wurde das Anwesen von dem Kaufmann Peder Tang erworben; er war Knecht gewesen und im Ausland zu Geld gekommen. Tang ließ das originelle klassizistische Torhaus (1790) sowie den Wirtschaftshof mit Glockenturm in holländischem Stil bauen, einer seiner Nachfahren den klassizistischen S-Flügel (1838). - Bei der Einfahrt liegt *Vosborglille*, eine Villa in neogot. Stil von 1853. 1859 war H. C. Andersen hier zu Besuch; er wartete vergeblich auf die Erscheinung der »Weißen Dame«, die im O-Flügel umgehen soll.

Rydhave (16 km nö): *Rittergut*, seit 1956 eine *Fachschule der Inneren Mission*. Die weißgekalkten Gebäude mit Treppengiebeln wurden zwischen 1523 (N-Flügel und achteckiger Turm) und 1860 erbaut. - In der Nähe liegt Dänemarks westlichster Buchenwald.

Sahl (über Vinderup, 22 km nö): Roman. *Kirche*. Hier steht einer der beiden goldenen Altäre, die nicht im Nationalmuseum in Kopenhagen ausgestellt sind. Er besteht aus getriebenen und vergoldeten Kupferreliefs auf Eichenholz. Die Aufstellung ist nicht original. Der Altar ist zweiteilig. Der untere Teil bildet die Verkleidung der Altarvorderseite, der obere den Altaraufsatz. Dargestellt ist auf 12 Feldern die Lebensgeschichte Jesu; zu sehen sind außerdem die Apostel, Abraham mit Isaak und der hl. Michael.

Struer (16 km n): An der Venø-Bucht gelegener Ort. Hier befindet sich die bekannte elektrotechnische Fabrik *Bang und Olufsen* (gegr. 1925). *Kirche* von 1890 (F. Uldall*). - Das *Struer-Museum* (Søndergade 23), zu dem auch das nahe gelegene Haus des Schriftstellers *Johannes Buchholtz* (1882-1949) gehört, befindet sich im ehem. Pfarrhaus von 1790 (umgebaut 1848). Hier kann man Kircheninventar und Gegenstände, die mit der Seefahrt zu tun haben, besichtigen. Vor dem Haus von Buchholtz steht seine Büste, 1942 geschaffen von Anker Hoffmann*. - Im Park an der Vestergade findet sich die Skulptur *»Mädchen aus Struer«*, ebenfalls ein Werk von Hoffmann (1927). - Am Hafen ist das *»Mädchen aus Sarpsborg«* von Kare Orud* (1948) zu sehen; diese Plastik war ein Geschenk der norwegischen Industriestadt als Dank für Hilfe nach dem 2. Weltkrieg.

Stubbergård (über Vinderup und Sevel, 25 km nö): Von einem ma *Nonnenkloster*

Sahl (Holstebro), Kirche, Goldener Altar

steht nur noch ein Saal. Die Decke aus vier Kreuzrippengewölben wird von einem gewaltigen Mittelpfeiler getragen (frühes 15. Jh.). Der heutige *Gutshof* an dieser Stelle wurde 1849 erbaut.

Søndbjerg (Tyholm, über Struer, 34 km n): Roman. *Dorfkirche* aus Granitquadern, erbaut im 12. Jh. Auf einem Sockelstein an der SW-Ecke des Kirchturms findet sich eine Runeninschrift: »Jacob gab sie in Auftrag, Skjalm machte sie«. Kalkmalereien aus der Zeit um 1500, u. a. drei musizierende Engel; Kruzifix von 1450; Altar von ca. 1600.

Vejrum (10 km n): Apsis, Chor und Langhaus der *Dorfkirche* sind roman., Waffenhaus und Turm spät-ma. Die zwiebelförmige Turmspitze stammt aus dem späten 18. Jh. Um 1700 wurde das Untergeschoß des Turms zu einer Grabkapelle umgebaut; sie ist vom Langhaus durch ein prächtiges Schmiedeeisengitter aus dieser Zeit abgetrennt. Zur Innenausstattung gehören weiterhin ein Flügelaltar von ca. 1640, in den fünf Alabasterreliefs aus Nottingham (um 1450) eingearbeitet sind.

Vinding (10 km s): Roman. *Dorfkirche* aus dem 12. Jh. Sie besteht aus Langhaus und Chor, an deren Nordfassade sich Blendarkaden befinden. Im Waffenhaus (18. Jh.) ist ein roman. Grabstein zu sehen. Der Altar ist von ca. 1600, die Kanzel von 1627.

Horsens

Ostjütland

Einw.: 54 700	S. 256 □ D 5

H. wird erstmals im 12. Jh. erwähnt. Es war bereits im MA eine bedeutende Stadt mit einer Festungsanlage und mehreren Klöstern. Die Stadtrechte erhielt es 1442. Das Stadtbild wird durch zahlreiche Patrizierhäuser aus dem 18. Jh. geprägt. Bes. mächtig waren die Familien Gertsen und de Lichtenberg. – Heute ist H. eine wichtige Industrie- und Handelsstadt. Am Stadtrand liegt das 1853 eingerichtete Staatsgefängnis; es handelt sich dabei um ein schloßähnliches Gebäude auf einer Anhöhe. Ein preußischer General soll bei seinem Anblick während des Feldzuges 1864 ausgerufen haben: »Da will ich wohnen!«

In H. wurde 1681 der Entdeckungsreisende *Vitus Bering* geboren. Er vermaß, in russischen Diensten stehend, die Küste Nordostasiens und bewies 1728, daß Asien und Amerika getrennt, also Kontinente sind. 1741 strandete er auf einer Insel, auf der er im gleichen Jahr an Skorbut starb; diese Insel ist nach ihm benannt.

Klosterkirke (Borgergade): Die Kirche ist die ehem. Kirche eines 1261 gegründeten Franziskanerklosters. Um 1400 begann man, die bis dahin einschiffige Kirche umzubauen; die Arbeiten wurden jedoch nie abgeschlossen. Nach einem Brand 1497 baute man den Kreuzgang zum n Seitenschiff um. Ende des 19. Jh. wurde die Kirche restauriert, wobei auch Veränderungen aus dem 18. Jh. rückgängig gemacht wurden. Die Kirche präsentiert sich jetzt so, wie sie wohl um 1400 geplant war, dreischiffig und ohne Turm, nur mit einem Dachreiter über dem Ostende. Im Innenraum finden sich neben einem Altar und Chorgestühl aus dem 15. Jh. und einer Kanzel aus dem 16. Jh. zahlreiche prächtige Grabmale. Bes. sehenswert sind die Sarkophage des Großkaufmanns Gerhard de Lichtenberg und seiner Frau, weiterhin die Grabmale von vier russischen Prinzen und Prinzessinnen, den Geschwistern eines gestürzten russischen Thronfolgers, die 1780–1804 in einem Palais am Markt wohnten.

Vor Frelsers Kirke (Torvet): Der Bau der Backsteinkirche (Erlöserkirche) wurde um 1225 begonnen, möglicherweise von König Valdemar dem Sieger, was ihre bedeutende Größe erklären würde. Sie besteht aus Chor und Apsis und einem dreischiffigen Langhaus. Der Turm ist spätgot.; die hübsche zwiebelförmige Turmspitze stammt von 1737/38 und wurde von dem Kaufmann Claus Cortsen finanziert. Über den Arkaden im Mittelschiff befinden sich Triforienöffnungen, die – ungewöhnlich im Norden – ganz aus Ziegel gemauert sind. Die Barockkanzel wurde um 1670 von Peder Jensen Kolding* geschnitzt. Über dem Altar hängt eine goldene Christusstatue von Einar Utzon-Frank* (1950). Im Waffenhaus ist der Grabstein der Eltern von Vitus Bering zu sehen.

Det Lichtenbergske Palæ (Søndergade 17):

Horsens, Klosterkirke ▷

Horsens, Vor Frelsers Kirke

Das barocke Patrizierhaus wurde 1744 von Nicolaus Hinrich Rieman* für den Großkaufmann und Staatsrat Gerhard de Lichtenberg erbaut. Es besitzt zwei Erker, die sich über beide Etagen erstrecken, und ein ausgebautes Dach. Die geschwungenen Giebel lassen den Einfluß der Renaissance erkennen. In dem Gebäude, in dem noch einzelne Rokokointerieurs erhalten sind, befindet sich heute ein Hotel. - Schräg gegenüber (Søndergade 12) liegt die *Helms Apotek,* ein hübsches Fachwerkhaus aus dem Jahre 1718. Die Fenstereinfassungen stammen von einem Herrensitz in Urup.

Rådhus (Rådhusgade): Das *Rathaus* wurde 1854 von H.C.Zeltner* im Stil eines Renaissanceherrensitzes erbaut. Es hat zwei Stockwerke aus roten Ziegeln und hellem Sandstein. In der Mitte der Fassade befindet sich ein Türmchen mit dem Eingangsportal. Die Verwandtschaft mit Schlössern wie Frederiksborg (→ Hillerød) ist unverkennbar. - Davor die Skulptur *»Trinkendes Hirschkalb«* von Hugo Lisberg* (1942).

Arbejder-, Håndværker- og Industrimuseet (Gasvej 17): Das Museum in einem *Elektrizitätswerk* von 1906 dokumentiert Dänemarks Durchbruch zur Industriegesellschaft um die Jahrhundertwende; gezeigt werden nicht nur Maschinen, sondern auch die Wohnungen der Arbeiter. Spezialsammlung von Telephonen.

Horsens Museum (Sundvej 1 A): Das Museum, ein neoklassizistisches Bauwerk, wurde 1915 von Viggo Norn* errichtet. Zu sehen sind archäologische und stadtgeschichtliche Sammlungen sowie dän. Kunst von ca. 1800 bis heute. Spezialsammlung mit Werken von Mogens Ziegler*. - Vor dem Museum steht die Skulptur *»Længsel«* (Sehnsucht) von Jens Bregnøe* (1914). - Im *Caroline Amalielund,* einem Park beim Museum, befindet sich eine Skulptur *(»Artemis«)* von Johannes Bjerg*.

Außerdem sehenswert: In H. gibt es zahlreiche hübsche Häuser aus dem 18.Jh.: *Claus Cordsens Gård* (Sundevejen 9) wurde 1718 aus Fachwerk erbaut. - *Nørregade 21,* ein Wohnhaus mit Tordurchfahrt, wurde 1786 von dem Baumeister Anders Kruuse* errichtet. Nr.31, *»Flensborgs Stiftelse«,* wurde 1790 als Wohnhaus für Witwen erbaut; der Bauherr war Andreas Hansen Flensborg. - *Fugholm* ist eine hübsche Seitenstraße der Borgergade mit einigen alten Fachwerkhäusern, u.a. dem Böttcherhof. - Beim Bahnhof liegt der *Vitus Bering Park.* Hier befinden sich Skulpturen von Holger Christensen* (*Das Mädchen mit dem Goldhorn,* 1956), dem Schweden Gerhard Henning* (*Sitzendes Mädchen,* 1936) und Svend Lindhardt* (*Mutter mit Kindern,* 1940). Außerdem sind hier zwei Kanonen von dem Schiff zu sehen, mit dem Bering strandete.

Umgebung

Boller (6 km sö): An der Südseite des Horsens-Fjords gelegener *Herrensitz.* Der spätgot. zweigeschossige Hauptflügel wurde um 1550 für den Reichsmarschall Holger Rosenkrantz errichtet. Die drei weiteren Flügel, die geringfügig niedriger sind, wurden um 1588 für seine Witwe Karen Gyldenstierne erbaut. 1630-58 lebte hier Kristine Munk, eine der drei Nebenfrauen Christians IV., mit der er elf seiner 23 Kinder hatte. Heute ist in den Gebäuden ein Pflegeheim untergebracht. - In der sw gelegenen *Kirche von Uth* befindet sich die Grabkapelle von Rosenkrantz und seiner Frau.

Bygholm (2 km w, Schüttesvej 6): Im MA lag hier ein kgl. Schloß, das 1313 von Erik Menved erbaut worden war. Heute steht hier ein dreiflügeliger *Herrensitz,* der 1775 von Staatsrat Lars Thygeson errichtet wurde. Seit 1918 ist er im Besitz der Stadt Horsens; heute befinden sich in ihm ein Restaurant und Hotel. - In dem 1810 angelegten *Park* (Teiche, Springbrunnen und Wasserläufe) steht die Skulptur *»Druepige«* (Traubenmädchen) von Jens Bregnøe*, einem Bildhauer aus Horsens. - Etwas w am Bygholm-See liegt ein *Ganggrab* (Grønhøj) aus der Steinzeit.

Glud (14 km sö): Das Museum, das 1912 gegründet wurde, ist Dänemarks ältestes *Dorfmuseum.* Zu sehen sind Dänemarks ältestes datiertes Wohnhaus aus dem Jahre 1662 sowie weitere alte Häuser und eine große Halle. Die Sammlungen umfassen Gegenstände von Bauern und dörflichen Handwerkern aus 300 Jahren, außerdem schmiedeeiserne Grabkreuze. - In der ma *Kirche* verdient der Barockaltar von Peder Jensen Kolding* (1654) bes. Beachtung.

Gylling (25 km ö): In der ma *Kirche* ist ein prächtiger geschnitzter Barockaltar von Peder Jensen Kolding* (1638) zu sehen. Die Kanzel wurde 1938 von Rasmus Andersen* geschaffen.

Hansted (4 km n): Roman. *Kirche* aus dem 12. Jh., aus Schwemmstein errichtet. Der Turm stammt aus dem späten MA. Roman. Granittaufstein.

Hundslund (16 km nö): Roman. *Kirche* aus Granitquadern. Waffenhaus und Turm sind spät-ma. Im Inneren befindet sich ein Kruzifix von 1525.

Nørre Snede (31 km nw): Die roman. *Kirche* ist bekannt für ihre Bildquader in der Außenmauer (dargestellt sind ein Pferd, ein Löwe und ein Hund) und ihren einzigartigen roman. Granittaufstein. Das umlaufende Relief zeigt vier Löwen.

Palsgård (bei Hosby, 20 km sö): Herrensitz. Die gewölbten Keller stammen aus dem 16. Jh.; der Rest der dreiflügeligen Anlage wurde 1803-05 von Phillip Lange* im Stil des Neoklassizismus errichtet. Das Hauptgebäude besitzt zwei Etagen, die Seitenflügel sind eingeschossig; alle drei haben Dreiecksgiebel zur Hofseite. - *Rainer Maria Rilke* (1875-1926), der berühmte dt. Dichter, hielt sich hier auf. Palsgård ist das Vorbild für Ulsgård in seinem einzigen Roman »Malte Laurids Brigge«. - Hübscher Park.

Stenderup (7 km s): In der roman. *Kirche* aus Schwemmstein gibt es einen sehr sehenswerten roman. Granittaufstein. Die Reliefs stellen u.a. die Hinrichtung eines Königs und Michaels Kampf mit dem Drachen dar. In der Vorhalle befinden sich vier Rokokograbsteine von dem Bildhauer Jens Hiernø*.

Stensballegård (7 km nö): Von dem großen barocken *Herrensitz* steht heute nur noch das Hauptgebäude (1692), das der Schwiegersohn des Politikers Peder Griffenfeld (1635-99) erbauen ließ. - Eine kilometerlange Lindenallee führt von hier nach O zum Aussichtspunkt *Kraghøj.* - Griffenfeld ist in der nahe gelegenen *Kirche von Vær* begraben.

Tamdrup (7 km nw): Die auf einer Anhöhe gelegene ma *Dorfkirche* ist - vermutlich wegen ihrer Nähe zum ehem. Königshof in Jelling - von ungewöhnlicher Größe; sie ist dreischiffig. Vor 1100 aus Schwemmstein erbaut, war sie urspr. eine Basilika, wurde jedoch in spätgot. Zeit in eine Hallenkirche umgebaut. Mittelschiff und Seitenschiffe wurden in ungefähr gleicher Höhe gewölbt und bekamen ein gemeinsames Dach. Die Chorverlängerung, das Waffenhaus und der Westturm stammen ebenfalls aus dem späten MA. An der Wand zum Chor finden sich roman. Kalkmalereien aus der Zeit zwischen 1125 und 1150; sie zählen zu den ältesten in Dänemark. Die Kalkmalereien im Chorgewölbe sind spätgot. aus der Zeit um 1500. Dargestellt sind Kain (mit einer Korngarbe) und Abel (mit einem Lamm). Charakteristisch für die frühe roman. Kalkmalerei sind die eiförmigen Köpfe und das gelockte Haar der Figuren. Die Ausstattung der Kirche besteht u.a. aus einem sog. Goldenen Altar (um 1200; es handelt sich dabei um eine Kopie, das Original befindet sich im Nationalmuseum in Kopenhagen). Auf den vergoldeten Kupferreliefs ist die Legende des Missionars Poppo zu sehen. Poppo soll König Harald Blauzahn vom Christentum überzeugt haben, indem er glühendes Eisen in den Händen trug. - Etwas weiter s

liegt der *Tamdrup Bisgård,* ein Besitz, der vor der Reformation dem Bischof von Århus gehörte. Jetzt steht hier ein Fachwerkhof von 1784.
Ørridslev (vor Hovedgård, 12 km nö): Roman. *Kirche,* im frühen 12. Jh. aus Schwemmstein erbaut. Das zweistöckige Waffenhaus nach N und der Westturm sind spät-ma. Im Inneren finden sich Kalkmalereien (an der Wand zum Chor), die gleichzeitig mit der Kirche entstanden sein dürften und damit zu den ältesten in Dänemark gehören. Dargestellt sind Kain und Abel, zwischen ihnen Gottvater.
Østbirk (14 km nw): Große roman. *Kirche,* vermutlich aus dem 13. Jh. Spätgot. südliche Seitenkapelle und spätgot. Turm (mit Pyramidenspitze von 1789). Der kostbare Flügelaltar (1480) wurde vom Frørup-Meister geschnitzt, die Kanzel von Mikkel van Groningen* (1595). - Im Chor befinden sich die Grabmale von Peder Skram und seiner Frau (16. Jh.), denen das Gut *Urup* gehörte; es liegt sö an der Straße nach Horsens. Der Hof wurde im 16. Jh. erbaut und wiederholt umgebaut.
Åkær (über Hundslund, 18 km nö): Dreiflügeliger *Herrensitz* aus Fachwerk, der um 1700 errichtet wurde. Vor der Reformation gehörte das Gut, das - wie Ausgrabungen bewiesen haben - schon um 1300 bestand, dem Bischof von Århus.

Kalundborg Westseeland	
Einw.: 19400	S. 258 □ G 5

Die Stadt entstand um eine von Esbern Snare (ca. 1127-1204) erbaute Burg und eine von diesem erbaute Kirche. Snare stammte aus dem Haus der Hvide, einem der einflußreichsten Adelsgeschlechter im früh-ma Dänemark. Im MA war K. Residenzstadt; Königin Margarethe und König Hans hielten sich oft hier auf. Der Danehof tagte im 14. Jh. in der Burg. Im 15. Jh. fanden dort Ständeversammlungen statt. Die ältesten bekannten Stadtrechte stammen aus dem Jahre 1485.

Kalundborg Kirke: Die Kirche wurde 1170-90 aus Backstein errichtet. Der Grundriß hat die Form eines griech. Kreuzes, d. h. eines Kreuzes mit gleichlangen Kreuzarmen. Ihre charakteristischen fünf Türme, ein achteckiger über jedem Kreuzarm und ein quadratischer in der Mitte (Höhe 41 m) lassen vermuten, daß die Kirche urspr. auch als Verteidigungsanlage vorgesehen war. Die zweistöckige Sakristei stammt von ca. 1400. Bes. sehenswert ist der Altaraufsatz, der um 1650 von Lorents Jørgensen* aus Holbæk geschaffen wurde.

Kalundborg og Omegns Museum (Adelgade): Das *Heimatmuseum* ist im Lindegård, einem Fachwerkhof aus dem 17. und 18. Jh., untergebracht. In der 2. Hälfte des 17. Jh. lebte hier der Lehnsmann von Kalundborg und Schwiegersohn Christians IV., Hans Lindenov. Der Rittersaal im Nordflügel besitzt hübsche Rokoko-Stuckdekorationen von 1756. Die Sammlungen umfassen ein Modell von K. um 1650, Volkstrachten und Werkzeuge.

Alte Häuser: Adelgade 6-8 ist der ma *Bischofshof;* das Gebäude war 1539-1854 das Rathaus der Stadt. *Adelgade 10* ist ein einstöckiges Fachwerkhaus aus dem 18. Jh., *Nr. 11-15* ein zweistöckiges Fachwerkhaus aus dem 17. Jh., ebenso *Nr. 17-19.* In der Adelgade steht auch das spät-ma *ehem. Rektorenhaus.* - In der Kordilgade 1-3 befindet sich der *Ole Lunds Gård,* ein Fachwerkhof aus dem 18. Jh., jetzt ein Hotel. - Das *Kalund Kloster,* ein ehem. Gutshof im

Rokokostil, 1751/52 von J.C.Conradi* erbaut, liegt am Westende der Lindegade. – Præstegade 21 ist der *ehem. Pfarrhof* aus dem späten MA. – In Torvet 12, *Gyths Gård*, einem Gebäude im Stil des Spätempire, wurde 1882 die norwegische Schriftstellerin *Sigrid Undset* geboren, die durch den großen historischen Roman »Kristin Lavransdatter« bekannt wurde.

Umgebung

Bregninge (16 km ö): Urspr. roman. *Kirche*. Die Kalkmalereien im Inneren stammen aus drei verschiedenen Perioden. Die an der Wand zum Chor sind aus der Zeit zwischen 1275 und 1300, der Übergangszeit zwischen Romanik und Gotik. Sie sind durch den nachträglichen Einbau von Gewölben größtenteils zerstört worden; erhalten ist nur noch der richtende Christus. Die Kalkmalereien an der Nordwand stammen aus derselben Zeit; dargestellt ist die Schöpfungsgeschichte.

Die Gewölbe wurden um 1400 ausgemalt (Hochgotik). Zu sehen ist eine symbolische Darstellung der Vergänglichkeit: Drei Könige treffen bei der Jagd auf drei gekrönte Skelette. Der kommentierende Text zu dem Bild auf Plattdeutsch lautet in der Übersetzung: »Das seid ihr, was wir waren. Was wir sind, werdet ihr werden.« Weiterhin wird die Vergänglichkeit als Glücksrad dargestellt. In der Sakristei finden sich Bilder des Isefjord-Meisters aus der Zeit um 1450; dargestellt ist die Legende der hl. Katharina.

Hjembæk Kirke (25 km ö): Roman. Kirche. Im Chor finden sich Kalkmalereien von Morten Maler* (um 1415): eine Madonna, die Apostel Peter und Paul sowie ein Erzbischof. Die Kalkmalereien im Schiff stammen von 1475: Szenen aus dem Alten und Neuen Testament, Heiligenlegenden.

Jyderup (21 km ö): In der ma *Kirche* sind hochgot. Kalkmalereien von ca. 1375 zu sehen; dargestellt sind Szenen aus dem Leben Jesu.

Lerchenborg Slot (5 km s): Das Barockschloß wurde 1743–45 für den Großgrundbesitzer General Christian Lerche erbaut. Die Pläne stammten vermutlich von Niels Eigtved*. Das dreiflügelige Hauptgebäude, die Wirtschaftsgebäude und der Park sind achsensymmetrisch angelegt. Im Hauptgebäude sind u.a. ein *Rittersaal* mit Rokoko-Stuckdekoration und ein *Hans-Christian-Andersen-Gedenkzimmer* zugänglich; Andersen besuchte das Schloß 1862. Der *Park* ist teils in franz., teils in engl. Stil gestaltet. In ihm befindet sich einer der größten Rosengärten des Nordens mit ca. 20000 Rosen. – In der 1. Augustwoche findet hier die *Lerchenborger Musikwoche* statt.

Samsø (v. K. mit der Fähre nach Kolby Kås, 2 Stunden): Der Hauptort der Insel Samsø ist **Tranebjerg** (7 km nw v. Kolby Kås). Dort gibt es eine got. *Kirche*, die zwischen 1300 und 1350 erbaut wurde. Der Turm stammt aus der Zeit um 1500. An der Nordwand finden sich im Inneren einige wenige Kalkmalereien aus der Zeit um 1475; zu sehen sind der hl. Antonius und der hl. Christophorus. Die Kirchenscheune ist spät-ma. Der *Samsø Museumsgård* in Tranebjerg ist ein Bauernhof mit einer Einrichtung von ca. 1800. – 2 km weiter s liegt das Wahrzeichen der Insel, die *Kolhøj Mølle*, eine Bockmühle, die um 1650 erbaut wurde. – 17 km n liegt die ma *Nordby Kirke*.

Viskinge (12 km ö): Die ma *Kirche* ist berühmt für ihre Kalkmalereien aus dem späten 15. Jh. Der unbekannte Künstler erreichte durch den Gebrauch von Schatten eine äußerst plastische Darstellung, was für die damalige Zeit sehr ungewöhnlich war; als Vorlagen dienten ihm vermutlich bedruckte Stoffe aus Burgund. Zu sehen ist die Leidensgeschichte Jesu.

Århy (5 km sö): Die weiß gekalkte *Kirche* ist roman.; Turm und Gewölbe sind gotisch.

Kolding

Ostjütland

Einw.: 56200	S. 256 □ C 6

Wann genau die Stadt am Kolding-Fjord entstand, läßt sich kaum sagen; jedenfalls hatte sie bereits im 13. Jh. eine beträchtliche Ausdehnung. König Abel begann hier 1248 mit dem Bau einer Burg, *Koldinghus*. Im Jahre 1321 erhielt der Ort, der im gesamten Ostseegebiet Handel trieb, die Stadtrechte. Er wurde in der Folgezeit zu einem wichtigen geistlichen Zentrum. Als Grenzstadt hatte er unter den Streitigkeiten zwischen dem Herzogtum Holstein und dem Königreich Dänemark schwer zu leiden, zuletzt im

1. Schleswig-Holsteinischen Krieg 1849. Im 20. Jh. entwickelte sich K. zu einer blühenden Industriestadt; heute werden hier Eisenwaren, Textilien, Süßwaren sowie Melkmaschinen hergestellt.

Koldinghus Slot: Das Schloß war Jahrhunderte hindurch eine der Lieblingsresidenzen der dän. Könige. Es brannte im Jahre 1808 während der Einquartierung spanischer Truppen aus und wurde nach 1890 teilweise restauriert (der Turm erst 1935). Die Ruine des Schlosses, einer vierflügeligen Anlage, ist sicher genauso eindrucksvoll wie die des Heidelberger Schlosses.
Den Nord- und den Westflügel, der der Hauptflügel ist, ließ König Christoffer von Bayern 1447 errichten. Die got. Fenster und Schießscharten im oberen Halbstockwerk des Westflügels sind noch zu sehen. Der Südflügel mit den kgl. Gemächern stammt aus der Zeit Christians III. (1549-1554), ebenso der Torflügel. 1598 ließ Christian IV. den Nordflügel umbauen und in der Nordwestecke einen gewaltigen Turm errichten; der Architekt war Hercules von Oberberg*. Von den urspr. vier Statuen auf der Mauerkrone von Claus Lauridsen* ist nur die des Herkules erhalten. In den restaurierten Räumen befindet sich ein *Museum*, das Möbel, Kunst (hauptsächlich Kirchenkunst), Kunsthandwerk und eine Sammlung neuerer dän. Kunst des Koldinger Kunstvereins zeigt.
Im Kerker des Schlosses wurde der Anführer des Bauernaufstandes von 1535, Skipper Clement, bis zu seiner Hinrichtung in Viborg gefangengehalten.
Am Schloßsee kann man den *Kærlighedssti* (Liebespfad) entlang einen schönen Spaziergang machen. Hoffentlich in der richtigen Gesellschaft!

Kolding, Kristkirken

Kristkirken (Haderslevvej): Die Kirche wurde 1923-25 von Axel G. Jørgensen* und C. Svane* in klassizistischem Stil errichtet. Sie erinnert an die Frauenkirche C. F. Hansens in Kopenhagen. Der rechteckige Kirchenraum besitzt ein Tonnengewölbe mit Kassetten. Der 35 m hohe Turm ist von einer Laternenspitze bekrönt. Vor dem Haupteingang im Turm befindet sich ein Portikus.

Sankt Nikolai Kirke: Backsteinkirche aus dem 13. Jh. Von der urspr. Kirche ist nur noch der Westgiebel erhalten. 1885 wurde die dreischiffige Kirche in neogot. Stil umgebaut. Im Chor findet man Glasmalereien von Kræsten Iversen* (1950), in der Sakristei von Johan Vilhelm Andersen* (1964). - Das Inventar der Kirche ist ungewöhnlich reich: Die Altartafel (1590) wurde von Hans Paludan* geschnitzt; die Kanzel stammt aus dem Jahre 1591. Die zwölf Chorstühle von 1520 stammen aus einem Franziskanerkloster. Außerdem sind eine Reihe bemerkenswerter Grabmale aus dem 16., 17. und 18. Jh. zu sehen.

Domhuset (Domhusgade): Die Hauptfassade des 1918-21 von Ernst Petersen* errichteten Gerichtsgebäudes ist mit Skulpturen von Thomas Hansen* geschmückt. Im Treppenhaus sind Fresken von Anton Schrøder* zu sehen. - Vor dem Gebäude steht die Skulptur *»Gry«* (Tagesanbruch) von Johannes Bjerg* (1956).

Rådhuset (Torvegade/Akseltorv): Das *Rathaus* wurde 1873 im Stil des Historismus nach Plänen von L. A. Winstrup* errichtet. 1923/24 wurde es von Ernst Petersen* klassizistisch umgebaut. Aus dieser Zeit stammen auch der Turm und der Dreiecksgiebel. Im Haupttreppenhaus befindet sich ein

Wandgemälde von Otto Bache* (1899): »Husarenangriff auf die deutschen Schanzen 23.4. 1849«. Im Garten ist eine Brunnenskulptur von Annemarie Carl Nielsen* (1899), »Bacchusbarn med Druer« (Bacchuskind mit Trauben), zu sehen.

Den geografiske Have og Rosenhaven (sö Stadtrand, Christian IV's vej): *Geographischer Garten und Rosengarten.* Er wurde von dem Baumschulbesitzer Aksel Olsen in den Jahren 1917 bis 1963 angelegt. Es gibt hier Pflanzen aus allen Teilen der Erde, aus Nord- und Südamerika, China, Burma und dem Himalaya, um nur einige Herkunftsgebiete zu nennen. Von den insgesamt rund 6000 Pflanzenarten, die sich Olsen besorgen ließ, überlebten etwa 2000. Im Rosengarten findet man ungefähr 100 Rosenarten, in einem Kräutergarten ungefähr 65 verschiedene Kräutersorten für Heilzwecke und Kräuterschnaps. Der Bambushain ist der längste in Europa. Der Garten hat eine Ausdehnung von ca. 12 ha.

Außerdem sehenswert: Einige hübsche Häuser aus dem 17. und 16. Jh.: *Helligkorsgade 18* ist ein frei stehendes zweistöckiges Bürgerhaus aus Fachwerk von 1589. *Nr. 20,* mit Renaissancegiebel wurde 1632 für den Krämer Mogens Erikson errichtet; heute befindet sich hier das Restaurant *Borgerkroen.* – Akseltorv 2, *Borchs Gård,* wurde 1595 erbaut; die drei Obergeschosse des Giebels kragen aus. – Vor dem Bahnhof steht ein Standbild von Rasmus M. Andersen* (1936), das den Politiker *Christen Berg* (1829–91) darstellt. Dieser hatte sich große Verdienste bei der Organisierung der Landbevölkerung erworben. – Am Birkemosevej in der *Gori AG* befindet sich das angeblich *größte Gemälde der Welt* von dem Franzosen Dewasne* (1979).

Veranstaltungen: Jeden Dienstag wird um 8 Uhr 30 der *Viehmarkt* abgehalten, der größte in Dänemark.

Umgebung

Andst Kirke (20 km w): Roman. *Kirche* aus Granitquadern, die ungewöhnlich groß (170 m²) ist. Bes. sehenswert sind das Südportal und der Granittaufstein; beide entstanden etwa 1175. Der gleiche Bildhauer hat auch einen Grabstein geschaffen, der in die Wand des spät-ma Waffenhauses eingemauert ist. Bei dem Ehepaar, das darauf zu sehen ist, handelt es sich vermutlich um die Stifter der Kirche; rührend ist, wie eng sie sich umschlungen halten. Der Turm wurde

Kolding, Sankt Nikolai Kirke (l), Rathaus (r)

1592 im Auftrag des unehelichen Sohnes von Christian III., Caspar Markdanner, errichtet; dieser war damals Lehnsmann auf Koldinghus. - Einer der Geistlichen der Kirche, *Jon Jensen Kolding,* schrieb 1594 die erste historisch-topographische Beschreibung Dänemarks, »Daniæ descriptio nova«. Da dieses Werk den Oberen nicht genehm war, wurde Jensen vom Dienst suspendiert; er durfte nicht einmal mehr seine eigene Kirche betreten. In der *Kirche von Gesten* (im N) sieht man an einer Bank seinen Namen und sein Wappen (Jonas im Schlund des Walfisches). - Der Altar wurde vom Herlevsmeister geschnitzt (ca. 1515). Die Kanzel stammt von 1602.

Askov (29 km w): Nach dem Deutsch-Dän. Krieg wurde wegen der Verlegung der Grenze die *erste dän. Volkshochschule* in *Rødding* (s, → Ribe) geschlossen. Der Unterricht wurde 1865 in Askov fortgesetzt. Das urspr. Schulhaus, ein Bauernhaus *(Fengers hus)* steht noch. Die meisten der übrigen Gebäude wurden 1956-60 nach Plänen von Tyge Arnfred* und Viggo Møller-Jensen* errichtet.

Bække (33 km nw): Vor der ma *Kirche* steht ein *Runenstein* aus dem 10. Jh. - 1 km n kommt man zu zwei *Hünengräbern* und den Resten einer *Schiffssetzung* (9 Steine, *Klebæk Højene*).

Kolding, Koldinghus Slot

Egtved (19 km nw): Roman. *Kirche.* 1862/63 wurde sie tiefgreifend umgestaltet; bei dieser Gelegenheit wurde das prächtige roman. Südportal in die Westfassade des neuen Turms (mit achteckiger Spitze) verlegt. Im Inneren der Kirche befindet sich an der Nordwand ein schlecht erhaltener, ca. 10 m langer Bildfries aus dem späten 15. Jh.; dargestellt ist der Totentanz. Die spätgot. Kalkmalereien aus der Zeit um 1450 im Chor sind besser erhalten; sie zeigen das Jüngste Gericht und einen Engel, der das Wappen Christi trägt. Im MA glaubte man wohl, daß auch der Erlöser nicht ohne ein Wappenschild auskäme. Auf dem Wappen sind u. a. die Werkzeuge zu sehen, mit denen Jesus gefoltert worden ist: Kreuz, Geißel, Essigschwamm und Dornenkrone. Der Taufstein ist roman.; die Kanzel stammt von ca. 1600, der Altar v. ca. 1500.

Hakenør (ö. v. Skærbæk, 15 km ö): Auf dem Hügel stand im MA eine *Burg;* von hier flüchtete Christian II. im Februar 1523 nach Fünen, was einem endgültigen Verzicht auf die Königskrone gleichkam. Diese Geschichte hat *Johannes V. Jensen* (1873-1950) in seinem Roman »Kongens Fald« (Der Fall des Königs) meisterhaft beschrieben.

Malt (w v. Askov, 30 km w): Die roman. *Kirche* wurde vermutlich um die Mitte des 12. Jh. aus Granitquadern erbaut. Über dem s Säulenportal befindet sich im Tympanonfeld die Inschrift: »Pulsate et apperitur vobis« (Klopfet, so wird euch aufgetan werden). - 1686 stürzte der obere Teil des roman. Turmes ein, 1880 ein frei stehender Glockenturm beim Ostende der Kirche; bei diesem Vorfall wurde der Küster erschlagen. Der Taufstein ist roman.; der Altar mit einem Gemälde von 1927 (Troels Trier*) stammt von ca. 1625, die Kanzel von 1588.

Nybjerg Mølle (über Egtved, 22 km nw): Strohgedeckte *Wassermühle,* die um 1850 errichtet wurde. Sie wurde 1959/60 restauriert und ist seit dieser Zeit wieder in Betrieb. - Bei der Mühle steht eine Skulptur von Johan Galster* (1960), die das sog. *Egtvedmädchen* zeigt. 1921 wurde ganz in der Nähe ein Grab aus der Bronzezeit (1500-500 v. Chr.) entdeckt. In einem Eichensarg fand man das Skelett und die sehr gut erhaltene Tracht eines Mädchens. Als sie begraben wurde, trug sie eine kurzärmelige Bluse und einen kunstvollen Schnurrock. Bes. eindrucksvoll ist die runde Gürtelschnalle. Man hat festgestellt, daß sie eine Taille von 60 cm besaß. Die Gegenstände sind heute im Nationalmuseum von Kopenhagen zu besichtigen.

Skanderup (14 km w): Große roman. *Dorfkirche*. Das Relief über dem roman. Nordportal zeigt den thronenden Christus zwischen den Aposteln Peter und Paul. Im Inneren finden sich ein roman. Taufstein aus Granit, ein Kruzifix von ca. 1475, eine Altartafel aus der Zeit um 1500 und eine Kanzel aus dem Jahre 1589.

Skibelund Krat (28 km w, sw v. Vejen): In einem Wäldchen liegt ein *»Nationaler Festplatz«*, der nach 1864 eingerichtet wurde. Hier stehen *Gedenksteine* für viele bedeutende Dänen, u.a. den Leiter der Volkshochschule in Askov, *Ludvig Schrøder*. Ein Gedenkstein erinnert an die Schlacht in der Lyrskov-Heide (s der heutigen dän. Grenze) 1043; König Magnus schlug dort ein großes Wendenheer. Das Denkmal wurde 1898 von Niels Larsen Stevns* nach Plänen von Niels Skovgaard* geschaffen. Die Plastik *»Modersmål«* (Muttersprache) stammt von N. Hansen Jacobsen* (1905). Rechts von einer stehenden weiblichen Figur sieht man den dän. Historiker *A. D. Jørgensen* (1840–97); er war der Begründer der modernen quellenkritischen Geschichtsschreibung in Dänemark. Links sieht man *Edvard Lembcke* (1815–97), den dän. Shakespeare-Übersetzer.

Taulov (12 km nö): Die roman. *Kirche* aus Granitquadern, bestehend aus Langhaus und Chor, wurde um 1150 erbaut. Das s Waffenhaus und der Westturm, beide aus Backstein errichtet, stammen aus dem späten MA. Der Chor wurde 1581 um eine fast runde Grabkapelle verlängert, die ein Bleidach besitzt; das Schmiedeeisengitter zwischen Chor und Kapelle wurde 1758 geschaffen. Zur Innenausstattung gehören eine Altartafel von 1683, eine Kanzel von 1680 und ein spätgot. Kruzifix um 1500.

Vamdrup (18 km sw): Die roman. *Kirche* aus Granitquadern wurde 1920 um einen Chor und einen Turm erweitert. Bes. sehenswert sind das Nord- und das Südportal. Die Bedeutung der zahlreichen Reliefs auf dem roman. Granittaufstein im Inneren der Kirche ist umstritten; eines von ihnen zeigt jedenfalls den hl. Peter mit dem Himmelsschlüssel in der Hand. Das spätgot. Kruzifix stammt von ca. 1525.

Vejen (26 km w): In dem 1924 gegründeten *Vejen Museum* werden Arbeiten des Bildhauers Niels Hansen-Jacobsen* (1861–1941) sowie Zeichnungen von Jens Lund* ausgestellt. – Vor dem Museum befindet sich in einem Brunnen Hansen-Jacobsens Skulptur *»Trold, der vejrer Kristenkød«* (Troll, der Menschenfleisch wittert) aus dem Jahre 1896. – Im Stadtpark *(Anlæg)* steht sein Hauptwerk, *»Militarismen«* (ebenfalls Bronze, 1899). – Südlich von V. steht am Kongeå eine unter Denkmalschutz stehende Wassermühle aus Fachwerk *(Knagemølle)*, die strohgedeckt ist.

Viuf (12 km n): Roman. *Kirche*. An der Außenwand des Chores befindet sich eine lebensgroße Christusfigur, vor der ein Spruchband schwebt: »Ego sum via, veritas et vita« (Ich bin der Weg, die Wahrheit und das Leben). Die Hände des Christus sind zum Segen erhoben. Der Altar stammt von ca. 1650; er ist mit einem Gemälde von Niels Larsen Stevns* (1915) geschmückt.

Vonsild (4 km s): Die klassizistische *Kirche* wurde 1824/25 von C. F. Hansen*, dem Architekten der Kopenhagener Frauenkirche, erbaut. 1880 wurde der Turm erhöht. Das Kirchenschiff besitzt ein Tonnengewölbe. Im Innenraum sind mehrere Basreliefs von

Kolding, Ältestes Haus der Stadt

Bertil Thorvaldsen* und seinem Schüler Christian Freund* zu sehen. Thorvaldsen schuf auch den Taufstein. Die Bildfriese im Chor stammen von C. Petersen*.

Øster Starup (bei Gravens, 15 km n): Die roman. *Kirche* wird als das Meisterwerk der jütländischen Granitkunst bezeichnet. Türrahmen und Sockel bestehen teilweise aus Granitquadern, die mit Reliefs geschmückt sind, beispielsweise mit einem liegenden Löwen und dem Kampf des hl. Michael mit dem Drachen am Südportal und mit einem menschenfressenden Löwen am Nordportal. Westturm und Waffenhaus der Kirche stammen aus dem 15. Jh. Im Inneren befinden sich ein roman. Granittaufstein mit einem Relief, auf dem eine Schlange dargestellt ist, die sich um ein Kreuz windet, ein Altar von ca. 1525, eine Kanzel aus dem Jahre 1593 sowie ein Kruzifix von ca. 1525.

København/Kopenhagen

Nordseeland

Einw.: 633000	S. 258 □ K 5

Stadtplan S. 70/71

Die Hauptstadt Dänemarks, in der etwa ein Viertel der dän. Bevölkerung lebt, liegt am Øresund. Sie ist wirtschaftlicher und kultureller Mittelpunkt des Landes.

Geschichte: 1043 wird erstmals ein Fischerdorf und Handelsplatz mit Namen *Havn* erwähnt. Zusammen mit einigen umliegenden Dörfern bildet es den Ursprung des heutigen K.s. 1167 ließ Bischof Absalon auf einer Insel, dem heutigen *Slotsholm*, eine Burg bauen, um den Weg zwischen den Bischofsstädten Roskilde und Lund zu schützen. Die Wälle, die bis ins 17. Jh. die Stadtgrenze bildeten und erst Mitte des 19. Jh. geschleift wurden, entstanden zur gleichen Zeit. Im 13. und 14. Jh. nahm die Bedeutung K.s ste-

Kopenhagen, Häuserreihe am Nyhavn ▷

NYHAVN 17

Sehenswürdigkeiten der Stadt Kopenhagen

1 *Alexander Newsky Kirke*
2 *Amalienborg*
3 *Bakkehusmuseet*
4 *Bing & Grøndahl Museum*
5 *Botanisk Have*
6 *Børsen*
7 *Charlottenborg*
8 *Christiansborg*
9 *Christianskirke*
10 *Davids Samling*
11 *Den lille Havfrue*
12 *Det danske Filmmuseum*
13 *Elias Kirke*
14 *Frederiksberg Kirke*
15 *Frederiksberg Slot*
16 *Frederikskirke (Marmorkirken)*
17 *Garnisons Kirke*
18 *Grundtvigs Kirke*
19 *Gråbrødretorv*
20 *Helligåndskirke*
21 *Hirschsprungske Samling*
22 *Holmens Kirke*
23 *Kastellet*
24 *Kongelige Bibliotek*
25 *Kongelige Teater*
26 *Kongens Nytorv*
27 *Kunstindustrimuseet*
28 *Københavns Bymuseum*
29 *Landretsbygning*
30 *Mathias Hansen Gård*
31 *Musikhistorisk Museum*
32 *Nationalmuseet*
33 *Ny Carlsberg Glyptotek*
34 *Politigården*
35 *Regensen*
36 *Rosenborg Slot*
37 *Rådhuset*
38 *Saint Alban's Church*
39 *Sankt Ansgar Kirke*
40 *Sankt Nikolaj Kirkebygning*
41 *Sankt Petri Kirke*
42 *Statens Museum for Kunst*
43 *Synagogen*
44 *Teatermuseet*
45 *Thorvaldsens Museum*
46 *Tivoli*
47 *Trinitatiskirke og Rundetårn*
48 *Tysk Fransk Reformert Kirke*
49 *Tøjhusmuseet*
50 *Universitetet*
51 *Universitetsbiblioteket*
52 *Vor Frelsers Kirke*
53 *Vor Frue Kirke*

Sortedams Sø
Øster Søgade
Skovgårdsgade
Øster Farimagsgade
Malmøgade
Lundsgade
Dag Hammerskjölds Allé
Østbanegade
Skjoldsgade
Stockholmsgade
Østre Anlæg
Folke Bernadottes Allé
Forbindelsesvej
11
23
Kastellet
Oslo Plads
Wiedeweltsgade
Rørholmsgade
Sølvgade
Sølvtorvet
21
Krokodilleg.
Store Kongensgade
Grønningen
Øster Voldgade
Suensonsgade
Gerners-gade
42
38
Sankt Paulsgade
Kronprinsessegade
Rigensgade
Fredericiagade
Klerkegade
Esplanaden
Øster Farimagsgade
Botanisk Have
5
Sølvgade
27
Amaliegade
Toldbodgade
29
39
36
1
Fredericiagade
Rosenborg Have (Kongenshave)
Borgergade
Adelgade
Kongensgade
16
Frederiksg.
2
Bredgade
Havnepromenade
Kronprinsessegade
10
Dronningens Tværgade
Landgreven
Store
Voldgade
Rosenborggade
48
31
Åbenrå
Gothersgade
Fr.borgg.
Hauser Pl.
Kul-Torv
Vognmagergade
Pilestr.
Landemærket
47
Chr. IX G.
Grønnegade
Palægade
17
St. Strandstr.
Sankt Annæ Plads
Amaliegade
Kvæsthusbroen
Toldbod-gade
Fiolstræde
Nørregade
43
Krystalgade
35
St. Kannikestr.
Købmagergade
Kr. Bernikows Gade
Kongens Nytorv
26
Nyhavn
7
51
41
50
Bispetorvet
53
Skindergade
19
Niels Hemm. Gade
Østergade
L. Kongensg.
25
Heibergsg.
Herluf Trolles Gade
20
30
Amagertorv
40
Vingårdstr.
Bremerholm
Kanal
Peder Skrams Gade
Holbergsgade
Gammeltorv
Vimmelsk.
Læderstr.
Højbro Plads
Gl. Strand
Admiralg.
Nytorv
Kattesund
V. Stranden
Holmens Kanal
Niels Juelsgade
Havnegade
Inderhavnen
CHRISTIANSHAVN
Kompagnistr.
Magstr.
Vindebrogade
45
Borg
Slotspl.
Chr.
22
Havnegade
Børsgade
Slots Holmsg.
6
8
37
Farverg.
Longangstræde
Stormgade
44
Tøjhusg.
24
Knippelsbro
Strandgade
Chr. Havns Kanal
Badsmandsstræde
32
Ny Vestergade
Frederiksholms Kanal
49
Vester Voldgade
Kongensg.
Ny
Wildersgade
neden Vandet
oven Vandet
Sankt Annæ Gade
52
Torvegade
H.C. Andersens Boulevard
33
Christians Brygge
Strandg.
9
Overgaden
Dronningensgade
Niels Brocks Gade
Rysensteensgade
34
Hambrosgade
Langebro
Langebrogade
Sofieg.
Prinsessegade
12
Chr. Havns Voldgade
Kalvebod Brygge
Amager Boulevard
Stadsgraven
Ved. Stadsgraven
Christmas Møllers Plads

DÄNISCHE KÖNIGE UND REGIERENDE KÖNIGINNEN

Gorm (der Alte)	bis 950
Harald I. (Blauzahn)	950–985
Svend I. (Gabelbart)	985–1014
Harald II.	1014–1018
Knud I (der Große)	1018–1035
Hardeknud	1035–1042
Magnus (der Gute)	1042–1047
Svend II. (Estridsen)	1047–1074
Harald III. (Weicher Schleifstein)	1074–1080
Knud II. (der Heilige)	1080–1086
Oluf I. (Hunger)	1086–1095
Erik I. (der allzeit Gute)	1095–1103
Niels	1104–1134
Erik II. (der Denkwürdige)	1134–1137
Erik III. (der Kleinmütige)	1137–1146
Svend III. (Grathe)	1146–1157
Knud III.	1146–1157
Valdemar I. (der Große)	1154–1182
Knud IV. (Valdemarsen)	1182–1202
Valdemar II. (der Sieger)	1202–1241
Erik IV. (Pflugpfennig)	1241–1250
Abel	1250–1252
Christoffer I.	1252–1259
Erik V. (Geschorenes Schaffell)	1259–1286
Erik VI. (bei den Heiligen)	1286–1319
Christoffer II.	1320–1326
Valdemar III.	1326–1330
Christoffer II.	1330–1332
Königlose Zeit	1332–1340
Valdemar IV. (Atterdag)	1340–1375
Oluf III. (Håkonsson)	1376–1387
Margrethe I.	1387–1396 (1375–1412)
Erik VII. (von Pommern)	1396–1439
Christoffer III. (von Bayern)	1440–1448
Christian I.	1448–1481
Hans	1481–1513
Christian II.	1513–1523
Frederik I.	1523–1533
Christian III.	1534–1559
Frederik II.	1559–1588
Christian IV.	1588–1648
Frederik III.	1648–1670
Christian V.	1670–1699
Frederik IV.	1699–1730
Christian VI.	1730–1746
Frederik V.	1746–1766
Christian VII.	1766–1808
Frederik VI.	1808–1839
Christian VIII.	1839–1848
Frederik VII.	1848–1863
Christian IX.	1863–1906
Frederik VIII.	1906–1912
Christian X.	1912–1947
Frederik IX.	1947–1972
Margrethe II.	seit 1972

tig zu; es zählte damals bereits 4000 Einwohner und war die größte Stadt des Nordens. Deswegen wurde es auch zu einer lästigen Konkurrenz für die Hanse, so daß die Lübecker die Stadt zweimal (1248 und 1369) zerstörten. Gleichzeitig stritten sich Könige und Bischöfe um ihren Besitz. Mit dem Sieg Eriks von Pommern (1396–1439) im Jahre 1416 wurde K. endgültig Residenzstadt. 1429 wurde der »Øresundzoll« eingeführt, der bis 1857 eine der Haupteinnahmequellen Dänemarks bleiben sollte; außerdem wurde K. stark befestigt. 20 Jahre später war Christian I. (1448–81) der erste dän. König, der in K. gekrönt wurde. Anfang des 15. Jh. kam die Reformation nach Dänemark; 1536 wurde die lutherische Lehre Staatsreligion.
Während der Regierungszeit Christians IV. (1588–1648) veränderte sich das Erscheinungsbild K.s entscheidend. Der König baute u.a. Schloß *Rosenholm*, ließ die Wasserläufe zwischen den Inseln regulieren sowie das befestigte *Christianshavn* und die Seemannsquartiere im Norden der Stadt *(Nyboder)* anlegen. 1658–60 belagerten die Schweden K. erfolglos. Der Krieg führte aber zum Verlust der schonischen Provinzen und zur Einführung der absoluten Monarchie mit erblicher Thronfolge. K. wurde in noch stärkerem Maße als bisher Mittelpunkt von Dänemark und Norwegen. Das brachte Veränderungen mit sich, die auch in der Architektur ihren Niederschlag fanden. Ende des 17. Jh. zählte K. schon 70000 Einwohner. 1728 und 1795 brannte

Kopenhagen, Frederikskirke (Marmorkirche) ▷

KV 42 660

die Altstadt von K. nieder; die Fachwerkbauten waren eine leichte Beute der Flammen. Frederik V. (1746–66) setzte die Bautätigkeit seines Vaters Christian IV. fort und ließ die *Frederiksstad* mit Schloß *Amalienborg* als Mittelpunkt anlegen. In diese Zeit fällt auch die erste Industrialisierungsphase K.s (Tabak und Textilien). 1807 wurde es von den Engländern, die Dänemark zu einem Bündnis zwingen wollten, bombardiert und schwer beschädigt. Dieser Angriff führte 1813 zum Staatsbankrott und 1814 zum Verlust Norwegens. Um die Mitte des 19. Jh. wuchs die Stadt weit über den Festungsgürtel hinaus. Während des 1. Weltkriegs war Dänemark neutral; während des 2. Weltkriegs besetzten die Deutschen das Land. Gebäude wurden als Vergeltung für Widerstandsaktionen niedergebrannt (u. a. der Konzertsaal im Tivoli); später wurden Fabriken und das Gestapohauptquartier von den Engländern bombardiert.

SAKRALBAUTEN

Alexander Newsky Kirke (Bredgade 53): Die Kirche der russisch-orthodoxen Gemeinde wurde 1881–83 von F. Meldahl* in rein russischem Stil (u. a. drei zwiebelförmige Kuppeln) erbaut.

Alexander Newsky Kirke

Christians Kirke (Strandgade 2, Christianshavn): 1755–59 im Stil des Rokoko nach Plänen von N. Eigtved* erbaut, der hierbei mit der Tradition brach. Altar, Kanzel und Orgel sind an der einen Längswand übereinander aufgestellt. An den anderen Wänden befinden sich Emporen, die dem Kirchenraum den Charakter eines Theaters verleihen. Unter der Kirche liegt ein Grabkeller, der von außen zugänglich ist. Der Turm wurde 1769 nach Plänen von Eigtveds Schwiegersohn G. D. Anthon* erbaut.

Elias Kirke (Vesterbros Torv): Nach roman. Vorbildern vom Architekten des K.er Rathauses, M. Nyrop*, 1906–08 erbaut.

Frederiksberg Kirke (Frederiksberg Runddel): Die achteckige Kirche aus Backsteinen wurde 1732–34 nach Plänen des eingewanderten niederländischen Unternehmers F. du Sart erbaut. Das ebenfalls achteckige Zeltdach wird von einer Laterne bekrönt. Die Kirche besitzt im Inneren ein Kuppelgewölbe. Das Altargemälde (Die Stiftung des Abendmahls) stammt von C. W. Eckersberg*, dem einflußreichsten dän. Maler des 19. Jh.

Frederikskirke (Frederiksgade): Den Grundstein zu dem auch als *Marmorkirche*

Grundtvigs Kirke

bekannten Gotteshaus legte 1749 Frederik V. anläßlich des 300jährigen Regierungsjubiläums des Hauses Oldenburg. 1770 wurden die Arbeiten wegen der hohen Kosten - das Baumaterial war norweg. Marmor - eingestellt; erst 1894 konnte der 45 m hohe Kuppelbau unter der Leitung von F. Meldahl* fertiggestellt werden. Um die Kirche herum befinden sich Statuen von Gestalten aus der Bibel (u. a. Moses) und der Kirchengeschichte (u. a. Ansgar, der erste Missionar in Dänemark, Luther, Grundtvig und Kierkegaard), geschaffen u. a. von H. V. Bissen*, J. F. Willumsen* und K. Nellemose*. Bes. bemerkenswert im Inneren sind ein Taufstein und ein Gedenkstein für C. F. Tietgen, einen Großindustriellen, der die Vollendung der Kirche finanziert hatte, beide Werke von N. Skovgaard*, sowie zwei dt. Renaissancearbeiten, ein Elfenbeinkruzifix und ein Holzrelief (Kreuzabnahme).

Garnisons Kirke (Sankt Annæ Plads): Die Kreuzkirche aus Backsteinen, die sich stilistisch an den holländischen Palladianismus anlehnt, wurde 1703-06 für das Militär erbaut. Der Altar aus norweg. Marmor stammt von 1724. - Auf dem ehem. Friedhof bei der Kirche findet man Grabdenkmäler für die Maler *C. W. Eckersberg** von J. A. Jerichau* und *J. Th. Lundbye** von H. W. Bissen*.

Grundtvigs Kirke (Bispebjerg): Das Bauwerk war 1912 von P. V. Jensen Klint* ausschließlich als *Denkmal* für den Dichter, Pfarrer und Gründer der Volkshochschulen *Nicolai Frederik Severin Grundtvig* (1783-1872) konzipiert worden. Urspr. standen zwei andere Standorte zur Diskussion: bei der *Christianskirche* oder bei der Kirche des Krankenhauses *Vartov* (Farvergade 27), wo Grundtvig gewirkt hatte. Schließlich entschied man sich jedoch, eine ganze Kirche zu bauen. Wegen des Krieges konnten die Arbeiten aber erst 1921 aufgenommen werden; sie dauerten bis 1940. Klint erlebte die Vollendung seines Hauptwerkes nicht mehr; er starb 1930 und ist in einer Urne in der Wand des Waffenhauses beigesetzt. Die Bauleitung übernahm sein Sohn Kaare Klint*.

Die Kirche ist das letzte Beispiel einer historisierenden Architekturrichtung, die mit der → Universitätsbibliothek ihren Anfang genommen hatte. Wie eine ma Dorfkirche ist die Grundtvigs-Kirche an der höchsten Stelle der Gegend in O-W-Richtung erbaut. Als Baumaterial wurden nur gelblich-weiße Ziegel und Klinker verwendet, die der dreischiffigen gewölbten Kirche mit einem

Grundtvigs Kirke, Kanzel mit Blick auf Orgel

Saint Alban's Church

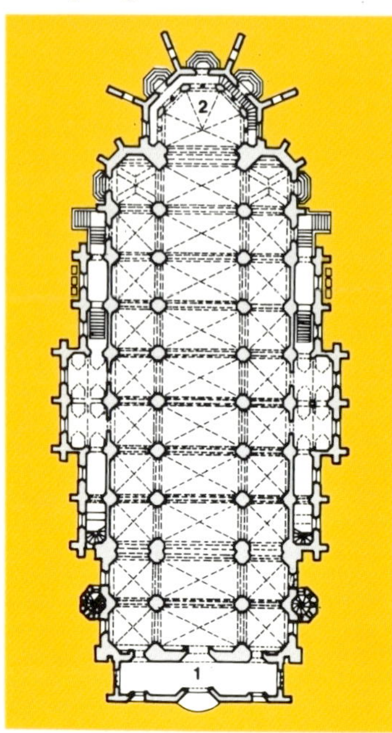

Kopenhagen, Grundtvigs Kirke 1 Vorhalle 2 Chorraum (mit Krypta darunter)

Sankt Nikolaj Kirkebygning

Turm, dessen Giebelfassaden an riesige Orgelprospekte erinnern, ihren einzigartigen Charakter verleihen. Unter dem Chor und O-Ende des Langhauses liegt eine Krypta, die 600 Personen faßt.

Helligåndskirke (Amager Torv): Die Heiliggeist-Kirche wurde 1536 nach der nicht mehr erhaltenen *Clemenskirche* K.s Gemeindekirche. Die Kirche bildete urspr. den S-Flügel eines *Augustinerklosters,* das wiederum aus einem Spital, 1296 von Bischof Jens Krag gestiftet, hervorgegangen war. 1728 wurde die Kirche bei einem Brand stark beschädigt; 1730-32 wurde sie von J.C. Krieger* als dreischiffiger Bau unter einem Dach wiedererrichtet. Das Portal am Waffenhaus aus Sandstein von 1620 war urspr. für die Börse bestimmt. Der Altar im Inneren mit einem Gemälde von H. Krock* (1727) stammt aus der Kirche von Christiansborg. Taufstein von B. Thorvaldsen* (1828). Die Grabkapelle an der N-Seite stammt aus dem späten 17. Jh. - Das *Heiliggeisthaus,* das mit der Kirche zusammengebaut ist, bildete den W-Flügel des Klosters. Der spätgot. Bau aus roten Ziegeln besitzt zwei Stockwerke. Schöne Gewölbe im ehem. Krankensaal im Erdgeschoß, die von vier achteckigen Säulen getragen werden. - Vor der Kirche befindet sich ein *Mahnmal* für die unbekannten Gefangenen der Konzentrationslager von K. Klint*.

Holmens Kirke (Holmens Kanal): Die von Christian II. erbaute Ankerschmiede wurde 1619 von Christian IV. zu einer Seemannskirche umgebaut. Die Kreuzarme des Renaissancebaus stammen von 1641-43. Das Hauptportal aus dem 17. Jh. war urspr. Teil des Doms zu Roskilde. Die Innenausstattung besteht u.a. aus einer geschnitzten Barockkanzel und einem geschnitzten Barockaltar von A. Schrøder* sowie zahlreichen Epitaphien. Außerdem befindet sich hier die Grabkapelle des Admirals Niels Juel,

Holmens Kirke am Holmens Kanal

der 1677 die Seeschlacht in der Køge-Bucht gegen einen weit überlegenen schwed. Feind gewann. Die Holmens-Kirche ist die einzige Kirche K.s, die die Feuersbrünste unbeschadet überstanden hat.

Saint Alban's Church (Esplanaden): Die anglikanische Kirche wurde 1885–87 nach Plänen des engl. Architekten A.W. Blomfield* in engl.-got. Stil erbaut. Auch während der dt. Besetzung fanden hier noch englischsprachige Gottesdienste statt.

Sankt Ansgar Kirke (Bredgade 64): Die röm.-kath. Kirche wurde 1841/42 auf dem Platz erbaut, auf dem sich vorher schon eine Kapelle befunden hatte. Vorbild war die Ludwigskirche in München. Da es den Katholiken erst mit der Verfassung von 1849 erlaubt wurde, zur Messe zu läuten, besaß das Bauwerk urspr. keinen Turm; der bestehende stammt aus dem Jahre 1943.

Sankt Nikolaj Kirkebygning (Nikolaj Plads): Beim Brand von 1795 wurde die dem Schutzheiligen der Seeleute geweihte Kirche bis auf den Turm (1582) zerstört. Anfang des 16. Jh. war sie mit ihrem Pastor Hans Tausen (1494–1561) Zentrum der dän. Reformation gewesen. Im 19. Jh. wurde der Turm als Feuerschutzturm genutzt; auf dem Gelände des Kirchenschiffs waren nach Beseitigung der Trümmer 78 Buden für den Fleischverkauf errichtet worden. 1915–17 schließlich wurde das Schiff unter der Leitung von H.C. Amberg* rekonstruiert. Es besitzt zwei Stockwerke und wird für wechselnde Ausstellungen genutzt.

Sankt Petri Kirke (Ecke Skt. Pedersstræde/Nørregade): Die älteste Kirche K.s wird erstmals 1304 erwähnt; aus dieser Zeit stammen noch Reste des spätgot. Langhauses und der dreiseitige Chorabschluß. Finanziert wurde das Bauwerk durch Ablaßbriefe. Bevor es 1586 in den Besitz der dt. Gemeinde überging, diente es nach der Reformation einige Jahrzehnte lang als Kanonen- und Glockengießerei. Die Querschiffe, die den Bau zu einer Kreuzkirche machen, wurden Anfang des 17. Jh. von Christian IV. gestiftet. Aus demselben Jahrhundert stammen auch die Grabkapellen (Monumente u. a. v. Johannes Wiedeveldt*, einem Hauptvertreter des Neoklassizismus).

Synagoge (Krystalgade 12): 1684 wurde es den Juden in K. erstmals erlaubt, öffentliche Gottesdienste abzuhalten. Anfänglich fanden sie privat oder in gemieteten Lokalen statt. Die erste Synagoge in der Læderstræde brannte 1795 ab. Das bestehende Gebäude wurde 1830–33 von G. F. Hetsch* als fast rechteckige Basilika errichtet.

Trinitatis Kirke og Rundetårn (Købmagergade): Das Bauwerk, das 1637–56 nach Plänen von Hans van Steenwinckel d. J.* für Christian IV. errichtet wurde, war als Kirche, Bibliothek und astronomisches Observatorium vorgesehen. Das dreischiffige Langhaus besitzt einen dreiseitigen Chorabschluß und ist stilistisch der Gotik nachempfunden. Auf dem Dachboden befand sich die *Kgl. Bibliothek* mit vielen unersetzlichen Handschriften, die bei einem Brand 1728 vollständig vernichtet wurde. Bis 1861 befand sich danach dort die *Universitätsbibliothek*. Der Turm, in dem ein *Observatorium* eingerichtet ist, mißt 36 m in der Höhe und hat einen Durchmesser von 15 m; der Schneckenaufgang ist 206 m lang. 1716 ritt ihn Peter der Große hinauf, während Kaiserin Katharina in einem Pferdewagen hinauffuhr. Das Bilderrätsel an der Fassade des Turmes bedeutet wahrscheinlich: »Doctrinam et justitiam dirige, Jehova, in corde coronati Christiani, Qvarti 1642« (Lenke, Herr, Glauben und Gerechtigkeit im Herzen des gekrönten Christian IV. 1642). Am Chor der Kirche Gedenksteine für den Barockdichter Johannes Ewald und den Dramatiker Johan Herman Wessel. In der Kirche ist der berühmte Architekt Laurids Thurah begraben.

Tysk Fransk Reformert Kirke (Gothersgade 111): Der rechteckige Barockbau mit einer Turmspitze auf dem Dach wurde 1689 erbaut; bereits 1728 brannte er wieder ab, wurde aber in der urspr. Form wiedererrichtet. Die Einrichtung (geschnitzte Kanzel über dem Altar an der Längswand) stammt von 1731. - Auf dem ehem. Friedhof bei der Kirche befindet sich das Grabmal von *Olfert Fischer*, der 1801 K. gegen die Flotte von Sir Hyde Parker und Lord Nelson verteidigt hatte.

Vor Frelsers Kirke (Prinsessegade, Christianshavn): Die barocke Kreuzkirche wurde 1682–96 nach einer Zeichnung von L. van

Trinitatis Kirke, Kirchenschiff

Haven* errichtet. Der Turm über dem einen Kreuzarm entstand 1750; der geniale Plan dazu nach dem Vorbild der Kirche Sant'Ivo della Sapienza in Rom stammt von L. Thurah*. Die Turmspitze besitzt eine außen liegende Treppe und endet in einer Kugel aus vergoldetem Kupfer, auf der eine Statue des Erlösers mit Siegesfahne steht. Im Inneren befinden sich ein prächtiger barocker Altar und eine Kanzel, die von C. F. Harsdorff* entworfen wurde (1773).

Vor Frue Kirke (Nørregade): Der barocke Vorgängerbau des Doms wurde bei der Bombardierung K.s 1807 zerstört. Die jetzige neoklassizistische Kirche, rechteckig mit gedrungenem Turm, wurde 1811-29 von C. F. Hansen* errichtet. Den Haupteingang bildet ein dorisches Säulenportal (im Giebel die Figurengruppe *Johannes predigt in der Wüste* von Thorvaldsen*), das von einer Moses- (H. V. Bissen*) und einer Davidsstatue (J. A. Jerichau*) flankiert wird. Der Innenraum wird von einem kassetierten Tonnengewölbe überdeckt. Im halbrunden Chor steht eine Christusstatue von Bertel Thorvaldsen*. Auch ein Großteil der übrigen Ausstattung stammt von diesem wohl berühmtesten dän. Bildhauer, u. a. Statuen der Apostel, das Taufbecken vor dem Altar, ein Fries (Kreuztragung) an der Apsiswand und ein weiterer Fries (Einzug Christi in Jerusalem) in der Vorhalle. Sehenswert sind außerdem zwei Gedenksteine von dem Thorvaldsen-Schüler H. E. Freund*.

PROFANBAUTEN

Amalienborg: Die vier identischen Rokoko-Palais wurden 1749-60 als Mittelpunkt des neuen Stadtteils *Frederiksstad* von dem Hofbaumeister N. Eigtved* errichtet. Sie sind um einen achteckigen Platz angeordnet und hatten urspr. adlige Besitzer, bis sie beim Brand von Schloß Christiansborg in kgl. Besitz übergingen (1794). Aus dem gleichen Jahr stammt die Kolonnade aus Holz mit ionischen Säulen, die C. F. Harsdorff* als Verbindung der beiden s Palais erbaute. Das *Reiterstandbild Frederiks V.* in der Mitte des Platzes wurde von J. F. J. Saly* geschaffen (1768) und von der Ostasiatischen Kompagnie finanziert.

Bredgade: In der Straße, die vom → *Kongens Nytorv* durch den Stadtteil *Frederiksstad* zum → *Kastell* führt, stehen einige der schönsten Rokoko-Bauwerke K.s. - Nr. 26, das *Palais Lindencrone,* wurde 1751 von N. Eigtved* für einen reichen Gutsbesitzer erbaut; seit 1898 befindet sich dort die briti-

Trinitatis Kirke, Rundetårn

Vor Frue Kirke

sche Botschaft. Die Fassade weist starke Ähnlichkeit mit den Amalienborg-Palais auf. - Das nächste Gebäude ist der *Odd Fellow-Palast* (Nr. 28), der 1751-55 von J. G. Rosenberg* für den Handelsminister C. A. Berckentin errichtet wurde. Die Anlage mit Ehrenhof vermittelt eine gute Vorstellung davon, wie wohlhabend die Staatsdiener in Dänemark zur Zeit des Absolutismus waren. Ende des 19. Jh. wurde auf der Gartenseite ein großer Konzertsaal angebaut. - An der Ecke Frederiksgade steht das *Bernstorff-Palais* (Nr. 42), das genau die gleiche Form wie das *Dehns-Palais* auf der gegenüberliegenden Seite der Straße (Nr. 56) besitzt; beide wurden von J. G. Rosenberg* 1756 fertiggestellt. In ersterem Palais, das urspr. dem dän. Außenminister Johan Hartvig Ernst Bernstorff (1712-72) gehörte, befindet sich das wohl schönste Barocktreppenhaus Dänemarks - Nr. 60, *Titkens Gard*, 1755-56 für einen Zunftmeister der Gewürzkrämerinnung erbaut, ist ein typisches Beispiel für ein Bürgerhaus im Rokokostil.

Børsen (Christiansborg Slotsplads): Die *Börse* ließ Christian IV. 1619-40 zur Förderung des Handels erbauen. Die Baumeister waren die Brüder Lorenz und Hans van Steenwinckel d. J.* Urspr. befanden sich im Erdgeschoß eine Verkaufshalle und Lagerräume und im Obergeschoß, in das man über eine Rampe am W-Giebel gelangt, Läden und Büros. Der *Börsensaal* wurde erst Mitte des 19. Jh. eingerichtet. Bemerkenswert ist das langgestreckte Gebäude im Stil der niederländischen Renaissance wegen seiner Giebel an den Längsseiten und seines Turms mit einer Drachenspitze.

Charlottenborg (Nyhavn 2): Dänemarks ältester Barockbau wurde 1672-83 für Ulrik Frederik Gyldenløve, den Bruder Christians V., errichtet. 1700 kaufte Königin Charlotte Amalie das Palais; 1753 schenkte es Frederik V. der *Kunstakademie*, die noch heute in den Räumlichkeiten untergebracht ist. Das Ausstellungsgebäude im Garten stammt aus dem Jahre 1883.

Christiansborg (Christiansborg Slotsplads): Das Schloß hatte sechs Vorläufer, darunter eine Burg, die Bischof Absalon 1167 errichten ließ, dann das erste Christiansborg, einen riesigen Barockbau, mit dessen Bau man 1733 begann und der 1794 abbrannte, und schließlich das zweite Christiansborg, in den Jahren nach 1803 in klassizistischem Stil aufgeführt und 1884 durch ein Feuer vernichtet.
Das heutige Schloß ist eine vierflügelige

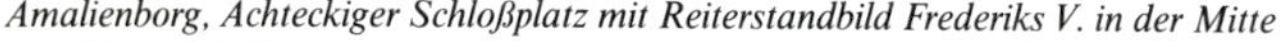

Amalienborg, Achteckiger Schloßplatz mit Reiterstandbild Frederiks V. in der Mitte

Anlage mit gewaltigem Turm, die 1907–28 von T. Jørgensen* erbaut wurde. Sie ist mit Platten aus Bornholmer Granit und Feldstein verkleidet; letztere stellten die dän. Gemeinden zur Verfügung. In dem Gebäude sind der *Oberste Gerichtshof*, das Parlament *(Folketing)*, das *Außenministerium* sowie die Repräsentationsräume des Königs (u. a. der *Thronsaal* und der 40 m lange *Rittersaal*) und der Minister untergebracht. – Auf dem Platz vor dem Schloß steht ein *Reiterstandbild Frederiks VII.* von H. V. Bissen*. – Die Überreste von *Absalons Burg* sind in Räumen unter dem Schloßplatz und dem inneren Schloßhof zugänglich (Eingang durch das Schloßtor). Neben Teilen der Ringmauer aus Kreidesteinquadern und polierten Granitsäulen einer Kirche befinden sich hier auch die Fundamente des *Blauen Turms*, der von Erik von Pommern zu Anfang des 15. Jh. errichtet wurde. Hier war Leonora Christine, eine Tochter Christians IV., 22 Jahre lang von 1663 bis 1685 eingekerkert, nachdem ihr Mann Corfitz Ulfeld bei Hof in Ungnade gefallen war. – Die *Schloßkirche*, die 1826 geweiht wurde, ist ein klassizistisches Bauwerk von C. F. Hansen*, dem Architekten des zweiten Christiansborg mit einer Säulenvorhalle und einer flachen Kuppel. Im Inneren sind einige Plastiken von Thorvaldsen* (Engel und Evangelisten) zu sehen. – Vom ersten Schloßbau ist noch die *Reitbahnanlage* erhalten; sie bildet die Verlängerung des Schlosses nach SO zum Frederiksholms-Kanal, den man über die *Marmorbrücke* überquert. Die symmetrische Anlage besteht zum Kanal hin aus zwei Rokoko-Pavillons, von Eigtved* 1741 erbaut, die mit den Hauptgebäuden durch niedrige, geschwungene Bauten verbunden sind. Die Hauptgebäude sind zweigeschossig und haben Mansarddächer. Im linken Trakt befindet sich die *Reithalle* mit der *Königsloge* an der einen Schmalseite. In den Stallungen (Säulen und Futterkrippen aus Marmor), die die Verbindung zum Schloß herstellen, sind Kutschen, Pferdegeschirr und Livreen aus der Zeit ab 1778 ausgestellt. Das rechte Hauptgebäude diente ab 1766 als *Hoftheater* (Entwurf von N. H. Jardin*); es wurde 1842 von C. H. Koch* umgebaut und ist seit 1922 *Theatermuseum*. – Auf der Reitbahn (heute *Ehrenhof*) wurde 1927 ein *Reiterstandbild Christians IX.* von Anne Marie Carl Nielsen* aufgestellt.

Christianshavn: In den Stadtteil C. gelangt man über die *Knippelsbro*, die Knippels- oder Knüppelbrücke – eine Bezeichnung, die noch heute an die urspr. Holzkonstruktion erinnert. Christianshavn wurde 1617

von Christian IV. als Festung gegen Angreifer auf der Insel Amager angelegt. Alle Straßen verlaufen rechtwinklig oder parallel zu einem Kanal, der C. ebenso wie die zahlreichen Renaissancebauten, Wohn- und Lagerhäuser aus Backstein einen fast niederländischen Charakter verleiht. Bes. bemerkenswert sind die Gebäude in der *Strandgade* und der *Overgade neden Vandet*. In der Strandgade 25 steht das *Palais der Asiatischen Kompanie*, 1738 von P. de Lange* erbaut. In der Overgaden oven Vandet 58-64 befindet sich das sog. *Søkvæsthus* (1754-55); zunächst Waisenhaus, war es ab 1777 ein Spital für Kriegsversehrte. Im Gartenhaus wohnten die Schauspielerin *Johanne Luise Heiberg* (1812-90) und ihr Mann, der Dichter und zeitweilige Leiter des Kgl. Theaters *Johan Ludvig Heiberg* (1791-1860).

Domhuset (Nytorv): Das *Gerichtsgebäude* ist eines der Hauptwerke des Architekten C.F.Hansen*. Das klassizistische Bauwerk wurde 1805-15 errichtet und war bis 1903 das Rathaus K.s. Die Hauptfassade zum Nytorv wird von einem Portal mit sechs ionischen Säulen beherrscht. Über die Slutterigade führt eine Brücke (*Sukkenes Bro* = Seufzerbrücke) zum ebenfalls klassizistischen *Arresthaus*.

Frederiksberg Slot (Eingang vom Roskildevej aus): Das ehem. Landschloß der dän. Könige wurde von Frederik IV. 1699 begonnen. 1707-09 baute man es zu einer H-förmigen Anlage aus. 1733-39 schließlich wurden zum Hof hin von L.Thurah* niedrige Seitenflügel angebaut. Für das Schloß dienten ital. Villen als Vorbild, was bereits an der Farbgebung - ockergelbe Fassade mit weißen Fenstereinfassungen - zu sehen ist. Im ö Querflügel liegt die prächtige barocke *Schloßkirche*, die 1710 gweiht wurde. Seit 1869 dient das Schloß als Offiziersschule für das dän. Heer. Im *Park* befinden sich ein *chinesischer Pavillon* (1799-1800) und ein *Apistempel* nach Plänen des Malers N.A.Abildgaard* (1802-04).

Gråbrødretorv: Der idyllische Platz wurde 1530 an der Stelle eines Franziskanerklosters angelegt. Die Bebauung stammt aus der Zeit nach dem Brand von 1728. In *Nr. 3* wohnte der Dichter *Johan Herman Wessel* (1742-89), der durch »Kierlighed uden Strømper« (Liebe ohne Strümpfe bekannt wurde.

Kastellet: Die Festung im NO K.s bildet den Abschluß des O-Walls. Sie wurde 1662-65 auf Veranlassung Frederiks III. von dem holländischen Ingenieur H. Rüse*

Børsen

erbaut und besitzt einen riesigen Wall und doppelte Gräben. Der Hauptzugang führt von S durch das *Seelandstor* (1663, mit einer Büste Frederiks III. von F. Dieussart*). Alle Gebäude liegen an einer Straße, die in O-W-Richtung verläuft. – Das zweigeschossige *Kommandantenhaus* wurde 1725 von E. D. Häusser* errichtet. – Die *Kirche* (1703/04), ein länglicher Bau, dessen Hauptportal von vier dorischen Säulen flankiert wird, besaß urspr. eine direkte Verbindung zum Arrestgebäude (1725), so daß auch die Gefangenen dem Gottesdienst beiwohnen konnten. Hier war auch Johann Friedrich Struensee (1737–72), der dt. Beraten und Leibarzt des geisteskranken Christian VII., von seinem Sturz bis zu seiner Hinrichtung gefangen. Auf dem Wall steht eine holländische *Windmühle,* die letzte bestehende in K.

Die Festung ist von schönen Parkanlagen umgeben. In der *Langelinieanlage* steht am Ufer das berühmte Wahrzeichen K.s, *Den lille Havfrue (Die kleine Meerjungfrau).* Die Skulptur Edvald Eriksens* war ein Geschenk des Brauers Carl Jacobsen und wurde 1913 aufgestellt. – In unmittelbarer Nähe befindet sich der *Gefionbrunnen* des Bildhauers A. Bundgaard* (1908). Gefion soll der Sage nach Seeland mit Pflug und Ochsen von Schweden getrennt haben.

Kongelige Bibliotek (Christians Brygge 8): Die *Kgl. Bibliothek* wurde 1898–1906 von H. J. Holm* erbaut. Stilistisch erinnert sie an früh-ma Architektur. Der Bestand umfaßt etwa 1 700 000 Bände und 52 000 Handschriften. Im Park vor der Bibliothek steht eine *Statue* des Philosophen *Søren Kierkegaard.*

Kongelige Teater (Kongens Nytorv 9): Das *Kgl. Theater* wurde 1872–74 von V. Dahlerup* und O. Petersen* in einer Art Renaissancestil errichtet. Es ersetzte einen Bau von N. Eigtved* aus dem Jahre 1748, von dem die Inschrift an der Hauptfassade *»Ei blot til lyst«* (Nicht bloß zum Vergnügen) übernommen wurde. Der Zuschauerraum (Dekorationen u. a. von dem Maler C. Hansen*) hat 1500 Plätze. – 1931 eröffnete man in einem turmartigen Anbau quer über die Tordenskjoldgade die sog. *Neue Szene* (1050 Plätze, Architekt H. Jacobsen*), die im Volksmund den Namen *»Stærekassen«* (Starenkasten) trägt. Die Mosaike in der Durchfahrt stammen von E. Nielsen*, die Figuren an der Fassade (Apollo sowie die komischen und tragischen Musen) u. a. von E. Utzon-Frank*.

Kongens Nytorv: Der Platz, der im 17. Jh. angelegt wurde, ist einer der schönsten der

Christiansborg, Schloß mit Reiterstandbild Christians IX.

Rosenborg Slot

Chrisitansborg, Thronsaal

Stadt. Das *Reiterstandbild Christians V.* in der Mitte von A.C. Lamoureux* stammt aus dem Jahre 1688. - Nr. 3-5 ist das sog. *Harsdorffs Hus.* Der Lehrer für Architektur an der Kunstakademie, C.F. Harsdorff, ließ es 1779/80 in franz.-klassizistischem Stil erbauen. Über dem Mittelteil befindet sich ein Giebelrelief von J. Wiedeveldt*. - Nr. 4, das *Palais Thott,* wurde 1683-86 für den Seehelden Niels Juel errichtet; heute befindet sich in dem barock-klassizistischen Bauwerk die franz. Botschaft. - Nr. 13 ist das größte Kaufhaus des Nordens, das *Magasin du Nord;* die Fassade im Stil des franz. Neobarock stammt von 1893/94.

Landretsbygning (Fredericiagade 24): Das heutige *Landesgericht* wurde von Frederik IV. 1701/02 urspr. als Opernhaus erbaut. Das Bauwerk in holländischem Pilasterstil besaß urspr. nur zwei Stockwerke und wurde 1769 um ein Mezzanin aufgestockt.

Mathias Hansen Gård (Amagertorv 6): Das hübsche Haus wurde 1616 von dem Ratsherrn und späteren Bürgermeister Mathias Hansen erbaut. Es hat drei Stockwerke und zwei Giebel. Die Fassade aus rotem Backstein ist mit Sandsteinornamenten verziert. In dem Gebäude sind heute Verkaufs- und Ausstellungslokale der *Kgl.-Dän. Porzellanmanufaktur* untergebracht.

Politigården (Zugang vom Polititorv und von der Otto Mønstedsgade): Das *Polizeipräsidium* wurde 1918-24 erbaut; der Architekt war H. Kampmann*. Das von außen düster wirkende Gebäude in neoklassizistischem Stil besticht durch seine beiden Innenhöfe, einen kreisrunden (45 m Durchmesser), der von Arkaden mit 44 Doppelsäulen aus hellem Kalkstein umgeben ist, und einen kleineren, rechteckigen, in dem eine Bronzestatue von E. Utzon-Frank* (*Der Schlangentöter,* 1924) steht.

Regensen (Store Kannikestræde 2): 1569 stiftete Frederik II. ein *Studentenwohnheim* mit Freiplätzen für 100 Studenten. Es wurde 1623-28 aus rotem Backstein errichtet und später wiederholt um- und ausgebaut, verlor dabei jedoch nichts von seiner urspr.

»Lille Havrue« (Kleine Meerjungfrau) von Edvard Eriksen ▷

Kongelige Bibliotek mit Park

Schlichtheit. – In unmittelbarer Nähe davon befinden sich zahlreiche weitere schöne Häuser aus dem späten 17. und 18. Jh. (z. B. Købmagergade 33, das *Hauptpostamt,* 1729–32 von P. de Lange* erbaut).

Rosenborg Slot (Øster Voldgade 4 A): Christian IV. ließ das Schloß 1606/07 als Lusthaus im Renaissancestil erbauen. Obwohl es in den folgenden 30 Jahren wiederholt aus- und umgebaut wurde, macht es mit seinen drei Etagen, drei Türmen (der höchste mißt bis zur Spitze der Fahnenstange 50 m) und Erkern einen sehr einheitlichen Eindruck. Seit 1833 ist hier ein Teil des *Kgl. Familienmuseums* untergebracht: eine großartige Sammlung von Silber, Porzellan und Gemälden; die *Kroninsignien* sind im Keller ausgestellt. – Bes. bemerkenswert im Inneren sind im Erdgeschoß das *Winterzimmer,* der Raum Christians IV., und auf der 2. Etage der *Rittersaal* (Gobelins, Tonnengewölbe mit Stuckreliefs). – Im *Schloßpark (Kongens Have)* stehen die Figurengruppe *Löwe, der ein Pferd überfällt* und der sog. *Herkulespavillon* (1670/1773). Die *Verkaufspavillons* an der Kronprinsessegade wurden 1803/04 erbaut; mit den Mieteinnahmen sollte das Parkgitter finanziert werden. – Neben dem Schloß liegt die *Kaserne der Leibgarde* (spätes 18. Jh., heute *Museum*).

Rådhuset (Rådhuspladsen): Das fünfte *Rathaus* K.s wurde 1892–1905 von M. Nyrop* erbaut. Bei der Gestaltung benutzte er Motive der ma dän. Architektur und der ital. Renaissance. Das Bauwerk aus Ziegel und Granit bildet ein längliches Rechteck mit zwei Innenhöfen, von denen der eine, die sog. *Halle,* überdacht ist; im anderen steht der *Bärenbrunnen* von J. Skovgaard* und Th. Bindesbøll* (auf dem Rathausplatz befindet sich ihr *Drachenbrunnen*). Der *Turm* (mit schöner Aussicht) ist 105,6 m hoch. Unmittelbar hinter dem Haupteingang ist *Jens Olsens Weltuhr* aufgestellt; sie besitzt elf Zifferblätter und wurde 1955 nach 27jähriger Arbeit fertiggestellt. – Schräg gegenüber dem Rathaus wurde 1907–10 das *Palace Hotel* errichtet (Architekt A. Rosen*). Der

Rathaus, Innenhof (sog. Halle)

65 m hohe Turm des Jugendstilbaus ist mit vier Mosaiken (Darstellung der 4 Tageszeiten) von J. Kragh* geschmückt.

Tivoli (Vesterbrogade 3): Der weltbekannte Vergnügungspark wurde 1843 gegründet. Das älteste erhaltene Bauwerk ist das *Pantomimentheater* von V. Dahlerup* (1874), das Ähnlichkeit mit einem chinesischen Tempel besitzt und auf dessen Vorhang ein radschlagender Pfau zu sehen ist. Weiterhin bemerkenswert sind das *Hauptportal* (1890) mit korinthischen Säulen, der *Basar* in maurischem Stil (1909), der *Chinesische Turm* (1900) und der *Konzertsaal* (1902).

Universitetet (Frue Plads): Die *Universität* wurde 1479 von Christian I. gegründet. Seit der Reformation ist sie im *ehem. kath. Bischofshof* am Frue Plads untergebracht. Das gegenwärtige Gebäude von P. Malling* stammt von 1831-36 und erinnert an engl. Colleges. In der *Vorhalle* mit Fresken von C. Hansen* sind zwei Marmorstatuen (*Athene* und *Apollo*) von H. V. Bissen* aufgestellt. In der Aula finden sich historische Gemälde u. a. von W. Marstrand* und C. Bloch* (Einweihung der Universität und der Dramatiker Holberg). Im linken Innenhof steht das *Konsistoriebygning* (Universitätssenat), ein Backsteinbau mit Treppengiebeln von 1420. Die sechs Kellergewölbe, getragen von zwei Granitsäulen, gehören zu den ältesten Bauwerken in K. Im daran anschließenden Gebäude (1730, J. C. Krieger*) befanden sich urspr. die Professorenwohnungen; in einem weiteren zur Nørregade hin aus dem Jahr 1731 ist heute die Mensa, die sog. *Kannibalkøkken* (Kannibalenküche), untergebracht.

Universitetsbiblioteket (Fiolstræde 1): Für den roten Ziegelbau der *Universitätsbibliothek* (1857-61) wählte der Architekt J. D. Herhold* die Kirche St. Fermo in Verona als Vorbild. Der Hauptsaal ist 55 m lang und besitzt eine Galerie, die von eisernen Säulen getragen wird. Das Tonnengewölbe (Dekoration von G. C. Hilker*) ist ebenfalls eine Eisenkonstruktion.

MUSEEN

Bakkehusmuseet (Rahbeksallé 23, Frederiksberg): In dem Gebäude einer ehem. Gastwirtschaft, 1764 errichtet, lebte der Literaturwissenschaftler *Knud Lyne Rahbek* (1760–1830) mit seiner Frau Kamma (1775–1829) von 1802 bis zu seinem Tod. In seinen Werken beschäftigte er sich hauptsächlich mit dem Dramatiker Ludvig Holberg (1684–1754) sowie dem Volkslied. Sein Haus war Versammlungsort führender Dichter, Künstler und Wissenschaftler seiner Zeit. Das Museum ist eine Rekonstruktion der Rahbekschen Wohnung mit Erinnerungsgegenständen an u.a. *Hans Christian Andersen* und die Schauspielerin *Johanne Luise Heiberg*.

Bing & Grøndahls Museum (Vesterbrogade 149): In dem Museum finden sich Erzeugnisse der bekannten Porzellanwarenfabrik von 1853 bis heute.

Davids Samling (Kronprinsessegade 30): Der Anwalt *C. L. David* schenkte dem dän. Volk 1946 seine Kunstsammlung, die europäisches Kunsthandwerk aus dem 18. Jh., persische Buchmalerei und holländische und dän. Gemälde umfaßt. Sie ist in den beiden obersten Etagen eines Patrizierhauses aus dem frühen 19. Jh. ausgestellt.

Det danske Filmmuseum (St. Søndervoldstræde, Christianshavn): In dem 1941 gegründeten Museum sind alte Filmkameras und Laternae magicae von 1800 zu sehen. Große Sammlung von Filmen, Büchern, Zeitschriften und Filmplakaten. Außer in den Sommermonaten finden hier auch Vorführungen selten gezeigter Filme statt.

Hirschsprungske Samling (Stockholmsgade 20): 1902 schenkte der Tabakfabrikant *Heinrich Hirschsprung* seine Sammlung dän. Kunst dem Staat. Das klassizistische Museumsgebäude wurde 1911 von H. B. Storck* errichtet. Ausgestellt sind Gemälde, Aquarelle, Pastelle und Zeichnungen sowie Skulpturen dän. Künstler des 19. Jh., von C. W. Eckersberg* bis zur *Schule von Skagen*. Außerdem bemerkenwert sind Möbel

Rosenborg Slot, Rittersaal ▷

nach Entwürfen dän. Künstler sowie Joakim Skovgaards* Entwürfe für die Fresken im Viborger Dom.

Kunstindustrimuseet (Bredgade 68): Das *Kunstgewerbemuseum,* das 1890 gegründet wurde, ist in einer der schönsten Rokokoanlagen K.s untergebracht, dem ehem. *Frederiks Hospital,* 1752-57 von N. Eigtved* und L. Thurah* erbaut. Gezeigt wird Kunsthandwerk vom MA bis heute. Spezialsammlungen umfassen Porzellan, Silber, Textilien und Bucheinbände sowie Kunsthandwerk aus Asien. Außerdem verfügt das Museum über eine *Plakatsammlung,* die u.a. alle Plakate von Toulouse-Lautrec enthält. - Im Garten befindet sich der *Seepferdbrunnen* von Niels Skovgaard* (1916).

Københavns Bymuseum (Vesterbrogade 59): Das *Stadtmuseum* ist in einem neoklassizistischen Gebäude untergebracht, das 1782-86 errichtet wurde und urspr. der Kgl. Schützengesellschaft gehörte. Der Seitenflügel stammt von 1792. Mit Gemälden, Stichen, Ladenschildern etc. wird die Geschichte der Stadt K. von der Zeit Bischof Absalons bis heute dokumentiert. Außerdem gibt es eine große Sammlung, die sich mit dem größten Philosophen Dänemarks, *Søren Kierkegaard* (1813-55), beschäftigt. Im Sommer wird auf dem Hof vor dem Museum ein *Modell K.s* zur Zeit der Reformation aufgestellt. Im Seitenflügel befindet sich das *Dänische Post- und Telegraphenmuseum.*

Musikhistorisk Museum (Åbenrå 34): Das *Musikhistorische Museum* ist in dem 1730-32 erbauten *ehem. Pfarrhaus* der Dt.-Franz.-Reformierten Kirche untergebracht. Das Gebäude, das für zwei Pfarrfamilien vorgesehen war, ist wegen seiner symmetrischen Bauweise bemerkenswert. Gezeigt werden neben einer großen Sammlung europäischer und außereuropäischer Musikinstrumente Notenmanuskripte und Meßbücher.

Nationalmuseet (Frederiksholm Kanal 12):

Nationalmuseum, Sonnenwagen von Trundholm

Das Nationalmuseum ist im sog. *Prinzenpalais* untergebracht, das 1743-44 von N. Eigtved für den späteren König Frederik V. erbaut wurde; es handelt sich dabei um Dänemarks erstes Rokokopalais, eine dreiflügelige Anlage mit einem niedrigen Torflügel. - Das Museum, das hier 1892 eingerichtet worden ist, besteht aus sieben Abteilungen: *Dän. Vorzeit;* hier sind Gräber und Grabfunde sowie der *Silberkessel von Gundestrup* und der *Sonnenwagen von Trundholm* zu sehen. In der Abteilung *Historische Zeit* (1000-1750) liegt das Schwergewicht auf kirchlicher Kunst (Holzskulpturen von Hans Brüggemann* und Claus Berg*), Einrichtungsgegenständen und Innenausstattungen (die Räume 48-53 weisen noch die originale Rokokodekoration auf). Fünf Räume enthalten die *Kgl. Münzen- und Medaillensammlung:* griech. und röm. Münzen, Münzen aus dän. Prägung und solche, die durch Handel und den Øresundzoll in dän. Besitz gelangten. Jeweils eine Abteilung zeigt die Kultur des *Höheren Standes* im 18. und 19. Jh., eine weitere die des *Bauernstandes* im selben Zeitraum; ausgestellt ist hier eine Vielzahl von Porzellan, Glas, Kleidungsstücken und Einrichtungsgegenständen. Weiterhin findet man eine große *Antikensammlung* mit einem Fragment des Parthenonfrieses und eine *Ethnographische Sammlung* vor; letztere ist in Grönland, Amerika, Ozeanien, Südostasien, Afrika und Asien unterteilt. Die sog. *Spezialsammlungen* enthalten teilweise Kurioses wie Folterwerkzeuge und Spielzeug, aber auch Fayence und die Arbeitszimmer der Schriftsteller *Martin Andersen-Nexø* (1869-1954) und *Johannes V. Jensen* (1873-1950).

Ny Carlsberg Glyptotek (Dantes Plads 32): 1888 beschloß der Brauer *Carl Jacobsen* (1842-1912), der Öffentlichkeit seine bedeutenden Kunstsammlungen zu schenken. Für diese Sammlungen wurde in zwei Abschnitten ein Museum errichtet: Der ältere Teil zum Dante-Platz hin eine dreiflügelige Anlage im Stil der ital. Renaissance, wurde von V. Dahlerup* entworfen und 1892-97 erbaut. Er ist mit dem neueren Teil, der 1901-06 von H. Kampmann* angebaut wurde, durch einen Wintergarten mit Glaskuppel verbunden. Der Anbau ist klassizi-

Glyptotek, »Nympe« von H. W. Bissen ▷

stisch und besitzt vier Flügel, die zwei (mittlerweile überbaute) Innenhöfe bilden. Über der Mittelpartie der W-Fassade erhebt sich eine Treppenpyramide nach dem Vorbild des Mausoleums von Halikarnassos. Sie wird von zwei vergoldeten Bronzepferden, Kopien von der Markuskirche in Venedig, flankiert; auf ihrer Spitze steht eine Statue der Pallas Athene.

Die *Antikensammlung* im neueren Gebäudeteil soll die Geschichte der Skulptur von den alten Ägyptern und Mesopotamiern bis zum Untergang des röm. Reiches zeigen; der Schwerpunkt liegt auf der griech. Plastik. - Bes. bemerkenswert in der *ägyptischen Sammlung* sind der *Gott Seth* (um 1200 v.Chr.) und der *Schwarze Königskopf* (um 400 v.Chr.) sowie der *Mastaba-Saal* mit drei reliefgeschmückten Wänden der Kultkammer eines Grabes (um 2500 v.Chr.). - Die *altorientalische Abteilung* ist vergleichsweise klein; herausragend sind darin zwei Skulpturen sumerischer Fürsten (um 2500 v.Chr.) sowie Reliefs aus assyrischer, babylonischer und persischer Zeit. - Das bedeutendste Stück der ältesten griech. Marmorskulpturen ist ein *Jünglingskopf* von ca. 530 v.Chr., der von Carl Jacobsen 1879 in Paris erworben wurde und den Grundstock der Antikensammlung bildete. Die *griech.* und *röm. Sammlungen* umfassen überwiegend Porträtkunst, die man hier besser als in jedem anderen Museum studieren kann. Weiterhin gibt es eine umfangreiche *Sammlung etruskischer Kunst* und Funde aus der syrischen Wüstenstadt Palmyra.

Im älteren Gebäudeteil befinden sich im Erdgeschoß Plastiken: *franz. Salonkunst* des 19. Jh., die erste Vorliebe Jacobsens auf dem Gebiet der Bildhauerei, sowie Werke der Thorvaldsen-Schüler H. W. Bissen*, J. A. Jerichau* und H. E. Freund*. Von den skandinavischen Bildhauern des 20. Jh. sind G. Henning* *(Sitzendes Mädchen)* und Kai Nielsen* mit zahlreichen Werken repräsentiert. Nielsens berühmte Marmorgruppe *Wassermutter* steht seit 1921 in der Mitte des Wintergartens. Bemerkenswert ist auch seine Plastik *Leda ohne Schwan*. Einen weiteren Schwerpunkt bilden die Arbeiten von Auguste Rodin* (u.a. *Der Kuß*), Aristide Maillol* (*Mann und Frau* von 1909) und Edgar Degas*. - Berühmt ist auch Jacobsens *Sammlung franz. Malerei* in den oberen Stockwerken; vertreten sind David*, Delacroix* *(Die Schlacht bei Nancy)*, Millet*, Corot* und Théodore Rousseau*. Außerdem sind Zeichnungen von Daumier* und vier Bilder von Courbet* (u.a. *Drei engl. Mädchen*) zu sehen. Manet* ist u.a. mit *Der Absinthtrinker* repräsentiert. Weiterhin Landschaften von Pissarro*, Sisley*, Monet* und

Ny Carlsberg Glyptotek, Figurenreihe

Guillaumin* und Porträts u. ä. von Renoir*, Degas*, Cézanne*, Gauguin*, van Gogh*, Toulouse-Lautrec*, Vuillard* und Bonnard*. – In der dän. Abteilung sind bes. die Werke von C. W. Eckersberg* (u. a. *Waldstudie*), Jens Juel* *(Mutter und Sohn)* und C. Købke* (Kastellpforte) sehenswert.

Statens Museum for Kunst (Sølvgade): Das *Staatliche Kunstmuseum* ist aus der Gemälde- und Skulpturensammlung der dän. Könige hervorgegangen; als 1894 Schloß →Christiansborg abbrannte, benötigte man neue Räumlichkeiten für die Sammlungen. Der gegenwärtige Museumsbau wurde 1889–96 von V. Dahlerup* und E. V. Møller* im Stil der ital. Renaissance errichtet.
Bei der nicht-dän. Kunst liegt der Schwerpunkt auf *niederländischer* und *flämischer Malerei des 15.–18. Jh.:* Werke von Memling*, Mostaert*, Bruegel d. Ä.*, Rubens*, Frans Hals* und Rembrandt*, außerdem Landschaften und Seestücke von van de Velde*, van Goyen* und Salomon* und Jacob van Ruisdael*. – Die *Sammlung klassischer franz. Malerei* umfaßt hauptsächlich Werke aus dem 18. Jh., u. a. von Poussin* und Fragonard*. – Die *dt. Sammlung* ist die kleinste des Museums, enthält dafür aber sehr viele Arbeiten von Lucas Cranach d. Ä.*. – Die *ältere dän. Abteilung* beginnt mit Werken aus der Mitte des 18. Jh., Gemälden mit Motiven aus der antiken Literatur von Nicolai A. Abildgaard* und liebenswürdige Porträts und Landschaften von Jens Juel*. Das frühe 19. Jh. repräsentieren C. W. Eckersberg*, der sog. Vater der dän. Malerei, und seine Schüler Christen Købke* und Constantin Hansen* mit ihren naturalistischen Darstellungen der dän. Landschaft und Porträts. Aus dem späten 19. Jh. bes. bemerkenswert sind die Landschaftsmaler Lundbye*, Dreyer* und Skovgaard*; dargestellt sind Motive von Seeland, Fünen und Jütland. Auch die *Sammlung neuerer dän. Malerei* ist sehr umfangreich. – In dem Museum befinden sich außerdem ein *Kupferstichkabinett* und eine vorzügliche *Sammlung franz. Malerei des 20. Jh.* (Matisse*, Derain*, Braque*, Rouault* und Picasso*).

Teatermuseet (Ridebane 118): Das *Theatermuseum* ist in einem Flügel der Reitbahnanlage von Schloß →Christiansborg, dem *ehem. Hoftheater,* untergebracht. Dokumentiert werden dän. Theater-, Opern- und Ballettgeschichte von der Zeit Holbergs, d. h. dem 18. Jh., bis heute mit Porträts, Kostümen, Requisiten, Programmen u. ä.

Thorvaldsens Museum (Porthusgade 2, Slotsholmen): Die *ehem. Wagenremise* von

Ny Carlsberg Glyptotek, »Adam og Eva efter Syndefaldet« von J. A. Jerichau

Schloß Christiansborg wurde 1839–47 von G. Bindesbøll* umgebaut, um die Werke und Sammlungen ausstellen zu können, die Bertel Thorvaldsen* 1837 seinem Vaterland geschenkt hatte. Das Gebäude ist ein erstes Beispiel des Historizismus; die Fassade mit ihren fünf Portalen erinnert an die Front eines ägyptischen Tempels. An den Seitenwänden befindet sich ein *Bilderfries* aus Zementputz von Jørgen Sonne* (1846), auf dem u. a. Thorvaldsens Heimkehr aus Rom 1836 dargestellt ist. Auf dem Dach über dem Portal steht eine bronzene *Quadriga mit Siegesgöttin* von H. W. Bissen*. Im Innenhof liegt Thorvaldsens Grab. Im Museum sind sämtliche Werke des Bildhauers entweder in Originalen oder in Gipsabgüssen zu sehen, außerdem seine *Antikensammlung*.

Tøjhusmuseet (Tøjhusgade 3, Slotsholmen): Im *Zeughausmuseum* (= Waffenmuseum) kann man die Entwicklung der Waffen von der Einführung des Pulvers bis heute verfolgen; außerdem sind Uniformen und Fahnen der dän. Armee ausgestellt. Untergebracht ist die Sammlung im *»Lange Tøjhus«;* das 1598–1604 errichtete Gebäude ist 163 m lang. Im Erdgeschoß liegt die *Kanonenhalle* mit einem Kreuzgewölbe von 1605. Zum Museum gehört auch das *ehem. Brauhaus* Christians IV., das im wesentlichen 1616–18 erbaut wurde. – Im Hof steht der *Istedtlöwe*. Die Plastik, 1859/60 von H. W. Bissen* zur Erinnerung an den Deutsch-Dän. Krieg 1848–50 geschaffen, hat eine bewegte Geschichte: Erst stand sie bis 1864 in Flensburg, wurde dann 1878 in Berlin aufgestellt und befindet sich seit 1945 in K.

Außerdem sehenswert:

Kirchen: *Sankt Johannes Kirke* (Sankt Hans Torv). 1856–61 von T. Sørensen* in neogot. Stil erbaut, war sie die erste Kirche K.s außerhalb der Wälle. – *Immanuels Kirke* (Forhåbningsholms Allé), 1892–93 von A. Clemmensen* aus roten Ziegeln errichtet. In dem durch seine Schlichtheit beeindruckenden Gebäude befindet sich ein Altarbild von Niels Skovgaard* (Pfingsttaufe); über den Eingängen Glasmosaike von Joakim* und Niels Skovgaard*. – *Bethlehems Kirke* (Åboulevard 8). Die 1935–37 von Kaare Klint* errichtete kurze, dreischiffige Kirche aus dunkelrotem Backstein ist berühmt für ihre Raumaufteilung. – *Jesuskirken* (Valby Langgade). Die als Basilika mit frei stehendem Turm 1884–91 von V. Dahlerup* erbaute Kirche wurde von dem Brauer Carl Jacobsen gestiftet; Dahlerup verwendete dabei altchristliche, byzantinische und ro-

Thorvaldsens Museum

man. Stilformen. Unter dem Chor liegt eine Krypta mit dem Jacobsenschen Familiengrab.

Friedhöfe: Hinter dem Østerport liegt der älteste Friedhof K.s, der *Holmens Kirkegård*, der 1666 eingerichtet wurde. Die Kapelle im s Teil aus dem Jahre 1902 ist im Stil norwegischer Stabkirchen gestaltet. Hier steht auch das *Monument für die Gefallenen der Schlacht auf der Reede* (1801), ein Sandsteinobelisk von J. Wiedeveldt*. – In unmittelbarer Nähe befindet sich der *Garnisons Kirkegård* (angelegt 1711). Grabmal für *General Olaf Rye* von H. W. Bissen*, bestehend aus einer Bronzebüste auf einem polierten Granitsockel. – Auf dem *Assistens Kirkegård* (an der Nørrebrogade), eingeweiht 1760, gibt es viele schöne alte Bäume und prächtige Alleen.

Hier liegen u. a. *H. C. Andersen, Søren Kierkegaard*, die Maler *C. W. Eckersberg, Jens Juel* und *Christian Købke*, die Bildhauer *H. E. Freund* und *V. Bissen* und der berühmte Physiker *H. C. Ørsted* begraben.

Denkmäler: Auf dem *Højbroplads* steht das 1902 enthüllte *Reiterstandbild Bischof Absalons* von V. Bissen*. – Auf dem *Gammeltorv* befindet sich der älteste *Springbrunnen* K.s (1609/10). Die Kupferstatue der *Caritas* und das Becken, in dem diese steht, stammen von dem Lüneburger Bildhauer Statius Otto*. Der Marmorsockel mit einem Stadtwappen und dem Monogramm Christians VII. ist von 1781, der Granitsockel und das große Becken darunter entstanden 1890. – Beim Hauptbahnhof (Vesterbrogade) steht das 1797 zur Erinnerung an die Abschaffung der Leibeigenschaft der Bauern (1788) errichtete Freiheitsdenkmal *(Frihedsstøtten)*. Der Entwurf für den Sandsteinobelisken auf einem Sockel aus norweg. Marmor stammt von dem Maler N. Abildgaard*. Die Marmorstatuen auf den Ecken des Sockels symbolisieren *Treue* (J. Wiedeveldt*), *Tapferkeit* und *Vaterlandsliebe* (N. Dajon*) sowie *Bauernfleiß* (A. Weidenhaupt*, erneuert 1912 von Jens Lund*).

Veranstaltungen: Die Theatersaison dauert von Anfang September bis Ende Mai, die Konzertsaison von September bis April. Jeden Donnerstag und Freitag gibt das *Radiosymfoniorkester* im Konzertsaal des *Radiohus* (Funkhaus, Eingang zum Konzertsaal Julius Thomsensgade) ein Konzert. Das *Sjællands Symfoni Orkester* spielt im *Tivoli-Konzertsaal* (Tietgensgade 20) und in der *Rathaushalle*. Beide Orchester besitzen international bekannte Dirigenten und Solisten. – Im Juli und August findet in der *Christiansborg-Schloßkirche* und in *Charlottenborg* das *Copenhagen Summer Festival* mit klassischen Konzerten statt, außerdem das *Copenhagen Jazz Festival* mit vielen Künstlern aus Dänemark und anderen Ländern. – Von Mai bis September gibt es zweimal wöchentlich *Kammerkonzerte* auf dem *Gråbrødretorv*, außerdem gelegentlich Straßentheater. Ein *Puppentheater* gibt im Sommer im *Kongens Have*, dem kgl. Garten bei Rosenborg, Vorstellungen. – *Popkonzerte* finden von Juni bis August im *Fælledpark* statt, dem größten Park K.s im N der Stadt an der Øster Allé.

Umgebung

Ballerup (16 km w): Die ma *Dorfkirche* aus Granit wurde im frühen 15. Jh. von dem sog. Kongstedmaler ausgemalt. Die Malereien im Chorbogen (Lamm Gottes, Kain und Abel) stammen bereits aus der Zeit um 1250. Kanzel im Stil der Hochrenaissance aus dem 17. Jh.

Bastrup (29 km nw): *Stenhus*. Die Turmrui-

Thorvaldsens Museum, Bilderfries, Detail

Reiterstandbild Bischof Absalons

ne stammt von ca. 1100. Sie ist Dänemarks ältestes erhaltenes weltliches Bauwerk; ihre Geschichte liegt jedoch vollkommen im dunkeln. Der Durchmesser beträgt 20,7 m, die Mauerdicke 6 m.

Birkerød (22 km nw): Ma *Dorfkirche*. Unter den Kalkmalereien von ca. 1350 findet sich die älteste detaillierte Darstellung des Jüngsten Gerichts in Dänemark.

Brede (15 km n): Das Hauptgebäude der *ehem. Fabrikanlage* mit Ursprüngen im MA wurde 1795 von dem Industriellen Joost van Hemmert errichtet. Jetzt finden hier wechselnde *Ausstellungen des Nationalmuseums* statt; während dieser Zeit ist dann auch das *Dänische Fischereimuseum* geöffnet.

Brønshøj (8 km nw): Die *Kirche* wurde um 1186 für Bischof Absalon aus Kreidestein erbaut. Die Gewölbe stammen aus dem 14. Jh.; der Turm wurde im 15. Jh. aufgeführt.

Charlottenlund (8 km n): *Bernstorff Slot* (Jægersborg Allé). Das älteste neoklassizistische Gebäude Dänemarks wurde ab 1759 von dem franz. Architekten N. H. Jardin* für den Außenminister J. H. E. Bernstorff erbaut. Es war später Christians IX. Sommerresidenz und ist jetzt eine Offiziersschule. Vor dem Schloß steht eine Statue Bernstorffs von A. Paulsen*. – *Charlottenlund Slot* (Jægersborg Allé). Das ehem. kgl. Lustschloß, ein schlichter Bau mit zwei Etagen und Mansarddach, stammt überwiegend aus dem 18. Jh.; Turm und Seitenflügel wurden jedoch erst 1880/81 von F. Meldahl* angebaut. Im Park, an den sich ein *Forstbotanischer Garten* aus dem Jahre 1830 anschließt, liegt *Dänemarks Aquarium* (gegr. 1939).

Dragør (13 km sö): Trotz seiner Nähe zu K. hat sich D. noch seinen urspr. Charakter, nämlich den einer kleinen Hafenstadt, erhalten. Im ältesten Haus am Hafen befindet sich ein *Heimatmuseum*.

Farum (22 km nw): Roman. *Dorfkirche*. Das Waffenhaus stammt bereits aus dem späten 13. Jh., das *Pfarrhaus*, ein Fachwerkbau, von 1724.

Frederiksdal (12 km nw): *Frederiksdal Slot* (Hummeltoftevej am Furesø). Das weißgekalkte, eingeschossige Rokoko-Schloß wurde 1744/45 von N. Eigtved* errichtet und 1753 von J. G. Rosenberg mit einem Mansarddach versehen. In unmittelbarer Nähe liegen die *Ruinen* der ma Burg *Hjortholm*. – *Sophienholm* (Nybrovej 401) wurde um 1800 von dem franz. Architekten J. J. Ramée* als »ital.« Landsitz erbaut. Heute finden hier Ausstellungen statt. Park im Stil eines engl. Landschaftsgartens. – Der Landsitz *Marienborg* (Nybrovej 410) wurde 1745 für den Seehelden Olfert Fischer errichtet und Anfang des 19. Jh. ausgebaut.

Hellerup (6 km n): *Øregård Museum* (Ørehøj Allé 2), ein historisch-topographisches Museum, ist in einem Gebäude aus dem Jahre 1801 untergebracht, das an einen engl. Landsitz erinnert.

Hørsholm (25 km n): Christian VI. ließ hier 1734–44 von L. Thurah* das prachtvolle *Schloß Hirschholm* errichten. Der Geheimkabinettsminister *Johann Friedrich Struensee* (1737–72) hielt sich dort mit der Frau des geisteskranken Königs Christian VII., der engl. Prinzessin Caroline Mathilde (1751–1775), wiederholte Male auf. Dieses Verhältnis, aus dem eine Tochter hervorging, und Struensees zunehmende Macht führten schließlich zu seiner Hinrichtung. Ab 1772 verfiel das Schloß, ehe es 1810 ab-

Hørsholm (Kopenhagen), Kirche

gerissen wurde. An seiner Stelle erhebt sich jetzt eine neoklassizistische *Kirche,* 1820–22 von C.F. Hansen* erbaut, die große Ähnlichkeit mit der → *Vor Frue Kirke* in K. hat.

Klampenborg (12 km n): *Dyrehave,* der Tiergarten, ist ein großes Waldgebiet im N K.s, das einen großen Wildbestand aufweist. Hier liegt das kgl. Jagdschloß *Eremitagen,* ein kleines Rokoko-Schloß, das L. Thurah* 1736 für Christian VI. baute. Urspr. gab es hier einen versenkbaren Eßtisch, so daß die Herrschaft »en eremitage«, d.h. ohne Diener, speisen konnte; daher kommt auch der Name. Am S-Ende des Parks liegt *Bakken,* ein großer, volkstümlicher Vergnügungspark.

Kongens Lyngby (10 km n): Roman. *Dorfkirche.* Das Kreuzgewölbe stammt aus spätgot. Zeit und ist mit Szenen aus der Bibel und biblischen Legenden ausgemalt. Säulenaltar (1602) mit Altarbild (Abendmahl) von C.W. Eckersberg* (1829). Das Barockgestühl aus der Werkstatt des Kopenhageners Morten Snedker ist teilweise erhalten.

Ledøje (20 km w): *Doppelkirche* nach dt. Vorbild, die einzige in Dänemark, um 1225 als Gutskirche von einem Adeligen erbaut. Die obere Etage, die der Herrschaft vorbehalten war, wird von vier Granitsäulen getragen. Roman. Taufstein aus Granit. Der Turm stammt aus dem 16. Jh.

Måløv (15 km nw): Ma *Dorfkirche* mit Kalkmalereien aus dem 13. (Jørlundemaler) und 15. Jh. Bes. berühmt ist die sog. *Madonna von Måløv.*

Ordrup (10 km n): *Ordrupgård Museum* (Vildevordevej 110). Die Sammlung dän. und franz. Kunst des Staatsrats Wilhelm Hansen ist in einem herrschaftlichen Landsitz, 1916–19 erbaut, untergebracht. Vertreten sind u.a. Delacroix*, Corot*, Monet*, Degas*, Renoir*, Manet*, Matisse* und Gauguin*.

Rungsted (26 km n): *Rungstedlund* (Rungsted Strandvej 109), eine ehem. Gastwirtschaft aus dem frühen 18. Jh. Hier schrieb der dän. Dichter *Johannes Ewald* (1743–81) »Rungsteds Lyksaligheter« (Rungsteds Glückseligkeiten). Zu Beginn des 19. Jh.

wurde das Anwesen zu einem Wohnhaus umgebaut. Die Schriftstellerin *Karen Blixen* (1885-1962), bekannt auch unter dem Pseudonym Isak Dinesen, lebte hier von 1932 bis zu ihrem Tod und ist im Park beigesetzt. Ihr berühmtestes Buch sind ihre Erinnerungen »Den afrikanske Farm« (1937, dt. 1938 unter dem Titel »Afrika, dunkel lockende Welt«). - Richtung Helsingør am Rungsted Strandvej liegt das Rokoko-Palais *Sophienberg*, 1742 von N. Eigtved* erbaut, jedoch nur noch teilweise erhalten.

Sorgenfri (13 km nw): *Sorgenfri Slot* (Kongevejen) wurde 1705-06 für den Grafen Carl Ahlefeldt erbaut. Sein neoklassizistisches Äußeres erhielt das Schloß bei einem Umbau 1791-94. Seit 1789 befindet es sich im Besitz der Königsfamilie, der es gelegentlich als Sommerresidenz dient.

Store Magleby (bei Dragør, 8 km s): Das Dorf wurde von Holländern gegründet, die Christian II. Anfang des 16. Jh. ins Land geholt hatte. Die *Kirche* wurde 1611 so umfassend umgebaut, daß dabei alle Reste der ma Vorgängerkirche verschwanden. - In einem alten Fachwerkhaus (Hovedgade 12) ist das *Amagermuseum* untergebracht; hier sind Innenausstattungen, Trachten und Gemälde zu sehen.

Søllerød (17 km n): Roman. *Dorfkirche*. Die Kreuzarme stammen aus dem 18. Jh. Im Inneren des s Kreuzarms befindet sich an der Giebelwand ein spät-ma Sandsteinrelief (Maria mit dem Kind). Altarbild von 1610. - In der Nähe von S. liegen auch der *Gammel Holtegård*, ein spätbarocker Landsitz, den sich 1756/57 der Hofbaumeister L. Thurah* als Sommerhaus erbaute, und das schlichte *Næsseslot*, das der Kaufmann Frederik de Coninck 1781-83 in einem großen Park errichten ließ.

Køge, Sankt Nikolai Kirke

Tårbæk-Klampenborg (10 km n): *Sølyst*. Der neoklassizistische Bau, Domizil der Kgl. Kopenhagener Schützengesellschaft, wurde 1766 errichtet.

Vallensbæk (15 km w): Der Chor und das Langhaus der ma *Dorfkirche* sind aus Kreidestein errichtet. Der untere Teil des spätma Turms besteht abwechselnd aus Kreidestein und Ziegeln, der obere Teil ganz aus Ziegeln. Die Kalkmalereien stammen vom Isefjord-Meister (zwischen 1450-75). Das Portal zum Friedhof entstand ebenfalls im MA.

Køge Ostseeland	
Einw.: 35000	S. 258 □ I 6

K. verdankt seine Entstehung im 13. Jh. der Heringsfischerei im Øresund. Der Ort an der Køge-Bucht war ein idealer Anlegeplatz. Um 1600 wurde von hier Korn exportiert und Handel mit den Niederlanden getrieben; ein Teil des Korns wurde hier jedoch schon damals zu Bier von hervorragender Qualität verarbeitet. Die Kriege im 17. Jh. führten zu einem Niedergang der Stadt. Erst Mitte des 19. Jh. erfuhr K. einen erneuten Aufschwung. Der Hafen wurde damals vergrößert; außerdem wurde 1876 die Eisenbahn eröffnet. Heute gibt es in K. holzverarbeitende und chemische Industrie.

Im Stadtzentrum sind zahlreiche alte Häuser erhalten; hier kann man sich ein Bild davon machen, wie eine dän. Stadt zur Zeit nach der Reformation aussah. - Bei Hexenprozessen wurden in K. in den Jahren 1608 bis 1615 15 Frauen verbrannt.

Sankt Nikolai Kirke: Die got. Backsteinkirche soll 1324 erbaut worden sein; tatsächlich stammt aus dieser Zeit jedoch nur der

Turm. Das dreischiffige Langhaus ist jünger; es entstand im späten 14. Jh. Vom Turm aus verfolgte Christian V. 1677 die Seeschlacht in der Køge-Bucht, in der der dän. Seeheld Niels Juel mehrere Schiffe der schwed. Flotte versenkte. Die Innenausstattung der Kirche stammt aus der Zeit nach der Reformation. Die Altartafel wurde 1652 von dem Bildschnitzer Lorents Jørgensen* aus Holbæk geschaffen, die Kanzel 1624 von Hans Holst* aus Køge. Sehenswert sind auch die Sängerempore (1586 von Henrik Reinik*), das Gestühl, das als eines der ältesten in Dänemark gilt, und die zahlreichen Grabsteine der Kaufleute aus K. An einem Pfeiler findet sich eine Kalkmalerei aus der Zeit um 1540; die 2,2 m hohe Darstellung zeigt den Erlöser.

Manufakturgården (Torvet 21): Auf der Hofseite des großen Steinhauses sieht man als Maueranker die Jahreszahl 1634 und die Buchstaben MMKID, die für die ersten Besitzer Morten Michelsen und Karen Jens Datter stehen. Bis 1734 befand sich in dem Gebäude eine Segeltuchfabrik; daher rührt auch der Name. Die Keller stammen aus dem MA.

Rådhuset (Torvet 1): Das *Rathaus* wurde 1555 aus Backstein erbaut; es ist das zweitälteste Rathaus in Dänemark. 1803 wurde die Renaissancefassade im Empirestil umgebaut. – Auf dem Marktplatz steht ein *Standbild Frederiks VII.* von H. V. Bissen* (1869).

Køge Museum (Nørregade 4): Das *Heimatmuseum* ist im *»Spindehus«* (Spinnhaus) untergebracht, das 1610 und 1619 für den Krämer Søren Jensen errichtet wurde. Der Seitenflügel stammt von 1650. Im Hof hat man den *Slagtergård* wiedererrichtet, einen Fachwerkhof von ca. 1500, der bis 1914 am Markt stand; einer der Räume ist im Renaissancestil eingerichtet. Bemerkenswert sind die Trachten- und Bekleidungssammlung, das Schreibpult des Dichters *Nikolai Frederik Severin Grundtvig* (1783–1872), und eine Fensterscheibe aus dem Gasthof mit einer Inschrift des Märchenerzählers H. C. Andersen: »O Gud, o Gud i Køge«. Man hatte ihm erzählt, daß eine Dame diesen Seufzer einmal aus Liebeskummer in eine Scheibe eingeritzt hatte. Die Scheibe war jedoch unauffindbar. Um anderen dieselbe Enttäuschung zu ersparen, ging Andersen selbst munter ans Werk …

Køge Galleri (Brogade 7): Im *Oluf Jensen Gård* werden monatlich wechselnde Ausstellungen mit Malerei, Graphiken und

Køge, Køge Museum

Skulpturen gezeigt. Überwiegend neuere dän. Kunst.

Außerdem sehenswert: Der *Garvergård* (Gerberhof) in der Vestergade 7 ist ein Fachwerkhaus von ca. 1600. - In der *Brogade 16* steht das längste Fachwerkhaus in K. aus dem Jahre 1636; es besitzt 18 Fenster auf der Längsseite. - *Vestergade 16* ist das jüngste Fachwerkhaus der Renaissance in Dänemark zu bewundern; es wurde 1644 erbaut. - Der *Smedegård* (Schmiedenhof) in der Store Kirkestræde 13 stammt aus der 2. Hälfte des 16. Jh. - *Nr. 20* von 1527 ist das älteste datierte Fachwerkhaus in Dänemark; es ist drei Fenster breit und verfügt über nur ein Stockwerk.

Umgebung

Billesborg (4 km s): Das Hauptgebäude des *Herrensitzes* wurde 1721 von J. C. Krieger* in barocken Formen erbaut.
Borup (18 km w): Im 15. Jh. wurde die got. *Kirche* zweischiffig umgebaut; originellerweise ließ man dabei den Ostgiebel des alten Langhauses einfach stehen. Der Turm stammt von 1590, das Waffenhaus von ca. 1600. - Der dreiflügelige weißgestrichene Herrensitz *Svenstrup* (3 km sw) wurde 1782-84 errichtet.
Gammel Køgegård (1 km w): Das heutige klassizistische Hauptgebäude des Herrensitzes wurde bis 1791 von der Witwe eines gewissen Rasmus Carlsen errichtet. Die Seitenflügel entstanden in den Jahren 1855-61. - Der Gründer der Volkshochschulen, Kirchenlieddichter und Bischof *Nikolai Frederik Severin Grundtvig* war in zweiter Ehe mit Anne Marie Carlsen, einer Tochter aus diesem Haus verheiratet. Beide liegen w des Gutes auf dem *»Claras Kirkegård«* (Claras Kirchhof) begraben.
Lellinge (5 km w): Aus Backstein errichtete got. *Kirche* aus der Zeit um 1400. Das Inventar besteht aus einem Altar und einer Kanzel von 1692. Die Skulptur »Den gode Hyrde« (Der gute Hirte) im Schiff ist ein Werk von Jørgen Larsen* (1886).
Snodelev (18 km n): Die roman. *Kirche* von ca. 1100 aus Kreidestein und Schwemmstein besaß zwei Vorgängerbauten aus Holz. Die Gewölbe stammen aus dem 14. Jh., der Turm und das Waffenhaus aus dem 15. Jh. Die Ausstattung besteht aus einem Altar von 1613 mit einem Gemälde von F. L. Storch* (nach Thorvaldsen) und einer Kanzel von 1581.
Vallø Slot (8 km sö): Das Renaissanceschloß besitzt drei Etagen und zwei massive Türme; der eine ist rund, der andere viereckig. Es wurde um 1586 von der Witwe Peder Oxes, Mette Rosenkrantz, begonnen. Königin Sophie Magdalene, der das Schloß 1731-37 gehörte, wandelte es in ein Damenstift um. 1893 brannte es aus, wurde jedoch in den darauffolgenden Jahren in der nahezu urspr. Form wiederaufgebaut. Der Park ist im engl. Stil gestaltet. - In der ma *Kirche von Valløby* (1,5 km ö) befinden sich zahlreiche Grabdenkmäler von Adligen; bes. sehenswert ist das der Jungfer Karen Rosenkrantz an der Nordwand des Chores aus dem Jahre 1578. In der Seitenkapelle steht ein Marmorsarkophag, den Johannes Wiedeveldt* geschaffen hat. Der Flügelaltar ist von ca. 1450, die Kanzel von 1575.

◁ *Vallø Slot (Køge), Renaissanceschloß*

Lemvig
Westjütland

Einw.: 19700	S. 254 □ A 3

Die Stadt liegt an der Lem-Bucht (Lem Vig) des Limfjordes. Sie wird erstmals im 13. Jh. erwähnt. Im MA waren Landwirtschaft, Fischerei und Handwerk die Haupterwerbszweige. 1545 erhielt L. die Stadtrechte. Im

17. und 18. Jh. stagnierte der Ort. Erst der Durchbruch der Aggertange (vgl. Løgstør) im Jahre 1825 führte zu einem gewissen Aufschwung.

Kirke: Die got. Kirche aus dem 13. Jh. erhielt ihr heutiges Äußeres 1931-35 bei einem von Hother Paludan* geleiteten Umbau. Paludan ist für die zwiebelförmige Kirchturmspitze, die n Sakristei und den Umbau des s Kreuzarms und einer Reihe von Seitenkapellen zur Erweiterung des Langhauses verantwortlich. Der Umbau wird allgemein als sehr geglückt angesehen. Die Innenausstattung der Kirche ist ganz im Stil des Rokoko gehalten.

Lemvig Museum: Das Museum ist im *»Vesterhus«*, einem Gebäude von 1840, untergebracht. Eine Sammlung befaßt sich mit dem Seenotrettungswesen; zu sehen sind u. a. Bilder von und Erinnerungsstücke an gestrandete Schiffe. Gezeigt werden außerdem Bauernmöbel, eine Webstube, eine alte Goldschmiede, eine Werkstatt, in der einmal Hornlöffel hergestellt wurden, eine Sammlung mit Gemälden von Niels und Kristen Bjerre* und Jens Søndergaard* sowie das Arbeitszimmer des Dichters *Thøger Larsen* (1875-1928) mit seinen Büchern und Fernrohren. Im Garten des Museums steht eine Büste Larsens von Thorvald Vestergaard* (1958).

Außerdem sehenswert: In einem Park (Grønningen 25) findet man eine Reihe weiterer *Skulpturen* von Thorvald Vestergaard* aus den Jahren 1947 bis 1977.

Umgebung

Engbjerg (10 km nw): Hier wurde der Landschaftsmaler *Niels Bjerre* geboren; auf dem Kirchhof der ma Kirche liegt er begraben. In der *Kirche* befindet sich ein got. Kruzifix aus der Zeit um 1500. Das Altarbild hat Bjerre* 1896 geschaffen.

Ferring (12 km w): *Jens Søndergaard Museum.* Das im ehem. Sommerhaus des Malers Jens Søndergaard* eingerichtete Museum besitzt ca. 70 seiner Gemälde, hauptsächlich aus seiner letzten Schaffensperiode. Vor dem Museum steht seine Skulptur *»Der Zementmann«*. - Südlich von F. liegt *Bovbjerg Klint*, eine 43 m hohe Steilküste, die seit 1909 durch Buhnen (künstliche Dämme) vor der Erosion geschützt wird. Der 26 m hohe *Leuchtturm* aus dem Jahre 1877 ist zugänglich. - In der roman. Kirche sind Kalkmalereien aus dem späten 12. Jh. zu sehen, die die Heiligen Drei Könige, die Flucht nach Ägypten, die Versuchung Jesu und den Einzug in Jerusalem darstellen. Der Altar wurde 1638 geschaffen; eine Madonna (in einer Seitenaltarnische) stammt von ca. 1525, ein Christus (über der Eingangstür) ebenfalls aus dieser Zeit.

Flynder (12 km s): In der ma *Kirche* befindet sich ein *Renaissancegrabmal* aus dem Jahre 1574; geschaffen hat es der Århusmeister Christian Axel Jensen*. Außer einem adligen Ehepaar ist ein Hund mit dem Namen Sepres dargestellt; Tiernarren gab es offensichtlich damals ebenso wie heute. Der Altar und ein Kruzifix stammen aus der Zeit um 1525, die Kanzel von ca. 1625.

Harboør (12 km nw): Die *Kirche* wurde 1910 nach Plänen von K. Varming* erbaut. Im Inneren findet man einen roman. Granittaufstein und einen Altar von Axel Hou* (1910). Auf dem Kirchhof erinnern zwei Gedenksteine an ertrunkene Fischer (1893 und 1897). - Westlich von H. liegt die 1847 erbaute *Flyvholm-Rettungsstation.* Sie ist heute ein *Museum;* zu sehen ist u. a. ein Rettungsboot mit Rudern.

Rysensten (15 km sw): Der dreiflügelige *Herrensitz* aus Fachwerk wurde im 17. Jh. erbaut. Benannt ist er nach seinem damaligen Besitzer, dem Festungsingenieur Henrik Rüse*, der geadelt Rysensten hieß.

Torsminde (25 km sw): Der kleine Ort mit seinem idyllischen *Fischereihafen* liegt an der Schleuse zwischen der Nordsee und dem Nissum-Fjord bei einem großen *Vogelschutzgebiet.* - 1 km s der Schleuse erheben sich die *Dødemandsbjerge* (Berge der toten Männer). Auf einigen großen Steinen findet sich die Inschrift: »Heiligabend 1811 strandeten ½ Seemeile von dieser Stelle entfernt die britischen Linienschiffe Defence und St. George. Von der St. George kamen 853 Mann um, 12 Mann wurden gerettet. Von der Defence kamen 538 Mann um, 6 Mann wurden gerettet. An Weihnachten an harten Tagen schäumt das westjütische Meer. Hunderte junger Marinesoldaten fanden in den Dünen ihr Grab. Die Steine wurden errichtet, damit die Erinnerung an sie

bewahrt werden kann, während die Jahrhunderte vergehen.«
Trans (14 km sw): Aus Granitquadern errichtete roman. *Kirche* aus dem 12. Jh. Der Turm stammt aus dem 15. Jh.; er ist mit seinen spitzen Giebeln unverkennbar. Ein Wall aus schweren Feldsteinen soll die Kirche gegen das Vordringen des Meeres schützen. Der Altar wurde 1913 von Niels Bjerre* geschaffen; dargestellt ist eine jütländische Maria Magdalena.

Løgstør Nordjütland	
Einw.: 11 100	S. 254 □ C 3

Der kleine Ort am Limfjord erhielt erst 1900 die Stadtrechte. Er war im 16. Jh. im Zusammenhang mit der Heringsfischerei entstanden. Mit dem Durchbruch der *Aggertange*, der Verbindung des Limfjordes mit der Nordsee, im Jahre 1825 kam der Fischfang im Limfjord zum Erliegen, was einer Katastrophe für L. gleichkam. Erst die Anlage des *Frederik VII.-Kanals* 1861 und eines neuen Hafens führte zu einer Verbesserung der Verhältnisse.

Limfjordmuseet (am Frederik VII.-Kanal): Das Museum ist in dem 1860 erbauten weißgekalkten Haus des Kanalvogts untergebracht. Die Sammlungen dokumentieren Fischerei, Fährwesen und Schiffahrt im Limfjord.

Außerdem sehenswert: In der *Bibliothek* (Fredensgade 7) steht die Plastik *Don Quixote* von Peder Ewald Madsen (1975).

Umgebung

Aggersund (8 km n): Nach A. gelangt man über eine 1942 über den Limfjord erbaute Brücke. 2 km sw liegt die *Aggersborg*, die größte Wikingerburg des Nordens. Sie wurde um das Jahr 1000 auf Befehl von König Svend Gabelbart errichtet. Der Durchmesser des kreisrunden Walls beträgt 240 m. In jedem Kreisviertel befanden sich 12 Langhäuser (in → Fyrkat bei Hobro waren es nur vier). In späterer Zeit diente die Aggersborg als Königshof; dieser wurde 1441 beim 2. Bauernaufstand niedergebrannt. Die entscheidende Schlacht fand am 6. Juni auf dem *Sankt Jørgensbjerg* bei Husby zwischen Fjerritslev und Aggersund statt; 20 000 Bauern sollen in ihr den Tod gefunden haben – Der Gutshof *Aggersborggård*, ein Fachwerkbau, wurde 1758 errichtet.
Borremose (über Års, 33 km sö): *Burganlage* aus der vorröm. und keltischen Eisenzeit (550 v. Chr. bis um Christi Geburt), die 1929 entdeckt wurde. Zu ihr führt eine 65 m lange gepflasterte Furt. Die Ausgrabungen zeigen Spuren aus zwei Perioden, der Zeit der Fluchtburg und der des friedlichen Dorfes (1. Jh. v. Chr.), das aus 20 Häusern bestand, die die Wohnräume im W und die Stallungen im O hatten.
Brovst (26 km nö): Herrensitz *Bratskov*. Das zweistöckige spätgot. Hauptgebäude wurde um 1550 errichtet, der Treppenturm an der Hofseite um 1660. Der n Seitenflügel aus Fachwerk stammt aus dem frühen 18. Jh., der s Seitenflügel, ebenfalls ein Fachwerkbau, von ca. 1820. Heute ist hier ein *Kulturzentrum* untergebracht. – 3 km sö liegt die *Øland Kirke*, die den Nordflügel des Hofes *Oksholm*, des ehem. Augustinernonnenklosters *Øland*, bildet. Der zweischiffige Kirchenbau aus gelbem Backstein stammt aus dem frühen 15. Jh. Der hohe Kirchenraum besitzt schöne Kreuzgewölbe. Der Altar wurde im 15. Jh. geschaffen (wunderschöne Darstellung Mariens mit dem Kind). Got. Weihrauchgefäß. Von dem Kloster stehen noch die stark umgebauten West- und Südflügel aus dem 15. Jh.
Ertebølle-Køkkenmøddingen (18 km s): In der Nähe des Strandes, ca. 1 km sö von dem Restaurant *Bjerget*, hat man um 1890 einen 150 m langen, 20 m breiten und bis zu 2 m dicken Abfallhaufen eines Jäger- und Fischervolkes ausgegraben, das hier vor 6000–7000 Jahren lebte. Gefunden wurden u. a. 20 000 Knochen von Hirschen, Elchen, Wildschweinen, Hunden und Seehunden, außerdem Tonscherben, Angelhaken und Gegenstände aus Feuerstein. Der Ort *Ertebølle* mit seinen Funden hat einer Periode zwischen der älteren und jüngeren Steinzeit ihren Namen gegeben.
Farsø (26 km s): Hier wurde 1873 der Schriftsteller *Johannes V. Jensen* als Sohn eines Tierarztes geboren (gestorben 1950), der vor allem durch seinen historischen Roman »Der Fall des Königs« über Christi-

an II. bekannt geworden ist. Sein *Geburtshaus* (J. V. Jensenvej) ist heute ein *Museum*. Hier wird auch an seine Schwester, die Frauenrechtlerin und Schriftstellerin *Thit Jensen* erinnert. J. V. Jensen ist umstritten, da er ein Vertreter des Liberalismus (Recht des Stärkeren) und des Rassismus war (er nannte amerikanische Schwarze »zivilisierte Orang Utans«). Thit Jensen machte sich mit Vorträgen über »freiwillige Mutterschaft« einen Namen. – In F. gibt es eine schöne, aus Granitquadern erbaute roman. *Kirche*. Das Tympanonrelief über dem urspr. Nordportal stellt einen sog. Doppellöwen dar. Der gleiche Steinmetz schuf auch den prächtigen Granittaufstein. Kanzel von ca. 1600, Altar von 1943 (N. Mølgaard-Andersen*). Im Waffenhaus steht ein *Runenstein* aus der Wikingerzeit. – 1 km s stößt man auf einen 11 Tonnen schweren *Gedenkstein* aus Granit für *J. V. Jensen*, den Mogens Bøggild* 1959 geschaffen hat.

Fjerritslev (15 km n): Im alten Brauerhof *(Gamle Bryggergård)* ist ein *Brauerei- und Heimatmuseum* untergebracht; zu sehen sind Bierfässer, Gärbottiche u. ä.

Kokkedal (n des Limfjordes bei Torslev, 22 km nö): *Herrensitz*. Das dreiflügelige Renaissancegebäude mit Stufengiebeln wurde um 1550 errichtet, der Treppenturm um 1600. Seit 1953 ist es eine soziale Einrichtung. Schöne Aussicht über den Limfjord. Park.

Ranum (8 km s): In der 1909 erbauten *Kirche* (C. M. Smidh*) ist hinter dem Altar ein Fresko von Niels Larsen Stevns* zu sehen; dargestellt ist die Wiederkunft Christi über Ranum.

Sebber (22 km ö): Von dem *Benediktinernonnenkloster*, das erstmals 1268 genannt wird, existiert nur noch die *Kirche*. Sie besteht aus einem spät-ma Langhaus mit dreiseitigem Chor, der statt der sonst üblichen Gewölbe eine Balkendecke besitzt, Altar von ca. 1750; Kanzel von ca. 1600; Gestühl von 1739.

Skarp-Salling (8 km sö): Die roman. *Kirche* wurde im 12. Jh. vermutlich von den Bauleuten des Viborger Doms aufgeführt. Sie ist dreischiffig und besitzt einen Chor. Nur die Apsiden an den Seitenschiffen und der Chor sind gewölbt. Ihre beachtliche Größe erinnert daran, daß Kirchen im MA nicht nur zu Versammlungszwecken, sondern mehr noch zur Verherrlichung der Größe Gottes dienen sollten. Die Säulenkapitelle weisen starke Ähnlichkeit mit der Holzschnitzkunst der Wikinger auf. Der Altar stammt von 1890, die Kanzel von ca. 1600.

Skivum (s. v. Vegger, 30 km sö): Ma *Kirche*. Im Waffenhaus befindet sich einer der ältesten *Runensteine* Dänemarks aus der Zeit zwischen 900 und 925. Der Renaissance-Altar wurde 1590 geschaffen, die Kanzel 1631; eine spätgot. Muttergottes stammt von ca. 1475.

Trend (14 km sw): Im *Trend Skov* liegt die *Jagdhütte* der Königsfamilie.

Vitskøl Kloster (12 km s): *Ehem. Zisterzienserkloster*, das von Valdemar dem Großen 1158 gegründet wurde. Von der Kirche – die nach der Kirche des Mutterklosters von Citeaux die größte in Europa gewesen wäre, sofern das Langhaus jemals vollendet worden wäre – stehen nur noch Ruinen. Nach der Auflösung des Klosters im 16. Jh. bekam das Anwesen nach dem damaligen Eigentümer Bjørn Andersen den Namen *Bjørnsholm*. Der dreiflügelige *Herrensitz*, heute eine *botanische und forstwirtschaftliche Versuchsanstalt*, hat seine Ursprünge im 15. Jh., wurde jedoch wiederholt umgebaut. Klostergarten mit Küchenkräutern und Heilpflanzen.

Års (27 km sö): Die urspr. *roman. Dorfkirche* bildet einen Kreuzarm der heutigen *Kirche*, die 1921/22 erbaut wurde. Die gesamte Kirche besitzt eine Balkendecke. Der Altartisch ist ein ehem. Grabstein von 1651; das Altargemälde stammt von R. Petersen* (1921). Auf dem Kirchhof steht ein *Runenstein* (um 1000) für den Sohn Gorm des Alten Valtoke. – In der Himmerlandsgade 31 befinden sich das *Himmerlands Kunstmuseum* und das *Vesthimmerlands Museum*. Große Sammlung von Werken des Malers Jens Nielsen*. In der archäologischen Sammlung ist ein Abguß des *Gundestrup-Kessels* (Original im Nationalmuseum in Kopenhagen) zu sehen, der 1891 in *Gundestrup* 4 km ö v. Års gefunden wurde. Der 9 kg schwere Silberkessel besteht aus einem runden Boden und einem Oberteil aus Reliefplatten, auf denen keltische Gottheiten sowie Prozessionen, Opferszenen und Tierfiguren dargestellt sind; er soll zwischen dem 3. Jh. v. Chr. und dem 3. Jh. n. Chr. entstanden sein. Am Fundort steht ein *Gedenkstein* (1935 von Anders Bundgaard*).

Maribo Lolland	
Einw.: 11 700	S. 258 □ H 7

M. ist der zweitgrößte Ort auf Lolland, einer der *Sydhavsøer,* der sog. Südseeinseln. Der Name bedeutet »Wohnort Mariens«. M. geht auf ein *Birgittinenkloster* zurück, das von Königin Margarethe 1408 gestiftet wurde. Der Ort erhielt bereits 1416 die Stadtrechte. Nach der Reformation war das Kloster einige Jahre ein adeliges Damenstift, in dem noch katholische Traditionen gepflegt wurden. 1596 brannte M. fast vollständig ab. Das Kloster verfiel zunehmend und wurde als Steinbruch benutzt. Leonora Christina Ulfeldt, die Tochter Christians IV., verbrachte nach ihrer Gefangenschaft im Blåtårn in Kopenhagen ihre letzten Lebensjahre (1685–98) in M.; sie ist im Dom beigesetzt.

Heute ist M. eine idyllische Kleinstadt mit etwas Industrie, die sich bes. wegen ihrer schönen Lage am Sønder- und Nørre Sø (Südlicher und Nördlicher See) bei Touristen größter Beliebtheit erfreut.

Domkirke: Die got. Backsteinkirche wurde zwischen 1413 und 1470 als Kirche des *Birgittinenklosters* errichtet. Nach der Reformation war sie Gemeindekirche; seit 1803 ist sie der Dom des Stifts Lolland-Falster. Es handelt sich dabei um eine fast 60 m lange Hallenkirche; das Mittelschiff und der Chor besitzen Sterngewölbe, die beiden Seitenschiffe Kreuzgewölbe. Die Gewölbe ruhen auf gewaltigen achteckigen Säulen. Der Turm (im W) ist eine Rekonstruktion aus dem 19. Jh. Urspr. hatte die Kirche einen Mönchschor im W und einen Nonnenchor im O. Der Birgittinen-Orden war ein sog. Doppelorden, also sowohl für Männer als auch für Frauen, der in der 2. Hälfte des 14. Jh. von der hl. Birgitta (1302–73) in Vadstena in Schweden gegründet worden war. Heute besteht nur noch der Westchor; er ist um sechs Stufen erhöht. Der Marienaltar aus dem Nonnenchor befindet sich jetzt in der *Kirche von Engestofte* (ö v. M.). Entlang der n, ö und s Seitenwände ziehen sich Emporen, die den Nonnen vorbehalten waren. Die Mönche hingegen hatten ihren Platz unter den Emporen und am Altar. Mönche und Nonnen waren nämlich sorgsam voneinander getrennt; sie besaßen ihre eigenen Klosterbauten: die Nonnen im N der Kirche, die Mönche im S. Von der Empore aus existierte ein direkter Zugang zum Nonnenkloster. Ein weiterer befand sich im Seitenschiff, die »Pforte der Gnade und der Ehre«, – diese Tür passierten die Nonnen nur einmal in ihrem Leben, nach der Weihe am Hochaltar und ein weiteres Mal, wenn ihre sterblichen Überreste zur Totenmesse in die Kirche getragen wurden. Die Tür für die Mönche an der Südseite trug den Namen »Pforte der Mildheit und des Vergleichs«, während die für die Laienbrüder im O

Maribo, Domkirche

»Pforte der Sündenvergebung« hieß. An der Außenseite ist ein Granitrelief zu sehen, auf dem die Kreuzigung und die Symbole des Leidens Christi dargestellt sind. In ihm befindet sich ein Loch; wenn man hineinfaßt, ist man angeblich in Verbindung mit den Wunden Christi. – Die Innenausstattung besteht aus einer Kanzel von 1606 und einem Altar (Knorpelbarock) von 1641, den Henrik Werner* geschnitzt hat. Hinter dem Altar befindet sich eine kleine Ausstellung mit Kircheninventar, u.a. Reliquien. Bes. sehenswert ist der Schwamm, der Christus am Kreuz gereicht worden sein soll. Außerdem kann man hier Dänemarks ältestes Gemälde auf Leder sehen, vermutlich eine Mariendarstellung aus der Zeit um 1500. Im s Seitenschiff hängt ein Kruzifix von ca. 1550. – Das Grabmal von Eleonora Christina trägt die Inschrift: »Herre, havde dib Ord icke waerret min Trøst, da hafde jeg forgaaet i min Elendighed« (Herr, wäre dein Wort nicht mein Trost gewesen, wäre ich in meinem Elend vergangen).

Rådhus: Das *Rathaus* wurde 1856/57 in neogot. Stil erbaut; der Anbau entstand in den Jahren 1949–51. Der Ratssaal wurde um 1930 umgebaut (Dekoration von S. Daneskiold Samsøe* mit Motiven des Klosters).

Frilandsmuseum (Meinckesvej): Freilichtmuseum mit Häusern und Höfen von Falster und Lolland. Dokumentiert wird die Bauernkultur vergangener Jahrhunderte.

Lolland Falster Stiftsmuseum (Jernbanegade 22): Vielfältige Sammlungen. Zu sehen sind Funde aus der Steinzeit, Runensteine aus Sædinge und Skovlænge, letzterer mit der Inschrift: »Astard errichtete diesen Stein für seinen Vater Jyde, einen wohlgeborenen Krieger«. In der Kunstsammlung hängen einige der berühmten Gemälde von Kristian Zahrtmann* mit Szenen aus dem Leben von Leonora Christina. Das Museum ist der einzige Ort, an dem das Leben der polnischen Landarbeiterinnen dokumentiert wird, die auf den Zuckerrübenfeldern auf Lolland zu Beginn dieses Jahrhunderts arbeiteten. Gezeigt werden u.a. Trachten, landwirtschaftliche Gerätschaften sowie ein polnischer Hausaltar.

Außerdem sehenswert: Unmittelbar n der Domkirche sind in einem kleinen Park *Fundamente des Nonnenklosters* zu sehen.

Umgebung

Berritsgård (über Sakskøbing, 13 km nö):

Maribo, Dom, Innenansicht

Renaissance-Herrenburg, die 1586 für die Witwe Jacob Huitfeldts, Lisbet Friis, aus Backstein errichtet wurde. Der Baumeister war möglicherweise Hans van Steenwinckel d. Ä.*. Der achteckige Treppenturm, durch den man in das zweistöckige Bauwerk gelangt, hat eine kupfergedeckte Spitze; über der Tür befindet sich eine Wappentafel.
Bramsløkke (n v. Store Musse, 18 km sö): Schlichter, zweistöckiger *Herrensitz* aus Backstein, der um 1700 für Generalmajor Joachim Schack erbaut wurde. Sehenswert ist das Barockportal an der Westseite. Das Gebäude liegt auf einer kleinen Insel. Der Park im franz. Stil, der um 1770 angelegt wurde, ist noch teilweise erhalten.
Engestofte (6 km ö): Klassizistischer zweistöckiger *Herrensitz*, der 1805/06 für Henning Wichfeld errichtet wurde. - In der nahe gelegenen ma *Dorfkirche* befindet sich der Altar aus dem Nonnenchor der Klosterkirche in → Maribo. Der geschnitzte Flügelaltar wurde um 1510 wahrscheinlich von Henry van der Heide* geschaffen; im Hauptfeld ist Maria als Himmelskönigin dargestellt. Auf dem l Seitenflügel sieht man die hl. Clara, auf dem r die hl. Birgitta, auf den Flügelaußenseiten (gemalt) acht Szenen aus der Leidensgeschichte Christi. Eine Gedenktafel erinnert an die Widerstandskämpferin Monica Wichfeld, die 1944 in einem dt. Gefängnis starb.
Hunseby (3 km nö): Die roman. *Kirche* ist eine der wenigen Granitquaderkirchen auf Lolland; sie wurde im 12. Jh. erbaut. Der Turm und das ehem. Waffenhaus an der Nordseite entstanden im späten MA (spätgot.). 1881 wurde an der Südseite eine Grabkapelle für die Besitzer von *Knuthenborg* (n) errichtet. Am Westportal (urspr. Südportal) findet man eine mysteriöse lat. Inschrift.
Knuthenborg (ö v. Bandholm, 6 km n): *Park* im engl. Stil, der 1862-74 von dem engl. Gartenarchitekten H. E. Milner* angelegt wurde. Hier finden sich über 500 verschiedene Laub- und Nadelbäume. Das *Hauptgebäude* wurde 1865-67 errichtet, ebenso die Oberförsterei 1865-67; das *Flintsteinhaus* aus Feuerstein entstand im Jahre 1872. Alle sehen sie wie Miniaturschlösser aus - in der Nachfolge des engl. Historizismus. Der Park ist von einer 7,2 km langen Feldsteinmauer umgeben, die nur durch vier monumentale Tore unterbrochen wird. Heute befindet sich hier ein *Safaripark*. - Zu dem hübschen Hafenstädtchen *Bandholm* verkehrt während der Sommermonate am Wochenende eine Museumseisenbahn.
Krenkerup (über Sakskøbing, 13 km ö): Der dreiflügelige *Herrensitz* mit Tordurchfahrt im Ostflügel und drei Ecktürmen wurde im 16. und 17. Jh. erbaut. Sein heutiges Äußeres erhielt er bei einem Umbau Anfang des 19. Jh.
Kristianssæde (w v. Vester Skørringe, 12 km sw): Der barocke zweistöckige *Herrensitz* wurde um 1690 für Baron Jens Juel errichtet. Das Mansarddach stammt aus dem Jahre 1740. Seit 1951 befindet sich hier ein Kinderheim. - Sehenswert ist auch die Galerie (hauptsächlich Keramikarbeiten) *Det lange Skovhus* (Kristianssædevej 6).
Lungholm (w v. Errindlev, 20 km sw): Das zweistöckige Hauptgebäude des Herrensitzes wurde 1853-56 nach Plänen von L. A. Winstrup* errichtet. Die beiden schrägstehenden, einstöckigen Seitenflügel stammen aus dem 17. Jh. Der Park wurde 1860 angelegt.
Ringsebølle (ö v. Rødby, 14 km sw): Aus Granitquadern errichtete roman. *Kirche*, die wahrscheinlich im frühen 12. Jh. erbaut wurde und damit die älteste Kirche auf Lolland sein dürfte. Sehenswert sind die Tympana des Nord- und des Südportals.
Rødby (13 km sw): Bis zur Eindeichung des Rødby-Fjordes war R. (Stadt in der Rodung) eine Hafenstadt - der meistbenutzte Fährhafen nach Fehmarn. Der neue Hafen *Rødbyhavn* (6 km s) wurde 1912 eröffnet. Die got. *Kirche* besitzt einen spät-ma Turm. 1632 wurde sie nach O verlängert; der n Seitenflügel stammt aus dem Jahre 1728. Die Ausstattung besteht u. a. aus einem Altar von ca. 1615 mit einem Gemälde von A. Dorph* (1893) und einer Kanzel von 1580. - An einer Ecke zum Markt, Vestergade 1, steht ein Fachwerkhaus von 1729, der *Willers Gård*. - Das *Rathaus* (Torvet) wurde 1853 errichtet. - In der Nørregade befindet sich eine *Sturmflutsäule*, die den Wasserstand der letzten großen Sturmflut von 1872 angibt, bei der weite Teile von Lolland und Falster unter Wasser gesetzt wurden.
Sakskøbing (9 km ö): Hafenstadt am Sakskøbing-Fjord. Die spätroman. *Kirche* wurde Mitte des 13. Jh. erbaut. Sie besteht aus Langhaus, Chor und einer dreiseitigen Apsis. Der Turm wurde im späten MA aufge-

Middelfart, Hindsgavl Slot

führt (Spitze von 1852). Die Gewölbe stammen aus dem 19. Jh. Zur Innenausstattung gehören ein Flügelaltar aus der Zeit um 1500, eine geschnitzte Kanzel von ca. 1620 und ein Kruzifix von ca. 1350. - Auf dem Markt steht die Skulptur *Roepiger* (Rübenmädchen) von Gottfred Eickhoff* (1940) zur Erinnerung an die polnischen Frauen, die in der Zuckerrübenernte beschäftigt waren.

Søholt (nö v. Krønge, 9 km sö): *Herrensitz*, dessen Hauptgebäude 1804 entstand. Querflügel und Turm von 1868. Park im franz. Stil.

Tirsted (16 km sw): Die roman. *Backsteinkirche* wurde in der 1. Hälfte des 13. Jh. erbaut. Sie besteht, was ungewöhnlich ist, neben Chor und Langhaus auch aus einem roman. Turm. Sowohl das Untergeschoß des Turms als auch das erste Obergeschoß öffnen sich in zwei Bögen zum Langhaus. Das erste Obergeschoß war vermutlich früher die Herrschaftsempore. Im Chor finden sich hochgot. Kalkmalereien aus dem frühen 15. Jh.; dargestellt sind u. a. die Schöpfung, die Geschichte von Kain und Abel (Kain erschlägt Abel mit dem Kiefer eines Esels), Abraham will seinen Sohn Isaak opfern, der Turm zu Babel sowie Daniel in der Löwengrube. Die Stifterinschrift lautet: »Mementum fecit suum dominus Henryg Kabel« (Herr Henning Kabel machte dies zu seinem Gedächtnis). Kabel war von 1397 bis 1430 der Besitzer von Testrup, dem heutigen → Kristianssæde. In einer Nische in der Chorwand stehen zwei Holzskulpturen aus der Werkstatt von Claus Berg* in Odense (um 1525): Maria und Johannes der Täufer aus einer Kreuzigungsgruppe.

Tågerup (sw. v. Hölyby, 14 km s): Roman. *Kirche*, die um 1220 aus Backstein erbaut wurde. Hier sind hervorragende Kalkmalereien aus drei verschiedenen Perioden zu sehen. Die im Chorgewölbe stammen von ca. 1525; dargestellt sind das Jüngste Gericht, Jesus vor Pilatus, die Kreuzigung sowie die Grablegung. Die einzigartig realistische Pieta an der Ostwand des Chores entstand um 1450. Die Kalkmalereien im Schiff (ca. 1500) werden dem Brarupmeister zuge-

Middelfart, Middelfart Kirke Sankt Nikolai (l), Seitenportal (r)

schrieben; sie zeigen die Schöpfung sowie die Geschichte von Adam und Eva. Bemerkenswert sind außerdem zwei Kruzifixe aus dem 15. und 16. Jh.

Østofte (6 km nw): Roman. *Backsteinkirche* mit Kalkmalereien im Chor aus der Zeit um 1400. Dargestellt sind die Schöpfungsgeschichte, die Vertreibung aus dem Paradies sowie 16 verschiedene Drachen. Der Altar wurde 1674 geschaffen, die Kanzel 1650. Der *Pfarrhof* aus Fachwerk wurde 1795 errichtet; er ist ungewöhnlich groß.

Middelfart Westfünen	
Einw.: 18000	S. 256 □ D 6

Der an der Fährstelle nach Snoghøj in Jütland gelegene Ort erhielt erst 1496 die Stadtrechte. Die Königsburg *Hindsgavl,* die einmal bei dem jetzigen Herrenhaus gleichen Namens lag, wird jedoch bereits 1295 erstmals erwähnt. In diesem Jahr schlossen hier der dän. König Erik Menved, der norweg. König Erik Priesterhasser und Herzog Valdemar IV. von Schleswig einen Waffenstillstand. In den folgenden Jahrhunderten wurde die Burg wiederholt zerstört und verfiel schließlich nach den Schwedenkriegen im 17. Jh. ganz.

M. war immer eine unbedeutende Kleinstadt. Daß 1649 auf der anderen Seite des Kleinen Belts → Fredericia gegründet und als Festungsstadt mit zahlreichen Privilegien ausgestattet wurde, verbesserte diese Situation nicht eben.

Hindsgavl Slot (3 km w): Das neoklassizistische Schloß wurde 1784 erbaut. Es besitzt zwei Stockwerke, ein Walmdach und zwei extrem kurze Seitenflügel zur Hofseite. Die Pläne stammen vermutlich von dem Architekten Hans Næss*. Das Schloß hatte vermutlich zwei Vorgänger: Der erste wurde 1287 von den Mördern des Königs Erik Klipping zerstört; den zweiten Bau vernichtete eine Sturmflut 1694. Seit 1921 befindet es sich im Besitz der Vereinigung »Norden«; seit 1977 ist darin ein Kurs- und Konferenzzentrum (mit Hotel) eingerichtet. Schöner Park. - In einiger Entfernung liegen die Wälle und Fundamente der *Burg Hindsgavl*.

Middelfart Kirke: Die urspr. nur aus Chor und Langhaus bestehende spätroman. Backsteinkirche wurde 1475 dreischiffig ausgebaut. Die Arbeiten wurden durch den Verkauf von Ablaßbriefen finanziert. Die untere Etage des W-Turms stammt vermutlich aus dem 14. Jh., die mittlere aus dem späten 15. Jh. und die obere mit Treppengiebeln aus der Zeit nach der Reformation. Die Sakristei und die Kapelle im S sind spätma; das Waffenhaus entstand 1667. Im Inneren befinden sich ein barocker Altar (um 1650) mit einem Gemälde von C. W. Eckersberg* (1843), eine Kanzel von 1596 sowie eine Taufe von H. W. Bissen* (1845).

Middelfart Museum (Brogade 8): *Kulturhistorisches Museum*. Sehenswert sind die Kopie einer Brautkrone aus dem 16. Jh. (Originale im Nationalmuseum in Kopenhagen), eine Damenhutsammlung mit Hüten aus der Zeit zwischen 1870 und 1950 und Gegenstände, die von der Delphinjagd im Gamborg-Fjord um 1500 zeugen. Untergebracht ist das Museum im *Henner Friisers Hus*, einem zweistöckigen Renaissance-Fachwerkhaus mit Giebel, das 1575-1600 erbaut wurde.

Außerdem sehenswert: Ein *Fachwerkhaus* aus dem frühen 17. Jh. in der Algade, Ecke Nygade. - Das *Færgeforvalterens Hus* in der Brogade 8, ein verputztes Fachwerkhaus von ca. 1600. - Die *alte Brücke über den Kleinen Belt* wurde 1935 erbaut (2 km sw) und ist 1177,8 m lang. Die *neue Brücke* (ö davon) ist eine Hängebrücke, über die eine sechsspurige Autobahn führt. Die Spannweite zwischen den beiden 120 m hohen Stahlbetonpfeilern beträgt 1080 m, die Gesamtlänge 1700 m.

Umgebung

Nørre Åby (11 km sö): In der ma *Dorfkirche* eine Kanzel (1640) und eine Taufe (1655/56) von dem Schnitzer Hans Nilsson Bilthugger. Kruzifix aus dem 14. Jh.

Udby (10 km sö): Roman. *Kirche*. Turm, Sakristei, Waffenhaus und Seitenkapelle sind spät-ma. In der N-Wand einige roman. Bildquader. Im Inneren ein Kruzifix von ca. 1500 und eine Kanzel von ca. 1800.

Vejlby (7 km ö): In der ma *Kirche* steht ein prächtiger Altar aus der Zeit um 1520, vermutlich eine Lübecker Arbeit. Das Kruzifix von Claus Berg* stammt aus derselben Zeit.

Nakskov
Lolland

Einw.: 16900	S. 258 □ G 7

N. entstand vermutlich zur Zeit König Valdemars des Großen im 12. Jh. 1266 erhielt es die Stadtrechte. 1420 wurde es von einer Feuersbrunst zerstört, 1510 von den Lübekkern in Brand gesteckt, 1528 erneut durch ein Feuer verheert. Zu Beginn des 16. Jh. war N. eine der Lieblingsresidenzen der dän. Könige. Es wurde damals durch Wälle und Gräben befestigt und besaß eine Schiffswerft. Diese Blütezeit - N. war damals die siebtgrößte Stadt Dänemarks - endete, als es 1658 von den Schweden eingenommen wurde. In der Folgezeit wurden Festung und Garnison aufgehoben, der Hafen verfiel, und der Handel versiegte. Erst mit der Industrialisierung Ende des 19. Jh. begann sich die Stadt wieder zu erholen. - N. war neben Ribe und Fredericia der einzige Ort mit einer jüdischen Minderheit. 1683 ließ sich hier der erste Jude nieder; 1714 wurde eine Synagoge gegründet.

Nakskov Kirke: Die Kirche steht am höchsten Punkt von N. am dreieckigen Marktplatz. Der got. Backsteinbau wurde zwischen 1450 und 1650 errichtet. Die Spitze des 40 m hohen Turms wurde 1906 aufgesetzt. Die Innenausstattung besteht aus einem um 1650 von Anders Mortensen* geschnitzten Altar, einer prächtigen Barockkanzel aus der Zeit um 1630 von Jørgen Ringnis* und zahlreichen Epitaphien aus dem 17. Jh. - Torvet 1, *Theisens Gård,* wurde 1786 erbaut. Das klassizistische Bauwerk besitzt zwei Stockwerke. Durch eine Tordurchfahrt gelangt man auf einen Hof, an dem ein Lagerhaus aus Fachwerk steht.

Außerdem sehenswert: In der Dronningestræde an der Ecke Havnegade steht *»Dronningens Pakhus«,* ein Lagerhaus aus Fachwerk, das um 1600 für die Witwe Frederiks II., Sofie, erbaut wurde. Eine spätere Verlängerung (für Frederik III.). stammt aus dem Jahre 1656. - *Søndergade 23* ist das älteste datierte Fachwerkhaus in N. (1637). Das Nachbarhaus, ebenfalls ein Fachwerkbau, wurde 1695 errichtet. - Der Seitenflügel des *Ritmestergård* (Frisegade 1, um 1800) aus Fachwerk stammt von ca. 1620. - Die *ehem. Synagoge* am Nørre Boulevard (1880) ist heute ein Geschäftshaus. Der *Jüdische Friedhof* liegt am Jødevej. Nachdem der Ort 1660 von den Schweden in Schutt und Asche gelegt worden war, wurde seinen Bürgern Steuerfreiheit gewährt, und zwar nicht nur solchen, die dort geboren waren, sondern auch Fremden. Sehr viele Juden können es nicht gewesen sein, denn auf dem Friedhof befinden sich nur etwa 200 Gräber. - In einem Raum des *ehem. Hotels Skandinavien* (Vejlegade 33) schrieb der dän. Schriftsteller *Herman Bang* (1857-1912) seinen Roman »Tine« bzw. einen Teil davon, als er sich 1889 in N. aufhielt (vgl. Asserhalle bei → Sønderborg). Das Zimmer ist unverändert; darin Büste Bangs von Ingeborg Plockross-Irminger* (1902).

Umgebung

Birket (19 km nö): Got. *Backsteinkirche* aus dem 14. Jh. Im Inneren sind im s Teil des Chorgewölbes eine Kalkmalerei von ca. 1520 (Jesus im Garten Gethsemane) und ein Taufstein von Gotland aus der Zeit um 1350 zu sehen. - Auf dem Kirchhof steht ein gezimmerter *Glockenturm* aus dem 14. Jh. (eines der am besten erhaltenen ma Holzbauwerke Dänemarks).

Frederiksdal (nw v. Højsmarke, 13 km nw): *Herrensitz.* Das Gut wird erstmals um 1400 erwähnt; damals hieß es noch *Grimsted.* Der Name wurde Ende des 18. Jh. von Gräfin Ida Reventlow nach ihrem Sohn Christian Frederik Knuth in Frederiksdal geändert. Sie ließ auch um 1756 das heutige Hauptgebäude nach Plänen von G. D. Tschierscke* errichten. Der Anbau stammt aus dem Jahre 1914. - 1658 landete hier das schwed. Heer unter Führung von Karl X. Gustav; es war von Langeland aus über das Eis gekommen. Der König wohnte damals auf dem Hof. - Im *Park* gibt es einen Rosengarten, schöne Eichen und einen chinesischen Pavillon.

Halstedkloster (6 km ö) *Herrensitz,* urspr. ein Benediktinerkloster. Das Hauptgebäude ist ein neogot. Bauwerk aus den Jahren 1847-49. Die *Kirche,* die an dessen Nordende anschließt, war urspr. roman. (12. Jh.), wurde jedoch bei einer Restaurierung 1868-1877 umfassend verändert. Ihre Innenausstattung ist bemerkenswert. Der Flügelaltar wurde um 1500 geschaffen; die Kanzel gilt als eine der schönsten Arbeiten des Schnitzers Jørgen Ringnis* (1639). Das Chorgitter wurde von Henrik Werner* 1653 gefertigt. Außerdem gibt es eine Reihe geschnitzter Epitaphien aus verschiedenen Jahrhunderten.

Kappel (13 km sw): Die got. *Kirche,* bestehend aus Langhaus und trapezförmigem Chor (das Westende ist 2,5 m breiter als das Ostende), wurde Mitte des 15. Jh. an einer heiligen Quelle erbaut, die bis ins 19. Jh. besucht wurde. Der Altar ist von 1865, die Kanzel von 1627.

Købelev (6 km n): Aus Backstein errichtete roman. *Kirche.* Bemerkenswert ist das Mauerwerk des Chores (drei zugemauerte Fenster). Im Inneren sind ein Taufstein von Gotland, ein Altar mit einem Gemälde von C. W. Eckersberg* (Abendmahl, 1841) sowie ein Grabmal, auf dem ein Pfarrer mit seiner Frau und seinen sechs erwachsenen Söhnen dargestellt ist, zu sehen.

Pederstrup (ö v. Horslunde, 15 km nö): Der klassizistische *Herrensitz* wurde 1813-22 von C. F. Hansen* für *Graf Christian Ditlev Reventlow* (1746-1827) errichtet. Reventlow führte 1786 in Dänemark die Bauernreformen durch und sorgte dafür, daß bereits 1789 die Schollenbindung aufgehoben wurde. 1938-40 wurde in dem Gebäude ein *Reventlow-Museum* eingerichtet. Die Innenausstattung ist im Stil des späten 18.Jh. gehalten. Zu sehen sind dort auch Gemälde von Personen, die an der Landreform beteiligt waren. Großer Park mit mehreren kleinen Seen und vielen Kastanienbäumen. - 2 km nö liegt *Kong Svends Høj,* das längste Ganggrab Dänemarks.

Rudbjerggård (8 km s): Es handelt sich um einen der wenigen bewahrten Renaissance-Herrensitze aus Fachwerk. Er wurde um 1600 für Knud Rud und seine Frau Ellen Marsvin erbaut. Das erhaltene zweistöckige Bauwerk war einmal der Ostflügel einer vierflügeligen Anlage. Achteckiger Treppenturm zum Hof.

Slotø (Insel im Nakskov Fjord): *Ruinen einer Schiffswerft,* die von König Hans 1609 errichtet wurde. Sie war befestigt, verfiel aber, als man im 16.Jh. damit begann, Schiffe auf dem Slotsholm in Kopenhagen zu bauen.

Søllested (10 km ö): Die *Kirche* ist eine der vier Granitquaderkirchen auf Lolland. Das heutige Schiff war vermutlich einmal als Chor einer größeren Kirche vorgesehen. Im späten MA wurde die Kirche erhöht und gewölbt. Diese Gebäudeteile (Erhöhung sowie Treppengiebel) sind heute weißgekalkt. Der frei stehende Glockenturm auf dem Kirchhof stammt aus dem späten MA. Die Kanzel im Inneren der Kirche entstand 1605.

Neksø
Bornholm

Einw.: 9060	S. 258 □ P 6

Der Ort an der Ostküste Bornholms erhielt 1346 die Stadtrechte. Abgesehen von etwas Handel - u.a. mit der westpreußischen Stadt Kolberg - war der Haupterwerbszweig im MA die Fischerei. 1754 wurde der *Kgl. Frederiks-Steinbruch* n der Stadt eröffnet. Um 1800 begann man mit dem Ausbau des Hafens; die Arbeiten wurden erst um 1880 abgeschlossen. 1945 wurde der Ortskern bei einem russischen Bombenangriff zerstört. - Der Arbeiterschriftsteller *Martin Andersen Nexø* (1869-1954) verlebte hier seine Kindheit (Ferskesøstræde 36).

Kirke: Das Langhaus der weißgekalkten Kirche ist in seinem Kern spätgot.; es wurde 1800 und 1945 verlängert. Der Nordflügel stammt von 1760, das n Waffenhaus aus Fachwerk von 1745; das s Waffenhaus ist spät-ma (1777 umgebaut). Der obere Teil des Turmes ist ebenfalls aus Fachwerk. Die Kanzel wurde um 1600 geschaffen, der Taufstein aus Neksø-Kalkstein 1784.

Neksø-Museum: Das *Heimatmuseum* ist im *alten Rathaus* aus dem Jahre 1796 untergebracht. Der Schwerpunkt liegt auf Seefahrt, Fischerei und Seenotrettung.

Außerdem sehenswert: In *Storegade 33* steht ein Fachwerkhaus, das unter Denkmalschutz steht. - Auf dem Marktplatz (Torvet) befindet sich der *Tritonbrunnen* von Max Andersen* (1950). - Die *Bakkemølle* (Højbovej) ist eine holländische Mühle aus dem Jahre 1871. - In der *Købmagergade 18* erinnert eine Gedenktafel an den Pfarrer *Hans C. Sonne* (1817-80), den Gründer der ersten genossenschaftlichen Vereinigung in Dänemark, der hier geboren wurde (vgl. Thisted).

Umgebung

Bodils Kirke (Bodilsker, 4 km w): Die roman. *Kirche* wurde im späten 12.Jh. errichtet; sie ist dem engl. Heiligen der Seeleute St. Bothulf geweiht. Der Turm diente wohl wie der der Kirche von →Åkirkeby als Kornlager. Der Glockenturm aus dem 17.Jh. steht an der Landstraße; er hatte möglicherweise urspr. die Funktion eines Torturmes. Die zwei Glocken wurden 1612 und 1841 angefertigt. Die Kanzel stammt von ca. 1598. Im Waffenhaus erinnert eine Gedenktafel an die Pestopfer des Jahres 1654.

Ibs Kirke (Ibsker, 6 km nw): Die roman. *Kirche* wurde in der 2. Hälfte des 12.Jh. erbaut. Sie besteht aus Langhaus, Chor, Chorapsis sowie einem massiven Turm. Der Anbau an der Nordseite entstand 1870; das Waffenhaus ist spät-ma. Der Turm besitzt vier

Neksø, Kirche ▷

Stockwerke, die unteren drei mit Gewölben (zwei parallele Tonnengewölbe, die auf einem Mittelpfeiler ruhen). Vermutlich diente er wie die anderen früh-ma Kirchtürme der Insel Verteidigungszwecken und zur Lagerung landwirtschaftlicher Produkte. *Ib* ist die dän. Übersetzung von Jakob, dem diese Kirche geweiht ist. Der frei stehende Glokkenturm ist aus Fachwerk. Den Altar (1846) schmückt ein Gemälde (Gethsemane) von C. W. Eckersberg*. Eine geschnitzte Marienfigur stammt aus der Zeit um 1500, ein Kruzifix aus der Zeit um 1550. An der Kanzel von ca. 1600 befindet sich ein Keramikrelief von Paul Høm* und Lisbeth Munch-Petersen* (1964).

Louisenlund (9 km nw): *Steinsetzung,* die aus 50 Bautasteinen besteht. Benannt ist sie nach Gräfin Danner, der Frau Frederiks VII., der das Gebiet im 19. Jh. kaufte. Es handelt sich ausnahmsweise nicht um eine prähistorische Grabstätte, sondern wahrscheinlich um einen prähistorischen Kultplatz.

Paradisbakkerne (nw): Die *Paradieshügel* sind ein Hügelzug, der von tiefen Klüften durchzogen ist. Hier befindet sich ein 25 Tonnen schwerer Findling, der sog. *Rokkesten* (Schaukelstein), der sich mit etwas Glück bewegen läßt. – Am s Rand der Hügel liegt die *Gamleborg,* die Ruinen einer Ringburg, 187 m lang und 80 m breit. Die Burg, die vermutlich in der röm. Eisenzeit angelegt wurde, bestand bis zur Wikingerzeit.

Peders Kirke (Pedersker, 13 km sw): Die roman. *Peterskirche* ist deutlich älter als die nahe gelegene Paulskirche; sie stammt vermutlich aus dem 12. Jh. Sie besteht aus einem roman. Langhaus, einem roman. Chor und einer roman. Apsis sowie einem Turm aus dem 16. Jh. und einem Waffenhaus, das wiederholt umgebaut wurde. Der gotländische Sandsteintaufstein im Inneren entstand im 13. Jh.

Povls Kirke (Povlsker, 9 km sw): Spätroman. Kirche aus dem frühen 13. Jh., die aus Langhaus, Chor und Apsis besteht. Das Langhaus wurde 1871 nach W verlängert. Vor dem prächtigen roman. Südportal steht ein Waffenhaus, an der Nordseite des Chores eine Sakristei aus Fachwerk aus dem 18. Jh. An der Nordwand des Langhauses sind im Inneren Kalkmalereien von ca. 1550 zu sehen; dargestellt sind die Kreuzigung, die Grablegung und die Auferstehung. Der Scheitelstein des Chorbogens ist mit einem Relief des Apostels Paulus (60 cm hoch), des Schutzpatrons der Kirche, geschmückt. Die Runeninschrift bedeutet: »Paulus, Tue machte«. Tue ist vermutlich der Steinmetz, der auch die Portale schuf. Altar aus dem

Peders Kirke (Neksø), Peterskirche

18. Jh. Der spätroman. Taufstein aus Kalkstein stammt von Gotland. Der Glockenturm ist frei stehend.

Svaneke (9 km n): Hübscher Fischer- und Hafenort mit zahlreichen Häusern und Höfen aus dem 18. und 19. Jh. 1975 bekam Svaneke die Goldmedaille des Europarates für die »konsequente Bewahrung des historischen Charakters einer typischen kleinen Hafenstadt«. Hier wachsen Wein, Feigen- und Walnußbäume. – Die ma *Kirche* wurde 1881 stark umgebaut; aus dieser Zeit stammt auch die Innenausstattung. – Am Nordrand der Stadt steht eine *Bockmühle* von 1734; sie ist die älteste datierte Mühle dieser Art in Dänemark. – In unmittelbarer Nähe erhebt sich der *Wasserturm,* das Wahrzeichen von S., eine dreibeinige Konstruktion, die 1951 nach Plänen von Jørn Utzon* erbaut wurde. – Die *Svanemølle* (Rønnevej) im holländischen Stil wurde 1864 errichtet.

Åkirkeby (14 km w): Der einzige größere Ort auf Bornholm, der nicht an der Küste liegt. Er entstand um das Jahr 1200 bei einer Kirche, nach der er benannt ist; wahrscheinlich befand sich hier schon vorher ein heidnischer Kultplatz. Im Jahre 1346 erhielt Å. als erster Ort auf Bornholm die Stadtrechte. Im Laufe der Jahrhunderte verlor es jedoch in dem Maße an Bedeutung, wie die Küstenorte, vor allem Rønne, Neksø und Allinge-Sandvig, an Gewicht gewannen. – Die *Kirche* ist der größte ma Sakralbau auf Bornholm; sie war vermutlich einmal die Hauptkirche der Insel. Bis 1658 gehörte sie zum Domkapitel in Lund, danach war sie kgl. Eigentum. Älteste Teile sind der Chor und die Chorapsis, die aus der Zeit um 1150 stammen. Das Schiff ist vermutlich geringfügig jünger. Als Baumaterial wurden grünlicher und rotbrauner Sandstein verwendet. Der Turm aus der Zeit um 1200 besitzt zwei Satteldächer mit vier Giebeln (um 1600), je zwei nach S und nach N; er hat mehrere Stockwerke mit gewölbten Decken und diente wohl als Lager und zu Verteidigungszwecken. Die Glocken wurden 1874 angefertigt. Das s Waffenhaus wurde zwischen 1200 und 1225 erbaut; es ist das älteste Waffenhaus auf Bornholm. Die Innenausstattung besteht aus einem roman. Taufstein von Gotland aus Kalkstein mit einem umlaufenden Bilderfries. Die einzelnen Szenen sind durch Bögen voneinander getrennt; dargestellt sind die Verkündigung, die Geburt Christi, die Anbetung der Heiligen Drei Könige sowie Szenen aus der Leidensgeschichte. Der Kommentar (in Runen) ist in gutnischer Sprache abgefaßt, der Sprache, die auf Gotland gesprochen wurde. Am Schluß findet sich die Signatur des Stein-

Povls Kirke (Neksø), Kalkmalereien

Åkirkeby (Neksø), Kirche

Svaneke (Neksø), Kirche

metzen; er hieß Sighraf. Der Renaissance-Altar und die Renaissance-Kanzel wurden um 1600 von Jacob Kremberg* aus Lund in Schweden geschaffen. Ein Kruzifix stammt von ca. 1500. Im Waffenhaus befinden sich zwei Runensteine aus dem 11. und 12. Jh. - Die *Rosenkranskirke* (Rosenkranzkirche) ist die Kirche der kath. Gemeinde im S und O Bornholms; sie wurde 1932 erbaut. Die Ausstattung ist außerordentlich gediegen: Fresken von der finnischen Künstlerin Birgitta Reckelsen* (Leidensgeschichte), acht Kronleuchter aus Schmiedeeisen aus Assisi, Altartisch aus Marmor und Altartafel aus Eiche, beide aus Gent, Fenster aus Brüssel.

Nyborg Ostfünen	
Einw.: 18500	S. 256 □ F 6

N. entstand um eine Burg, die im 12. Jh. auf einer Insel im N.-Fjord errichtet wurde. Zwischen 1183 und 1413 tagte hier der Reichsrat, der *Danehof*. 1797 wurde die Stadt bei einem Brand fast zur Hälfte zerstört. Beim Wiederaufbau wurde das Straßennetz begradigt; für die Hauptstraßen bevorzugte man klassizistische Fassaden, wobei man sich die Erfahrungen von Kopenhagen zunutze machte, das 1795 abgebrannt war. N. ist der größte und bedeutendste Fährhafen nach Seeland. Christian II. wurde hier 1481 geboren.

Nyborg Slot (Slotsgade): Die Burg wurde 1170 angelegt und sollte zusammen mit einem Wachturm auf Sprogø und der Tårnborg bei Korsør die Überfahrt nach Seeland sichern und den Großen Belt gegen Einfälle wendischer Seeräuber schützen. Hier wurde im MA um die Mittsommerzeit der Danehof abgehalten. 1282 unterschrieb König Erik Klipping auf der Burg die erste Verfassung Dänemarks. 1658-60 war sie von den Schweden besetzt, die dort große Zerstörungen anrichteten. Zwischen 1670 und 1722 wurden große Teile der Burg abgerissen; die Steine wurden teilweise zum Bau von

Nyborg, Nyborg Slot mit Kanonen

→ *Odense Slot* verwendet. Der verbleibende W-Flügel, der *Königsflügel,* diente im 19. Jh. als Kornmagazin und Zeughaus. 1917–23 wurde er von M. Clemmensen* umfassend restauriert; dabei wurde das Aussehen, das er zur Zeit Christians III. hatte, wiederhergestellt. Jetzt kann man u.a. den 31 m langen *Rittersaal* und den *Reichsratssaal* mit ungewöhnlicher Würfeldekoration besichtigen. Die Räume sind spärlich möbliert, wie es in der damaligen Zeit üblich war.

Vor Frue Kirke: Die got. Kirche wurde möglicherweise 1388 auf Veranlassung von Königin Margarethe begonnen. Der Bau erfolgte in zwei Abschnitten; ungewöhnlicherweise begann man im W. Die vier w Gewölbejoche des dreischiffigen Langhauses haben achteckige Säulen, die zwei ö aus dem frühen 15. Jh. viereckige. Die Querschiffe erhielten ihr heutiges Äußere bei einer Restaurierung 1870/71. Der Turm stammt von 1581, das Türmchen über dem Chorgiebel von 1600. Im n Querschiff hängt ein got. Kronleuchter; der Deckel des Taufsteins im s Querschiff ist eine Schnitzarbeit aus dem 16. Jh. Weiterhin befinden sich im Inneren zahlreiche Epitaphien aus dem 17. Jh.

Korsbrødregård (Adelgade 1): Der 1396 errichtete got. Hof gehörte zum *Johanniterkloster in Antvortskov* bei Slagelse. Der Renaissancegiebel stammt von 1614. In diesem Jahr wurde auch das Nachbarhaus erbaut. Die Keller mit got. Kreuzgewölben sind zugänglich.

Landporten: Das *Landtor* war ein Teil der Festungsanlagen der Stadt; alle Reisenden, sofern sie nicht auf dem Seeweg kamen, mußten es passieren. Es wurde 1660 nach den Schwedenkriegen im Auftrag Christians III. von Henrik Rüse* errichtet und ist 40 m lang. Die Mauern haben eine Dicke von 2,8 m. 1820 wurde über dem Tor ein *Exerzierhaus* gebaut. – Von den übrigen Festungsanlagen sind nur noch die Gräben und einzelne Bastionen erhalten. N. ist neben Fredericia, Christianshavn und dem

Kastell in Kopenhagen die bedeutendste Festung Dänemarks.

Nyborg og Omegns Museum (Slotsgade 11): Das *Museum für Nyborg und Umgegend* ist im *Mads Lerches Gård,* einem zweistöckigen Fachwerkhaus von 1601, untergebracht. Hier kann man u. a. sehen, wie eine wohlhabende Kaufmannsfamilie im 17. Jh. lebte. In einem modernen Anbau befinden sich Skulpturen des Bildhauers Carl Aarsleff*.

Weiterhin sehenswert: In der Kongensgade 1 befindet sich die ehem. *Lateinschule,* ein Gebäude aus dem 17. Jh. - In der *Nørregade 3* ein klassizistisches Wohnhaus von 1797 mit einer hübschen dreigeteilten Fassade.

Umgebung

Hindemæ (bei Ullerslev, 11 km nw): Klassizistisches *Herrenhaus* aus dem Jahre 1787, einstöckig über einem Halbkeller; nur der Mittelteil ist zweistöckig. Im Inneren ist die Originalausstattung mit Spiegeln, Paneelen, Kronleuchtern und Tapeten weitgehend erhalten.

Holckenhavn (2 km s): Das *Renaissanceschloß* wurde in den Jahren 1583-88 für den Reichsrat Jakob Ulfeldt erbaut; der Baumeister war vermutlich Domenias Badiaz*. Der Treppenturm der vierflügeligen Anlage wurde nach 1596 errichtet; die Turmspitze stammt von einer Renovierung Anfang dieses Jahrhunderts. Zu Beginn des 17. Jh. gehörte das Schloß Ellen Marsvin, der Mutter Kirsten Munks, die mit Christian IV. verheiratet war. Kirsten Munk vererbte es ihrer Tochter Leonora Christina. Als sich deren Mann Corfitz Ulfeldt des Landesverrats schuldig machte, ging das Gut an das Adelsgeschlecht Holck über, in dessen Besitz es sich noch heute befindet.

Juelsberg (6 km nw): Der zweistöckige klassizistische *Herrensitz* wurde 1773-86 errichtet. Den Mittelteil der Hauptfassade schmücken vier korinthische Pilaster unter einem Gesims mit Balustrade.

Svindinge (14 km sw): Hier gibt es eine der wenigen *Landkirchen,* die nach der Reformation gebaut worden sind. In ihren Formen ist sie got., nur die flachen Gewölbe verraten den Einfluß der Renaissance. Die Innenausstattung erinnert an die Eigentümer von *Schloß Glorup.* - Das 1,5 km sw gelegene Renaissanceschloß, um 1599 von Reichshofmeister Christoffer Valkendorf errichtet, wurde 1743/44 im Stil des Barock umgebaut. Der Architekt war Philip de Lange*. Bereits 1765 wurde das Schloß in klassizistischem Stil modernisiert. Es besitzt vier

Nyborg, Schloß, Raum im Königsflügel

Flügel mit Mansarddach. - Der große *Park* wurde im 18. Jh. angelegt. Der s Teil ist im franz. Stil gehalten, der w und sw im engl. Im Park stehen zahlreiche Statuen und ein Rundtempel mit einer Andromeda-Statue von J. Wiedeveldt*. - In der Nähe von Glorup liegt das spätgot. Herrenhaus *Rygård,* das von Reichsrat Johan Urne im frühen 16. Jh. erbaut wurde. Das Backsteingebäude besitzt hübsche Treppengiebel.

Ørbæk (11 km sw): *Ørbæklunde* ist eine der letzten Herrenburgen, die in Dänemark gebaut wurden (1560; vgl. *Borreby* bei →Slagelse). Das spätgot. Backsteingebäude war urspr. von einem Wassergraben umgeben und ist zweieinhalb Stockwerke hoch. Im oberen Halbgeschoß liegt ein Wehrgang mit Schießscharten und Pechnasen. An der Hofseite steht ein Treppenturm; Renaissancespitze von 1593 (aus demselben Jahr stammen auch die Giebel). Keller im Untergeschoß. An der Gartenseite ragen massive Ecktürme und ein kleinerer Turm auf, in dem sich die Abtritte befanden. Der Seitenflügel nach O stammt von ca. 1650. Die große Scheune wurde 1630 errichtet.

Nykøbing Falster	
Einw.: 25300	S. 258 □ H 7

N., größte Stadt auf Falster, liegt am Guldborgsund. Ende des 12. Jh. baute man hier zum Schutz gegen Überfälle der Wenden eine Festung, aus der später ein kgl. Schloß wurde. Ab der Reformation bis zum Tod Charlotte Amalies, der Witwe Christians V., war das Schloß die Residenz der Königswitwen. 1767 wurde das Schloß verkauft und abgebrochen. Die Stadt verlor danach an Bedeutung; der Handel nahm jedoch zu. 1867 wurde die Brücke über den Sund eröffnet. Heute besitzt N. einige Industrie: Tabak-, Zucker-, Margarine- und Zementherstellung und -verarbeitung.

Nykøbing Kirke: Die got. Backsteinkirche wurde Mitte des 15. Jh. als Teil eines 1419 gegründeten *Franziskanerklosters* erbaut; seit 1532 ist sie Gemeindekirche. Sie ist zweischiffig; der Chor ist dreiseitig. Die Gewölbe stammen aus dem frühen 17. Jh. Das n Seitenschiff ist zweistöckig; das Untergeschoß war urspr. als Teil eines Kreuzganges vorgesehen. Der spät-ma Turm wurde 1766 um zwei Stockwerke erhöht und mit einer zwiebelförmigen Spitze versehen. Das Glockenspiel (27 Glocken) wurde 1969 angefertigt. - Die Innenausstattung besteht aus einem Altar von 1616 mit einem Gemälde von Antonius Clement*, einer Gußeisentaufe von 1648, die von dem Lübecker Gustav Wiese gefertigt wurde, einer von Jørgen Ringnis* geschnitzten Kanzel (1640) und einem Kruzifix aus dem Jahre 1646. Bemerkenswert sind auch die Grabdenkmäler: Die sog. *mecklenburgische Ahnentafel* setzt sich aus 33 gemalten Porträts zusammen und ist 33 m^2 groß; sie wurde 1627 von Antonius Clement* geschaffen und zeigt Sophie von Mecklenburg, die Frau Frederiks II., und fünf Generationen ihrer Ahnen. In ein Grabmal von 1650 ist ein Gemälde von Lucas Cranach d. Ä.* (um 1450) eingesetzt. - Der Westflügel des *Klosters* ist noch erhalten. - Hinter der Kirche befindet sich ein Garten mit Heilkräutern, der 1971 angelegt wurde. Die über 300 verschiedenen Pflanzen sind nach Anwendungsgebieten eingeteilt. Die Plastik *»Bettelmönch«* von Franzmann Aster* stammt aus dem Jahre 1972.

Czarens Hus/Museet Falsters Minder

Nykøbing (Falster), Franziskanerkloster

(Langgade 2): Das zweistöckige Eckhaus aus Fachwerk wurde um 1700 erbaut. Der russische Zar Peter der Große nahm hier beim Postmeister Iver Rosenfeldt sein Frühstück ein, als er am 15. Juli 1716 N. besuchte. Eine Restaurierung des Gebäudes 1898 wurde von der russischen Regierung bezahlt. Heute ist hier ein *kulturhistorisches Museum* untergebracht. Ausgestellt sind u. a. Trachten und andere Kleidungsstücke, Gegenstände aus Kupfer und Zinn, Fayence, ein Interieur von 1860 und eine Goldschmiedewerkstatt von 1883.

Alte Häuser: Der *Ritmestergård* in der Store Kirkestræde ist ein Fachwerkhaus im Renaissancestil von ca. 1620. - In der *Langgade 18* steht das älteste Haus in N. (um 1580); es besitzt zwei Stockwerke. Das Nachbarhaus *(Nr. 16)* hat eine klassizistische Fassade von ca. 1800. - In der Slotsgade 30 steht ein *Kornspeicher* aus der Zeit um 1700. Er ist das einzige erhaltene Bauwerk des kgl. Schlosses. - Slotsgade 7, die *ehem. Lateinschule,* ist ein klassizistisches Bauwerk von 1786.

Außerdem sehenswert: Bei der *Nykøbinghalle* (Nørre Boulevard 4 A), einem Bauwerk mit sechseckigem Grundplan und schirmartiger Dackkonstruktion (Veranstaltungs- und Schwimmhalle, 1969 eingeweiht), stehen die Skulpturen *»Stehendes Mädchen«* von Gerhard Henning* (1930) und *»Ringkämpfer«* von Knud Nellemose* (1969). - Auf dem Markt ist der *»Bärenbrunnen«* von Mogens Bøggild* (1939) zu bewundern.

Umgebung

Brarup (15 km nw): Roman. *Dorfkirche.* Zu sehen sind hier Kalkmalereien aus verschiedenen Perioden: in der Apsis frühgot. aus dem späten 13. Jh. (Krönung Mariens im Himmel u. a.), im Chorgewölbe hochgot. von ca. 1350 (Schöpfungsgeschichte und Sündenfall) und schließlich spätgot. an den Wänden von Chor und Schiff. Letztere sind die bedeutendsten; sie wurden von dem sog. Brarup-Meister um 1500 geschaffen und stellen Szenen aus dem Leben Jesu, Heilige und Bischöfe dar. Der Flügelaltar stammt von 1450 und besitzt an den Außenseiten Gemälde. Das Kruzifix wurde um 1300 geschaffen; die Kanzel wurde 1635 von Jørgen Ringnis* geschnitzt.

Eskilstrup (11 km n): Roman. *Kirche* mit got. Turm und got. Waffenhaus. Die Apsis ist außen dreieckig und innen rund. Kalkmalereien aus der Zeit um 1300 stellen u. a. die Flucht nach Ägypten dar. Kanzel von

Stubbekøbing (Nykøbing/Falster), Kirche

Jørgen Ringnis* (1639). Der Turm diente im MA als Kornspeicher.

Fuglsang (8 km sw): *Park* mit über 300 verschiedenen Strauch- und Baumarten. Das neogot. *Gutshaus* wurde 1869 erbaut. - Südlich davon kann man im *Frejlev Skov* 126 Gräber und andere Zeugnisse aus vorgeschichtlicher Zeit sehen.

Gedser (23 km s): Dänemarks südlichster Ort. Die *Kirche* wurde 1914/15 nach Plänen von Peder Vilhelm Jensen Klint* erbaut. Sie ähnelt etwas den Dorfkirchen, wie man sie auf der schwed. Ostseeinsel Gotland findet. Die Fresken wurden 1925 von Elof Risebye* geschaffen.

Kettinge (19 km sw): Got. *Dorfkirche.* Die spätgot. Kalkmalereien (um 1500) sind mehr oder weniger Rekonstruktionen; seit der Restaurierung 1897 haben sie mit den Originalen nur noch die Motive gemeinsam. Der Altar ist von 1632, die Kanzel von 1610.

Korselitse (12 km ö): Der Ort, der einen Namen slawischen Ursprungs hat, wird erstmals 1241 erwähnt. Der *Herrensitz* aus dem Jahre 1605 wurde 1775-77 von Andreas Kirkerup* in klassizistischem Stil umgebaut. Park im engl. Stil.

Nysted (16 km sw): Eine der kleinsten Städte Dänemarks. Die *Kirche* (einschiffiges got. Langhaus mit dreiseitigem Ostabschluß aus Backstein) wurde um 1300 erbaut. Der Westturm ist spät-ma (Spitze von 1649/50). Das n Seitenschiff wurde 1643 errichtet (Grabkapelle für Graf Otto Ludvig Raben als Westverlängerung 1782). Der Altar wurde 1693 geschaffen, die Kanzel 1609; die Bronzetaufe entstand 1697. Zu sehen ist außerdem ein got. Kruzifix aus der Zeit um 1400. - Sehenswerte Bauwerke sind das *Rathaus* von 1839 (Adelgade), der *Wasserturm* (1912) und die *Villa Marina,* die 1878 von Vilhelm Dahlerup* erbaut wurde. Dahlerup hat sich vor allem als Architekt von Theatern einen Namen gemacht. In der Villa Marina lebte der norweg. Dichter *Andreas Munch,* ein Bruder des Malers Edvard Munch.

Nørre Alslev (15 km n): Frühgot. *Kirche.* Der Chor, die dreiseitige Chorapsis und das Langhaus sind gewölbt. Der Westturm und das Waffenhaus stammen aus dem späten MA. Im Inneren finden sich Kalkmalereien aus drei verschiedenen Perioden. Bes. Beachtung verdienen dabei die Bilder vom Elmelunde-Meister im w Gewölbe des Langhauses; dargestellt ist u.a. ein Totentanz. Der Altar wurde 1652/53 von Jørgen Ringnis* geschnitzt, ebenso die Kanzel (1643).

Nørre Vedby (nw v. Nørre Alslev, 20 km nö): Falsters sehenswerteste *Dorfkirche:* hochgot. Langhaus mit dreiseitigem Ostabschluß aus der 1. Hälfte des 14. Jh., got. Turm und s Waffenhaus aus der Zeit um 1500. Der Altar entstand 1637 (Jørgen Ringnis*).

Stubbekøbing (21 km nö): Der Ort im N von Falster erhielt 1354 die Stadtrechte. Seine Blütezeit hatte er im 15. Jh., als mit der Heringsfischerei im Øresund große Summen verdient wurden. - Die *Kirche* wurde etwa 1175 errichtet und ist damit die älteste Kirche der Insel. Bereits um 1250 wurde sie umgebaut; das dreischiffige Langhaus aus Kreidestein wurde dabei durch ein dreischiffiges Langhaus aus Backstein ersetzt. Gleichzeitig errichtete man den Chor. Bei einer Restaurierung 1881/82 wurde eine n Seitenkapelle aus dem MA abgebrochen. Der Westturm schließt etwas schräg an das Schiff an. Zur Innenausstattung gehören ein Renaissancealtar von 1618 und eine von Jørgen Ringnis* geschnitzte Kanzel (1634). Die Kalkmalereien stammen aus verschiedenen Perioden; die am besten erhaltenen sind die im n Seitenschiff (der hl. Rochus und der hl. Severin, ca. 1480). - Am *Rathaus* (1860) sieht man die hübsche Inschrift: »Lad dem styre som forstaae det« (Laß die regieren, die es verstehen). - Im Nykøbingvej 54 liegt ein *Museum für Motorräder (Veteranmotorcykel Museum).* Gezeigt werden hier etwa 100 Motorräder aus der 1. Hälfte dieses Jahrhunderts sowie 21 ältere Mopeds, die auf Dän. *»Knallerter«* (Knallerbsen) heißen.

Tingsted (7 km n): Roman. *Dorfkirche* mit got. Turm. Die Kalkmalereien von ca. 1480 stammen vom sog. Elmelunde-Meister. Alle lat. Bildkommentare sind einer ma Bilderbibel, einer Biblia pauperum (Armenbibel), entnommen. Die zahlreichen orthographischen Fehler lassen den Schluß zu, daß der Maler Analphabet war. Dargestellt sind (im O beginnend) die Verkündigung, Marias Besuch bei Elisabeth, Jesu Geburt, seine Beschneidung, die Heiligen Drei Könige, der Bethlehemitische Kindermord, die Flucht nach Ägypten, die Taufe Jesu, der Sündenfall, die Vertreibung aus dem Paradies (hinter der Orgel) und eine Art Glücksrad. Altar mit einem Gemälde von Antonius Clement*, der auch die von Jørgen Ringnis* 1633 geschnitzte Kanzel bemalt hat.

Torkilstrup (15 km n): Im *Pfarrhaus* (1763) wurde im Revolutionsjahr 1789 *Bernhard Severin Ingemann* geboren (gestorben 1862). Er machte sich durch Morgen- und Abendlieder für Kinder sowie historische Romane einen Namen. - In der ma *Kirche* sind ein Altar (1649/50) und eine Kanzel (1640) von Jørgen Ringnis* zu sehen. - In der Nähe liegt eine *Bockmühle* von 1743; sie ist ganz mit Holzschindeln verkleidet.

Væggerløse (8 km s): Ma Dorfkirche. Im Gewölbe im Turm ist eine Kalkmalerei aus der Zeit um 1520 zu sehen: Jesus in Emmaus (hier zeigte sich Jesus seinen Jüngern nach seiner Auferstehung). Jesus sitzt mit zwei Jüngern zu Tisch. Das Mahl besteht aus einer gespickten Keule, drei Sorten Brot und Wein; zwei Diener warten auf. Die Darstellung ist außerordentlich realistisch. Die Innenausstattung besteht u.a. aus einem got. Kruzifix von ca. 1300 und einer Kanzel von Jørgen Ringnis* (ca. 1640). - Nördlich von V. liegt eine Bockmühle von ca. 1790, die *Stouby Mølle.*

Øster Kippinge (21 km nw): Hochgot. *Wallfahrtskirche,* die im MA flüssige Tropfen von Christi Blut besaß und in der Nähe einer heiligen Quelle (urspr. w des Kirchhofs, jetzt innerhalb) lag. Als Wallfahrtsstätte verlor sie auch nach der Reformation bis 1790 nichts an ihrer Anziehungskraft; noch 1765 gab es drei Opferstöcke. Das einschiffige Langhaus mit dreiseitigem Chor wurde im frühen 14. Jh. errichtet. Der Chor ist gewölbt, das Langhaus besitzt ein Tonnengewölbe aus Holz. Das s Waffenhaus, eine Kapelle an der Westseite des Turms und der Turm selbst stammen aus dem späten MA. Der Turm wurde 1701 erhöht und mit einer sog. Laternenspitze versehen. Das gesamte Inventar stammt aus der Holzschnitzerwerkstatt von Jørgen Ringnis*. Der Altar entstand 1633, das Chorgitter ca. 1650 (u.a. mit Skulpturen von Adam und Eva und Gemälden von Hans Lauridsen* aus der Zeit um 1680, dargestellt sind Szenen aus dem Hohelied Salomos). Die Kanzel wurde 1631 geschaffen, die Taufe mit Himmel 1635. Die Kalkmalereien im Chor stammen aus der 2. Hälfte des 14. Jh.; zu sehen sind ein segnender Christus, der Sündenfall und die Vertreibung aus dem Paradies. In der Kirchhofsmauer befindet sich ein Portal aus dem Jahre 1524.

Ålholm Slot (w v. Nysted, 16 km sw): Das Schloß wird erstmals 1329 erwähnt; in diesem Jahr wurde es von König Christoffer II. an den holsteinischen Grafen Johann den Milden verpfändet. Drei Jahre später war der König selbst Gefangener in seinem eigenen Schloß. - Die ältesten Gebäudeteile sind der nw Turm und die Westmauer (14. Jh.). Der Ostflügel wurde 1581 errichtet und 1799 umgebaut. Die gesamte Anlage mit drei Burghöfen wurde 1899 im Stil einer romantischen Ritterburg umgebaut und 1944 teilweise rekonstruiert. Im Nordflügel befinden sich ein Salon mit einer Innenausstattung von 1585 (kgl. Porträts), ein Salon mit Gemälden von Jens Juel*, dem bedeutendsten Maler des ausgehenden 18. Jh., sowie ein Ball- und ein Speisesaal. Auf dem Weg zur Küche passiert man das Verlies. - Im *Stubberupgård* in der Nähe des Schlosses ist ein *Automobilmuseum* untergebracht. Hier sind ca. 200 verschiedene Fahrzeuge aus der Zeit zwischen 1896 und 1939 ausgestellt. Ein Zug, der aussieht wie eine Eisenbahn aus dem Jahre 1850, verkehrt von hier zum Strand. Zum Schloß kann man mit Straßenbahnen fahren, die von Pferden gezogen werden. - Im *Park* wachsen über 200 verschiedene Baumarten.

Åstrup (sö v. Stubbekøbing, 20 km nö): In der ma *Dorfkirche* sind Kalkmalereien aus zwei Perioden zu sehen. Die an der Wand zum Chor (Triumphwand) sind roman. (um 1275); dargestellt ist der segnende Christus mit dem Apostel Petrus und Judas Thaddäus. Die Kalkmalereien im Schiff stammen aus der Werkstatt des Elmelunde-Meisters: Szenen aus der Leidensgeschichte Christi sowie der Sündenfall und die Austreibung aus dem Paradies. Die Kanzel wurde 1645 von Jørgen Ringnis* geschaffen. Hier soll auch die von Jens Peder Jacobsen in seinem gleichnamigen Roman beschriebene *Marie Grubbe* (vgl. *Tjele* bei → Viborg) begraben sein.

Nykøbing Mors (Nordwestjütland)	
Einw.: 24300	S. 254 □ B 3

Der Hauptort der Insel Mors liegt am Sal-

Nykøbing (Mors), Dueholm Kloster

lingsund. Er wird 1229 erstmals erwähnt; in diesem Jahr erhielt N. die Stadtrechte. Entscheidenden Einfluß auf das Wachstum der Stadt hatten die Heringsfischerei und die Stiftung des Johanniterklosters Dueholm (ca. 1370). Der Hafen wurde 1788 angelegt; er verband Mors bis zum Bau der 6 km s gelegenen Brücke mit Glyngøre auf Salling.

Dueholm Kloster/Morsland Historiske Museum: Von dem um 1370 gegründeten *Johanniterkloster* steht nur noch ein got. Gebäude, das einen Keller und eineinhalb Stockwerke besitzt. Der Westteil wurde um 1475 errichtet, der Ostteil im späten 19. Jh. aus älteren Baumaterialien. Die Sammlungen des 1909 eingerichteten *Museums* dokumentieren das Leben auf Mors bis ca. 1900. Bes. sehenswert sind Fayencen der Fabrik *Lund* auf Mors (1774–84) und ein Kirchenraum mit Ausstattungsstücken aus den meisten Kirchen der Insel.

Støberimuseum (Holgersgade): Im *Gießereimuseum* werden Erzeugnisse der 1853 gegründeten Firma *Morsø Støbegods* gezeigt, u. a. Kachelöfen.

Außerdem sehenswert: Das *Rathaus* wurde 1846/47 nach Plänen von J. P. Jacobsen* errichtet. Vor dem Rathaus steht eine *Statue Christians IX.* von Rasmus Andersen* (1909). – In der Færkenstræde 10 erinnert eine Gedenktafel an den Schriftsteller *Aksel Sandemose,* der hier 1899 geboren wurde und 1965 in Norwegen starb. Er war dorthin ausgewandert und hat zeit seines Lebens norwegisch geschrieben. Die Platte mit einem Porträt Sandemoses schuf Erik Heide* 1969. – Die *Kirche* ist ein neogot. Bauwerk, das 1890/91 aus roten Ziegeln errichtet wurde; sie ersetzte eine ma Kirche, die man 1884 abgebrochen hatte.

Umgebung

Glomstrup (s v. Hvidbjerg, 20 km sw): *Herregård og Frilandsmuseum.* Das Hauptgebäude des Herrensitzes wurde 1797 erbaut

und wiederholt umgebaut. Das Freilichtmuseum umfaßt insgesamt etwa 14 Bauern- sowie Wirtschaftsgebäude, einen Laden von 1876 und eine Töpferwerkstatt von 1774.
Ljørslev (7 km sw): Ma *Kirche*, die zum Gut Højris gehörte. In der Kapelle stehen die Sarkophage der Eheleute Poul von Lindenberg und Ulricha Augusta von Speckhahn (17. Jh.). - *Højris* ist eine dreiflügelige Anlage mit Turm aus der 2. Hälfte des 19. Jh.
Sejerslev (16 km n): Im MA aus Granitquadern errichtete *Kirche*, bestehend aus Langhaus, Chor und Apsis. Der got. Turm stammt aus der Zeit um 1550. An der Ostwand des Chores befindet sich eine Darstellung des Jüngsten Gerichts (um 1500). Der Altar entstand etwa zur gleichen Zeit, wurde aber später verändert; die Kanzel wurde 1640 von Niels Snedker* geschaffen.

Næstved Südseeland	
Einw.: 45 200	S. 258 □ H 6

Das an der Mündung von Seelands längstem Fluß Susâ gelegene N. war im MA ein wichtiges geistliches Zentrum; es gab damals ein Domikaner-, ein Benediktiner- und ein Franziskanerkloster. 1140 erhielt N. die Stadtrechte. In den folgenden Jahrhunderten trieb die Stadt regen Handel mit den Hansestädten. 1660 wurde sie Garnisonsstadt. - In N. wirkte von etwa 1575 bis ca. 1675 die Bildschnitzerfamilie *Schrøder*, Abel Schrøder d. Ä. und Abel Schrøder d. J. sowie Ejler Abelsen.

Sankt Morten Kirke: Die got. Backsteinkirche (einschiffiges Langhaus und Chor mit dreiseitigem Chorabschluß) wurde im 12. Jh. erbaut. Im 14. Jh. wurden die Gewölbe eingezogen. Der schlanke Turm stammt aus dem 15. Jh.; die Waffenhäuser an der Nord- und Südseite des Langhauses entstanden bei einer Restaurierung 1857-59. Im Inneren ist eine hochgot. Kalkmalerei aus der Zeit um 1350 zu sehen: St. Martin, der Heilige der Kirche, teilt seinen Mantel mit dem Bettler. Der prächtige Altaraufbau wurde 1664 von Abel Schrøder d. J.* geschnitzt, ebenso die Kanzel. Der Seitenaltar wurde 1526 geschaffen, die bronzene Taufe 1515. Das Triumphkreuz stammt von 1520.

Sankt Peders Kirke: Die Kirche ist das größte got. Gotteshaus Dänemarks; sie wurde im 14. und 15. Jh. an der Stelle einer einschiffigen roman. Kirche aus dem 13. Jh. errichtet. Interessant ist der siebenseitige Chorabschluß am Mittelschiff; die beiden

Næstved, Sankt Morten Kirke (l), Kompagnihus (r)

Seitenschiffe besitzen dreiseitige Chorabschlüsse. Im Chor befinden sich Kalkmalereien von ca. 1375; dargestellt sind der König Valdemar Atterdag und seine Frau Helvig, die vor dem dreieinigen Gott knien. Die Kanzel entstand 1671; das Chorgitter ist ein Werk von Abel Schrøder d. Ä.* (1604). Die kupferne Taufe stammt von 1502. An der Nordwand des Chores hängt ein Kruzifix aus der Mitte des 13. Jh. - Auf dem Platz vor der Kirche (Sankt Peders Kirkeplads 6-8) stehen der got. *alte Pfarrhof* aus der Mitte des 15. Jh. sowie das ebenfalls got. *alte Rathaus* (Kirkeplads 5), das auch im 15. Jh. errichtet und Anfang des 16. Jh. umgebaut wurde. - Westlich davon befindet sich ein Fachwerkhaus aus dem Jahre 1606. - Kirkeplads 10-12 sind die *Mogens Tuesens Stenboder* aus dem 15. Jh., in denen eine Abteilung des *Stadtmuseums* untergebracht ist; gezeigt wird hier Kunsthandwerk, Silber, Glas und Keramik.

Helligåndshuset/Næstved Museum (Ringstedgade 4): Das *Heiliggeiststift* wurde im 15. Jh. erbaut. Heute ist hier das Stadtmuseum untergebracht. Bes. sehenswert sind die Schnitzarbeiten.

Außerdem sehenswert: In der Riddergade 5 steht das *Apostelhaus*. Das Fachwerkhaus von 1520 war urspr. zweistöckig. Das Obergeschoß ruhte auf noch erhaltenen Trägern, die an den Enden mit Schnitzereien verziert sind; dargestellt sind die Apostel. Das Nachbarhaus aus Fachwerk stammt aus derselben Zeit. - Das *Kompagnihus* in der Kompagnistræde wurde im 14. Jh. für eine der Kaufmannsgilden der Hansezeit errichtet. - Das *neue Rathaus* (Hjultorvet) ist ein neogot. Bauwerk, das 1855/56 von M. G. Bindesbøll* erbaut wurde.

Umgebung

Bregentved (20 km nö): Der größte Teil des *Schlosses* wurde 1886-91 von Axel Berg* in den Formen des Rokoko errichtet. Nur der Nordflügel stammt aus dem 17. Jh. Dort liegt auch die Barockkapelle, die 1735 nach Plänen von Laurids Thurah* erbaut wurde. Die Ausstattung stammt von dem Bildhauer J. F. Hännel*. Seit 1746 befindet sich der Besitz, das größte Gut Seelands, im Besitz des Grafengeschlechts Moltke. Im Park sind hübsche Lindenalleen, Springbrunnen und Skulpturen zu sehen.

Gavnø (6 km sw): *Schloß*. Um 1400 kaufte Königin Margarethe den überwiegenden Teil der Insel G. und stiftete dort ein *Nonnenkloster*, das der hl. Agnes geweiht war;

Næstved, Helligåndshuset

1408 wurden die Gebäude fertiggestellt. Nach der Reformation ging das Kloster in den Besitz der Krone über. Frederik II. tauschte den Besitz 1584 mit Hans Lindenow gegen Güter in Jütland. Lindenow ließ Gavnø zum Herrensitz umbauen. Aus dieser Zeit stammen einige geschnitzte Portale im Rittersaal sowie der ö Eckturm. Weitere Umbauten wurden vom nächsten Besitzer, Niels Trolle, vorgenommen. Ihr heutiges Äußere erhielt die dreiflügelige Anlage nach 1737 durch den dritten Besitzer, Otto Thott, der sie um ein Stockwerk erhöhen und im Stil des Rokoko dekorieren ließ (u.a. die Giebel an der Gartenseite und die Innenausstattung). Im Schloß sind immer noch Thotts wertvolle *Gemäldesammlung* und *Bibliothek* zu sehen. - Die *Kirche* im Südflügel ist in ihrem urspr. Zustand erhalten. Der Altar und die Kanzel wurden von Abel Schrøder 1670 geschnitzt. Im Park liegt ein schöner Rosengarten.

Gisselfeld (18 km nö): Die prächtige Renaissanceburg wurde nach 1547 von Reichshofmeister Peter Oxe erbaut. Sie gehört zu einer ganzen Reihe von sog. *Herrenburgen*, die kurz nach der bürgerkriegsähnlichen Grafenfehde im 16. Jh. entstanden. Die Anlage besitzt einen Hauptflügel mit Treppenturm und zwei Seitenflügel. Über den beiden Hauptstockwerken liegt in einem Halbstockwerk ein Wehrgang. Die Burg ist von allen Seiten von Wasser umgeben. *Hans Christian Andersen* schrieb hier wahrscheinlich sein berühmtes Märchen »Den grimme Ælling« (Das häßliche Entlein). - Der *Park*, 1870 im engl. Stil angelegt, gilt als einer der schönsten in Dänemark. Hier gibt es mehr als 375 seltene Baumarten, Springbrunnen, einen Karpfenteich aus der Zeit Peter Oxes, eine Roseninsel, alte Gewächshäuser mit tropischen Pflanzen und ein kleines *Museum* (u.a. mit einem Gesindezimmer). - In der *Kirche von Bråby* (2 km w) aus dem 15. Jh. befindet sich das prachtvolle *Grabmal von Peter Oxe* (gestorben 1575), obwohl dieser in der Vor Frue Kirke in Kopenhagen beigesetzt ist. Offensichtlich wurde das Grabmal lange vor seinem Tode angefertigt, als man noch nicht wußte, daß er ein Staatsbegräbnis erhalten würde.

Herlufsholm (2 km n): Die renommierte *Schule* ging aus dem ma Benediktinerkloster *Skovkloster* hervor. Der Reichsadmiral Herluf Trolle tauschte es 1560 mit Frederik II., in dessen Besitz es sich nach der Reformation befand, gegen *Hillerødsholm*, das spätere Frederiksborg, ein. Da er und seine Frau Birgitte Gøye keine Kinder hatten, vermachte er es 1565 einer Schule zusammen mit 6100 ha Land als wirtschaftlicher Grundlage. - Die *Kirche* aus dem späten

Gavnø (Næstved), Schloß

12. Jh., die den Nordflügel des Gebäudekomplexes bildet, ist mit Sorø, Ringsted, Kalundborg und Roskilde eine der ältesten Backsteinkirchen Dänemarks. Es handelt sich um eine einschiffige Kreuzkirche mit einem ungewöhnlich breiten Langhaus (11 m). Nach einem Brand 1261 erhielt sie einen geraden Ostabschluß und wurde gewölbt. Die vielen Granitquader, die beim Bau Verwendung fanden, stammen von einer Vorgängerkirche aus dem frühen 12. Jh. Im Inneren befindet sich hinter dem Altar das Grabmal von Herluf Trolle und Birgitte Gøye, ausgeführt von Cornelis Floris*, einem Holländer und Meister der Hochrenaissance. Das Grabmal von Marcus Gøye im n Kreuzarm wurde ebenfalls von einem Holländer, dem berühmten Thomas Quellinus*, geschaffen (1700). Außerdem ist hier der Historiker Arild Huitfeld (vgl. *Dragsholm* bei → Holbæk) begraben. Von der Ausstattung der Kirche sind ein franz. Elfenbeinkruzifix aus der 1. Hälfte des 13. Jh., ein einzigartiges Werk der Frühgotik, und die Barockkanzel von Ejler Abelsen* aus dem Jahre 1623 bes. bemerkenswert. – Von den urspr. Klostergebäuden ist nur noch das Erdgeschoß des Ostflügels mit einigen gewölbten Räumen aus dem 13. Jh. erhalten. Bes. sehenswert ist ein kleiner Saal mit zwei gemauerten Säulen und sechs Gewölben. Zum Klostergarten hin liegt ein Teil des Kreuzgangs von 1506. Die beiden oberen Geschosse des Ostflügels stammen aus dem frühen 19. Jh., die Süd- und Westflügel aus dem späten 19. Jh. (Pläne von J. D. Herholdt*). Die Ausstattung des Festsaals im Südflügel besorgte G. Hilker*.

Holmegård (6 km nö): Der Herrensitz wurde 1635 von Reichsadmiral Claus Daa errichtet. Das zweigeschossige dreiflügelige Fachwerkgebäude ist von einem Wassergraben umgeben.

Holmegård Glasværk (5 km nö): Die *erste Glasmanufaktur Dänemarks* wurde hier 1825 in der Nähe eines großen Torfmoors gegründet, das den Brennstoff für die Glasöfen lieferte. Die ersten Glasbläser kamen aus Böhmen. Noch heute wird hier ein großer Teil des dän. Glases hergestellt. Es ist möglich, den Glasbläsern bei ihrer Arbeit zuzuschauen.

Holsteinborg (bei Bisserup, 22 km w): Das Schloß ist eine vierflügelige Renaissanceanlage, die zwischen 1598 und 1649 errichtet wurde. Das Hauptportal im Westflügel wird von zwei schindelgedeckten achteckigen Türmen flankiert. Seit 1707 ist das Gut im Besitz des Grafengeschlechts Holstein. 1728 wurde im Westflügel eine Kirche eingerichtet. Schöner Park mit Lindenalleen bis zum Strand. – In der ma *Kirche von Ørslev* (3 km

Gisselfeld (Næstved), Schloß

w) befinden sich 12 Grabstätten von Adligen; in der Südkapelle sind Fresken aus dem Jahre 1325 zu sehen (u. a. ein sog. Stifterbild: Ein Adeliger übergibt dem Schutzheiligen der Kirche, Johannes dem Täufer, das Modell der Kirche). Ein Bilderfries aus derselben Zeit ist in ganz Dänemark berühmt, darauf ist ein ma Volkstanz, ein sog. Kettentanz, dargestellt. Die Kanzel im Empirestil stammt aus der Zeit um 1800.

Kongsted (über Rønnede, 21 km ö): Große ma *Dorfkirche*. Die Kalkmalereien im Chor und in den beiden ö Gewölben stammen von einem Meister, der nach dieser Kirche »Kongstedmaler« genannt wird; sie wurden um 1430 geschaffen. Dargestellt sind der dreieinige Gott, Johannes der Täufer, eine Madonna sowie die Geburt und die Leidensgeschichte Christi. Die drei w Gewölbe wurden um 1500 vom Brarup-Meister ausgemalt; zu sehen sind u. a. das Jüngste Gericht, die Kreuzigung und die Himmelfahrt. In der Kirche befindet sich ein Grabstein für Sivert Grubbe, den ersten Besitzer des ö gelegenen Herrensitzes → *Lystrup*, und seine Frau Mette Ulfeldt mit der Aufschrift: »Vi lefde mit Glede oc Gamen oc hafde vore XVII Børn tilsammen« (Wir lebten mit Freud und Lust und hatten 17 Kinder zusammen). Die Kanzel wurde 1620 von Ejler Abelsen* geschnitzt.

Lystrup (über Rønnede, 21 km ö): Das mit 300 m² Grundfläche kleinste Schloß Dänemarks wurde 1579 von Reichskanzler Ejler Grubbe im Stil der niederländischen Renaissance erbaut. Bei dem zweieinhalbstökkigen Bauwerk wechseln Backstein- und Kreidesteinbänder ab. Der Grundriß bildet ein E: das Initial des Bauherren. Der Treppenturm besitzt ein prachtvolles Sandsteinportal. Im Inneren befinden sich vier Sandsteinkamine, geschnitzte Türrahmen (wahrscheinlich von Henrik Reinecke*) und Wandpaneele von Abel Schrøder d. Ä.*.

Mogenstrup (8 km sö): Ma *Dorfkirche* mit Kalkmalereien von 1525 und 1500. Die Kanzel wurde von Abel Schrøder d. J.* geschnitzt.

Sparresholm (18 km ö): Renaissance-Herrensitz. Das Hauptgebäude stammt aus dem Jahre 1609; es wurde für Jens Sparre, den Mundschenk des Königs, errichtet. Zur Hofseite besitzt es eine Freitreppe, die von zwei liegenden Löwen aus Sandstein bewacht wird. Die niedrigeren Seitenflügel entstanden um 1700. In einem ehem. Kuhstall ist ein *Pferdewagenmuseum* untergebracht.

Vejlø (6 km s): Ma *Dorfkirche* mit einer geschnitzten Kanzel von Abel Schrøder d. Ä.* (um 1670). Über dem Altar ist eine hervorragende frühgot. Kalkmalerei von ca. 1275 zu sehen, ein Christus in der Mandorla, d. h. in einem die ganze Figur umstrahlenden mandelförmigen Heiligenschein.

Odense Fünen	
Einw.: 170 100	S. 256 □ E 6

Dänemarks drittgrößte Stadt ist eine der ältesten Städte Skandinaviens. O. wird erstmals 988 als Heiligtum des Gottes Odin (germ. Wotan) genannt, daher leitet sich auch der Name ab. Zu dieser Zeit bestand s davon auf dem Höhenzug *Nonnebakken* (Nonnenberg) eine Ringburg der Wikinger, die der *Fyrkat* (bei → Hobro) und der *Trelleborg* (bei → Slagelse) sehr ähnlich war. Zur Zeit König Knuds des Großen im frühen 11. Jh. gab es hier bereits einen Bischof. 1086 wurde Knud der Heilige vor dem Altar der Albanikirche von aufständischen Adligen ermordet; nach seiner Heiligsprechung 1101 wurde er dort auch beigesetzt. Damals begann die Zeit O.s als Wallfahrtsort. Dominikaner-, Franziskaner- und Johanniterklöster wurden gegründet. Bis zum Ende des 15. Jh. war O. außerdem Residenzstadt; danach bevorzugten die Könige Nyborg.

Die Stadt wurde bis 1368 wiederholt an die Holsteiner verpfändet. Durch seine engen Handelsbeziehungen mit Ribe und den norddeutschen Städten hatte sie bis zum Ende des Dreißigjährigen Krieges große wirtschaftliche Bedeutung, ehe eine Zeit des Niedergangs folgte, hervorgerufen durch die Kriege mit Schweden und die Verarmung Norddeutschlands. Diese Entwicklung wurde nur unterbrochen, als O. unter Christian VIII. und Frederik VII. wieder Residenzstadt wurde. Heute besitzt die Stadt, die durch einen 7 km langen Kanal (1804) direkt mit dem Meer verbunden ist, ziemlich viel Industrie, u. a. Herstellung von Elektromotoren, Textilien und Möbeln sowie Gießereien und Brauereien. Seit 1966 gibt es eine Universität.

SAKRALBAUTEN

Sankt Knuds Kirke (Sankt Knuds Plads): Der Dom, eines der bedeutendsten got. Bauwerke Dänemarks, wurde im 13. Jh. unter Bischof Gisico begonnen. Das Äußere der dreischiffigen Anlage aus Backstein, mit einem Turm (1558) über dem W-Ende des Hauptschiffs, ist eher karg; dafür wirkt der Innenraum mit seinen Gewölben und Arkaden um so großartiger. Unter dem Chor liegt eine Krypta, in der der hl. Knud und sein Bruder Benedikt in zwei eichenen Reliquiensärgen aus dem 12. Jh. beigesetzt sind (möglicherweise handelt es sich dabei auch um die Reliquien des engl. Heiligen St. Alban, die Knud aus England geholt hatte). Weiterhin sind in der Kirche begraben: König Hans (1455–1513), seine Frau, Königin Christine (1461–1512), und ihre Söhne Frands und Christian II. (1481–1551) mit seiner Frau, Königin Elisabeth (1501–26). – *Innenausstattung:* Die Walkendorffsche Grabkapelle (1631–34) an der N-Seite ist durch ein Schmiedeeisengitter (Caspar Fincke, 1536) abgetrennt. Die Hauptsehenswürdigkeit ist jedoch ohne Zweifel der kostbare Flügelaltar im Chor; er wurde zwischen 1515 und 1534 im Auftrag von Königin Christine von Claus Berg* geschnitzt und mißt 3,75 × 3 m. In der Predella ist die Königsfamilie zu sehen, links die Männer und rechts die Frauen, kniend bei der Anbetung des Schmerzenmannes. In der Mitte des Hauptteils ist Christus am Kreuz dargestellt, darunter die hl. Anna selbdritt. Die Seitenflügel bestehen aus je acht Passionsszenen; deren Außenseiten zeigen gemalte Szenen aus dem Leben Jesu. An der O-Seite des n Seitenschiffs befindet sich ein großes Kalksteinepitaph für König Hans, Königin Christine und ihren Sohn

Odense, Sankt Knuds Kirke (l), Rathaus (r)

Frands, geschaffen von Claus Berg* (1513). Die Kanzel und der Orgelprospekt stammen von 1751–54. – Im Klostergarten bei der Kirche steht eine Büste des Kirchenlieddichters *Thomas Kingo* von dem Thorvaldsen-Schüler H. E. Freund*. – Eine Statue Hans Christian Andersens von Louis Hasselriis* im *H.-C.-Andersen-Garten* auf einer nahe gelegenen Insel im Odense-Å.

Fredenskirke (Skibhusvej 170): Die 1920 geweihte Kirche aus gelbem Backstein mit rotem Ziegeldach war Peder Vilhelm Jensen-Klints* Vorübung für die berühmte *Grundtvigskirche* in →Kopenhagen. Turmfassade und Eingang liegen nach W, der Chor nach O. Traditionen des MA leben hier wieder auf. Die Altartafel im Inneren stammt von Axel Poulsen*.

Hospitalskirke (Jernbanegade): Die Kirche war Teil eines 1279 gegründeten Franziskanerklosters *(Gråbrødrekloster)*. Jedoch sind nur noch einige Mauern aus dieser Zeit erhalten; der Rest stammt von einem Umbau 1868–76. Im Inneren befinden sich ein großes Kruzifix aus dem 15. Jh. und eine Altartafel von Christen Dalsgaard* (1875).

Sankt Hans Kirke (Nørregade): Die ältesten Teile der got. Kirche, die urspr. zu einem *Johanniterkloster* gehörte, stammen aus dem 13. Jh., das Querschiff und der Chor aus dem 15. Im w Stützpfeiler des s Querschiffs befindet sich Dänemarks einzige Kanzel unter freiem Himmel, die man vom Inneren der Kirche aus betritt. Zur Ausstattung gehören ein roman. Taufstein, ein spätgot. Kruzifix an der N-Wand des Chores (um 1500), eine geschnitzte Kanzel (um 1650) und ein Altar, dessen Rahmen 1715–17 von Michael Tuisch* geschnitzt wurde. Das Altarbild (Gethsemane) ist ein Werk von Carl Bloch* (1879).

Vor Frue Kirke (Overgade): Die spätroman. einschiffige Kreuzkirche aus Backstein und Granitquadern stammt von ca. 1200. 1467 wurde eine umfassende Renovierung durchgeführt, auf die die Gewölbe in den Kreuzarmen zurückgehen. Der Turm ist spät-ma. Im Inneren bes. sehenswert sind eine geschnitzte Kanzel von Anders Mortensen* (1639) und ein geschnitztes Taufbecken aus derselben Zeit. Außerdem sind eine Reihe von Grabsteinen aus dem 16., 17. und 18. Jh. zu sehen.

PROFANBAUTEN

Det adelige Jomfrukloster (Albanitorv 6): Der Backsteinbau geht auf ein Wohnhaus zurück, das sich Bischof Jens Andersen Beldenak 1504–08 errichten ließ. 1560 wurde im Auftrag Frederiks II. damit begonnen, es zur kgl. Residenz umzubauen; diese Arbeiten wurden jedoch nie abgeschlossen. Sein heutiges Äußeres erhielt das zweigeschossige Bauwerk bei einem weiteren Umbau 1630; dabei bewahrte man aber die Treppengiebel, die der Anlage ihren ma Charakter verleihen. 1797 wurde hier ein adliges Damenstift eingerichtet.

Odense Slot: Der barocke n Hauptflügel des Schlosses, einer vierflügeligen Anlage, wurde 1720–23 von J. C. Krieger* für Frederik IV. als Residenz errichtet. S-, O- und W-Flügel gehen auf das 15. und 16. Jh. zurück, auf das *Sankt Hans Kloster;* sie sind jedoch äußerlich dem Hauptflügel angeglichen. Heute befinden sich hier Büros der Stadtverwaltung.

Rådhuset (Flakhaven): Der ältere Teil des *Rathauses* wurde 1880–83 von J. D. Herholdt* unter Mitwirkung von C. Lendorf* errichtet. Der dreistöckige Bau aus roten Ziegeln in got. Formen hatte vermutlich ital. Rathäuser des MA zum Vorbild (z. B. Siena). Die Innenausstattung (Möbel, Lampen, Teppiche) wurde eigens dafür entworfen und hergestellt. Der Erweiterungsbau zum Sankt Knuds Plads wurde 1939–53 von B. Helweg-Møller* aus Stahlbeton erbaut; er ist mit roten Fliesen verkleidet. – Auf dem Sankt Knud Plads steht eine *Statue des hl. Knud* von Einar Utzon-Frank* (1953).

MUSEEN

DSB Jernebanemuseum (Dannebrogsgade 24): Das *Eisenbahnmuseum* ist in einer ehem. Waggonhalle untergebracht. Ausgestellt sind Waggons und Lokomotiven, das Kontor eines Landbahnhofs von ca. 1900, Signale und Uniformen sowie Modelle dän. Eisenbahnfähren.

Fyns Stiftsmuseum/Fyns Kunstmuseum (Jernbanegade 13): Das Museum umfaßt zwei Abteilungen, eine *vorgeschichtliche Sammlung* mit Funden aus 12000 Jahren (bis zur Wikingerzeit) und eine *Kunstsammlung* (u.a. Werke der Maler Jens Juel*, Dankvart Dreyer*, Peter Hansen*, Johannes Larsen*, Poul Christiansen* und Fritz Syberg*). Der Museumsbau stammt von 1884/85 und wurde 1897-98 erweitert: vier Flügel, die eine Skulpturenhalle mit Glasdach umschließen. - Davor steht eine *Statue der Pomona* von Johannes Bjerg*.

H.C. Andersen Hus (Hans Jensenstræde 39-43): Das mutmaßliche *Geburtshaus Hans Christian Andersens* (1805-75) wurde um 1800 erbaut. Es handelt sich dabei um einen schlichten, weiß gekalkten Fachwerkbau. Wenn man die engen Stuben betritt, kommt einem zu Bewußtsein, wie beschränkt die Verhältnisse gewesen sein müssen, unter denen Andersen aufwuchs: Sein Vater, ein Schuhmacher, starb früh, seine Mutter war Waschfrau. Seit 1908 befindet sich hier ein *Museum;* ausgestellt sind die Möbel des großen Märchenerzählers, weiterhin Bücher, Briefe und Zeichnungen. Der Anbau stammt aus dem Jahr 1930. Im Kuppelsaal sind Fresken von Niels Larsen Stevns* (1929-31) mit Szenen aus Andersens Autobiographie »Mit Livs Eventyr« (»Das Märchen meines Lebens«) zu sehen. - Das *H. C. Andersen Barndomshjem* (Kindheitsheim) befindet sich in der Munkemøllestræde 3-5. Hier lebte Andersen von seinem dritten bis zu seinem 15. Lebensjahr (1807-19). Seit 1930 ist in diesem Gebäude ebenfalls ein *Museum* untergebracht; der Besucher kann dort Bilder besichtigen, die zeigen, wie O. in der Zeit von Andersens Kindheit aussah.

Kulturhistorisk Museum (Møntestræde): In der Straße zwischen Overgade und Sortebrødretorv stehen einige Fachwerkbauten aus dem 16. und 17. Jh., in denen die *Sammlungen aus historischer Zeit* des *Stiftsmuseums* untergebracht sind: Stadtgeschichte, Silber und Fayence. - Der *Møntergård* (Münzhof) wurde 1646 erbaut. Der zweistöckige Hauptflügel liegt zur Overgade, der Seitenflügel zur Møntestræde; beide sind aus Fachwerk erbaut. Einer der Räume im Seitenflügel besitzt noch den urspr. Fußboden und die originale bemalte Wandverkleidung aus der Zeit um 1700. - Der *Ejler Rønnows Gård* stand urspr. in der Nørregade; er stammt aus dem Jahre 1547. - Die *Pernille Lykkes Boder,* ein einstöckiges Fachwerkhaus, wurden 1617 für arme alleinstehende Frauen erbaut. - Der *Østerbyes Gård* von

Odense, H. C. Andersen Hus

1631 wurde 1903 in der Vestergade abgebrochen und 1943 hier wiederaufgebaut. – Im ersten Stock des *ehem. Pfarrhofs* findet sich noch die urspr. Raumaufteilung und Wandverkleidung (teilweise aus Leder) von 1750. – *Nyborgladen* ist ein barockes Magazingebäude aus dem 17. Jh.

Außerdem sehenswert: In der *Overgade Nr. 60* steht ein Kaufmannshaus mit einer hübschen pilastergeschmückten Fassade von 1764. – *Nr. 19,* Ecke Påskestræde, war zu Beginn des 19. Jh. das *Armenhaus* und die *Volksschule;* hier besuchte H. C. Andersen seinen ersten Unterricht. – In der *Nørregade 29* befindet sich ein Hof von 1586. – Nr. 42 ist der *Sankt-Hans-Pfarrhof,* der auf ein Johanniterkrankenhaus aus dem Jahre 1450 zurückgeht; sein heutiges Äußeres erhielt er bei einem Umbau 1636.

Veranstaltungen: Vom 15. Juli bis zum 15. August finden auf der Freilichtbühne des Freilichtmuseums *Den Fynske Landsby* die *H.-C.-Andersen-Spiele* statt. Jedes Jahr wird ein anderes Märchen aufgeführt.

Umgebung

Birkende (13 km w): In der ma *Dorfkirche* gibt es eine Erinnerungstafel an den dän. Reformator *Hans Tausen,* der in dem Dorf 1494 geboren wurde.

Dalum (4 km s): Die *Kirche* ist der N-Flügel eines nicht mehr existierenden *Klosters* der Benediktinerinnen, die um 1200 aus O. hierher kamen. Urspr. handelte es sich um eine Kreuzkirche, jedoch wurden der Chor und der s Kreuzarm im 17. Jh. abgebrochen; der Kreuzarm wurde 1929 wiedererrichtet. Im Innern Kalkmalereien von ca. 1520; bes. sehenswert ist dabei die Darstellung eines Onanisten. Außerdem befinden sich in der Kirche ein frühgot. Triumphkreuz von ca. 1300, eine Altartafel von Anders Mortensen*, der auch die Kanzel schnitzte (beide um 1650), und ein roman. Taufstein.

Den Fynske Landsby (bei Dalum, Hunderup Skov, Sejerskovvej): Das 1946 eröffnete *Freilichtmuseum* weist 20 verschiedene Gebäude hauptsächlich aus der Zeit zwischen 1750 und 1830 auf, die man auf dem Gelände so errichtet hat, daß sie wie ein typisches fünisches Dorf wirken. Bes. bemerkenswert sind der *Fjelstedgård,* ein Fachwerkgehöft mit einem großen Innenhof, ein *Pfarrhaus* aus dem späten 17. Jh., eine Bauernkate *(Melbyhuset),* ein *Armenhaus* von 1760, eine *Wassermühle* und ein *Ziegelwerk.* Alle Gebäude sind mit alten Möbeln und Haushaltsgegenständen ausgestattet.

Rynkeby (Odense), Dorfkirche

Fraugde (9 km sö): Der Herrensitz *Fraugdegård,* ein Fachwerkbau aus dem Jahre 1588, wurde von dem Adligen Oluf Daa errichtet. Wie Egeskov bei Svendborg handelt es sich um ein sog. Doppelhaus. 1697 wurde der Besitz von dem Kirchenlieddichter und Bischof von Odense, Thomas Kingo (1634–1703), erworben. – In der s Kapelle der nahe gelegenen *Kirche* befindet sich ein Marmorepitaph, das Kingo mit seiner dritten Frau zeigt (Thomas Quellinus*, 1702). Zu der prachtvollen Ausstattung dieser Kirche gehört auch ein Kruzifix von Claus Berg* (1525).

Hofmansgave (22 km n): Idyllischer *Herrensitz* aus dem späten 18. Jh. Im Park steht ein »norwegisches« Lusthaus.

Hollufgård (8 km sö): Der zweistöckige Herrensitz wurde 1577 für den Reichskanzler Jørgen Marsvin erbaut. Die N-Seite wird von viereckigen Türmen flankiert; zwischen ihnen befindet sich ein achteckiger Treppenturm, in dem noch die urspr. Wendeltreppe erhalten ist.

Kerteminde (22 km ö): Die hübsche Kleinstadt zwischen Kerteminde-Fjord und Großem Belt erhielt 1413 die Stadtrechte. Bis zum Bau des Odense-Kanals um 1800 war der Ort der Hafen für Odense; danach nahm ihre Bedeutung stetig ab. – *Sankt Laurentius Kirke.* Im Jahre 1476 begann man, das beträchtlich ältere Gotteshaus umzubauen; es erhielt dabei drei Schiffe. Diese Arbeiten dauerten bis 1696. Im Inneren sind eine Kanzel von 1676 und zwei Schiffsmodelle von 1686 und 1735 zu sehen. – Nahe der Kirche befindet sich in der Langegade 8 das *Kerteminde Museum* in einem Fachwerkhaus von 1630; gezeigt werden neben Einrichtungsgegenständen Werke der Maler Johannes Larsen*, Fritz Syberg* und Jeppe A. Larsen*. – Außerdem sehenswert sind die *Amanda-Statue* aus Granit von Robert Lund-Jensen* (an der Langebro), der *Einar Hansen Gård* am Markt und die *Svanemølle,* eine holländische Mühle aus dem Jahre 1850, die dem Maler Johannes Larsen gehörte.

Kølstrup (16 km ö): In der ma *Dorfkirche* befindet sich ein riesiger roman. Taufstein, der die Form einer Tonne hat, und ein prachtvolles got. Kruzifix von ca. 1300. – In der Nähe liegt der Herrensitz *Ulriksholm,* dessen zweistöckiges Hauptgebäude aus rotem Backstein Renaissancegiebel und einen achteckigen Treppenturm besitzt. Er wurde 1636 für Christian IV. erbaut, der ihn noch 1636 seinem unehelichen Sohn Ulrik Christian Gyldenløve schenkte.

Ladby (17 km ö): *Skibsmuseum* (Schiffsmuseum). Bei Ladby wurde Mitte des 10. Jh. ein Anführer der Wikinger in einem Schiff beigesetzt – zusammen mit elf Pferden und vier Hunden. Das Grab wurde 1935 ausgegraben. Von dem 21 m langen Schiff sind nur noch der Erdabdruck (überdacht) und einige Eisenteile erhalten. Im Museum sind Kopien der Grabbeigaben zu sehen, u. a. eine silberne Gürtelschnalle, Zaumzeug und ein silberner Teller; die Originale befinden sich im Nationalmuseum in Kopenhagen.

Langesø (bei Morud, 15 km w): An einem See gelegener klassizistischer *Herrensitz,* 1774–78 für den Geheimrat Adam Christoffer von Holstein erbaut. Der Mittelflügel der dreiflügeligen Anlage ist zweistöckig mit einem Walmdach mit blau glasierten Dachziegeln.

Ringe (22 km sö): *Heimatmuseum* im ehem. Schulhaus von 1704. Roman. *Dorfkirche.*

Rynkeby (13 km ö): Die spätroman. *Dorfkirche* (frühes 13. Jh.) wurde im 16. Jh. mit Gewölben ausgestattet. Die n Grabkapelle wurde 1562–65 angebaut; sie besitzt einzigartige Renaissancefresken. Zu sehen sind

Rynkeby, Fresken im Kircheninneren

32 Engel, die verschiedene Musikinstrumente spielen. Die Notenblätter sind leer, sie spielen nach Gehör. - Bei Rynkeby liegt das Renaissance-Herrenhaus *Skovsbo,* das 1572-79 für Erik Hardenberg erbaut wurde. Die dreiflügelige Anlage mit einem achteckigen Treppenturm gilt als das am besten erhaltene Renaissance-Herrenhaus in Dänemark. Angeblich spukt es dort: Eine »weiße Dame« geht um; auf dem Kellerfußboden gibt es Blutflecken, die sich nicht abwaschen lassen, und eine Fensterscheibe zerspringt, sobald man sie wieder erneuert. Durch dieses Fenster soll der Teufel 1701 den damaligen Besitzer Erik Lykke, den Letzten seines Geschlechts, geholt haben.

Randers Ostjütland	
Einw.: 62000	S. 254 □ E 4

R., die sechstgrößte Stadt Dänemarks, liegt an der Mündung des längsten dän. Flusses, des Gudenå, und des Nørreå in den Randers-Fjord. Im Jahre 1080 war es Münzort, 1302 erhielt es die Stadtrechte. Im MA war R. eine wichtige Handelsstadt, die hauptsächlich Handel mit Lübeck und Dithmarschen trieb, und ein bedeutendes geistliches Zentrum. Es gab damals drei Kirchen und drei Klöster (darunter ein Franziskaner- und ein Dominikanerkloster) sowie ein Heiliggeisthaus, das 1532 ein weltliches Hospital wurde, bevor es 1541 aufgehoben wurde. Zeitweilig bestand in R. ein kgl. Schloß *(Dronningborg),* das im 17. Jh. in den Besitz der Familie Spreckelsen kam und Anfang des 18. Jh. abgebrochen wurde. Im 16. Jh. verheerten mehrere große Brände die Stadt; außerdem wütete die Pest. Während der Grafenfehde gelang es, die Stadt erfolgreich gegen die Bauern zu verteidigen; man hatte sie angeblich mit Bier kampfunfähig gemacht. Im 17. Jh. war R. von schwed. Truppen besetzt. Im 18. Jh. erlebte die Stadt dank der Lachsfischerei und ihrer hervorragenden Handwerker eine Blütezeit. Heute ist sie eine bedeutende Handels- und Industriestadt. Im Zentrum stehen noch zahlreiche Häuser aus dem 15. und 16. Jh.

Sankt Mortens Kirke (Kirkegade): Der Bau der Kirche wurde 1494 vom Prior des Heiliggeistklosters Jens Matthisen begonnen. Der Chor wurde vermutlich um 1500 fertiggestellt. Er ist 20 m lang und besitzt einen dreiseitigen Ostabschluß; außerdem ist er wesentlich niedriger als das dreischiffige Langhaus. Am Ostende des s Seitenschiffes befindet sich ein Anbau, der sich wie ein Kreuzarm ausnimmt, die sog. *Kapelle des König Hans.* Die Arkaden zum n Seitenschiff sind niedriger als die zum s; urspr. war das n Seitenschiff wohl zweistöckig geplant. Ein n der Kirche vorgesehenes Kloster wurde nie gebaut. Zur Innenausstattung gehören u. a. eine Kanzel im Barockstil von 1686 und ein Altar von 1765; die Orgelverkleidung stammt aus dem Jahre 1751.

Helligåndshus (Erik Menveds Plads): Das Gebäude, urspr. Teil eines *Heiliggeistklosters,* wurde um 1436 aus Backstein auf einem Granitsockel errichtet. Im Erdgeschoß sind gemalte Wanddekorationen aus dem 15. Jh. zu sehen, im ersten Stock ebensolche aus dem 16. Jh.

Rådhus (Rådhustorv): Das *alte Rathaus* wurde 1778 nach Plänen von C. Mørup* erbaut. Das barocke Bauwerk ist neun Fenster breit und zwei Etagen hoch; das Walmdach wird von einem Glockenturm (1794 von Anders Kruuse*) bekrönt. 1930 verschob man das Rathaus um 3 m nach N, um mehr Platz für den Verkehr in der Rådhusstræde zu schaffen. - Auf dem Rathausplatz steht eine *Statue von Niels Ebbesen* (Edvard Ring* nach einer Zeichnung von V. Dahlerup*, 1882). Der Knappe Niels Ebbesen erschlug

Randers, Rathaus

am 1. April 1340 den holsteinischen Grafen Gert, der Dänemark unterwerfen wollte, und machte dadurch den Weg frei für einen der bedeutendsten dän. Könige des MA, Valdemar Atterdag. Mit diesem Mord ging eine Zeit der politischen Unsicherheit zu Ende. – *Rådhustorvet 7,* ein dreistöckiges spätgot. Backsteinhaus, ist das älteste Bauwerk in R.; es besitzt einen Treppengiebel zum Nachbarhaus.

Kulturhus og Kunstmuseum (Stemannsgade 2): Im Kulturhaus (1969 von Flemming Lassen* erbaut) sind eine *Zentralbibliothek* mit einem *lokalhistorischen Archiv* sowie ein *kulturhistorisches Museum* untergebracht. Bes. sehenswert sind die drei *Buhlschen Zimmer,* bürgerliche Interieurs von 1912 mit Werken von Rembrandt*, Dürer* und Ostade*. Im Kunstmuseum sind Arbeiten von Egon Fischer*, John Chrisoforon*, Bengt Lindstrøm*, Jens Søndergaard*, Ejler Bille* und Asger Jorn* ausgestellt; ein Raum ist den Arbeiten von Niels Larsen Stevns* vorbehalten. – Im Garten steht die Skulptur *»Mutter und Kind«* von Johan Saxild* (1945). – Einen Teil des Gebäudekomplexes bildet die *ehem. technische Schule,* ein Bauwerk von 1892.

Außerdem sehenswert: Am Østervangsvej liegt ein *Park* mit einem Freilichttheater *(Skovbakken).* Im Park stehen eine Skulptur von Johan Galster* (*Stehende Eva,* 1950) sowie eine *Büste Frederiks VII.* von H. W. Bissen* (1863). – Am Hassager Boulevard liegt die *Randers Statskole.* Die Schule wurde 1923–25 in klassizistischem Stil nach Plänen von Hack Kampmann* errichtet. Der quadratische Innenhof besitzt einen Säulenumgang. – In der Storegade 13 steht das ansehnlichste Fachwerkhaus, das R. aufzuweisen hat, der dreistöckige *Niels Ebbesen Gård,* der 1643 für den Ratsherren Jens Jensen erbaut wurde. Das zweistöckige Hinterhaus besitzt auf der Höhe des ersten Stockwerks eine außenliegende Galerie, die auf dänisch *»Svalegang«* (Schwalbengang) heißt. – Die *Svaneapotek* (Schwanenapotheke) in der Middelgade wurde 1802 im

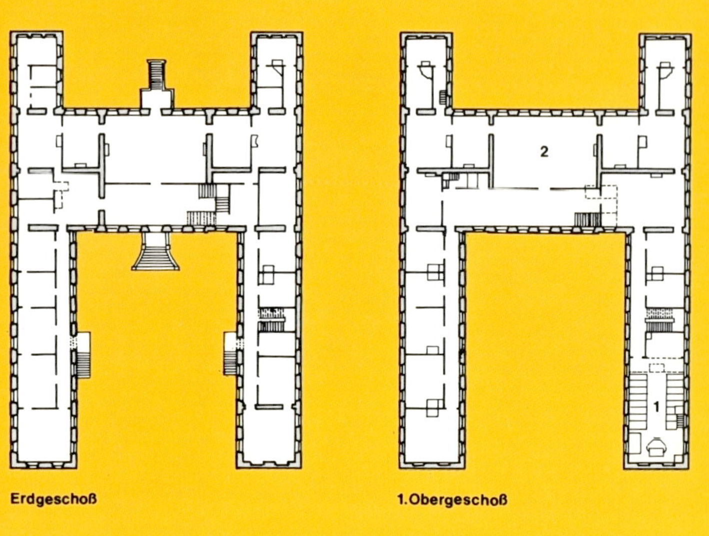

Schloß Clausholm **1** Schloßkapelle mit der ältesten Orgel Dänemarks **2** Königssaal

Empirestil erbaut. - Der *Gamle Købmandsgård* (Alte Kaufmannshof) in der Brødregade 25 ist ein Fachwerkbau von 1663. Die Häuser *Brødregade 24 und 26* sind ebenfalls Fachwerkbauten, die 1592 errichtet wurden. - Das Fachwerkhaus in der *Store Kirkestræde 2* stammt aus dem Jahre 1626. - Im Udbyhøjvej liegt *Nordjütlands Zeughaus*, ein klassizistisches Gebäude, das 1801 nach Plänen von Anders Kruuse* erbaut wurde. - Die Plastik *Den Jydske Hingst* (Der jütländische Hengst, 1959-69) von Helen Ree Schou* ist das Wahrzeichen der Stadt.

Umgebung

Ammelhede (12 km ö): Südlich von der Straße in der Heide hat man einen Gedenkstein an der Stelle errichtet, an der sich angeblich *Hamlets* Grab befindet.

Asferg (12 km n): Die roman. *Kirche* wurde um 1100 aus Kreidestein und Granitquadern erbaut. Der Chorbogen läßt deutlich engl.-normannische Einflüsse erkennen. Roman. Granittaufstein; Gestühl von 1635-37.

Auning (21 km ö): *Ehem. Hospital.* Das weißgekalkte Backsteingebäude aus dem 17. Jh. wurde von dem Besitzer von → *Gammel Estrup*, Jørgen Skeel, gestiftet. - Die ma *Kirche* besteht aus Granitquadern und Feldstein. 1616 wurden das Schiff verlängert und der Turm errichtet. Die n Grabkapelle stammt aus der Zeit um 1700; hier befindet sich ein Marmorgrabmal für Jørgen Skeel von Thomas Quellinus*. Zu sehen sind außerdem nachreformatorische Kalkmalereien von Rasmus Rytter (1562) sowie die Darstellung eines richtenden Christus von ca. 1510.

Clausholm (n v. Voldum, 13 km sö): Dreiflügeliges Barockschloß, das 1693-99 von dem Baumeister Ernst Brandenburger* unter Mithilfe des berühmten schwed. Architekten Nicodemus Tessin* für den Großkanz-

Ammelhede (Randers), Hamlets Grab

Gammel Estrup (Randers), Renaissanceburg

ler Conrad Reventlow erbaut wurde. Eine Büste von Reventlow ist über dem Hauptportal zu sehen. Eine Besonderheit des Bauplans war, daß alle Zimmer des zweistöckigen Gebäudes durch Korridore miteinander verbunden waren; es gab also keine Durchgangszimmer. Im Südflügel liegt im Erdgeschoß der gewaltige *Speisesaal* mit prächtiger Stukkatur, darüber der sog. *Königssaal.* Letzterer hatte früher eine gewölbte Stuckdecke, die das gesamte Dach ausfüllte; als diese einzustürzen begann, erhielt der Saal 1769 eine flache Decke. In der Kapelle im Westflügel befindet sich die älteste Orgel in Dänemark. - 1718 erwarb Frederik IV. Clausholm und ließ es um zwei kleine Südflügel erweitern. 1712 hatte er die Tochter Reventlows, Anna Sophie, von dort entführt und sich in Skanderborg mit ihr trauen lassen, noch während Königin Louise lebte. Den absolutistischen Herrscher störte es wenig, daß auf Bigamie damals die Todesstrafe stand. Als Königin Louise starb, krönte er Anna Sophie eigenhändig. Nach seinem Tod 1730 wurde sie nach Clausholm verbannt, wo sie noch 13 Jahre lebte. - In dem hübschen Barockpark findet man Lindenalleen, Fontänen, Forellenteiche und Terrassen.

Fausing (16 km ö): In der ma *Dorfkirche* befindet sich eine einzigartige Bronzetaufe aus der Zeit um 1300. Die Kanzel schnitzte Niels Koch* (1635).

Fussingø (n v. Ålum, 13 km w): Das klassizistische Hauptgebäude (zweigeschossig) des *Herrensitzes* wurde 1790 erbaut. - Südöstlich davon stehen auf einer Landzunge in einem See Fundamente einer Burg aus dem 16. Jh. - Von einem prachtvollen *Barockgarten* aus dem Jahre 1705 sind noch Lindenalleen, Rotunden und ein Spiegelteich erhalten. - 1 km nw liegt eine *Wassermühle.*

Fårup (18 km nw): Im MA aus Kreidestein errichtete *Kirche* mit Kalkmalereien aus spätroman. Zeit (1225-50); dargestellt sind Kain und Abel (Kain hat seltsamerweise auch einen Heiligenschein) und das Kreuzeslamm.

Gammel Estrup (w v. Auning, 20 km ö): Renaissanceburg, die um 1500 erbaut wurde.

Von diesem Bauwerk sind nur noch Teile im Untergeschoß des Westflügels (mit meterdicken Mauern) erhalten. Um 1600 wurde das Anwesen von dem damaligen Besitzer Eske Brok umgebaut; der Architekt war Matthias Bygmester. Jørgen Skeel, der die Tochter von Eske Brok, Jytte, geheiratet hatte, brachte die Arbeiten 1625 zum Abschluß. Der Südflügel mit Kapelle wurde neu aufgeführt, ebenso ein Treppenturm zum Hof sowie zwei Ecktürme (in einem davon befindet sich eine Alchimistenkammer). Der Nordflügel wurde 1749 von N. H. Rieman* errichtet. Im Park stehen zwei Gewächshäuser von 1751. Im Wirtschaftshof ist das *Dänische Landwirtschaftsmuseum* untergebracht; ausgestellt sind Landwirtschaftsgeräte, -maschinen und -werkzeug.

Hald (12 km nö): Ma *Dorfkirche* mit Kalkmalereien von ca. 1520; dargestellt sind Wilde bei der Jagd und bei der Ernte, außerdem Apostel. Der prächtige Altar (um 1500) stammt aus der Sankt-Mortens-Kirche in Randers und wurde vermutlich von einem Schnitzer aus Lübeck, dem sog. Imperialissima-Meister, angefertigt.

Hørning Kirke (13 km sö): Roman. *Kirche* aus Granitquadern. Die Gewölbe, der Westturm und die Kreuzarme sind spät-ma. Die achteckige Turmspitze entstand 1732. Die Stuckdekoration stammt aus dem 17. Jh., der Altar von ca. 1690, die Schmiedeeisentaufe von 1649. Im n Kreuzarm befindet sich die Grabkapelle von Hans Friis (gestorben 1697), die durch ein Schmiedeeisengitter abgetrennt ist; das Marmorgrabmal für Friis und seine beiden Frauen und Töchter wurde von dem führenden Barockbildhauer der damaligen Zeit, Thomas Quellinus*, geschaffen.

Løvenholm (bei Gjesing, 26 km ö): Renaissance-Wasserburg aus rotem Backstein. Ostflügel um 1576, Südflügel um 1642 errichtet. Das Dach und die Helme der Ecktürme stammen aus dem 18. Jh.

Råsted (8 km nw): Roman. *Kirche* mit Kalkmalereien aus dem späten 12. Jh., die 1936 entdeckt wurden. Es handelt sich um die größte erhaltene Kirchendekoration aus roman. Zeit in Dänemark; dargestellt sind u. a. der Sündenfall, Kain erschlägt Abel, die Geburt und Kindheit Jesu sowie die Leidensgeschichte Christi.

Skjern (19 km w): Auf dem Kirchhof der roman. *Kirche* sind zwei *Runensteine* zu sehen. In der Kirche selbst befinden sich u. a. ein Altar von ca. 1500 und ein Kruzifix aus der Zeit um 1400.

Spentrup (8 km n): Roman. *Kirche* aus Granitquadern mit Kalkmalereien von ca. 1200. Zu sehen ist ein blutendes Lamm, das symbolisch den Tod Christi am Kreuz darstellen soll. Das Blut eines weiteren Lammes wird von einem Altarkelch aufgefangen, den eine Frauengestalt (Ecclesia, die Personifizierung der christlichen Kirche) in den Händen hält. Die Wunde wird dem Lamm von Synagoga, der Personifizierung des Judentums, zugefügt; diese ist mit einer Augenbinde und einer Krone, die ihr vom Kopf gerutscht ist, dargestellt. Den Altar und die Kanzel hat Laurids Jensen Essenbæk* 1706 geschnitzt. – Auf dem Kirchhof ist der Schriftsteller *Steen Steensen Blicher* (1782–1848) begraben (Grabstein von 1864); er war in S. 1825–47 Pfarrer. Im *Pfarrhaus*, 1794/95 erbaut, ist Blichers Arbeitszimmer unverändert zu sehen; sein Gewehr steht noch immer neben seinem Schreibtisch.

Stenalt (über Allingåbro, 23 km nö): *Herrensitz*. Das zweieinhalbstöckige Bauwerk, das mit seinen klaren Linien fast schon modern wirkt, wurde 1799 von Anders Kruuse* errichtet.

Støvringgård Kloster (11 km nö): *Renaissance-Herrensitz*. Der Nord- und der Ostflügel wurden Ende des 16. Jh. von den Brüdern Niels und Mogens Kaas erbaut, der kurze Westflügel und der Südflügel 1622. 1735 wurde hier ein Damenstift eingerichtet. Im Ostflügel befindet sich eine Kapelle. Garten mit Terrassen, Lindenalleen und einer Buchsbaumhecke, die in der Form des Namenszuges Christine Fuiren geschnitten ist.

Ulstrup (20 km sw): Dreiflügeliger *Herrensitz*. Der Nordflügel wurde 1591 für den Reichsrat Christen Skeel errichtet, der ö Torflügel mit Sandsteinportal sowie der Südflügel und die beiden Ecktürme 1617 für seinen Sohn Jørgen. Scheune von 1668.

Vejlby (ö v. Allingåbro, 21 km ö): Roman. *Kirche* mit einzigartigen Granitportalen. Das ehem. Schiff und der ehem. Chor bilden heute Seitenschiff und Sakristei. Das Hauptschiff wurde 1922/23 von Hother Paludan* errichtet.

Virring (14 km sö): Die roman. *Kirche* aus dem späten 11. Jh. wurde aus Feldstein und

Kreidestein erbaut. Bes. sehenswert ist der Bogen zwischen Chor und Langhaus. Das Bleifenster in der Nordwand des Chores stammt möglicherweise aus dem 14. Jh. Holztaufe von ca. 1750, Kanzel von 1665 mit Schalldeckel von 1837. Im spät-ma Waffenhaus steht ein *Runenstein* aus der Wikingerzeit; er diente zeitweilig als Türschwelle.

Ørsted (23 km nö): Roman. *Kirche* aus Granitquadern. Die Reliefsteine, die das Südportal einfassen, zeigen Saul, Christus, den Sündenfall sowie r unten vermutlich die Stifter der Kirche, ein adliges Ehepaar. Am Nordportal sieht man im Tympanonfeld Christus zwischen zwei Heiligen. Gewölbe und Turm sind spät-ma. Im Schiff Darstellung eines Königs mit Heiligenschein von ca. 1400. - Die ma *Zehntscheune* der Kirche wurde 1639 *Armenhaus;* nach einer Zeit des Verfalls wurde das Gebäude 1968/69 restauriert.

Ålum (13 km w): Die *Kirche* wurde Ende des 16. Jh. aus Granitquadern erbaut. Bes. sehenswert ist das s Säulenportal mit sechs Säulen; der Tympanonfries zeigt die Anbetung der Heiligen Drei Könige und die Flucht nach Ägypten. Gewölbe und Waffenhaus sind spät-ma.; der Turm entstand um 1600. Roman. Taufstein, Kanzel von 1602 und Herrschaftsgestühl aus der Zeit um 1600. Im Turmraum befinden sich zwei Marmorsarkophage von ca. 1750, im Waffenhaus sowie auf dem Kirchhof je zwei *Runensteine* aus der Wikingerzeit.

Ribe/Ripen Südwestjütland	
Einw.: 18 100	S. 256 □ B 6

R., an dem im MA schiffbaren Ribe Å gelegen, ist die älteste Stadt Dänemarks. Es wird erstmals 860 genannt, als der nordfranzösische Benediktinermönch Ansgar, der Erzbischof von Bremen, von König Hårik die Erlaubnis bekam, hier eine Kirche zu bauen. Damals begann die Missionierung des Nordens. Wie Grabungen bewiesen, muß R. schon zu dieser Zeit ein bedeutender Handelsplatz gewesen sein. Hier lebten Handwerker, die Metall bearbeiteten und Schuhe, Sättel, Schmuck, Textilien und Töpferwaren herstellten. Das ganze MA hindurch blieb R. einer der wichtigsten Handelshäfen Dänemarks. 948 wurde es Bischofssitz. Neben dem Dom gab es hier im MA vier Klöster und sechs Gemeindekirchen. Außerdem bestand ein kgl. Schloß, *»Riberhus«*. Mit der Reformation kam die Wende; die Klöster wurden aufgelöst.

Ribe, Domkirke (l), Domportal (r)

Gleichzeitig nahm der Schiffsverkehr um Skagen durch den Øresund immer mehr zu; R. verlor somit auch als Hafen an Bedeutung. 1580 brach eine Feuersbrunst aus, bei der elf Straßenzüge, insgesamt 213 Anwesen, zerstört wurden. – R. besitzt vermutlich das schönste Stadtbild in Dänemark, was auch darauf zurückzuführen ist, daß hier bereits 1899 ein Denkmalpflegeverein gegründet wurde.

Domkirke (Torvet): Der Dom erhebt sich an der höchsten Stelle des Ortes. Trotzdem liegt er heute 1,5 m unter dem Straßenniveau; die sumpfige Marsch bildet nämlich einen ungünstigen Untergrund. – Vermutlich lag hier bereits im 9. Jh. eine *Holzkirche,* die Ansgar, der Apostel des Nordens, hatte erbauen lassen.

Der älteste Teil des Doms ist das Querschiff mit der Chorapsis aus der Zeit zwischen 1150 und 1175. Bemerkenswert ist das Südportal des Querschiffs, die *»Kathoveddør«* (Katzenkopftür), benannt nach dem Löwenkopf aus dem 14. Jh., der den Türring hält. Das halbrunde Tympanonrelief aus dem 12. Jh. zeigt die Kreuzabnahme, der dreieckige Giebel darüber »Civitas Ierusalem« (Das Himmlische Jerusalem); dieses Relief stammt aus der 1. Hälfte des 13. Jh.

Der Dom war als Basilika geplant. Nach und nach wurden immer mehr Seitenkapellen sowie zwei Waffenhäuser angebaut (insgesamt etwa 50 Kapellen), die noch im späten MA (um 1440) teilweise abgebrochen bzw. in zwei weitere Seitenschiffe umgebaut wurden, so daß der Dom jetzt fünf Schiffe besitzt und damit die breiteste Kirche in Dänemark ist. – Der große Turm an der Nordwestseite, der *»Byens Tårn«* (Stadtturm) oder *»Stormklokketårn«* heißt, wurde vermutlich 1283–1333 errichtet. Von seiner Spitze (48 m) hat man eine kilometerweite Aussicht über das Wattenmeer. Der Südwestturm wurde Ende des 19. Jh. wiedererrichtet. – Für den Bau des Doms wurden vulkanischer Tuffstein aus Andernach am Rhein, Trachyt vom Drachenfels (ebenfalls am Rhein), Wesersandstein sowie Granit und Backstein verwendet.

Bemerkenswert im Inneren des Doms sind die 21 m hohe Kuppel über der Vierung, die urspr. eine Öffnung hatte, und die Wände des Mittelschiffs; über den Arkaden befinden sich Öffnungen zu den Dachböden der Seitenschiffe, erst darüber liegen die Fenster. Von der urspr. Ausstattung des Doms ist kaum etwas erhalten geblieben. Die Kanzel stammt von 1579, das bronzene Taufbekken aus dem 15. Jh. Das Chorgestühl entstand hauptsächlich um 1500. Auf zwei Pfeilern zum n Seitenschiff sind Kalkmale-

Ribe, Dom, Tympanon über dem Portal

reien aus der Zeit um 1530 zu sehen; dargestellt sind Maria mit dem Jesuskind, der hl. Bartholomäus (mit Messer) und der hl. Andreas (mit Andreaskreuz).

An der Südseite des Doms steht ein Standbild von A. Saabye* (1911), das den Kirchenlieddichter *Hans Adolph Brorson* (1694–1764) darstellt, der ab 1741 Bischof in R. war. – Beim Marienturm, dem sw Turm, befindet sich ein Standbild des Reformators *Hans Tausen* (1494–1561), Bischof ab 1541, von Viggo Jarl* (1921). – Die Kirchenglokken spielen um 8 und 18 Uhr Brorsons Lied »Den yndigste Rose« (Die schönste Rose) und um 12 und 15 Uhr das Volkslied »Dronning Dagmar« (Königin Dagmar).

Sankt Catharinæ Kirke og Kloster (Sankt Catharinæ Plads): Neben dem Dom ist die Kirche, die urspr. zu einem 1228 gegründeten Dominikanerkloster gehörte, das einzige erhaltene ma Gotteshaus in R. Die erste Kirche an diesem Ort stürzte ein, als der weiche Untergrund nachgab; eine weitere aus dem 14. Jh. brannte ab. Die jetzige, ein dreischiffiges Bauwerk, stammt aus der 1. Hälfte des 15. Jh., wie aus einem Ablaßbrief hervorgeht. Auffällig sind die Ähnlichkeiten mit dem Dom. Der Turm wurde 1617/18 errichtet.

Von der vierflügeligen *Klosteranlage* – ebenfalls aus dem 15. Jh. – sind nur die beiden übereinanderliegenden Kreuzgänge zugänglich. Im unteren sind vor allem die spitzbogigen Arkaden und die Gewölbe sehenswert. Nach seiner Aufhebung diente das Kloster bis 1864 als Irrenanstalt; jetzt befindet sich hier ein Stift für Alleinstehende.

Vor der Kirche steht ein *Brunnen* mit einem Standbild der hl. Katharina, der Schutzheiligen der Dominikaner. Es wurde um 1930 von Anders Bundgaard* geschaffen.

Det gamle Rådhus (v. Støckens Plads 1): Dänemarks ältestes *Rathaus*. Das Bauwerk wurde 1496 errichtet; in ihm befanden sich urspr. Läden. Der Dichter *Anders Bording* (1619–77), der die erste dän. Zeitung (in Versen) herausgab, wurde hier geboren. 1528 wurde es umgebaut; ab 1708 diente es dann als Rathaus. Der Treppenturm zum Hof und der Seitenflügel mit Sitzungssaal zur Sønderportsgade wurden 1892–94 angebaut. – Ab 1708 befand sich hier auch das *Schuldgefängnis;* in ihm ist heute ein *Museum* eingerichtet, in dem Waffen, ein Henkerschwert und die ma Stadtsiegel aus dem 14. Jh. ausgestellt sind. R. hatte im MA vermutlich die härtesten Gesetze von ganz Dänemark. Paragraph 27 des »Riber Ret« sah vor: »Befyndæs noghen mæth andæn

Ribe, Domplatz mit Standbild H. A. Brorsons (l), Rathaus (r)

Ribe, Gedenktafel für Maren Spliid, die letzte in Dänemark verbrannte »Hexe«

mands echtækonæ i hoor, tha er thet statssæns ræth, ath han schal drawes aff hendæ ath byen then enæ gadæ up och den anden nethær wyth samæ lymmæ, ther han gierthæ synden mæd hendæ«. (In modernem Deutsch heißt das: »Wird jemand mit der Frau eines anderen Mannes gefunden, so ist es Recht, daß er von ihr durch die Stadt gezogen wird, die eine Straße hinauf, die andere hinunter, am selben Gliede, mit dem er die Sünde mit ihr begangen hat.«)

In der *Sønderportsgade* stehen zahlreiche Fachwerkhäuser aus dem frühen 17. Jh. An dem Haus Sønderportsgade, Ecke Bispegade ist eine Gedenktafel für Maren Spliid, die Frau eines Schneiders, zu sehen. Sie war die letzte in Dänemark, die als Hexe verbrannt wurde, am 9. November 1641 auf dem Galgenhügel n der Stadt.

Tårnborg (Puggardsgade 3): Hohes Backsteinhaus mit sechseckigem Treppenturm und Treppengiebel, das für den Edelmann und kath. Geistlichen Oluf Munk 1540 errichtet wurde. Es hat große Ähnlichkeit mit den ländlichen Herrensitzen, die etwa zur gleichen Zeit entstanden. 1743 kaufte Hans Adolph Brorson, der Bischof und Kirchenlieddichter, das Gebäude und lebte dort bis zu seinem Tode 1764. Vor ihm gab es hier schon einmal einen berühmten Bewohner, den Historiker *Anders Sørensen Vedel* (1542–1616). Bis 1864 befanden sich hier der Bischofssitz und die Domherrenresidenz.

Das benachbarte Fachwerkhaus stammt ungefähr aus derselben Zeit wie die Tårnborg. – Puggårdsgade 7 ist der *Stiftamtmandsgård;* er wurde 1797 erbaut. Der Anbau ist von 1855. – Nr. 22, der *Puggård,* ist der älteste der beiden erhaltenen Domherrensitze in R. Das spät-ma Backsteinhaus wurde um 1500 für den Vorstand eines 1298 gegründeten Schulstifts gebaut. Dieses Schulstift war jedoch nicht die älteste Schule in R.; bereits 1145 hatte man in Verbindung mit dem Dom die *Ribe-Kathedralschule* gegründet, die die älteste Schule in Dänemark ist. 1554–1903 wohnte der Rektor der Kathedralschule im Puggård, der sich auf dem

Ribe, Fachwerkhaus (Overdammen)

gleichen Grundstück wie die Schule selbst befindet; das dreiflügelige Gebäude wurde 1855/56 von Ferdinand Thielmann errichtet.

Weis' Stue (Torvet 2): Einer der ältesten *Gasthöfe* in R. Das zweigeschossige Fachwerkhaus wurde um 1600 erbaut. Die Einrichtung der Schenke stammt aus der Zeit um 1720. Die Balkendecke ist bemalt, die Wände sind mit alten holländischen Fayencefliesen und einer Holztäfelung mit Bildern mit biblischen Motiven verkleidet. Über dem gußeisernen Ofen hängt eine Taufschale aus Messing. Der geschnitzte Schrank ist aus dem 16. Jh. – Das Nachbarhaus aus Stein entstand 1634. – Gegenüber liegt das *Hotel Dagmar,* ein großes Steinhaus. Es wurde 1581 für den Ratsherrn Laurids Thøgersen erbaut. – Daneben befindet sich der Kaufmannshof *Porsborg* aus dem Jahre 1590. Im Keller ist ein *Museum* mit Kirchenkunst und Renaissancemöbeln eingerichtet.
An der Ecke Skolegade/Grydergade liegt die *ehem. Lateinschule,* gegenüber der Westfassade des Doms. Sie bestand vom Anfang des 16. Jh. bis 1856. Das Gebäude aus dem Jahre 1724, ein Hinterhaus, ist der Rest eines älteren Schulhauses. Zu sehen sind hier Gedenktafeln für einige der bekannteren Schüler, u. a. *Jacob A. Riis* (1849–1914), der sich um die Armen Amerikas verdient gemacht hat. Die Schulglocke ist immer noch täglich um 7.50, 10.05 und 13.50 Uhr zu hören.

Riberhus Slotsbanke: *Ruinen* des kgl. Schlosses. Der Schloßhügel, der 90 × 90 m groß ist, ist von einem 32 m breiten Wassergraben umgeben. Das Schloß wurde Anfang des 12. Jh. von König Niels erbaut und war während der folgenden Jahrhunderte ein bevorzugter Aufenthaltsort der Könige. In der 2. Hälfte des 17. Jh. wurde es abgebrochen. – In der Ostecke der Anlage sieht man die 2 m dicken Backsteinmauern des *Schreibstubenhauses,* das um 1400 errichtet wurde, in der Südecke eine *Statue der Königin Dagmar,* der Frau Valdemars des Siegers (Annemarie Carl Nielsen*, 1913). Sie wurde der Überlieferung zufolge aus Böhmen hierhergeführt, um mit Valdemar dem Sieger vermählt zu werden.

Den Antikvariske Samling/Quedens Gård (Storegade 10, Ecke Sortebrødregade): Doppelstöckiger Kaufmannshof aus dem späten 16. Jh. Die vierflügelige Anlage aus Fachwerk wurde in den folgenden Jahrhunderten wiederholt umgebaut. – In dem hier eingerichteten *Museum* werden Inneneinrichtungen von 1580, ein Bürgerheim aus dem 19. Jh. sowie Gegenstände, die Handel, Handwerk und Industrie in R. dokumentieren, gezeigt. Im Stadtviertel *Sortebrødregade/Katholts Slippe* stehen schöne Fachwerkhäuser aus dem späten 16. Jh.

Everten »Johanne Dam« (Skibbroen): Der Ewer (ein einhalbmastiges Wattenmeer-Schiff) »Johanne Dam« wurde der Stadt R. von der Reederei J. Lauritzen geschenkt; in ihm ist heute ein *Museum* eingerichtet. – In der Nähe steht die *Sturmflutsäule*. Bei der schlimmsten Sturmflut befand sich der Wasserstand 6 m über dem Normalpegel; das war im Jahre 1634 (vgl. *Højer* bei → Tønder).

Hans Tausens Hus (Skolegade): Das Gebäude ist ein Rest von Dänemarks ältestem noch erhaltenen Bischofssitz aus dem 16. Jh. Der Reformator und spätere Bischof *Hans Tausen* (1494–1561), ein ehem. Johannitermönch, lebte hier die letzten zehn Jahre bis zu seinem Tod. Jetzt befindet sich hier ein *archäologisches Museum* mit einer sehr schönen Sammlung, die das Leben im ma R. dokumentiert.

Ribe Kunstmuseum (Sankt Nikolajgade): Hier werden Werke dän. Künstler des sog. Goldenen Zeitalters (1. Hälfte des 19. Jh.) ausgestellt; vertreten sind u. a. Jens Juel* und Christen Købke*. Gezeigt werden aber auch Werke neuerer dän. Künstler, so von Michael Ancher*, Theodor Philipsen* und L. A. Ring*. – In der Umgebung des Kunstmuseums hat man bei Ausgrabungen 60 000 Gegenstände aus der Wikingerzeit gefunden; in dieser Gegend fand die erste Besiedelung von R. statt.

Ribes mindste Hus (Klostergade 26): Das kleinste Haus in R. besteht nur aus einem Raum mit Alkoven und Küche mit offener Feuerstelle.

Außerdem sehenswert: Schöne alte Häuser stehen auch in der *Fiskergade*, der *Grønnegade*, der *Præstegade* und der *Storegade* (die auch Overdammen, Mellemdammen und Nederdammen heißt). – In der Korsbrødregade 7 befindet sich der heutige *Bischofshof*, ein klassizistisches Gebäude aus dem Jahre 1801.

Veranstaltungen: Der Nachtwächter geht jeden Sommer vom 1. Mai bis zum 15. September täglich um 22 Uhr von Weis' Stue am Markt aus durch die Stadt und singt das alte Nachtwächterlied.

Umgebung

Brøns (16 km s): Dänemarks zweitgrößte und längste *Dorfkirche*. Chor und Chorapsis wurden zwischen 1200 und 1225 erbaut, das Schiff etwas später. Als Baumaterial verwendete man vulkanischen Tuffstein aus Andernach am Rhein. Es handelt sich dabei um eine der wenigen Kirchen, bei denen man den Namen des Baumeisters kennt: In einen Balken des Dachstuhls ist in Runen der Name »Didrik« eingeschnitzt. Der got. Turm aus Backstein ist spät-ma. Die Innenausstattung stammt aus dem 17. und 18. Jh. (Altar von 1630 von Jens Olufsen und Kanzel von 1605). Das Langhaus besitzt eine flache Balkendecke. An der Nordwand sind Kalkmalereien aus der Zeit zwischen 1525 und 1535 zu sehen; die ganze Wand entlang zieht sich eine konventionelle Darstellung der Passion. Links sieht man den hl. Christophorus und den hl. Georg; beide haben keinen Heiligenschein. Das mag damit zusammenhängen, daß die Bilder kurz vor der Reformation entstanden sind, d. h. vor 1536. Zwei Bilder lassen sich als förmliche Kritik am Katholizismus deuten: Auf dem einen sieht man den Papst mit zwei Kardinälen hinter einer päpstlichen Bulle oder einem Ablaßbrief mit elf Siegeln. Um was genau es sich dabei handelt, läßt sich heute nicht mehr bestimmen, da die Schrift nicht erhalten geblieben ist. Davor stehen zwei Narren, die das Dokument auf das genaueste betrachten. Auf dem anderen ist Christus vor der Tür der Himmelsburg dargestellt. Der Text ist erhalten. Am eindeutigsten ist dabei wohl der Spruch: »Væ autem vobis scribæ et Pharisæi hypocritæ quia clauditis regnum caelorum ante homines. Vos autem non intrastitis nec intro euntes sinitis intrare …« (Weh euch, ihr Schriftgelehrten und Pharisäer, ihr Heuchler, die ihr das Himmelreich zuschließt vor den Menschen! Ihr gehet nicht hinein, und die hinein wollen, lasset ihr nicht hineingehen. – Matth. 23,13). Von links kommt der Papst mit Kardinälen, Bischöfen und einem bewaffneten Gefolge. Vor dem Kopf des Pferdes kann man lesen: »Christe aperi nobis« (Christus, schließ' auf für uns). Die Antwort lautet jedoch: »Vos discedite a me operarii in quitatis…« (Weicht von mir, die ihr Unrecht übt. – Lukas 13,27). Einige Bischöfe versuchen, die Mauern der Himmelsburg mit einer Leiter zu überwinden.

Farup (4 km nw): Ma *Kirche* aus Tuffstein. Im späten MA wurde das Schiff durch einen Backsteinbau nach W verlängert; außerdem wurde ein Turm errichtet. Der heutige Turm stammt von 1932. Die roman. Kalkmalereien im Inneren der Kirche entstanden um 1225; dargestellt sind Kain und die Könige David und Salomo. Die Bilder (u. a. Auferstehung) in der Apsis sind Werke von Stefan Viggo Petersen* (1954). Zur Innenausstattung gehören ein roman. Taufstein, eine Kanzel von 1657 und ein Kruzifix aus der Zeit um 1350. Die Ölgemälde auf der Holzdecke des Schiffes stammen aus dem 18. Jh.

Gram (20 km ö): *Gram Slot* wird erstmals 1231 genannt. Der Süd- und Hauptflügel der dreiflügeligen Anlage entstand ca. 1670; er wurde für den Feldmarschall Hans Schack unter Verwendung von Mauern eines Gebäudes von etwa 1500 errichtet. Aus dieser Zeit stammt auch der Ostflügel. Der Westflügel wurde Mitte des 18. Jh. erbaut; hier ist ein *naturhistorisch-geologisches Museum* (Mittelsüdjütländisches Museum) untergebracht, in dem u. a. 15 Millionen Jahre alte Skeletteile von Walen und Haien ausgestellt sind, die man 1973 bei Gram ausgegraben hat. – In der 1 km w gelegenen ma *Kirche* befindet sich ein Altar von ca. 1625.

Hviding (4 km s): Wann genau die roman. *Dorfkirche* an der Küste erbaut wurde, ist ungeklärt; jedenfalls wurde das Langhaus in der 2. Hälfte des 13. Jh. erhöht. Offensichtlich waren urspr. Seitenschiffe geplant, die jedoch nie gebaut wurden; das würde auch erklären, warum die Fenster in der Nordwand so hoch angebracht sind. Die Verzierungen von Chor und Chorapsis zeigen eine nahe Verwandtschaft mit dem Dom in Ribe. Die Westverlängerung – an

Gram (Ribe), Gram Slot

der Stelle von zwei roman. Türmen und einer roman. Vorhalle – geht auf das späte MA zurück. Im Inneren ist ein Altarbild aus dem Jahre 1525 zu sehen. Die Bemalung der Holzdecke stammt von 1744, die Kalkmalerei an der Nordwand (Darstellung einer hanseatischen Kogge) von ca. 1300.

Mandø (mit dem Bus v. Ribe nach Vester Vedsted, dann durch das Wattenmeer): Kleine Insel (6 km^2) im Wattenmeer, die zwischen Fanø und Rømø liegt. Dic kleine weißgekalkte Kirche wurde 1727, ihr Waffenhaus mit zwei Eingängen 1792 errichtet. Die Innenausstattung besteht aus einer Kanzel von 1727, einem Altar von Johan Rohde* (1898, nach einem Entwurf von Joakim Skovgaard*) und vier Schiffsmodellen. – Das Museum *Mandøhus* ist das Heim eines Seemanns, der vor vielleicht 100 Jahren lebte. Hier sind Trachten und Werkzeuge ausgestellt.

Rejsby (11 km s): Ma *Kirche.* Zur Innenausstattung gehören ein Altar von 1677, eine Kanzel von 1612, ein Kruzifix aus der Zeit um 1500 und ein roman. Taufstein. Das Gemälde an der Decke des Chores stammt von Mogens Jørgensen* (1962).

Roager (12 km s): Roman. *Kirche* aus Tuffstein, bestehend aus Chor, Chorapsis und Schiff. Die Gewölbe, die Sakristei, das Waffenhaus und der Turm entstanden im späten MA. Das Waffenhaus diente im 17. Jh. als Schule. Im Nordfenster des Chores ist eine Glasmalerei aus dem 13. Jh. zu sehen, die aus zwei unterschiedlichen Teilen zusammengesetzt ist; dargestellt ist der hl. Wilehadus, der erste Bischof von Bremen (gestorben 789). Das Innere der Kirche birgt eine Kanzel von ca. 1600, einen Altar von 1795 (im Turmraum) und einen roman. Taufstein.

Rødding (21 km ö): Hier wurde 1844 die *erste Volkshochschule Dänemarks* (und zugleich der Welt) gegründet. 1864 mußte sie wegen der Grenzverschiebung geschlossen werden; sie wurde darauf nach → *Askov* verlegt. 1920 wurde sie wieder eröffnet. Bei der *Kirche* erinnert ein Gedenkstein an *Cornelius Appel,* den Gründer der Schule. Das erste Schulhaus, *Flors Hus,* ist noch erhalten.

Seem (5 km ö): *Dorfkirche* aus Tuff- und Backstein, die um 1200 erbaut und 1900/01 restauriert wurde. Der Turm stammt aus dem späten MA, das Waffenhaus von 1901. Die Kalkmalereien im Inneren entstanden etwa 1510. Die Ausstattung besteht aus einem Altar von ca. 1650 mit Figuren aus dem 16. Jh., einem spätgot. Kruzifix von ca. 1500 und einem Taufstein von der Insel Gotland aus dem 13. Jh.

Sønder Hygum (16 km ö): Die *Kirche* wurde um 1175 aus Granitquadern erbaut. Die Apsis ist gewölbt; Chor und Langhaus haben eine flache Balkendecke. Der Westturm und das Waffenhaus sind spät-ma Kalkmalereien von ca. 1500 und 1707. Zur Innenausstattung gehören ein roman. Taufstein, ein got. Kruzifix aus der Zeit um 1300, ein gußeisernes Kruzifix von 1837, ein Kruzifix auf dem Altar von 1919 (Jes Lind) und eine um 1615 geschnitzte Kanzel. – Auf dem Kirchhof erinnert ein *Gedenkstein* von 1876 an die 505 Pestopfer des Jahres 1659.

Sønderskovgård (s v. Brørup, 23 km nö): Der von einem Graben umgebene Herrensitz aus Backstein wurde um 1620 für Thomas Juel erbaut. Er ist weiß gekalkt.

Vilslev (11 km n): Ma *Kirche* aus Tuffstein, die unter Einfluß des Domes in Ribe entstand. Sie besteht aus Schiff, Chor und Chorapsis. Der spät-ma Turm wurde nicht – wie sonst üblich – im W, sondern an der Nordwand des Chores errichtet. Das unterste Geschoß dient als Sakristei. Im Inneren finden sich prachtvolle spätroman. Kalkmalereien aus der Zeit um 1250. Im Chorbogen sieht man Abel, der Gott ein Lamm reicht; neben ihm steht das Mutterschaf und blökt ängstlich. Schöner roman. Granittaufstein.

Ringkøbing Westjütland	
Einw.: 16700	S. 256 □ A 4

Der Ort am Ringkøbing-Fjord erhielt 1443 die Stadtrechte. Im MA war R. nahezu unbedeutend, erlebte dann aber im 16. und 17. Jh. dank der Fischerei und des Viehhandels einen Aufschwung. Mit den Kriegen gegen Schweden begann im 17. Jh. wieder eine Periode des Niedergangs, die bis ins 19. Jh. anhielt. Erst danach stieg die Bevölkerungszahl wieder an. Der Handel spielte eine immer größere Rolle, obwohl der Hafen von R. erst 1904/05 erbaut wurde. Die Bebauung geht im wesentlichen auf das frühe 19. Jh. zurück.

Ringkøbing Kirke: Got. Backsteinkirche. Das gewölbte Langhaus mit dreiseitigem Ostabschluß wurde Anfang des 15. Jh. errichtet. Der massive Westturm ist spätma; er verjüngt sich bemerkenswerterweise von oben nach unten. Die Turmspitze entstand 1866 (V. T. Walther*). Der n Kreuzarm stammt aus den Jahren 1592/93; erst 1934/35 wurde nach Plänen von Hother Paludan* auch ein entsprechender s Kreuzarm erbaut. Auf der Tür zum Kanzelaufgang ist ein Gottesdienst dargestellt; die Kanzel wurde um 1600 geschnitzt.

Ringkøbing Museum: Sammlungen aus historischer und vorgeschichtlicher Zeit. Bes. sehenswert sind ein Keuschheitsgürtel, sowie ma Kircheninventar, Galionsfiguren, Bilder von gestrandeten Schiffen und Schnitzereien aus Island. Eine Spezialsammlung befaßt sich mit dem Schriftsteller *L. Mylius-Erichsen* (1872-1907). Er leitete 1902-04 die sog. »literarische« Expedition nach Nordgrönland und 1906/07 die »Danmark«-Expedition nach Nordostgrönland; auf dem Rückweg über das Inlandeis kam er mit seinen Gefährten J. Brønlund und N. P. Høegh-Hagen ums Leben. Eine weitere Spezialsammlung ist einem anderen berühmten Sohn der Stadt gewidmet: dem Politiker *Jens Christian Christensen*. Hier ist auch seine beachtenswerte Münzsammlung ausgestellt.
Ganz in der Nähe davon steht eine *Statue von Mylius-Erichsen* von Chresten Skikkild* (1916).

Außerdem sehenswert: Am Markt (Torvet) stehen das *alte Rathaus* aus dem Jahre 1849, das *Hotel Ringkøbing*, ein Fachwerkhaus aus dem 16. Jh., sowie der alte Bürgermeisterhof *(Den Gamle Borgmestergård)*, ein Bauwerk im Empirestil von 1807. In der Mitte des Platzes befindet sich eine *Statue* des Politikers *J. C. Christensen* (1856-1930) von Johannes Bjerg* (1952). Christensen hatte entscheidenden Einfluß auf die dän. Politik in den Jahren 1901-1908. - Der Architekt *Ulrik Plesner** (vgl. Skagen) war in R. tätig. Er baute in der Østergade 7-9 die *Revisionsanstalt* (1913), am Kongevej das Altenheim *Aldershvile* (1907-09), am Markt den *Priorgård* (1911) sowie einige weitere Bauwerke. Plesner wurde 1861 als Sohn des Pfarrers in → *Vedersø* (n v. R.) geboren.

Umgebung

Borris (über Skjern, 34 km sö): Die dem hl. Nikolaus geweihte *Kirche* wurde im 12. Jh. aus Granitquadern erbaut. Der Turm und das Waffenhaus stammen aus dem späten MA. Die beiden urspr. Portale und fünf der urspr. Fenster nach N sind erhalten.

Brejninggård (bei Spjald, 20 km ö): Zwei Flügel des dreiflügeligen Herrensitzes *Brejninggård* wurden um 1580 vermutlich von einem Architekten aus Mecklenburg erbaut. Der Ostflügel ist mit Terrakottareliefs im Renaissancestil geschmückt. Das Untergeschoß des Nordflügels ist gewölbt. Der Südflügel wurde 1957 von Helge Holm* errichtet, als das Anwesen zu einer Schule umgebaut wurde. - Die ma *Kirche* wurde 1581 umgebaut. Sie besitzt einen dreiseitigen Ostabschluß mit einer ungewöhnlichen Blenddekoration. Die Innenausstattung besteht aus einem Altar von ca. 1650, einer Kanzel aus der Zeit um 1600 und einem Kruzifix von ca. 1525.

Gammelsogn Kirke (2 km w): Roman. Granitquaderkirche, die im 12. Jh. erbaut wurde. Zu sehen sind Kalkmalereien aus dieser Zeit sowie von ca. 1300 (Teufel, der all diejenigen aufschreibt, die miteinander klatschen, statt den Gottesdienst zu besuchen). Roman. Granittaufstein.

Hee (6 km n): Die *Kirche* gilt als die interessanteste Granitquaderkirche in Jütland. Sie wurde im 12. Jh. erbaut und besitzt, was ungewöhnlich ist, auch einen *Turm* aus dieser Zeit. Sein Untergeschoß hat die Breite des Schiffes und ist mit einem Rundbogenfries verziert. Der Tympanonfries seines Westportals zeigt einen Doppellöwen. Sein Mittelgeschoß hat im S und N je ein Pultdach; hier wurden im MA die Akten des Things aufbewahrt, den man in Hee abhielt. Sein Obergeschoß ist deutlich schmäler als das Untergeschoß. Die Anbauten an der Südseite gehen auf das späte MA zurück. Die Innenausstattung besteht aus einem Altar von 1635, einer um 1600 entstandenen Kanzel, einem Triumphkreuz von ca. 1450, einem roman. Granittaufstein und einem Schrank für Monstranzen von ca. 1460, auf dessen Tür sich eine Darstellung des Schmerzensmannes, flankiert von den Wappen der Familien Skram und Krag, befindet.

Hover (15 km nö): Roman. *Kirche* (Granitquader) aus dem 12. Jh. Der Westgiebel, der nach einem Unwetter 1771 neu aufgebaut wurde, wird von einem Strebepfeiler gestützt. Kalkmalereien aus dem 16. Jh. mit einer Darstellung des Opfers Isaaks. Roman. Taufstein aus Granit. Kanzel von 1555.

Hvide Sande (23 km sw): Moderner *Fischereihafen* (Fischauktionen). Der Ort liegt auf *Holmsland Klit*, einer Sandbank, die den Ringkøbing-Fjord von der Nordsee trennt; beide sind durch einen 1931 eröffneten Kanal miteinander verbunden. Die Dünen der Sandbank sind bis zu 25 m hoch. – Beim *Lyngvig-Leuchtturm* (6 km n) gibt es ein kleines *Museum*, in dem Treibgut ausgestellt ist und die Fauna und die Flora in den Dünen erklärt werden. Der Leuchtturm ist 38 m hoch.

Lønborg (über Skjern 32 km sö): Roman. *Kirche* mit Kalkmalereien im Renaissancestil von ca. 1560, die 1939/40 freigelegt wurden. Zu sehen sind das Jüngste Gericht, das Opfer Isaaks und die Taufe Christi im Jordan. Altar von 1654, Kanzel von ca. 1550 mit Himmel von 1605, zwei Kruzifixe von ca. 1525 sowie ein roman. Taufstein. – Westlich davon liegt der *Lønborggård* aus dem Jahre 1854. Hier spielt ein Teil von *Jens Peter Jacobsens* berühmtem Roman »Niels Lyhne«, der 1880 erschien.

Nysogn Kirke (bei Kloster, 5 km nw): Große roman. *Kirche* aus dem 13.Jh. Die hohen, schmalen Fenster im Chor lassen niederländischen Einfluß erkennen. Der s und der n Kreuzarm sowie der Turm (Spitze 1745) sind spät-ma. Das got. Kruzifix und der Altar im Inneren entstanden beide um 1500.

Nørre Vium (über Videbæk, 32 km sö): Die *Kirche* aus Granitquadern steht fast unverändert seit dem 12. Jh. Das kleine Waffenhaus an der Nordseite stammt aus dem 17. Jh. In dem frei stehenden hölzernen Glockenturm hängt eine Glocke aus dem Jahre 1329 mit der Inschrift: »Paulus me fecit« (Paulus hat mich gemacht).

Rindum (2 km nö): Aus Granitquadern errichtete *Kirche* des 12. Jh. Der Altar wurde 1590 geschaffen, die Kanzel (mit Sanduhr) um 1650, das Kruzifix etwa 1525.

Skjern (24 km sö): Dänemarks jüngste Stadt erhielt erst 1958 die Stadtrechte; sie liegt am Skjern Å, Dänemarks wasserreichstem Fluß, der Nord- und Südjütland voneinander trennt und eine Länge von 50 km hat. In der dän. Geschichte spielte dieser Fluß eine bedeutende Rolle: König Hans verkühlte sich bei seiner Überquerung im Jahre 1513 so stark, daß er nur Tage später in Ålborg starb; eine Sturmflut hatte die Brücke fortgerissen. 1340 war es der aufständische Niels Ebbesen mit seinem Heer, der hier Schanzen der Holsteiner zerstörte. Ebbesen hatte am 1. April den Grafen Gert in Randers ermordet. 100 Jahre später wurde das Bauernheer, das hier kämpfte, am *Sankt Jørgensberg* (vgl. Lemvig) vernichtend geschlagen. 1534 versuchten die Truppen von Skipper Klement während der Grafenfehde, die Söldnertruppe von Johan Rantzau dadurch aufzuhalten, daß sie die Brücke zerstörten. Das gelang jedoch nicht, so daß sie schließlich in Ålborg aufgerieben wurden. Die Grenzfestung *Lundenæs* (w v. S.) wurde bei dieser Gelegenheit in Schutt und Asche gelegt. – Die ma *Kirche* wurde 1915 unter der Leitung von J. Magdahl-Nielsen erweitert. Zur Innenausstattung gehören u. a. eine Kanzel von 1627 und ein Kruzifix von ca. 1525. – In der Nähe des Parks *(Lystanlæg)* liegt ein *Heimatmuseum*.

Staby (25 km n): Der *Kirche* wurde Mitte des 12. Jh. erbaut. Der halbrunde Chor ist mit Bogen- und Säulenblenden verziert. Zwei der Fenster im Chor haben die Form von Kleeblättern, zwei sind rund. In der Südfassade befindet sich ein Bildquader, ein Männerkopf mit Helm. Das Fresko in der Chorapsis ist ein Werk von Harald Borre* (1949). Der Altar im Turmraum stammt von 1597, die Kanzel aus dem gleichen Jahr.

Stadil (15 km n): Die aus Granitquadern erbaute roman. *Kirche* (12. Jh.) liegt am Nordufer des Stadil-Fjords. Der Turm und das Waffenhaus wurden im 15. Jh. errichtet. Der Chor und das Schiff besitzen eine Balkendecke. In der Kirche befindet sich einer der berühmten goldenen Altäre aus dem frühen 13. Jh. Es handelt sich dabei jedoch nur um die Vorderseite eines solchen Altars, der vermutlich aus derselben Werkstatt wie der von *Sahl* (bei → Holstebro) stammt; sie wird von einem Renaissanceaufbau (ca. 1625) eingefaßt. Der Politiker (linker Flügel) J. C. Christensen war 1886–1901 Küster und Lehrer in Stadil.

Stavning Lufthavn (15 km sö): *Flughafen*. Hier gibt es ein *Museum* mit 20 alten Flugzeugen sowie Flugzeugmodellen und Gegenständen, die mit der Luftfahrt zu tun haben.

Sædding Kirke (bei Rækker Mølle): Roman. Granitquaderkirche aus dem 12. Jh. Sechs der urspr. Fenster und die beiden urspr. Portale (das eine zugemauert) sind bewahrt. Im Ostgiebel hängt eine Glocke. Zur Innenausstattung gehören ein Altar aus der Zeit um 1600, ein Kruzifix von 1520 sowie eine Büste des Philosophen und Theologen Søren Kierkegaard (1813–55) aus dem Jahre 1922. Die Familie von Kirkegaard kam aus der Gegend von Sædding. Der berühmte dän. Gelehrte nahm viele Ideen des Existenzialismus vorweg: die moralische Verantwortung des Menschen und die Freiheit der Wahl; das organisierte Christentum lehnte er hingegen ab.

Tim Kirke (15 km n): Das Schiff der Kirche ist roman., der Turm spätgot.; der Chor und das Waffenhaus gehen auf die Renaissancezeit zurück. In der Nordwand des Schiffes befindet sich ein Relief, das vermutlich einen der Steinmetze darstellt. Chor und Schiff besitzen Balkendecken. Im Waffenhaus sind ma Grabsteine von 1291 und 1484 zu sehen. Die Vorderseite des Altartisches ist mit Kacheln von Jais Nielsen* aus dem Jahre 1957 verziert; der Altaraufsatz wurde 1590 geschaffen.

Tvind Skolerne (sw v. Ulfborg, 21 km n): Versuchsschule, die man nicht verfehlen kann. Die 54 m hohe *Windmühle* ist weithin sichtbar. Sie wurde 1978 erbaut und kann den Strombedarf von 126 Einfamilienhäusern decken; die Rotorblätter sind 27 m lang.

Ulfborg Kirkeby (24 km n): In der ma *Kirche* steht einer der wenigen Lettner, die in Dänemark erhalten geblieben sind; er trennt schrankenartig das Schiff vom Chor und ist mit einem kanzelartigen Lesepult versehen. Der Altar von 1594 weist im Hauptfeld ein Gemälde von H. Agersnap* (1904) auf. Roman. Taufstein.

Vedersø (23 km n): Roman. *Kirche* mit einem got. Kruzifix aus der Zeit um 1500, einer Kanzel von 1614 und einem Altar von ca. 1700. Auf dem Kirchhof befindet sich ein kleiner Stein mit einer Vertiefung, die immer mit Wasser gefüllt ist. Angeblich liegt hier eine Jungfrau begraben, die man hingerichtet hatte; das Wasser ist der Beweis ihrer Unschuld. Am Ostgiebel der Kirche liegt der Pfarrer und Schriftsteller *Kaj Munk* begraben. Er wurde 1898 in Maribo auf Lolland geboren; ab 1924 war er Pfarrer in V. Munk war während der dt. Besetzung einer der Wortführer der Widerstandsbewegung. Am 4. Januar 1944 wurde er in Hørbylunde, einem Wäldchen w von Silkeborg, ermordet.

Ølstrup (14 km ö): Ma *Kirche* mit einem Turm von 1949. Der Renaissancealtar hat im Hauptfeld ein Gemälde von Emil Nolde* (1904); dargestellt ist Christus in Emmaus. Nolde erhielt den Auftrag, da der damalige Pfarrer der Onkel seiner Frau war; das Honorar betrug 340,47 Kronen.

Ringsted

Mittelseeland

Einw.: 28 000	S. 258 □ H 6

R. entstand an der Stelle eines heidnischen Heiligtums. Im frühen MA war es eine der bedeutendsten Städte auf Seeland. Der Thing wurde damals hier abgehalten; außerdem war die Kirche des Benediktinerklosters *Sankt Bendt* (gegr. 1135) eine der Grabkirchen der Könige. Im 16., 17. und frühen 19. Jh. brannte die Stadt, deswegen bestehen kaum noch ältere Gebäude.

Sankt Bendts Kirke: Die gewaltige roman. Backsteinkirche entstand an der Stelle einer Kirche aus Schwemmstein, die der Roskilder Bischof Sven Normand um 1080 hatte errichten lassen. Der Bau wurde um 1160 auf Veranlassung Valdemars des Großen begonnen. 1170 wurde der Chor fertiggestellt, als die Gebeine des heiliggesprochenen Knud Lavard, des Vaters von Valdemar dem Großen, in einem Schrein vor dem Hochaltar beigesetzt wurden. Damals wurde auch die Kirche geweiht. Vollendet wurde das Bauwerk wahrscheinlich im frühen 13. Jh. Die frühgot. Gewölbe wurden nach einem Brand im Jahre 1241 eingezogen. Der got. Turm über der Vierung stammt von 1475. Der Grundplan der Kirche bildet wie der der Klosterkirche von →Sorø ein lat. Kreuz; die Kirche in R. ist jedoch prächtiger. Der Chor und die Kapellen am Querhaus haben Apsiden. Im Inneren befinden sich mehr als 20 kgl. oder fürstliche Gräber. Sie wurden 1855 auf Anweisung Frede-

Ringsted, Sankt Bendts Kirke

riks VII. geöffnet. Die Grabbeigaben sind in einer Ausstellung in der südlichsten Kapelle des Querhauses zu besichtigen, u. a. eine Bleiplatte, die unter dem Kopf von Valdemar dem Großen gefunden wurde und auf der von seinen Taten berichtet wird, sowie Seidenstoff aus dem Grab Valdemars des Siegers. Außerdem kann man ein Pergament aus dem 13. Jh. sehen, auf dem die Lage der Königsgräber beschrieben ist. Das einzige original erhaltene Grabdenkmal ist die Messingplatte aus dem frühen 14. Jh. über den Gräbern von König Erik Menved und seiner Frau Königin Ingeborg; sie ist eine flandrische Arbeit und in Dänemark einzigartig. Sehenswert sind auch die Kalkmalereien im Chor (spätes 13. Jh.) und im Vierungsgewölbe (frühes 14. Jh.).

Rådhus (Torvet): Das *Rathaus* bei der Sankt-Bendts-Kirche wurde 1936/37 nach Plänen von Steen Eiler Rasmussen* erbaut. Das zweistöckige Gebäude ist bewußt unauffällig gehalten, um die Wirkung der Kirche nicht zu beeinträchtigen. – Beim Rathaus steht eine *Bronzestatue Valdemars des Großen* von Johannes Bjerg*. – Auf dem Platz davor befinden sich große Steine, die *Thingsteine*. Umstritten ist allerdings, ob dies auch ihr urspr. Standort war.

Umgebung

Benløse (4 km n): Hübsche *Dorfkirche* aus der Zeit um 1250. Chor und Schiff entstanden in der Übergangszeit von der Romanik zur Gotik. Die Gewölbe, der Turm, das Waffenhaus und die Sakristei sind got. (ca. 1500).

Haraldsted (10 km n): An der Straße nach Valsølille liegt die *Ruine* einer von Herzog Magnus errichteten *Kapelle* aus Schwemmstein. Hier wurde 1131 der Herzog und spätere Heilige *Knud Lavard* erschlagen.

Skjoldenæsholm (13 km nö): Der dreiflügelige *Herrensitz* wurde um 1766 für Gräfin Anna Joachimine Danneskiold erbaut. – Östlich davon liegt ein ma gepflasterter Weg, der *König-Valdemars-Weg* genannt wird. – In 1 km Entfernung gibt es ein *Straßenbahn-*

Roskilde, Domkirke (l), Grabmal im Dom (r)

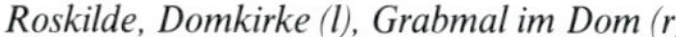

museum, in dem man mit Straßenbahnen aus Kopenhagen, Odense, Århus und der Schweiz fahren kann.

Vigersted (9 km nö): In der ma *Dorfkirche* finden sich Kalkmalereien von ca. 1450; dargestellt sind u.a. die Erschaffung Evas und die Geschichte von Kain und Abel, weiterhin die Legende des hl. Nikolaus, die Leidensgeschichte Jesu, beginnend mit dem Einzug in Jerusalem, und einige sehr ungewöhnliche Motive: ein harfespielender Fuchs, eine Meerjungfrau, Schuhmacher, Schneider, Schmiede und Gaukler.

Roskilde Mittelseeland	
Einw.: 48300	S. 258 □ I 5

Die Stadt am Roskilde-Fjord ist eine der ältesten Städte Seelands. König Harald Blauzahn baute hier nach seiner Bekehrung zum Christentum eine Kirche, in der er auch beigesetzt wurde. Außerdem hatte er hier eine Residenz. 1020 machte Knud der Große R. zum Bischofssitz. Damit begann die Blütezeit der Stadt, die bis ins 15. Jh. dauerte und mit der Reformation endgültig beendet war, als der Bischofssitz nach Kopenhagen verlegt wurde. Nach der Reformation wurden die urspr. zwölf Gemeindekirchen bis auf eine einzige, ebenso die fünf Klöster abgebrochen. R. trat danach nur noch bei der Beisetzung von Königen aus seinem Schattendasein heraus.

Roskilde Domkirke: Der Dom ist vermutlich die vierte Kirche an dieser Stelle. Er wurde 1170 unter Bischof Absalon begonnen. Das dreischiffige Bauwerk aus rotem Backstein, stilistisch eine Mischung aus Romanik und Gotik, ist 85 m lang und im Inneren 24 m hoch. Die Arbeiten dauerten bis Anfang des 15. Jh. Seit der Zeit Königin Margarethes (15. Jh.) ist der Dom Grabkirche der dän. Könige; 38 Herrscher sind hier bestattet, größtenteils in *Grabkapellen.* – An der Südseite liegt neben der spätgot. Vorhalle die zweistöckige *Kapelle der Heiligen Drei*

Roskilde, Dom **1** Kapelle der Heiligen Drei Könige **2** Kapelle Frederiks V. **3** Kapitelhaus und Sakristei **4** Vorhalle Oluf Mortensens **5** Grabkapelle Christians IV. **6** St.-Andreas-Kapelle **7** St.-Brigitta-Kapelle **8** Grabkapelle Christians IX. **9** Hochaltar **10** Kanzel **11** Domherrenstühle **12** Uhr von ca. 1500 **13** Absalonbogen

Könige (Kapelle Christians I.) von 1460 mit einem Zwillingsgiebel. Die vier Gewölbe werden von einer Granitsäule getragen, an der die Körpergrößen verschiedener dän. und anderer Monarchen markiert sind. Die Kalkmalereien entstanden 1480. In der Kapelle sind Christian I., Christian III., Frederik II. und ihre Frauen begraben: unter prachtvollen Monumenten aus Marmor und Alabaster. Nach O schließt sich die *Kapelle Frederiks V.* an, die nach Plänen C. F. Harsdorffs* 1774–1825 erbaut wurde. Hier ruhen u. a. Frederik V., Christian VII., Frederik VI. und Frederik VII. Das Grabmal Frederiks V. ist eines der Hauptwerke des Bildhauers Johannes Wiedeveldt* (1789). Der letzte Anbau an der Südseite ist das got. *Kapitelhaus,* in dem sich die Sakristei befindet. An der Nordseite finden wir, beginnend im O, die *Vorhalle Oluf Mortensens* von 1440, in der Mitte die *Grabkapelle Christians IV.,* 1612–42 von Lorens und Hans van Steenwinckel* erbaut; sie ist vom Kirchenschiff durch ein prächtiges schmiedeeisernes Gitter getrennt, das von Caspar Fincke* 1618 geschaffen wurde. Die Gemälde von W. Marstrand* (1866) zeigen Christian IV. bei der Schlacht in der Kolberger Heide, in der er im Jahre 1644 ein Auge verlor, und Christian IV. als gerechten Richter. Die Bronzestatue von Christian IV. ist ein Werk von Bertel Thorvaldsen*. Hier sind u. a. Christian IV. und Frederik III. und ihre Frauen bestattet. – Es folgen spät-ma Kapellen, die *St.-Andreas-Kapelle* und die *St.-Birgitta-Kapelle.* Hier sind Kalkmalereien von 1511 zu sehen; dargestellt ist u. a. ein Teufel mit Tintenfaß Feder und Tafel. Auf dem Spruchband steht: »Scribo tardantes et vana loquendo vagantes« (Ich schreibe auf, die zu spät kommen und redend herumstehen). In der Birgitta-Kapelle befindet sich außerdem eine Johannesfigur aus dem frü-

Roskilde, Domkirke, Innenansicht

hen 16. Jh. Die letzte der drei Kapellen bildet die Vorhalle der Grabkapelle *Christians IX.*, die 1917–24 von A. Clemmensen* erbaut wurde. Hier sind Christian IX., Frederik VIII., Christian X. und ihre Frauen bestattet.

Der Kirchenraum besitzt innen eine umlaufende Empore im Chor und in den Seitenschiffen. Der große vergoldete Flügelaltar, eine Antwerpener Arbeit von 1560, war urspr. für die Schloßkirche in Frederiksborg vorgesehen. Hinter dem Altar steht das got. Grabmal der Königin Margarethe, das der Lübecker Johannes Junge 1414 aus Alabaster schuf. Im Chor befinden sich außerdem die vier Prunksarkophage aus weißem und schwarzem Marmor für Christian V. und Frederik IV. und ihre Frauen, geschaffen von J. C. Sturmberg* und Diderik Gercken*. Sehenswert sind auch die Domherrenstühle im Hochchor aus dem 15. Jh. und die von dem Kopenhagener Bildhauer Hans Brokman* 1609 gefertigte Sandsteinkanzel mit Verzierungen aus Alabaster und Marmor.

Im Südwestende des Mittelschiffs hängt eine Uhr von ca. 1500 mit beweglichen Figuren: Jede volle Stunde greift der hl. Georg auf seinem Pferd den Drachen an; dieser heult auf. Dann schlägt Peter Døver (døv = taub) die Stunde, während Kirsten Kimer (at kime = klingeln) erschreckt den Kopf schüttelt; sie ist für die Viertelstunde zuständig.

Palæet: Das Palais ist durch den sog. *Absalonbogen*, einem gedeckten Gang, mit dem Dom, genauer gesagt mit dem Obergeschoß des Chorumgangs verbunden. Der Bogen wurde um 1215 erbaut. – Das Palais steht an der Stelle des mittelalterlichen *Bischofshofes*. Die vierflügelige Barockanlage wurde in den Jahren 1733–36 nach Plänen von Laurids Thurah* erbaut. Ab 1835 tagte hier die ratgebende Ständeversammlung. Seit 1923 ist das Gebäude wieder Bischofssitz. Im östlichen Teil des Hauptflügels befindet sich ein kleines *Museum* mit Möbeln und anderen Gegenständen von Kaufmannsfamilien der Stadt aus dem 18. und 19. Jh.

Ledreborg (Roskilde), Schloß

Sankt Ibs Kirke (Frederikborgsvej): Die aus dem frühen 12. Jh. stammende Kirche wurde nach der Reformation bis auf das Schiff abgerissen und diente bis 1884 als Pulvermagazin, Hospital und Lagerhaus.

Sankt Jørgensbjerg Kirke (Kirkegade): Die oberhalb des Hafens gelegene Kirche wurde um 1100 aus Schwemmstein erbaut. Die Rundstäbe an Chor- und Langhauswand erinnern an die früh-ma hölzernen Stabkirchen. Mit dem Bau des Turmes um 1400 wurde das Gotteshaus, das bis dahin dem Heiligen der Seeleute, St. Clemens, geweiht gewesen war, wahrscheinlich Hospitalskirche des benachbarten, heute nicht mehr bestehenden *St. Jørgensspitals* für Aussätzige. Die Kranken hatten einen eigenen Raum im Turm und konnten dem Gottesdienst durch Löcher in der Wand folgen. Im Inneren der Kirche sind ein spät-ma Triumphkruzifix und eine Kanzel von 1616 zu sehen.

Vor Frue Kirke (Fruegade): Die Frauenkirche geht auf eine Kirche zurück, die Bischof Sven Normand im späten 11. Jh. aus Schwemmstein erbauen ließ. Ende des 12. Jh. wurde sie mit Backsteinen zur Klosterkirche eines *Zisterziensernonnenklosters* umgebaut und bis ins 19. Jh. wiederholt verändert. Im Inneren findet man einen Altar von ca. 1620 mit Gemälden aus dem 19. Jh. (C. Hansen* und F. C. Lund*), eine Kanzel von 1623 und Bänke von 1649 und 1657.

Roskilde Jomfrukloster (Algade 31): An der Stelle eines Dominikanerklosters wurde dieses ehem. Wohnhaus eines Adeligen im 16. Jh. erbaut. 1698 richtete man hier ein *Damenstift* ein. Sehenswert sind der Rittersaal mit seinen 60 Deckengemälden und die Kapelle.

Rådhuset (Stændertorvet): Das neogot. *Rathaus* wurde 1884 erbaut. Es bildet eine Einheit mit dem *Turm der ehem. Laurentiuskirche,* der aus dem 16. Jh. stammt. In dem Turm hängt eine Sturmglocke aus dem Jahre 1515 mit der Aufschrift: »O gode martyr Sankt Laurentius ... udsluk vellystens ild i

Ledreborg (Roskilde), Schloßpark

Skibby, Dorfkirche, Kalkmalereien

vore nyrer« (O guter Märtyrer St. Laurentius ... lösche das Feuer der Wollust in unseren Nieren). Reste der roman. Kirche, die um 1530 abgebrochen wurde, wurden 1931 ausgegraben und sind in einem Keller unter dem Bürgersteig zugänglich. Einzigartig ist der fliesenbelegte Fußboden der ehem. Kirche.

Roskilde Museum (Sankt Ols Gade 18): Das *Stadtmuseum* ist in einem Bürgerhaus von ca. 1804 untergebracht. Hier kann man archäologische, ma und neuzeitliche Sammlungen (u. a. zwei Prachtäxte aus der Bronzezeit, Stickereien, Volkstrachten und Spielzeug) besichtigen. Eine Abteilung des Museums ist im *Lützhøfts-Kaufmannshof* (Ringstedgade 6) untergebracht.

Vikingeskibshallen (Strandengen): Die *Wikingerschiffshalle* wurde 1966–68 erbaut, um die fünf Wikingerschiffe aufzunehmen, die 1962 im Roskilde-Fjord auf der Höhe von *Skudelev* (20 km n) ausgegraben wurden. Man hatte sie um das Jahr 1000 versenkt, um die Fahrrinne zu sperren und R. gegen feindliche Schiffe zu schützen. Es handelt sich um zwei Kriegsschiffe, zwei Handelsschiffe und ein Fähr- oder Fischerboot. Das eine Kriegsschiff ist 28 m lang und damit das längste erhaltene Schiff der Wikingerzeit; es hatte 40–50 Ruderer. Im Museum werden informative Filme über die schwierige Ausgrabung und die Restaurierung gezeigt.

Außerdem sehenswert: Der *Bahnhof* ist ein neoklassizistisches Bauwerk von 1847 (Jernbanegade). – In der Lille Maglekildestræde in der Nähe des Doms entspringt die *Maglekilde* (Große Quelle); sie liefert in 24 Stunden 15 000 l Wasser, das eine Temperatur von 5 °C hat. – Auf dem *Staendertorv* (Marktplatz) steht das *Standbild Roars,* des sagenhaften Gründers der Stadt, und seines Bruders *Helge* von Johan Galster*. – Vor dem *Amtsgård* (Gormsvej) befinden sich eine Frauenfigur *(»Sonne«)* von Gottfried Eickhoff* und eine abstrakte Eisenfigur von Robert Jacobsen*. – Beim Stadtpark (Prov-

Skibby (Roskilde), Dorfkirche

stestræde) kann man die Fundamente der ma *Sankt Hans Kirke* besichtigen.

Veranstaltungen: In den Sommermonaten findet jeden Dienstagabend im Stadtpark *(Bypark)* ein Konzert statt.

Umgebung

Ledreborg (bei Lejre, 10 km sw): Das Hauptgebäude des Schlosses (1663) wurde ab 1741 von J. C. Krieger* für den Geheimrat Graf J. L. Holstein umgebaut. Es ist eines der schönsten barocken Bauwerke in Dänemark. An der Innenausstattung wirkte der berühmte Rokoko-Architekt Niels Eigtved* mit; bes. sehenswert ist der Kuppelsaal. Die ebenfalls von Krieger errichtete Schloßkapelle (kath. Gottesdienste) liegt in einem w Anbau. Der Schloßpark wurde in einem Flußtal angelegt, an dessen Rand sich das Schloß befindet. In der Talsohle liegt ein kreuzförmiger Teich. - Nordwestlich davon bemüht man sich in *Oldtidsby i Lejre,* einer historisch-archäologischen Versuchsanlage, den Lebensbedingungen vergangener Zeiten auf die Spur zu kommen. Das Ganze hat etwas von einem Abenteuerspielplatz.

Skibby (24 km nw): Die ma *Dorfkirche* stammt vermutlich aus dem 13. Jh. 1869 wurden die Mauern mit einem häßlichen Zementputz bedeckt. Die acht Kreuzgewölbe im Langhaus entstanden im 15. Jh.; sie ruhen auf drei gemauerten Mittelpfeilern, so daß die Kirche zweischiffig wirkt. Die ungewöhnliche Größe der Kirche läßt sich damit erklären, daß hier im frühen MA einmal eine Stadt lag, die genauso verschwand wie beispielsweise Søborg (→ Hillerød) in Nordseeland. Im Chor der Kirche sind Kalkmalereien aus der Zeit um 1175 zu sehen, die zu den ältesten in Dänemark gehören; weitere Kalkmalereien sind hochgot. (ca. 1350). Dargestellt sind Szenen aus dem Leben Jesu (Geburt, Kreuzigung, Auferstehung u. a.) und eine Allegorie der Vergänglichkeit (Drei Könige treffen bei der Jagd drei gekrönte Tote). - 2 km w liegt *Selsø.* Das 1576 erbaute *Schloß* wurde 1734 umge-

Bøstrup (Rudkøbing), Kirche Sankt Mogens

baut; dabei wurden die Renaissancegiebel und -dekorationen entfernt. Zur gleichen Zeit entstand das Torhaus. Ab 1829 stand das Gebäude über 100 Jahre leer und verfiel; in den letzten Jahrzehnten hat man es wieder restauriert. Der Rittersaal und die angrenzenden Räume besitzen noch die urspr. Barockausstattung aus dem Jahre 1734: 5 m hohe, marmorierte Wandpaneele, Deckenstuck und Wand- und Deckengemälde von Hendrick Krock*. Im Salon kann man die ältesten Papiertapeten Dänemarks bewundern (Empire, spätes 18. Jh.). Im Keller (Gewölbe v. 1560) befindet sich eine alte Küche mit offener Feuerstelle. Unter dem Torflügel liegt ein Kerker. – Die *Kirche* oberhalb des Selsø-Sees (Vogelreservat) wurde im MA errichtet; Schiff und Chor sind roman., Turm und Waffenhaus got. Die Chorapsis war urspr. Teil einer Rundkirche. Die Ausstattung ist im Renaissancestil gehalten, u. a. ein Altar von 1605 mit dem Wappen von Admiral Mogens Ulfeldt und seiner Frau Anne Munk und eine Kanzel von 1637.

Øm (7 km sw): In der Nähe des Ortes liegt eine von Bäumen bewachsene *Grabkammer* aus der Steinzeit.

Rudkøbing Langeland	
Einw.: 6900	S. 256 □ F 7

Der Hauptort der Insel *Langeland* erhielt 1287 die Stadtrechte. Im MA war R. von Wällen und Gräben umgeben. 1580 und 1610 brannte die Stadt ab, 1660 wurde sie von den Schweden zerstört. Viele der Fachwerkhäuser aus dem späten 18. Jh. sind noch erhalten. R. ist der Geburtsort des Physikers *Hans Christian Ørsted* (1777–1851) und seines Bruders, des Juristen *Anders Sandøe Ørsted* (1778–1860).

Kirke: Die ältesten Teile des Kirchenschiffs sind spätroman. (um 1100). Der 1621 erbaute Turm besitzt vier Renaissancegiebel und eine achteckige Spitze.

Langelands Museum: Bes. sehenswert im *Heimatmuseum* sind die Grabfunde aus der Wikingerzeit (u.a. Zaumzeug) und das Altarbild der Kirche (1602).

Außerdem sehenswert: Die *Apotheke* in der Brogade 15 ist das Geburtshaus der Brüder Ørsted. - In der Østergade 2 steht der *Pfarrhof*, der 1790 aus Fachwerk erbaut wurde, in der Østergade 24 *Den Bayske Gård*, ein Fachwerkhof aus dem 18.Jh. - Auf dem Gåsetorv befindet sich eine *Statue von H.C. Ørsted* von H.V. Bissen*.

Umgebung

Bøstrup (18 km nö): Die dem hl. Mogens geweihte *Kirche* wurde in der 1. Hälfte des 12.Jh. aus rohen Feldsteinen erbaut. Bemerkenswert sind die roman. Bildquader, die über die Mauer verteilt sind; dargestellt sind ein menschenfressender Löwe, ein Schiff, die Figur eines Mannes und in der S-Mauer des Waffenhauses der Kopf eines Mannes mit langen Haaren und langem Bart (Jesus?). Im Inneren findet man eine reichgeschnitzte Kanzel von 1634 und einen roman. Taufstein. - 2 km w liegt der Hof *Egeløkke*. Das jetzige spätklassizistische Gebäude stammt aus dem Jahre 1845. *N.F.S. Grundtvig*, Geistlicher, Kirchenlieddichter, Gründer der Volkshochschulen und Politiker, war hier 1805-07 Hauslehrer. Großer Park.

Tranekær (13 km nö): Das zweiflügelige *Tranekær Slot*, das durch Umbauten im Jahre 1863 geprägt wird, geht auf eine ma Königsburg zurück. Die Mauern im N-Flügel sind teilweise bis zu 3 m dick. - In T. gibt es viele hübsche, alte Häuser (*Schule* um 1800). Die ma *Kirche* ist die Grabkirche des Adelsgeschlechts Ahlefeldt. Die Grabmäler stammen aus der Zeit zwischen 1675 und 1930. Geschnitztes Taufbecken.

Rømø/Röm
Südwestjütland

Einw.: 7789	S. 256 □ A/B 6

R. ist die größte dän. Insel im Wattenmeer. Sie ist 17 km lang und ca. 5 km breit; ihre Ausdehnung beträgt 145 km^2. Im W gibt es der ganzen Länge der Insel nach einen breiten Sandstrand und Dünen, im O eine Heidelandschaft. Der höchste Punkt ist der *Høstbjerg* (19 m) im N. Vom Fischereihafen *Havneby* im S besteht eine Fährverbindung nach Sylt. Durch einen 9 km langen Damm, der in den Jahren 1940-1948 erbaut wurde,

Tranekær (Rudkøbing), Tranekær Slot

ist die Insel mit dem Festland verbunden. Auf der relativ dünn besiedelten Insel befinden sich einige Dörfer; die größten sind Toftum, Kirkeby und Østerby. In *Toftum* steht einer der sog. *Kommandørgårde*. Die »Kommandöre« waren die Kapitäne und Steuermänner auf den dt. und niederländischen Walfangschiffen. Der Kommandörhof in Toftum wurde 1748 erbaut und ist seit 1951 *Museum*. Decken, Türen und Wandverkleidungen sind mit biblischen und weltlichen Motiven bemalt; die Außenwände und Kamine sind mit holländischen Kacheln (insgesamt etwa 4000) verkleidet.

Die *Kirche* in *Kirkeby* ist dem Heiligen der Seeleute, Clemens, geweiht. Sie wurde im Laufe der Jh. wiederholt umgebaut; das Westende ist got., die übrigen Gebäudeteile stammen aus dem 17. und 18. Jh. Die Kirche ist nicht gewölbt, sondern besitzt eine niedrige Balkendecke, von der fünf Schiffsmodelle herunterhängen. An der Decke sind auch 15 schmiedeeiserne Haken angebracht, an denen man früher Hüte und Mäntel aufhängte. Der Barockaltar im Inneren wurde 1686 geschaffen, die Renaissancekanzel 1584. Auf dem Kirchhof stehen die Kalksteingrabmale der Kommandöre. Sie wurden meist in den Niederlanden gefertigt, mit Aussparungen für die Todesdaten, und zeigen die Lebensgeschichte in Worten und Bildern. Ein Stein trägt die Inschrift: »Min Selads er gjort, Min Haven er god, Thi Glæden er stor« (Meine Seefahrt ist gemacht, mein Hafen ist gut, denn die Freude ist groß). – In der Nähe der Kirche liegt Dänemarks kleinste erhaltene *Schule;* sie ist nur 6 × 6 m groß. Zwischen 1784 und 1874 wurden hier bis zu 40 Kinder unterrichtet.

Rønne Bornholm	
Einw.: 15 300	S. 258 □ O 6

Der Hauptort der Insel Bornholm, in dem heute ein Viertel der Bevölkerung der Insel lebt, entstand vermutlich Ende des 13. Jh. 1327 wird R. erstmals genannt; 1584 erhielt es die Stadtrechte. Im MA waren der Heringsfang und der Handel mit Norddeutschland bes. wichtig. 1688/89 wurde die Stadt durch Wall und Graben befestigt; damals entstand auch das Kastell. Die Befestigung wurde 1744 ausgebaut, jedoch nie vollendet. Im 17. Jh. war R. das Zentrum der dän. Uhrenherstellung; im 19. Jh. entwickelte sich die Fayence-Industrie. Auch nach der dt. Kapitulation am 5. Mai 1945 setzte der dt. Kommandant noch die Verteidigung

Kirkeby (Rømø), Clemenskirke

der Insel fort, was zu einer Zerstörung großer Teile des Ortes durch russische Bombenflugzeuge führte. – Heute besitzt R. neben seiner bedeutenden Tonwarenindustrie einen großen Hafen mit Verbindungen nach Kopenhagen, Ystad in Schweden und Saßnitz in der DDR.

Rønne Kirke: Der Kern des Bauwerks aus Feld- und Kalkstein ist roman. (13. Jh.); die Westverlängerung ist got. (um 1350), der Chor spätgotisch. 1915–18 wurde die Kirche umfassend umgebaut; aus dieser Zeit stammt auch der Turm, der eine vergrößerte Kopie des urspr. Turmes ist. Von der Innenausstattung ist nur ein gotländischer Taufstein aus Kalkstein aus dem 14. Jahrhundert bemerkenswert. Die älteste der drei Glokken wurde vermutlich im Jahre 1433 angefertigt.

Erichsens Gård (Laxegade 7): Das einstöckige Fachwerkhaus des Kaufmannes Erichsen wurde 1807 errichtet. Die Einrichtung stammt aus dem späten 19. Jh. – Der Maler *Christian Zahrtmann* und der Dichter *Holger Drachmann* (1846–1908) verkehrten hier; Drachmann heiratete eine der Töchter von Erichsen, seine erste Frau Wilhelmine. Bes. sehenswert ist der Garten mit vielen seltenen Büschen und Bäumen.

Bornholms Museum (Sankt Mortensgade 29): Die Sammlungen dokumentieren die Fauna, die Geologie und den Abbau von Bodenschätzen auf Bornholm; neben Granit, Kalkstein und Kohle findet man auf Bornholm Kaolin, das zur Herstellung von Porzellan und Seife verwendet wird. In dem Museum kann man außerdem archäologische Funde, eine Seefahrtabteilung, älteres Spielzeug sowie Bornholmer Keramik besichtigen. Eine Abteilung beinhaltet *Bornholms Kunstmuseum* mit Malerei, Graphik und Kunsthandwerk.

Außerdem sehenswert: R. besteht fast nur aus eingeschossigen Häusern; nur einige neuere Geschäftshäuser in der Nähe der Kirche sind zweistöckig. Das Straßennetz hat die für eine Ortschaft dieser Größe ungewöhnliche Länge von 100 km; es umfaßt ca. 175 Straßen. – In der Teaterstræde liegt Dänemarks ältestes noch bestehendes *Provinztheater*. Es wurde im Jahre 1823 aus Fachwerk für eine dramatische Gesellschaft errichtet, die 1818 gegründet worden war. – In der Toldbodgade 1 befindet sich das *alte Zollamt* von 1684. Die Balken wurden in Kopenhagen gezimmert und dann mit dem Schiff nach R. gebracht; die Türen stammen möglicherweise von der Festung *Hammershus* (vgl. Allinge-Sandvig). – In der Storega-

Kirkeby (Rømø), Grabstein auf dem Friedhof der Clemenskirke (l); Rønne, Rønne Kirke (r)

de 15 steht ein Fachwerkhaus aus der Mitte des 18. Jh., der *Johnsens Gård*. Interessant ist das hohe Steinfundament: Der Untergrund war hier früher sehr feucht, da in unmittelbarer Nähe, in der Damgade (dam = Teich), ein großer Teich lag. Storegade 19, Ecke Grønnegade, ist ein *Fachwerkhaus* aus dem frühen 18. Jh.; urspr. diente es als Speicher. – In der Grønnegade 17–19 liegt eines der ansehnlichsten Fachwerkhäuser in R., das *Rønne Missionshotel* aus dem 18. Jh. Am Haus Nr. 28 erinnert eine Gedenktafel (1943) an den Maler *Christian Zahrtmann*, der hier 1843 geboren wurde. Zahrtmann machte sich durch historische Monumentalgemälde einen Namen. Ab 1885 leitete er eine Malerschule in Kopenhagen, wo er 1917 starb. – Storegade 36, der *Amtmandsgård*, das größte Fachwerkhaus in R., stammt aus dem frühen 18. Jh., wird jedoch vor allem durch spätere Umbauten geprägt. In der *Storegade 40*, einem Fachwerkhaus aus der Zeit um 1750, wird die Tageszeitung »Bornholmeren« gemacht. Storegade 42, der *Kommandantgård*, wurde für den Kommandanten der Festung Schiønning 1846/47 errichtet; das Haus ist eines der schönsten Bauwerke in R. aus dem 19. Jh. – Søborgstræde 11, der *Pfarrhof*, war das erste Gebäude in R., das nicht aus Steinen erbaut wurde, die man beim Abbruch von Hammershus gewonnen hatte, es wurde 1831 errichtet. – Die barocke *Hauptwache*, aus Steinen von der Festung Hammershus errichtet, liegt in der Søndergade 12; sie entstand 1744.

Das *Kastell* liegt s des Ortes in einer Gegend, die *Galleløkken* genannt wird, da sich hier früher einmal der Galgen befand. Im Jahre 1688 errichtet, besitzt es einen Durchmesser von 18 m und verfügt über 3,5 m dikke Mauern. Unter dem Gebäude liegt eine Kasematte. Heute ist hier ein *Verteidigungsmuseum* (Forsvarsmuseum) eingerichtet, in dem Uniformen, Waffen, Ausrüstung, Karten und Modelle von Befestigungen gezeigt werden. Beim Kastell liegen Magazingebäude aus dem frühen 19. Jh.

Umgebung

Almindingen (15 km nö): Die *»Allmende«* ist der drittgrößte Wald Dänemarks. Er wurde von dem Förster Hans Rømer zwischen 1800 und 1830 angelegt: Nadelbäume, Eichen, Buchen und Birken. Bemerkenswert sind die Felsformationen, insbesondere das *Echotal (Ekkodalen)*, der *Jungfrauenberg (Jomfrubjerget)*, der *Königinnenstuhl (Dronningestolen)* und der *Reiterknecht (Rytterknægten)*, der höchste Punkt der Insel

Hasle (Rønne), Kirche, Schnitzaltar

Ny Kirke (Rønne), Rundkirche, Kapitell des Tragpfeilers

Bornholm (162 m). Hier steht ein Denkmal (Kongeminde), das an den Besuch Christians VII. im Jahre 1851 erinnert. Der Granitturm besitzt einen Eisenaufbau aus dem Jahre 1899 nach Plänen von T. Bindesbøll*; von hier kann man bei klarem Wetter bis nach Christiansø schauen. – Im Wald liegen zwei Burgruinen. Die *Gamleborg* (1 km s der Straße von Rønne nach Svaneke) erhebt sich auf einem 22 m hohen, 267 m langen und 110 m breiten Felsplateau. Sie war eine Fluchtburg und wurde nur im Fall eines Angriffs benutzt. Frauen, Kinder und Vieh sammelten sich auf dem Innenplatz, während die Männer die Wälle verteidigten. Umgeben war sie von dem jetzt teilweise ausgetrockneten *Borresø* oder Borgesø (Burgsee). Außer durch diesen See war die Burg nach N durch einen 6 m hohen Erd- und Steinwall geschützt, nach W und S durch eine Mauer. Wahrscheinlich wurde sie in der Wikingerzeit erbaut und bestand bis ins MA. – Die Ruine der *Lilleborg* (Kleine Burg) liegt ebenfalls s der Landstraße auf einem 16 m hohen Felsen. Die Burg wurde um 1170 wahrscheinlich von König Valdemar dem Großen errichtet. Sie war von einer Ringmauer umgeben. Das Hauptgebäude hatte eine Grundfläche von 8 × 26 m; der Torturm besaß 2,5 m dicke Mauern. 1259 wurde die Festung von dem wendischen Fürsten Jaromir aus Rügen zerstört.

Hasle (11 km n): Fischerort, der 1555 die Stadtrechte erhielt. Die Feldsteinkirche stammt aus dem 14. Jh.; der Turm wurde aus Fachwerk erbaut. Der prächtige geschnitzte Flügelaltar ist eine Lübecker Arbeit von ca. 1450; die Kreuzigungsgruppe im Hauptfeld rahmen Passionsszenen ein. Die Renaissancekanzel wurde um 1600 geschaffen. – 2 km ö von H. steht der größte Runenstein Bornholms, der sog. *Brogårdsstein;* er ist ca. 3 m hoch und stammt vermutlich aus der Zeit um 1100. Der Text lautet: »Svenger errichtete diesen Stein für seinen Vater Tosten, seinen Bruder Alvlak und für seine Mutter und seine Schwester.« Bemerkenswert ist dabei, daß die weiblichen Mitglieder der Familie nicht namentlich genannt werden. – Nahe davon liegen die *Ørnekuller*, acht Steinhaufen aus prähistorischer Zeit. Hier wurden 1816 und 1833 die ersten Ausgrabungen auf Bornholm vorgenommen. Offensichtlich handelt es sich um Brandgräber. Die Funde, die man damals machte, führten zu *C. J. Thomsens* (1788–1865) Einteilung (1820) der prähistorischen Zeit in Steinzeit, Bronzezeit und Eisenzeit, die sich auch international durchsetzte. Thomsen war Kaufmann und Amateurarchäologe. – Ein Gedenkstein auf dem Marktplatz erinnert daran, daß von Hasle 1658 die Verschwörung gegen die schwed. Besatzung ausging; als Ergebnis der Erhebung wurde der schwed. Kommandant Printzensköld in Rønne erschlagen. In der Storegade in Rønne befinden sich vor der Staatsschule im Asphalt zwei flache Steine an der Stelle, wo dieser Mord geschehen sein soll. Der größere ist das Fragment eines Runensteins und trägt die Jahreszahl 1658; der kleinere ist angeblich für Printzenskölds Hund.

Knuds Kirke (Knudsker, 4 km nö): Die roman. Kirche wurde um 1200 errichtet. Der Chor mit halbrunder Apsis besitzt noch sein urspr. Tonnengewölbe; das Schiff selbst hat eine flache Balkendecke. Die Kirche – insbesondere der Turm – wurde 1879 von J. D. Herholdt* umgebaut. Die Innenausstattung besteht u. a. aus einem Altar von 1596, einer Kanzel von ca. 1600 und einem roman. Taufstein.

Ny Kirke (Nyker, 6 km nö): Die Ny-Kirche ist die kleinste von Bornholms vier Rundkirchen; sie wurde um das Jahr 1200 erbaut. Urspr. war das Rundschiff wohl dreistöckig geplant; das Gewölbe des ersten Obergeschosses kam jedoch nie zur Ausführung. Das Untergeschoß besitzt ein rundes Tonnengewölbe, das auf einem massiven Mittelpfeiler ruht. Das Kegeldach stammt aus dem 17. Jh.; urspr. gab es auf dem Dach vermutlich Anlagen zur Verteidigung. Das Waffenhaus ist spät-ma. Im Inneren finden sich Kalkmalereien aus dem frühen 15. Jh.; zu sehen sind u. a. die Leidensgeschichte Christi, seine Grablegung und Auferstehung, die Himmelfahrt sowie der ungläubige Thomas. Man verwendete dabei nur die Farben Gelb, Grün und Hellbraun. Die Darstellung des auferstandenen Christus über dem Chorbogen stammt aus der Zeit um 1600. Die Kanzel entstand etwa 1610. Im Waffenhaus befinden sich zwei Bruchstücke eines Runensteins. – Der untere Teil des für sich stehenden Glockenturms (um 1500) besteht aus Feldsteinen, der obere aus Fachwerk. Auf den Kirchhof gelangt man durch drei hölzerne Pforten aus den Jahren 1678, 1776 und 1809.

Nylars Kirke (Rønne), Rundkirche

Nylars Kirke (Nylarsker, 8 km sö): Die nach dem hl. Nikolaus benannte Kirche ist die jüngste der Rundkirchen auf Bornholm und gleichzeitig auch die am besten erhaltene; sie wurde im 12. Jh. erbaut. Der Chor ist oval und besitzt eine halbrunde Apsis. Das Rundschiff (Durchmesser 11 m) hat drei Stockwerke; die beiden unteren besitzen ringförmige Tonnengewölbe, die auf Mittelpfeilern ruhen. Im obersten befand sich einmal ein Wehrgang mit Brustwehr; die Schießscharten wurden jedoch zugemauert, bevor man im MA das kegelförmige Dach aufsetzte. Auf dem Mittelpfeiler im Untergeschoß sind Kalkmalereien von 1275–1300 zu sehen. Gegenüber dem Chor ist ein rotbrauner Turm dargestellt, daneben die Erschaffung Adam und Evas, der Sündenfall und die Vertreibung aus dem Paradies. Die

Fresken wurden Ende des 19. Jh. von J. Kornerup fast schon zu gründlich restauriert. Der Taufstein von ca. 1250 stammt von Gotland. Im Waffenhaus befinden sich ein Kruzifix von ca. 1600 sowie zwei Runensteine aus der Zeit um 1100-1150. Der größere Stein (260 × 118 cm) hat die Inschrift: »Sosser ließ diesen Stein nach seinem Vater errichten. Er ertrank mit der ganzen Schiffsmannschaft. Christus helfe seiner Seele in aller Ewigkeit. Dieser Stein soll zum Gedächtnis stehen.« Der andere Stein (186 × 146 cm) verrät: »Kåbe-Sven errichtete diesen Stein nach Bøse, einem Jungen von guter Abstammung, der im Kampf in Blekinge erschlagen wurde. Gott der Herr und der hl. Michael helft seiner Seele.« - Der Glockenturm auf dem Kirchhof entstand im MA; er ist 6,4 m hoch. Der untere Teil ist aus Feldstein erbaut, der obere aus Fachwerk.

Silkeborg Mitteljütland	
Einw.: 46900	S. 254 □ D 4

S. ist eine der jüngsten Städte Dänemarks. Im MA bei einer nicht mehr erhaltenen kgl. Burg entstanden, wuchs es erst im 19. Jh. nach der Gründung einer Papierfabrik zu einer Stadt heran. Die Stadtrechte erhielt es im Jahre 1900. S. wurde Dänemarks erstes Kurbad.

Silkeborg Kunstmuseum (Gudenåvej 7-9): Kunst des 20. Jh. Weltberühmt sind die abstrakten Gemälde von Asger Jorn* (1914-1973), der der Stadt seine Kunstsammlung (u.a. Werke v. Jean Dubuffet*, Hans Arp*, Max Ernst* und Carl-Henning Pedersen*) vermachte, weil er in S. zwei entscheidende Jahre seines Lebens verbracht hatte.

Silkeborg Museum (Hovedgårdsvej): *Kulturhistorisches Museum,* das in einem Herrenhaus von 1770 (umgebaut 1852/53) untergebracht ist. Zu sehen sind u.a. der berühmte *Tollund-Mann,* der Kopf einer etwa 2200 Jahre alten Moorleiche, eine Sammlung dän. Glases von der Renaissance bis 1900 sowie eine Holzschuhmacher- und eine Töpferwerkstatt.

Außerdem sehenswert: Das *Rathaus* von 1857 (H.C. Zeltner*) ist wie das Rathaus in Horsens im Renaissancestil gestaltet. Davor steht eine *Statue von Michael Drewsen,* dem Gründer der Papierfabrik (Pedersen Dan*, 1892). - Im Langsø befindet sich Nordeuropas größter *Farbspringbrunnen,* der im Sommer vom Einbruch der Dunkelheit bis 23 Uhr beleuchtet wird.

Umgebung

Bryrup (18 km s): Von Bryrup nach Vrads (5 km) verkehrt im Sommer jedes Wochenende (im Juli auch täglich) eine *Museumseisenbahn.* Wunderschöne Heidelandschaft.

Funder Kirkeby (8 km w): Roman. Granitquaderkirche (um 1150). Auf dem Tympanonrelief des s Säulenportals sieht man zwei Löwen mit einem gemeinsamen Kopf; auf dem Sockel steht in Runen NIKLAS, vermutlich der Name des Bildhauers. Altar von 1654; Kanzel von 1608 mit Schalldeckel von 1726.

Gjern (15 km nö): Roman. *Kirche* mit drei prächtigen Granitportalen und einem Altar von ca. 1600. - *Jütländisches Automobilmuseum* mit 95 Fahrzeugen aus der Zeit zwischen 1900 und 1942.

Grønbæk (14 km n): Roman. *Kirche* (ca. 1225), bestehend aus Schiff, Chor und Apsis. Das S-Portal ist mit Granitreliefs geschmückt. Die Kalkmalereien im Chor stammen aus der Entstehungszeit der Kirche: Der thronende Christus wird l von Ma-

Silkeborg, Rathaus

ria und Petrus und r von Johannes und Paulus flankiert. Im Chorbogen ist ein seltsamer roman. Reliefstein mit einem Drachen, der von einer Hand am Schwanz gehalten wird und seine Zunge einem Menschen in den Mund steckt, zu sehen. Roman. Taufstein; Kanzel von ca. 1650 mit Schalldeckel von 1686; Kreuzigungsgruppe aus der Zeit um 1650. - Das hübsche *Pfarrhaus* wurde 1757 von dem Pfarrer Niels Hurtigkarl erbaut; verwendet wurden dabei Ziegel bis zu 56 cm Länge, was der Mauerdicke entspricht. - Eine weitere Sehenswürdigkeit ist das *»Hospital«* aus dem Jahre 1778.

Hammel (25 km nö): *Kirche* mit roman. Ursprüngen. Das Tympanonrelief des zugemauerten N-Portals zeigt vermutlich eine Szene aus der Legende des hl. Eustachius, das des zugemauerten S-Portals (mit schönen Säulen) die Kreuzigung. Die Grabkapelle der Eigentümer von Frijsenborg (mit mehreren Marmorsarkophagen) bildet die Verlängerung des Chores und ist von diesem durch ein Gitter getrennt. Die Stuckdecke in der Kirche stammt von 1738. Im Sockel der S-Mauer befindet sich ein Runenstein aus der Wikingerzeit, einer der ältesten in Dänemark. - Das dreiflügelige Schloß *Frijsenborg* im Renaissancestil (1860) liegt 1 km ö; es ist von einem Wassergraben und einem hübschen Park umgeben. Der Architekt war F. Meldahl*, der den Wiederaufbau von Frederiksborg (→ Hillerød) geleitet hatte.

Hørbylunde (ca. 10 km w, s der Straße nach Herning): Ein Granitkreuz in dem Wäldchen erinnert an den Pfarrer und Schriftsteller *Kaj Munk*, der hier am 4. Januar 1944 von der Gestapo ermordet wurde, 51 Jahre alt.

Kragelund (12 km w): Wie in → Funder sind auch hier die Bildhauerarbeiten der roman. *Kirche* (Granitquader) signiert. Auf dem Deckstein des S-Portals steht in Runen: »Asi befahl und Vagn ritzte«. Das Altarrelief aus Gußeisen stammt von Erik Heide* (1967).

Låsby (17 km ö): Die *Dorfkirche* ist berühmt für ihre roman. Granitbildhauerkunst. Das Tympanonrelief des S-Portals zeigt Daniel in der Löwengrube, der Fries auf dem Taufstein zwei Löwen mit einem Menschenkopf.

Tvilum (über Grauballe, 10 km nö): Die *Kirche,* bestehend aus nur einem ma Langhaus, ist der letzte Überrest eines *Augustinerklosters,* das im 13. Jh. gegründet wurde.

Vinderslev (13 km nw): Roman. *Kirche* aus Granitquadern. Die urspr. Portale in der N- und S-Mauer sind - wenn auch zugemauert - noch erhalten. Der Turm stammt aus dem späten MA. Im Inneren finden sich im Schiff spätgot. Kalkmalereien von ca. 1480 und im Chor Renaissance-Kalkmalereien aus der Zeit um 1550. Im Chor sieht man Niels Skeel und Karen Krabbe, die damaligen Besitzer von Vinderlevsholm und Stifter der Bilder, beim Kartenspiel. Das hat zu der Legende geführt, Karen Krabbe hätte die Kirche mit Geld bezahlt, das sie beim Kartenspiel gewonnen hätte. Bei den älteren Fresken ist bes. eine Szene bemerkenswert: Zwei Gänse hängen einen Fuchs an den Galgen - der Triumph der Einfalt über die Klugheit. *Vinderslevholm,* ein spätgot. Herrensitz mit 1,3 m dicker Mauer, früher ganz von Wasser umgeben, liegt 6 km ö am Hinge-See.

Voldby (22 km nö): In der ma *Kirche* befindet sich ein geschnitzter Altar aus der Werkstatt von Claus Berg* in Odense. Im Mittelfeld ist das Martyrium des hl. Leodegar und der 10000 Ritter zu sehen. Leodegar wurden die Augen ausgestochen; die 10000 Ritter, christliche Ägypter, wurden auf Befehl des röm. Kaisers Trajan im 2. Jh. vom Berg Ararat geworfen, weil sie sich weigerten, Götzen zu opfern.

Skagen Nordjütland	
Einw.: 13900	S. 254 □ F 1

S. liegt am äußersten Ende der jütländischen Halbinsel und besteht aus *Højen* oder *Gammel Skagen* (Alt-S.) am Skagerrak und *Skagen* am Kattegat.

Im MA gab es nur Gammel S. an der Nordsee; später wurde auch die Kattegatküste besiedelt. Der Fischerort erhielt 1413 die Stadtrechte. Seine Blütezeit erlebte er im 16. Jh.: Der Fischfang war damals ergiebig; gepökelte und getrocknete Fische wurden im In- und Ausland verkauft. Im 17. Jh. begann eine Periode des Niedergangs, die bis ins 19. Jh. anhielt: Die Heringsströme blieben aus, es gab Sturmfluten, die große Zerstörungen anrichteten, der Flugsand nahm zu. Der Hafen wurde erst 1904-07 angelegt (Erweiterungen 1937 und 1957).

Seit 1870 wurde S. von Künstlern entdeckt. Zur *Skagener Künstlerkolonie* gehörten der Schriftsteller *Holger Drachmann* (1846-1908), das Malerehepaar *Anna* und *Michael Ancher* (Anna Ancher war die Tochter des Hotelbesitzers Brøndum) sowie der norweg. Maler *Peder Severin Krøyer.*

Kirke: Die dreischiffige Kirche wurde 1839/40 nach Plänen des Baumeisters der Kopenhagener Frauenkirche, C. F. Hansen*, errichtet und 1909/10 von Ulrik Plesner* radikal umgebaut (u. a. Turm über dem W-Ende). Die Innenausstattung (Kanzel, Gestühl und Stukkatur) wurde von Thorvald Bindesbøll* entworfen.

Brøndums Hotel (Anchervej 3): Das Hotel erhielt seine heutige Gestalt durch An- und Umbauten, die nach Plänen des Architekten Ulrik Plesner* zwischen 1891 und 1915 errichtet wurden. Plesner war Mitglied der Künstlerkolonie. Er war 1891 nach S. mit dem Auftrag gekommen, in Høyen einen Leuchtturm zu errichten, und starb am 22. November 1933 in Brøndums Hotel. Plesner hat das Stadtbild S.s entscheidend mitgeprägt. Die Pläne für den *Klitgård* (Dünenhof, 1914 für Christian X. als Sommerwohnsitz erbaut), das *Krankenhaus,* die *Hafenverwaltung,* den *Bahnhof,* die *Skagen-Bank* und die *Post* stammen von ihm.

Leuchttürme (nö Ortsrand): Das *Vippefyr* (Wippfeuer) ist eine Rekonstruktion des ältesten dän. Leuchtturms aus dem Jahre 1560; es ist 26 m hoch. - Der *alte Leuchtturm,* achteckig und 21 m hoch, wurde 1746-48 von dem Rokokoarchitekten Philip de Lange* erbaut. Er wurde durch den *neuen Leuchtturm* ersetzt, der 1847/48 von N. S. Nebelong* errichtet wurde und 46 m hoch und kegelförmig ist. Die Treppe hat 210 Stufen.

Skagen, Turm »Lange Maren« der 1775 versandeten und 1810 abgebrochenen Laurentiuskirche ▷

Rådhus (Sankt Laurentiivej 87): Das *Rathaus* wurde 1966-68 nach Plänen von Ejnar Borg* errichtet. Als Baumaterial fanden gelber Backstein und rote Dachziegel Verwendung - ganz im Einklang mit der übrigen Skagener Architektur.

Anna og Michael Anchers Hus (Markvej 2): Der Maler *Michael Ancher* kaufte das 1830 erbaute Haus (Umbau 1859) im Jahre 1884. Die Türrahmen stammen aus dem 18. Jh.; sie wurden von Ancher vermutlich in Ålborg erworben. Der n Erweiterungsbau wurde 1913/14 v. Ulrik Plesner* errichtet. Das Anwesen steht seit 1939 unverändert und ist heute ein *Museum*, in dem Gemälde und Zeichnungen von Anna und Michael Ancher* sowie von ihrer Tochter Helga ausgestellt sind.

Drachmanns Hus (Skovvej): Letzte Wohnstätte des Dichters *Holger Drachmann*. Heute befindet sich hier ein kleines *Museum* mit der Hinterlassenschaft Drachmanns (u. a. seine Kleidungsstücke).

Skagens Fortidsminder (Svallerbakken): *Freilichtmuseum*, das aus sechs Gebäuden besteht, u. a. dem Heim eines wohlhabenden und dem eines armen Fischers (beide von 1836), einem Bootshaus mit einem Rettungsboot und einer strohgedeckten Mühle. - Das *Fischereimuseum* dokumentiert die Entwicklung der Fischerei in S. von 1700 bis heute.

Skagen Museum (Brøndumsvej 4): 1100 Arbeiten, Gemälde, Zeichnungen, Graphiken und Skulpturen überwiegend von Mitgliedern der *Skagener Schule*. Es handelt sich dabei um realistische, in den Farben des Impressionismus gehaltene Gemälde, die häufig Szenen aus dem Leben der Fischer darstellen. Die Maler wurden von den eigenartigen und einzigartigen Lichtverhältnissen - endloser Himmel, Wasser, weiße Dünen - angezogen. In einem Anbau befindet sich der Speisesaal von Brøndums Hotel (Ausstattung von Thorvald Bindesbøll*, u. a. Paneele und Porträtfriese). Gedächtniszimmer für Krøyer und Drachmann, im Gartenhaus das Atelier Michael Anchers. - Im Garten stehen die Statue *Anna Anchers* von Astrid Noack* (1939) und die Statue *Thorvald Bindesbølls von* Kai Nielsen* (1909/10). Vor dem Hauptgebäude (1928 von Ulrik Plesner* errichtet) sind das Doppelstandbild *P. S. Krøyers* und *Michael Anchers* von Laurits Tuxen* (1928) sowie die Statue des norweg. Malers *Christian Krogh* von Waldemar S. Dahl* (1952) zu sehen.

Außerdem sehenswert: *Krøyers Hus* (Plantage), ein Gebäude von 1809, war urspr. die Wohnung des Bürgermeisters; 1893 wurde es von Ulrik Plesner* restauriert. - In der Plantage steht auch das Haus des Oberdünenaufsehers *(Overklitfogedbolig)*, das 1832 von Georg Nielsen Holmgren* in klassizistischem Stil errichtet wurde. - *Fiskepakhuse*, die Fischschuppen am Hafen, wurden 1905 von Thorvald Bindesbøll* mit Anklängen an den Jugendstil erbaut; sie haben große Ähnlichkeit mit Lagerschuppen in den norweg. Hafenstädten Bergen und Trondheim. - Am Hafen steht auch die Skulptur *»Fischer und Rettungsmann«* von Anne Marie Carl-Nielsen*.

Veranstaltungen: Jeden Morgen zwischen 6.30 Uhr und 10 Uhr findet die *Fischauktion* in der Fischauktionshalle am Hafen statt.

Umgebung

Råbjerg Mile (16 km sw): Größte Wanderdüne Dänemarks. Sie bewegt sich mit einer Geschwindigkeit von 8 m im Jahr in nö Richtung und droht die in der Nähe liegenden Felder und Weiden zu versanden.
Skagens Gamle Kirke (5 km sw): Die spätma Kirche wurde 1775 vom Sand begraben und 1810 bis auf den Turm abgerissen. 20 Jahre lang (bis 1795) hatte man immer wieder den Zugang freigegraben.
Skagens Odde/Grenen (3 km nö): Nordspitze Jütlands, bestehend aus Moor, Heide und Dünen. In den Dünen liegt das Grab des Dichters *Holger Drachmann* (P. S. Krøyer*, 1908).

Skanderborg
Ostjütland

Einw.: 19200	S. 256 □ D 4

S. entstand im 16. Jh. 1 km n des Dorfes *Skanderup* bei dem kgl. Schloß Skanderup.

Im MA hatte hier bereits eine kgl. Burg bestanden. 1583 erhielt S. von Frederik II. die Stadtrechte. Im 19. Jh. wuchsen Dorf und Stadt zusammen.

Skanderup Kirke: Die roman. Kirche aus Schwemmstein wurde im frühen 12. Jh. errichtet. Die Chorapsis wird durch Pilaster und ein Rundbogenfries geschmückt. Im MA wurde der obere Teil des Westturmes abgebrochen; das Langhaus wurde dabei nach W verlängert und gleichzeitig gewölbt. Der neue Westturm entstand später; seine zwiebelförmige Spitze stammt aus dem Jahre 1741. Die Südkapelle ist ebenfalls spätma. In der Kirche sind Kalkmalereien aus der Zeit zwischen 1200 und 1225 zu sehen; sie wurden 1961 entdeckt und sind teilweise nur noch fragmentarisch erhalten. Dargestellt ist u.a. das Martyrium des Apostels Petrus: Als Beweis seiner Demut bat er darum, mit dem Kopf nach unten gekreuzigt zu werden. Dies soll während der Christenverfolgungen unter Kaiser Nero im Jahre 64 geschehen sein. Auf einem Fries sind Krieger in Rüstungen aus der Zeit Valdemars I. dargestellt. Der Altaraufbau stammt von ca. 1650, die Kanzel von 1653.

Slotskirke: Die Schloßkirche war urspr. das untere Stockwerk des Südflügels; sie ist der einzige erhaltene Teil des *Schlosses*, das 1767 abgerissen wurde. Der Kirchturm ist einer der runden Ecktürme. Kirche und Turm stammen aus dem 16. Jh. Die Innenausstattung (um 1800) ist in einer Mischung aus Rokoko und Empire gehalten. Die Emporen und Logen sind in zwei Etagen; die Kanzel befindet sich über dem Altar. - Bei der Kirche hat man eine Büste Frederiks VI. von Bertil Thorvaldsen* aufgestellt.

Außerdem sehenswert: Das *Heimatmuseum* in der Adelgade 5. - Der *Amtgård*, ein klassizistisches Haus mit zwei Stockwerken, das 1804 für den Stadtvogt errichtet wurde. - Das *Rathaus* (Torvet) wurde 1860 von H.C. Zeltner* im Stil des Historismus erbaut. Es besitzt in der Mitte der Fassade einen Turm wie die Herrensitze der Renaissance; dieser hat jedoch - ebenso wie die Giebel - got. Treppengiebel. Die großen rechteckigen Fenster lassen den Einfluß des Klassizismus erkennen.

Umgebung

Gammel Rye (16 km nw): Hier befand sich im MA ein Wallfahrtsort bei einer wundertätigen Quelle. Im 15. Jh. errichtete man dort eine beachtliche *Kreuzkirche* aus Back-

Skanderborg, Skanderup Kirke

Skanderborg, Slotskirke

stein, die ebenso wie die Quelle dem hl. Georg (Søren) geweiht war. Nach der Reformation verfiel das Bauwerk. Heute ist nur noch ein Teil des Langhauses erhalten. Der Turm ist eine Rekonstruktion aus dem Jahre 1912 (Hack Kampmann*). Er steht auf dem urspr. Fundament in einigem Abstand w des Langhauses, so daß man heute noch eine gute Vorstellung davon erhält, wie groß die Kirche einmal gewesen sein muß. - 4 km n liegt der *Himmelbjerg*. Er ist mit 157 m die dritthöchste Erhebung in Dänemark. Von dem 25 m hohen *Aussichtsturm* (1875) hat man eine Sicht bis nach Århus und Silkeborg.

Hørning (8 km nö): Wo jetzt die Kirche steht, befand sich ein *Fürstengrab* aus der Wikingerzeit (10. Jh.). Im 11. Jh. wurde unmittelbar darüber eine Holzkirche errichtet. Eine ihrer bemalten Eichenplanken ist erhalten geblieben und heute im Nationalmuseum in Kopenhagen zu besichtigen. Die bestehende *Kirche* ist im 12. Jh. aus Granitquadern aufgeführt worden. Das Querschiff und der Turm entstanden im späten MA. Bemerkenswert im Inneren ist die Stuckdekoration (17. Jh.). Der n Kreuzarm ist durch ein Schmiedeeisengitter abgetrennt; er bildet die Grabkapelle des Obersten Hans Friis. Sein Marmorgrabmal (mit Frauen und Tochter) wurde von Thomas Quellinus* 1691 geschaffen. Der Altar stammt von ca. 1690.

Odder (19 km sö): Im *Museum* (Møllevej 5) sind Ausgrabungsfunde aus historischer und vorgeschichtlicher Zeit sowie Volkstrachten ausgestellt. Als Ausstellungsraum dient eine ehem. Wassermühle. - Die *Kirche* (Apsis, Chor und Schiff) stammt aus roman. Zeit. Turm, Waffenhaus und Gewölbe sind spät-ma. Der s Anbau entstand 1674. Hier befindet sich das Rodsteensche Familiengrab. - Der *Kirchhof* ist von einem Graben umgeben; er war wohl urspr. einmal befestigt. - 2 km sö liegt der Herrensitz *Rodsteenseje*, ein Fachwerkhof, der 1681 von Admiral Jens Rodsteen erbaut wurde.

Randlev (21 km sö): Im MA aus Granitquadern errichtete *Kirche*. Im Chorbogen befindet sich ein roman. Tympanonrelief, das

Veng (Skanderborg), Dreifaltigkeitskirche

den Sündenfall und die Kreuzigung zeigt. – Der *Pfarrhof* aus Fachwerk stammt aus dem Jahre 1749.

Veng (9 km n): Die *Dreifaltigkeitskirche* ist die älteste erhaltene Klosterkirche Dänemarks; sie gehörte urspr. dem Benediktinerorden. Um 1100 wurde die Kirche aus Schwemmstein erbaut – als Kreuzkirche. Über dem w Teil des Langhauses erhob sich urspr. ein Turm. Die Kreuzarme sind zweigeschossig. Chor sowie Kreuzarme besitzen Apsiden. Der Turm über dem s Kreuzarm und die Gewölbe sind spät-ma. Das Gebäude läßt den Einfluß angelsächsischer Architektur erkennen. Zur Innenausstattung gehören ein roman. Granittaufstein sowie ein Altar und eine Kanzel von ca. 1600. – Etwas n liegt der Herrensitz *Sophiendal,* der 1875–84 von H. B. Storck* für Baron Gottlob Emil Rosenkrantz erbaut wurde. Er erinnert an *Rosenholm* bei → Århus, das sich auch im Besitz des Adelsgeschlechts Rosenkrantz befand.

Øm Kloster (am Mossø, 10 km w): Das Zisterzienserkloster, das auf Lateinisch *»cara insula«* hieß, wurde 1172 gegründet. Es war im MA eines der wohlhabendsten Klöster Dänemarks. Nach der Reformation war es eine kgl. Residenz und trug den Namen *Emborg*. Frederik II., der sich oft hier aufhielt, ließ es 1561 abbrechen; die Steine wurden zum Bau von Skanderborg-Schloß verwendet. 1912–41 wurden die Fundamente ausgegraben. Heute kann man den perfekten Grundriß eines Zisterzienserklosters bewundern. – In einem kleinen *Museum* sind die Ausgrabungsfunde zu besichtigen, u. a. Skelette, die zeigen, wie umfassend die chirurgischen Fähigkeiten der Mönche gewesen sein müssen.

Skive

Salling (Nordjütland)

Einw.: 26 800	S. 254 □ C 3

Der an der Mündung des Karup Å in den Limfjord gelegene Ort erhielt 1326 die Stadtrechte. Zu dieser Zeit gab es dort, wo

Skive, Den Gamle Kirke

Spøttrup (Skive), Torturm der Wasserburg

jetzt das Hotel Skivehus liegt, eine kgl. Burg. Heute ist S. eine Garnisonstadt mit holzverarbeitender und Zementindustrie.

Den Gamle Kirke/Vor Frue Kirke: Roman. Kirche. Die Chorverlängerung, der Westturm, der Kreuzarm nach S und das Waffenhaus stammen aus dem späten MA. Die Kalkmalereien im Inneren der Kirche entstanden 1522. Dargestellt sind neben der Heiligen Familie Apostel und Heilige; die Figuren sind durch Blumenornamente verbunden. Der Altar wurde 1620 geschaffen. Von den vier sehenswerten Grabmalen ist das älteste ebenfalls von 1620.

Krabbesholm (in Hafennähe): In dem *ehem. Herrensitz* ist seit 1907 eine *Volkshochschule* untergebracht. Der Mittelflügel aus Backstein wurde um 1560 von Reichsrat Iver Krabbe erbaut; die beiden Seitenflügel aus Fachwerk entstanden 1755–60. Im Rittersaal sind Wand- und Deckengemälde von Olaus Carolus Wassmann* (1759) zu sehen.

Skive Museum (Havnevej): *Kulturhistorisches* und *archäologisches Museum*. Bes. sehenswert sind Dänemarks größter Bernsteinfund (13000 Perlen), Gemälde von Hans Smidth* und C. Dalsgaard* sowie eine Sammlung von Gegenständen aus Grönland. Das Museum wurde 1942 von H. Toft-Hansen* errichtet und 1958/59 umgebaut.

Außerdem sehenswert: *Gammel Skivehus*. An der Stelle des im 13. Jh. erstmals erwähnten Königshofes befindet sich heute das *Hotel Skivehus* mit einer klassizistischen Fassade von 1850. Der Seitenflügel aus Fachwerk wurde 1719 erbaut. An einem Aussichtsplatz an der Straße nach Holstebro steht die Plastik *»Høstpige«* von Anker Hoffmann* (1942) zur Erinnerung an den Dichter Jeppe Aakjær.

Umgebung

Eskær (18 km n): Die dreiflügelige Anlage

Spøttrup (Skive), Wasserburg

des *Herrenhauses* wurde 1761 für Mads Hastrup errichtet. Die gewölbten Keller stammen von einem Gebäude aus dem frühen 16. Jh.

Grinderslev (16 km n): Die *Sankt Peter Kirke* war bis zur Reformation Teil eines *Augustinerklosters*, das 1176 erstmals erwähnt wird. Aus dieser Zeit stammen der Chor und die mit Blendbögen geschmückte Chorapsis. Das Langhaus entstand etwas später, der Westturm um 1478. Im Inneren sind Kalkmalereien von 1530 (Madonna mit Kind) und 1575 (Daniel in der Löwengrube und Jonas mit dem Walfisch) zu sehen. Altar und Kanzel wurden um 1600 geschaffen, eine Kruzifixgruppe um 1450. Am Südportal des Chores befindet sich ein Halseisen von etwa 1700.

Jenle (14 km n): Hier lebte der Dichter *Jeppe Aakjær* (geboren 1866 in → Åkær) bis zu seinem Tode im Jahre 1930. Der Hof wurde 1906/07 von Povl Baumann* und Thorvald Jørgensen* erbaut.

Lem (15 km w): Roman. *Kirche* aus Granitquadern. Bes. sehenswert ist das zugemauerte Nordportal. In der Südkapelle befinden sich Kalkmalereien von ca. 1560; zu sehen sind u. a. die Kreuzigung, die Erschaffung Evas und die Heilige Familie.

Lihme (20 km w): Die *Sankt Vincentius Kirke* ist eine der ältesten Kirchen in Nordjütland. Sie wurde um 1100 vermutlich als Hofkirche für einen Adligen erbaut. Das Nordportal läßt engl. Einfluß erkennen. Der Westturm entstand 1150; das Waffenhaus ist spät-ma. Altarbild und Kanzel stammen aus der Zeit der Renaissance. Der Taufstein ist roman.; er ist mit einem einzigartigen Relief geschmückt, auf dem u. a. der Kampf mit einem Drachen dargestellt ist.

Oddense (13 km nw): Ma *Kirche*. Die Kalkmalereien aus dem Jahre 1540 wurden 1878 von Lorenz Frølich* und Jørgen Sonne* restauriert; dabei ging jedoch ihr urspr. Charakter verloren. Altar von 1602; Kanzel von ca. 1650.

Spøttrup (sw v. Rødding, 20 km nw): Spätgot. *Burg*. Die dreiflügelige Anlage, die durch einen Burgturm nach W abgeschlossen wird, ist von einem doppelten Wasser-

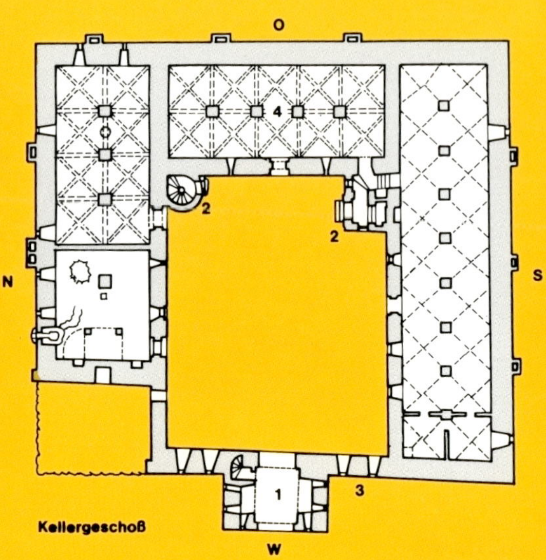

Spøttrup **1** Torturm **2** Treppentürme **3** w Sperrmauer **4** spätgot. Gewölbe **5** Kerker, darüber Rittersaal

graben mit einem Zwischenwall umgeben. Die Schächte, die die Fassade gliedern, gehörten einmal zu Abtritten; es gab wahrscheinlich insgesamt neun, was darauf schließen läßt, daß die Burg im MA eine ziemlich große Mannschaft gehabt haben muß. Im 18. Jh. verfiel die Burg, bis sie 1803 in den Besitz des Viehzüchters Nis Nissen kam. 1837 wurde sie vom dän. Staat erworben und von Mogens Clemmensen* restauriert. Die Backsteinmauern sind bis zu 2 m dick. Bes. sehenswert sind die got. Gewölbe im Ostflügel, der Rittersaal aus der Renaissancezeit im Südflügel und der Wehrgang im Westflügel. In dem schönen Garten ö der Burg wachsen Heil- und Küchenkräuter sowie Rosen. – Die Burg war jahrhundertelang uneinnehmbar. 1404 kam sie in den Besitz des Bischofs von Viborg, nachdem sie vorher verschiedenen Adligen gehört hatte, nach der Reformation an die Krone, die sie hauptsächlich dt. Adligen als Lehen gab.

Ørslevkloster (13 km ö): Das vermutlich zum Benediktinerorden gehörende Nonnenkloster wird 1275 erstmals erwähnt. Nach der Reformation war es im Besitz der Krone, ab Ende des 16. Jh. Eigentum von Adligen. Die Anlage besteht aus drei Flügeln mit einem vierten n Flügel, in dem sich die Kirche befindet. Das Mauerwerk stammt größtenteils aus der Zeit um 1500. Um 1700 wurde das Gebäude im Barockstil für General J. Rantzau umgebaut; 1934/35 wurde es gründlich restauriert. – Die *Kirche* ist ein roman. Granitquaderbau. Westturm und Waffenhaus sind spät-ma. Die Innenausstattung stammt aus dem 16. und 17. Jh. Sehenswert ist auch das Grabmal des Seeräubers Mogens Heinesen (1738), der 1589 in Kopenhagen hingerichtet wurde. Ein Jahr später wurde er freigesprochen und feierlich bei der Kirche beigesetzt. – Das Kloster ist heute eine Tagungsstätte für Künstler und Wissenschaftler.

Åkær (über Fly, am Karup Å, 12 km s): Hier

Spøttrup (Skive), Schlafzimmer (Detail)

Ørslevkloster (Skive), Granitquaderkirche

wurde 1866 der Dichter *Jeppe Jensen*, der sich später den Namen *Jeppe Aakjær* gab, geboren (vgl. Jenle).

Slagelse Westseeland	
Einw.: 33 300	S. 258 □ G 6

S. ist eine sehr alte Stadt; bereits im 11. Jh. wird sie als Münzort erwähnt. 1288 erhielt sie die Stadtrechte und war während des ganzen MA ein bedeutendes Handelszentrum. Nach der Reformation war S. für seine Schulen bekannt. Brände und die Kriege gegen Schweden setzten dem Ort im 17. Jh. stark zu. Erst im 19. Jh. begann er sich wieder zu erholen.

Sankt Mikkels Kirke: Die got. Backsteinkirche wurde im 14. Jh. errichtet. Sie ist ungewöhnlich kurz (34 m) und breit (20 m). Die Seitenschiffe haben fast die gleiche Breite wie das Mittelschiff; sonst beträgt das Verhältnis 1:2. Bes. schön ist der helle Chorraum mit seinen 8 m hohen Fenstern. – W der Kirche in der Rosengade liegt die 1490 erbaute *ehem. Kirchenscheune*. 1616–1809 war darin die Lateinschule untergebracht. Der Verfasser der ersten modernen dän. Prosa, *Jens Baggesen* (1764–1826), und der romantische Dichter *Bernhard Severin Ingemann* (1789–1862) waren die prominentesten Schüler. – *Hans Christian Andersen* (1805–75) besuchte 1822–26 eine Schule in der Bredegade, die abgebrannt ist. Andersen äußerte sich über S. folgendermaßen: »Slagelse rimer på plagelse« (S. reimt auf Plage).

Sankt Peders Kirke: Der Kern der Kirche aus Feldstein ist romanisch. Die Chorverlängerung, die n und s Seitenkapelle und die Gewölbe sind got., Waffenhaus und Sakristei sind spätgotisch. Der Turm wurde 1664 errichtet; er ersetzte einen älteren, der bei einem Unwetter 1660 zerstört worden war. Im Waffenhaus befinden sich drei Grabsteine aus dem 14. Jh. Ein weiterer Grabstein ist

Gerlev (Slagelse), Dorfkirche

für Hans Spiirhugger (gestorben 1683), den Baumeister des Turms. Von einem Altar aus dem 14. Jh. ist nur noch eine Holzfigur erhalten; sie stellt den hl. Dionysius, einen franz. Heiligen, dar.

Außerdem sehenswert: In der Bredegade sind in der Südmauer einer *Krankenhauskirche* Reste des spät-ma *Heiliggeisthauses* zu sehen. Die Fresken in der Kirche stammen von Niels Larsen Stevns*.

Umgebung

Antvorskov Ruin (1,5 km sö): *Ruinen des Antvorskov-Klosters,* des Hauptklosters des Johanniterordens, das von Valdemar dem Großen 1165 gestiftet wurde. Nach der Reformation war es zunächst ein geistliches Stift, danach kgl. Residenz. Christian IV. hielt sich oft hier auf. 1814 wurde das Bauwerk abgebrochen.

Boeslunde (14 km sw): Got. *Backsteinkirche.* Erstmals 1370 genannt, wurde sie vermutlich um 1300 erbaut. Das Schiff ist ungewöhnlicherweise fast quadratisch. Die vier Gewölbe, die um 1400 eine flache Balkendecke ersetzten, ruhen auf einem Mittelpfeiler. Die Kirche ist dadurch eine der wenigen zweischiffigen Dorfkirchen in Dänemark. Die Anbauten (Westturm, Waffenhaus, Sakristei und Chorverlängerung – ebenfalls mit 4 Gewölben) sind spätgotisch. – 2 km w liegt der Herrensitz Espe aus dem 18. Jh., der 1848 klassizistisch umgebaut wurde.

Gerlev (7 km s): Ma *Dorfkirche* mit Kalkmalereien von ca. 1425, dem Hauptwerk Morten Malers*. Dargestellt sind das Jüngste Gericht, das Abendmahl (bei dieser Szene die Inschrift: »Martinus Malera bene fecit ...« = Morten Maler machte dies gut), weiterhin Gethsemane, die Gefangennahme Jesu, seine Geißelung und Verspottung, schließlich der Gang zum Kreuz, die Kreuzigung, Auferstehung und Himmelfahrt.

Korsør (18 km sw): Bedeutende Hafenstadt. Sehenswert ist die Festung (*Søbatteri,* Bådhavnsvej) mit einem 23 m hohen Turm aus dem 14. Jh. und einem Magazin aus dem

Sk.lskør (Slagelse), Sankt Nikolaj Kirke (l), Burg Borreby (r)

frühen 17. Jh., außerdem der sog. *Kongegård* (Königshof), ein einstöckiges Bauwerk mit Mansarddach von 1761; es war einmal eine Herberge für Reisende, die hier günstigen Wind für die Überfahrt nach Fünen abwarteten. Die neoroman. Kirche wurde 1869–71 von J. D. Herholdt* erbaut; sie ersetzte ein baufälliges ma Bauwerk. Die barocke Kanzel (1656) stammt aus der alten Kirche.

Ruds-Vedby (17 km n): *Vedbygård*, einer der ältesten Höfe Dänemarks. 1467–1671 befand er sich im Besitz des Adelsgeschlechts Rud. Am ältesten ist der spätgot. Südflügel aus der Zeit um 1500 mit Treppengiebeln. Während der Grafenfehde 1536 wurde der Besitz fast ganz zerstört. Der Nordflügel entstand kurz danach; der Westflügel wurde im 18. und 19. Jh. errichtet.

Skælskør (18 km s): Hafenstadt. Die *Sankt Nikolaj Kirke* wurde um 1200 erbaut. Außergewöhnlich ist bei ihr, daß Chor und Schiff die gleiche Breite haben. Die Gewölbe stammen aus der Zeit vor 1300: ein großes im Chor und acht kleinere im Schiff, die von vier gemauerten Säulen getragen werden. Der Altar wurde 1475 geschaffen, das Triumphkruzifix um 1500 und die Kanzel etwa 1630. – In der Südwestecke des Kirchhofs steht die *ehem. Kirchenscheune* (möglicherweise das ehem. Pfarrhaus), ein Backsteinbau aus dem frühen 16. Jh. mit Treppengiebeln. – 2,5 km s von S. kommt man zur *Burg Borreby*, einer Renaissanceburg, die 1556 für Johan Friis, den Kanzler Christians III., erbaut wurde. Sie besitzt zweieinhalb Stockwerke über einem gewölbten Keller, einen Treppenturm an der Südseite (urspr. einziger Zugang mit Fallgitter) und drei Türme an der Nordseite. Im oberen Halbgeschoß befand sich ein Wehrgang; die Schießscharten sind in einem Rundbogenfries versteckt. Zwei niedrige Hofflügel, das Pförtnerhaus sowie ein Teil der Wirtschaftsgebäude entstanden im 17. Jh. Die Gebäude sind von einem Wassergraben umgeben.

Sæby (17 km n): Die roman. *Kirche* (Schiff, Chor und Chorapsis) aus Feld- und Schwemmstein mit got. Ergänzungen (Sakristei, Waffenhaus, Kapellen und Turm) aus Backstein mit Treppengiebeln ist bekannt für ihre Kalkmalereien aus dem 12. Jh. Sie gelten als die ältesten auf Seeland. Zu sehen ist u.a. Christus in der Mandorla, einem mandelförmigen Heiligenschein, der die ganze Figur umstrahlt.

Trelleborg (7 km w): Festung aus der Wikingerzeit (980–81), die möglicherweise für König Svend Gabelbart errichtet wurde. Außer ihr gibt es noch drei weitere Wikingerburgen in Dänemark: zwei auf Jütland, *Fyrkat* bei → Hobro und *Aggersborg* bei – Løgstør, und eine Ende des 19. Jh. überbaute bei → Odense auf Fünen. Diese befestigten und sorgfältig geplanten Heerlager widerlegen das Vorurteil, daß die Wikinger einfach plündernde und mordende Horden gewesen seien. Die Trelleborg besteht aus einer von einem Wall und einem Graben umgebenen kreisrunden Hauptburg (innerer Durchmesser 138 m) und einer Vorburg. In allen vier Himmelsrichtungen gab es ein Tor. In jedem Viertel standen vier Häuser im Karree. Diese Häuser – aus Eichenbalken mit Schindeldach – waren 29,5 m lang und hatten schwach gebogene Seitenwände. Im Inneren befanden sich eine große Halle mit Feuerstelle und Schlafbänken entlang den Wänden und zwei Giebelräume. Außerhalb der Burganlage hat man eines dieser Häuser rekonstruiert. Die Vorburg lag ö vor der Hauptburg. Hier wurden die Fundamente weiterer 16 Häuser gefunden. Die äußerste Befestigung nach SW und N ist natürlichen Ursprungs; sie wird durch die Flüsse Tude Å und Vårby Å gebildet.

Tårnborg Kirke (am Korsør Nor, 13 km sw): Roman. Kirche aus dem frühen 13. Jh. 1289 wurde sie von den sog. Vogelfreien, Fredløse, den angeblichen Mördern König Erik Klippings abgebrannt, jedoch wieder aufgebaut. Zur Innenausstattung gehört u.a. ein ma Kruzifix.

Sorø Mittelseeland	
Einw.: 14000	S. 258 □ H 6

Im Jahre 1148 gründete Asser Rig aus dem Adelsgeschlecht der Hvide hier ein Dominikanerkloster. Die letzten 13 Tage seines Lebens war er selbst Dominikanermönch. Sein Sohn, Bischof Absalon, machte es zu einem Zisterzienserkloster, dem bedeutendsten Dänemarks, und gleichzeitig zur Begräbnisstätte der Familie Hvide. Im 14. Jh. wurde es Begräbnisstätte der dän. Könige. Die Stadtrechte erhielt S. erst 1638. Bereits 1586 war eine kgl. Schule eingerichtet worden,

Trelleborg (Slagelse), Wikingerhaus

die später in eine Ritterakademie umgewandelt wurde.

Klosterkirke: Die größte Klosterkirche Dänemarks bildete urspr. den Nordflügel eines *Zisterzienserklosters.* Wie alle Zisterzienserkirchen war sie der Jungfrau Maria geweiht. Der Grundriß des Backsteinbaus aus der 2. Hälfte des 12. Jh. bildet ein lat. Kreuz. Das Langhaus ist dreischiffig, das Querschiff einschiffig; der Chorabschluß ist gerade. An den Ostwänden des Querschiffes befinden sich je zwei Seitenkapellen. Nach einem Brand 1247 wurde auch das Mittelschiff des Langhauses gewölbt, das bis dahin nur eine Balkendecke hatte. Wie alle ma Kirchen wurde auch diese Klosterkirche von O nach W errichtet. Man kann deutlich erkennen, wie die Fähigkeit, mit dem im 12. Jh. neuen Material Backstein umzugehen, mit den Jahren von O nach W zunahm. Von der Klosteranlage sind nur noch eine Treppe im s Querschiff erhalten, die einmal zum Dormitorium, dem Schlafsaal der Mönche, im Ostflügel des Klosters führte, und einige Säulen, die man auf dem Kirchhof bewundern kann.

Im Inneren hängt vor der Vierung, wo sich Langhaus und Querschiff kreuzen, ein 8 m hohes Triumphkruzifix, das Claus Berg* 1527 geschaffen hat. Ein weiteres Triumphkruzifix stammt aus dem 13. Jh. Die Kanzel aus dem Jahre 1650 ist ein Werk von Henrik Werner*; der Altaraufbau (1654–56) mit Gemälden von Abraham Wuchter* wurde vom selben Künstler gefertigt, ebenso das Chorgitter und das Chorgestühl. In der Kirche befinden sich die Gräber zahlreicher Könige, Adliger und Kleriker. Hinter dem Hochaltar ruhen Christoffer II. und seine Frau Euphemia von Pommern, weiterhin Valdemar Atterdag in einem Marmorsarkophag aus dem 14. Jh. und Bischof Absalon, der Gründer des Klosters, unter einem Renaissance-Grabstein, der von Morten Bussert* 1536 geschaffen wurde. In der s Kapelle am n Querschiff ist der Dichter *Ludvig Holberg* (1684–1754) beigesetzt. Der Sarkophag wurde 1780 von Johannes Wiedeveldt* gefertigt; er ist eine der schönsten Arbeiten dieses Künstlers.

Akademi: Schon im MA gab es in S. eine Schule in Verbindung mit dem Kloster. Unter Frederik II. wurde sie »königliche« Schule, unter seinem Sohn Christian IV. schließlich *»königliche und adlige Ritterakademie«.* Heute befindet sich hier eine angesehene Internatsschule mit 140 internen und 240 externen Schülern. Die urspr. Akademiegebäude wurden 1738–43 von dem Barockarchitekten Laurids Thurah* dort er-

Sorø, Klosterkirke (l), Grabstein für Bischof Absalon in der Klosterkirche (r)

Sorø, Sorø Amts Museum

Bjernede (Sorø), Rundkirche mit Friedhof

richtet, wo einmal der Südflügel des Klosters gestanden hatte. Das war möglich geworden, nachdem der Dichter Ludvig Holberg der Institution seine Güter, den Hauptteil seines Vermögens und seine Bibliothek überlassen hatte, was ihm übrigens den Titel eines Barons einbrachte. 1813 brannte das Hauptgebäude ab; auch Holbergs wertvolle Bibliothek wurde dabei vernichtet. Erhalten blieben nur zwei schöne Professorenhäuser, benannt *Ingemanns-Haus* nach dem Dichter *Bernhard Severin Ingemann* (1789–1862) und *Molbechs-Haus* nach dem Historiker *Christian Molbech* (1783–1857). Beide waren Lehrer an der Schule, ebenso der Dichter *Carsten Hauch* (1790–1872). Das neue Hauptgebäude ist klassizistisch; es wurde 1822–27 von P. Malling* errichtet. Die Innendekoration stammt von G. Hilker*. 1963 wurde w von der Kirche und dem Hauptgebäude ein neuer Trakt erbaut.

Zwischen Kirche und Hauptgebäude liegt der alte *Klosterbrunnen*. Das Brunnenhaus ist nach einem Entwurf von Martin Nyrop* gestaltet. Das Klostertor stammt aus dem 12. Jh. und ist damit das älteste erhaltene in Dänemark. – Der sog. *Akademiegarten* ist ein Park im engl. Stil mit Alleen, frei stehenden Bäumen, großen Rasenflächen und einer Freilichtbühne. Am Seeufer wachsen Heilkräuter, wie sie schon zur Zeit des Klosters hier wuchsen. Außerdem steht hier eine *Bronzestatue Ludvig Holbergs* von V. Bissen* (1918).

Herrernes Gård (Storgade 7): Christian IV. schickte fünf seiner Söhne – insgesamt hatte er 23 Kinder – auf die neueingerichtete Ritterakademie. 1623 ließ er für sie ein zweistöckiges Fachwerkhaus errichten, das einmal 23 Fenster lang war. Im 18. Jh. wurde die Fassade zur Straße mit Backstein verkleidet; die Hofseite hingegen ist noch original erhalten. Seit 1956 ist hier die *Stadtbücherei* untergebracht.

Kunstmuseum (Storegade 9): Im Kunstmuseum ist dän. Kunst vom 14. Jh. bis zur Gegenwart ausgestellt. Vertreten sind u. a.

N. A. Abildgaard*, C. W. Eckersberg* und Johannes Larsen*.

Sorø Amts Museum (Den gamle Kro, Storgade 17): Vierflügeliger Fachwerkhof, der 1624/25 erbaut wurde. Seit 1916 befindet sich hier das *Heimatmuseum*. Bes. sehenswert sind das Ingemann-Zimmer und die biblischen Gemälde von Christen Dalsgaard*, der in S. lebte.

Umgebung

Bjernede (7 km nö): Die *Kirche* ist eine von den sieben erhaltenen Rundkirchen in Dänemark und gleichzeitig die einzige auf Seeland. Sie wurde im späten 12. Jh. von Sune Ebbesen aus dem Geschlecht der Hvide erbaut. Der untere Teil der Rotunde (Durchmesser 11 m) besteht aus Feldstein, der obere Teil aus Backstein. Sie besitzt zwei Etagen, die urspr. miteinander in Verbindung standen. Das mittlere Gewölbe zwischen den vier Pfeilern wurde erst später eingezogen. Die Kirche war also keine Wehrkirche, sondern eine Doppelkirche mit Herrschaftsempore oder Privatkapelle in der oberen Etage. Die obere Etage hat eine Balkendecke. Das Dach mit dem kleinen achteckigen Türmchen geht auf eine Restaurierung von H. B. Storck* in den Jahren 1890–92 zurück. Im Inneren sind ein roman. Granittaufstein und ein Triumphkruzifix aus der Zeit um 1450 zu sehen.

Fjenneslev (8 km ö): Asser Rig, der Vater Bischof Absalons, baute diese *Kirche* um 1150. Als Baumaterial wurden Feld- und Kreidestein verwendet. Die charakteristischen beiden Türme entstanden etwas später, sie wurden aus Backstein errichtet. Die Frau Asser Rigs soll ihrem Mann das Folgende gelobt haben: Wenn sie während seiner Abwesenheit eine Tochter zur Welt brächte, wolle sie einen Dachreiter errichten lassen, im Falle eines Sohnes einen Turm. Als Asser Rig zurückkam, sah er Zwillingstürme. Die Sage stimmt jedoch nicht: Absalon und sein Bruder Esbern Snare waren keine Zwillinge; Esbern war zwei Jahre älter. Die Türme besitzen im unteren Stockwerk eine Herrschaftsempore. Im Inneren findet man roman. Kalkmalereien aus dem späten 12. Jh., u. a. ein Stifterbild, die Flucht nach Ägypten und die Anbetung der Heili-

Bjernede (Sorø), Rundkirche

gen Drei Könige. Die Altarplatte aus dem 12. Jh. ist aus schwarzem belgischem Marmor. Das Kruzifix auf dem Altar schuf Claus Berg* (um 1520). An der Nordwand hängt ein Triumphkruzifix aus der Zeit um 1260. Die Kanzel stammt von 1590.

Pedersborg (2 km n): Die ma *Dorfkirche* aus dem 13. Jh. erhebt sich an einer Stelle, an der Asser Rigs Schwager Peder Thorstensøn einmal einen Hof hatte. Turm und Südkapelle wurden im 16. Jh. errichtet. – Auf dem Kirchhof sind die *Fundamente einer Rundkirche* zu sehen, die vom Nationalmuseum vor einigen Jahren ausgegraben wurden.

Slaglille (3 km ö): Ein gewisser Thruet Litle ließ die roman. *Kirche* (Schiff, Chor und Apsis) Ende des 12. Jh. errichten. Als Baumaterial fand Feldstein Verwendung. Wie Thruet Litle aussah, zeigt eine Kalkmalerei auf der Triumphwand, wo er mit einem Modell der Kirche in der Hand abgebildet ist; es handelt sich dabei um ein sog. Stifterbild. Außerdem findet sich im Chorbogen die Darstellung einer Frau mit Glücksrad. Der Turm und das Waffenhaus der Kirche stammen aus dem 15. Jh. Die Kanzel ist von 1590.

Terløsegård (8 km nw): Ein für Dänemark typischer weiß gekalkter Hof mit drei Flügeln und einem Stockwerk. Der Hauptflügel entstand 1737; die Seitenflügel wurden etwas später errichtet. 1745 erwarb der Dichter *Ludvig Holberg* den Hof und hielt sich dort bis zu seinem Tod 1754 jeden Sommer auf. In einem seiner Werke (»Epistler«, 1748–54 erschienen) schreibt er: »Es bereitet mir Vergnügen, die Ernte heranreifen zu sehen, zu sehen, wie sie eingebracht wird, und zu beobachten, wie Kühe und Schafe jeden Morgen und Abend wie in einer Prozession zu ihren Sammelplätzen streben«. Heute befindet sich hier ein *Holberg-Museum*.

Vester Broby Kirke (8 km s): Roman. Dorfkirche mit Kalkmalereien aus der Zeit um 1175 und 1325. In der Apsis ist die Darstellung eines thronenden Christus (Majestas Domini) zu sehen: Die eine Hand ist zum Segen erhoben, die andere hält ein aufgeschlagenes Buch. Auf der aufgeschlagenen Seite steht: »Ego sum via, veritas et vita« (Ich bin der Weg, die Wahrheit und das Leben). Zur Innenausstattung gehören u. a. ein spätroman. Triumphkruzifix und ein roman. Granittaufstein.

Stege
Møn

Einw.: 11300	S. 258 □ I 7

Der Hauptort der Insel Møn erhielt bereits 1268 die Stadtrechte. Er liegt auf der n Halbinsel zwischen dem Stege Nor (Haff) und der Stege-Bucht. Hier bestand von der Zeit Valdemars des Großen (12. Jh.) bis zum Bauernkrieg (Grafenfehde) im 16. Jh. eine *kgl. Burg*. Mit dem Niedergang der Heringsfischerei im Øresund im 16. Jh. verlor S. an Bedeutung. Im 19. Jh. bekam es einen neuen Hafen; 1883 wurde an der Nordseite des Sundes eine Zuckerfabrik errichtet.

Sankt Hans Kirke: Jacob Sunesøn, wie Bischof Absalon aus dem Geschlecht der Hvide stammend, ließ hier vermutlich in der 1. Hälfte des 13. Jh. eine *roman. Kirche* erbauen. Wie die Kirche in *Fjenneslev* bei →Sorø hatte sie eine geteilte Turmspitze. Teile dieses Bauwerks finden sich im W der heutigen Kirche wieder. Das urspr. zweischiffige roman. Langhaus wurde Ende des 15. Jh. dreischiffig umgebaut. Zur selben Zeit entstanden auch der dreischiffige Hallenchor und der niedrige Turm. Die fragmentarischen Kalkmalereien im Chor stammen aus der Zeit um 1400, die im Langhaus von 1494; vermutlich handelte es sich dabei um einen Scherz der Bauleute, der sofort übermalt wurde, eines der wenigen Beispiele ma naiver Kunst. Die Kanzel ist aus dem Jahre 1630. In der Moltkeschen Grabkapelle steht ein Marmorsarkophag von Johannes Wiedeveldt* v. 1759, in der Hageschen die Skulptur *»Freiheit«* von H. V. Bissen* (1852).

Rådhus (Torvet): Das *Rathaus* wurde 1853/54 nach Plänen von M. G. Bindesbøll* im Stil der Neorenaissance errichtet. Es besitzt zwei Stockwerke. Der Turm zur Straße ist nur ein dreiseitiger Vorsprung mit einer Spitze.

Møns Museum (Storegade 75): Das Museum ist im *Alten Probsthof*, einem zweistöckigen Gebäude im Empirestil von ca. 1800, untergebracht. Gezeigt werden hier eine geologische und eine archäologische Sammlung, ma Kircheninventar, Gemälde und Volkstrachten. – Beim Museum liegt das *Mølleport* (Mühlentor), der einzige erhaltene Teil der ma *Stadtmauer*. Es wurde zwischen 1480 und 1500 aus abwechselnd Backstein und Kreidestein errichtet.

Außerdem sehenswert: Der *Hages Gård* von 1799 in der Storegade 4. – *Nr. 48* ist ein Gebäude aus dem Jahre 1827.

Umgebung

Borre (11 km ö): Aus Backstein errichtete gotische *Kirche* aus dem frühen 13. Jh. Turm, Waffenhaus und Gewölbe wurden erbaut bzw. eingezogen, nachdem der Ort, der damals noch Østerborg hieß, 1510 von den Lübeckern gebrandschatzt worden war. Kanzel von 1591.

Damsholte (8 km sw): Eine der wenigen *Dorfkirchen* in Dänemark im Stil des Rokoko. Sie wurde 1741–43 von Philip de Lange für einen der Besitzer von Marienborg er-

Fanefjord Kirke (Stege)

Liselund (Stege), Lustschloß

baut. Das Schiff ist vierseitig, der Chor im O sowie das Waffenhaus im W sind fünfseitig. Auf dem w Anbau befindet sich ein Dachreiter mit einer zwiebelförmigen Spitze. Die Grabkapelle für das Adelsgeschlecht Bosc de la Calmette an der Nordseite stammt aus dem späten 18. Jh. Hier befinden sich zwei Sarkophage von 1803 und 1805. In den Altar ist die Kanzel eingebaut, wie es im 18. Jh. üblich war.

Elmelunde (9 km ö): Die *Kirche* ist eine der ältesten Kirchen auf Møn; sie wurde um 1100 erbaut und im 15. Jh. erweitert (Gewölbe von 1462). Nach den spätgot. Kalkmalereien aus dem späten 15. Jh. in der Kirche hat man den *Elmelunde-Meister* benannt. In sieben Kirchen auf Falster und Møn sind Kalkmalereien von ihm und seiner Werkstatt erhalten. Als Vorlage diente ihm eine ma Bilderbibel, eine sog. Armenbibel (biblia pauperum), mit zahlreichen Holzschnitten und lat. Text. In diesen Bibeln ist einer Episode aus dem Neuen Testament jeweils eine Episode aus dem Alten Testament zugeordnet. In E. sind jedoch abgesehen vom Sündenfall nur Szenen aus dem Leben Jesu zu sehen. Der Altar (1646 von Henrik Werner*) und die Kanzel (1649 von Jørgen Ringnis*) wurden von Corfitz Ulfeldt und seiner Frau Leonora Christina gestiftet, als Ulfeldt Lehnsherr auf Møn war und im heute nicht mehr erhaltenen Schloß Elmelunde wohnte. Ulfeldt starb als Landesverräter im Exil, Leonora Christina, eine Tochter Christians IV., nach 22jähriger Gefangenschaft im Blauen Turm des Kopenhagener Schlosses im Kloster in Maribo. Im Waffenhaus befinden sich zwei Kindergrabsteine aus dem 17. Jh.

Fanefjord Kirke (12 km sw): Got. Kirche, die im späten 13. Jh. erbaut wurde. Der Chor sowie der Turm stammen aus dem frühen 16. Jh. Die acht Gewölbe im Langhaus, die auf drei Mittelpfeilern ruhen, entstanden im späten 15. Jh. Das Langhaus wurde um 1480 vom Elmelunde-Meister ausgemalt: Szenen aus dem Alten und Neuen Testament sowie Heiligenlegenden. Die Kalkmalereien auf dem Chorbogen wurden um 1350 geschaffen (dargestellt sind der hl.

Christophorus, der hl. Georg und der hl. Martin). Altar von ca. 1630; Kanzel von 1650, Sandsteintaufe von ca. 1300.

Keldbylille (7 km ö): Der s von K. gelegene *Hans Hansens Gård* ist ein typischer Aussiedlerhof aus dem Jahre 1800. Die vier strohgedeckten Fachwerktrakte gruppieren sich um einen geschlossenen Innenhof. Das Gebäude ist mit Gegenständen aus dem 18. und 19. Jh. eingerichtet und dient heute als *Museum.*

Keldbymagle (5 km ö): Roman. *Dorfkirche* (1. Hälfte des 13. Jh.) mit spät-ma Turm und Sakristei von ca. 1700. In der Mauer sind noch die Rüstlöcher sichtbar, in denen das Gerüst auflag, als die Mauern aufgeführt wurden. Die Kalkmalereien im Innern der Kirche stammen aus drei verschiedenen Perioden. Die an den Chorwänden sind von ca. 1275 (Übergangszeit zwischen Romanik und Gotik); zu sehen sind Szenen aus dem Alten und Neuen Testament. Die Kalkmalereien an den Wänden des Schiffs sind frühgot. (um 1325); bes. sehenswert ist eine Darstellung des Jüngsten Gerichts. Die Gewölbe wurden um 1480 vom Elmelunde-Meister ausgemalt; die Motive entsprechen denen der Kirche in → *Fanefjord:* die Kindheitsgeschichte Jesu, Abraham opfert Isaak, der Sündenfall, das Jüngste Gericht u. a. Der Altar ist von ca. 1500; die Kanzel, die mit Brustbildern von Luther und Melanchthon verziert ist, wurde 1586 geschaffen.

Store Heddinge, Store Heddinge Kirke

Klintholm (17 km ö): Herrensitz, bestehend aus einem schlichten dreiflügeligen Gebäude von 1837 und einem weiteren im Stil der Neorenaissance von 1873–75. Hübscher Park mit Teichen und Lindenalleen.

Liselund (ö v. Borre, 16 km ö): Kleines *Lustschloß,* heute *Museum.* Es wurde 1792–95 von dem Architekten Andreas Kirkerup* für den Kammerherrn Antoine Bosc de la Calmette und seine Frau Lise (daher der Name) erbaut. Das einstöckige Bauwerk hat einen T-förmigen Grundplan und ist strohgedeckt. Im Keller befanden sich einmal die Küche und die Dienstbotenkammern; im Erdgeschoß liegen u. a. der Speisesaal, der von einem gedeckten Umgang umgeben ist, und das sog. Affenzimmer, das vom Hofdekorateur J. C. Lillie* ausgestattet wurde. Im Dachgeschoß sind Schlaf- und Gästezimmer. Das Haus verkörpert in seiner Eingebundenheit in den umliegenden Park die Ideale der »Bewegung Zurück zur Natur«. In diesem romantischen Park (5,5 ha) stehen drei Pavillons aus dem 17. Jh., eine Schweizer Hütte, ein chinesischer Teepavillon und ein norweg. Haus. – Südlich davon steht ein *Gutsgebäude* aus dem Jahre 1887. – Folgt man der Straße nach S, so gelangt man zu *Møns Klint,* Kreidesteinklippen von einzigartiger Schönheit. Im Buchenwald hinter den bis zu 128 m hohen Klippen liegen drei idyllische Seen.

Magleby (13 km ö): Got. *Backsteinkirche.* Das Schiff und der Turm, der etwas breiter als das Schiff ist, stammen aus dem 13. Jh. Der Turm hatte urspr. eine zweigeteilte Spitze. Der Chor entstand im 16. Jh. Altar von 1598 von Abel Schrøder d. Ä.*; Taufstein aus dem 14. Jh.

Marienborg (9 km sw): Herrensitz im sog. ital. Palaststil. Er wurde 1853–55 erbaut. Der hübsche Park mit seltenen Bäumen wurde im späten 18. Jh. angelegt.

Store Heddinge
Stevns

Einw.: 10 192	S. 258 □ I 6

Der Ort, der im MA wegen der Kreideklippen uneinnehmbar war, entstand um eine Wehrkirche herum. Die Stadtrechte erhielt er 1441; nach dem 2. Weltkrieg wäre er beinahe der erste Ort in Dänemark geworden, der diese wieder aufgegeben hätte.

Store Heddinge Kirke: Das Schiff der vor 1200 erbauten roman. Kirche ist achteckig; sein Vorbild hat es in der karolingischen Architektur, beispielsweise der Schloßkapelle der Pfalz Karls des Großen in Aachen. Im MA besaß es einen turmartigen Aufbau, der jedoch 1677 abgebrochen werden mußte, nachdem der Blitz eingeschlagen hatte. Der Chor mit einem Giebel aus der Zeit um 1400 verfügt über zwei Stockwerke; das obere Stockwerk diente früher der Bevölkerung in unruhigen Zeiten als Zufluchtsort. Urspr. hatte der Chor ein flaches Dach mit Brustwehr und Schießscharten. Der Turm der Kirche stammt aus dem 15. Jh.; die s und n Anbauten entstanden im 19. Jh. Durch eine Tür in der Nordostecke des Chores gelangt man in einen gewölbten Raum, der »Klintekongens Skatkammer« genannt wird (Schatzkammer des Klippenkönigs). Der Altar wurde 1836 von J. T. Lund* geschaffen.

Umgebung

Fakse (21 km sw): Hier steht Dänemarks älteste *Dorfschule* aus dem Jahre 1633. In der *Backsteinkirche* aus dem 15. Jh. gibt es eine Kanzel von Eijler Abelsen* (1612–15). Die spätgot. Kalkmalereien entstanden um 1520; dargestellt ist u. a. die Geschichte Johannes' des Täufers. – Der *Steinbruch*, den man besichtigen kann, ist 1 km lang, 500 m breit und 50 m tief. Hier kann man schöne Versteinerungen finden. Heute wird nur noch Kalk für die Industrie abgebaut, nicht mehr wie früher für den Hausbau.

Gjorslev Slot (6 km n): Das burgartige Gebäude wurde in den Jahren nach 1400 von dem Roskilder Bischof Peder Jensen Lodehat erbaut. Den Grundplan bildet ein lat. Kreuz mit dem längsten Kreuzarm nach S. In der Mitte, der Vierung, erhebt sich ein 25 m hoher viereckiger Turm. Der Besitz, der wiederholt umgebaut wurde, gehörte 1679–1783 der Krone. Einige der Räume haben got. Gewölbe. – In der *Kirche von Magleby* (3 km nw) befindet sich ein interessantes rundes Epitaph eines Adligen aus dem Jahre 1533. – Die berühmten *Kreideklippen* erstrecken sich v. Gjorslev im N 15 km lang bis nach Rødvig im S. Sie sind bis zu 41 m hoch.

Højerup (5 km sö): Die 1357 geweihte got. *Kirche* liegt an einer 30 m hohen Klippe. Bei einem Erdrutsch 1928 wurde der Chor in die Tiefe gerissen; es kam jedoch niemand

Højerup (Store Heddinge), Kirche

zu Schaden, weil der letzte Gottesdienst bereits am 9. Februar 1910 stattgefunden hatte. Es wird erzählt, ein Seemann habe die Kirche dafür gestiftet, daß er aus Seenot errettet worden sei. Die Kalkmalereien in der Kirche stammen von 1357; dargestellt sind der Bethlehemitische Kindermord, der Kampf des hl. Georg mit dem Drachen, die Opferung Isaaks durch Abraham, der hl. Olaf sowie der Apostel Petrus. Die Eingangstür ist von 1557. - In H. befindet sich auch das *Stevns Museum*, ein kulturhistorisches Museum mit einer Seefahrtsabteilung und wechselnden Kunstausstellungen.

Hårlev (14 km nw): Die roman. *Kirche* wurde im späten 12. Jh. aus Kreidestein errichtet. Turm, Sakristei und Waffenhaus sind spätgotisch. Auf dem Kirchhof befindet sich ein Hünengrab.

Jomfruens Egede (n v. Fakse, 21 km w): Hier gab es im MA ein Dorf, von dem heute nur mehr die *Kirche* und der *Herrensitz* erhalten sind. Die beiden parallelen Hauptgebäude aus dem 16. und 17. Jh. und die Kirche liegen auf einer O-W-Achse. Die zweistöckigen Gebäude sind durch die Kirchhofsmauer miteinander verbunden und besitzen Walmdächer. Ihr heutiges klassizistisches Äußeres erhielten sie bei einem von C. F. Harsdorff* geleiteten Umbau im Jahre 1797. - Im Waffenhaus der *Kirche von Øster Egede* steht der Grabstein aus dem Jahre 1507 der beiden Jungfern Ermegaard und Birgitte Bille, nach denen das Gut benannt ist. Die zerfurchten Gesichter und die langen Haare mit dem Jungfernkranz bilden einen seltsamen Kontrast.

Juellinge (15 km w): Der zweigeschossige barocke *Herrensitz* wurde 1675 von dem Staatsmann Jens Juel errichtet. Ungewöhnlich sind das »geschwungene« Dach nach schwed. Vorbild und die Fassadenverkleidung aus Granit. Die Blenden über den Fenstern im ersten Stock bestehen aus Kreidestein.

Karise (15 km w): Die ma *Kirche* ist eine der wenigen, deren genaue Entstehungszeit man kennt; geweiht wurde sie 1261. Sie war urspr. eine Wehrkirche; auf den Langhausmauern befand sich eine Brustwehr. Der Chor ist zweigeschossig und wesentlich höher als das Langhaus. Der Raum im Obergeschoß ist fensterlos. An der Nordseite der Kirche befindet sich eine Grabkapelle, die Adam Gottlob Moltke 1761-69 erbauen ließ. Der erste Entwurf stammte von dem Architekten Jacob Fortling*; ausgeführt wurde das klassizistische Bauwerk dann von C. F. Harsdorff*. Die drei Marmorsarkophage in der Kapelle wurden von Carl Frederik Stanley*, Andreas Weidenhaupt* und Johannes Wiedeveldt* geschaffen. In der Kirche sind spätroman. Kalkmalereien aus der Zeit um 1250 sowie eine Kanzel von ca. 1635 zu sehen.

Lille Heddinge (4 km s): *Rytterskole*. Die Ritterschule wurde 1721 von Frederik IV. als eine von 240 Dorfschulen gestiftet; die späteren Soldaten sollten nämlich zumindest lernen, bis 20 zu zählen und Verordnungen zu lesen. Heute ist hier ein kleines *Museum* mit Gemälden von Niels Larsen Stevns* untergebracht. - Die Innenausstattung der ma *Kirche* besteht u. a. aus einem Altar von ca. 1625, einer Kanzel von ca. 1610 und einem got. Kruzifix aus der Zeit um 1300.

Vemmetofte Kloster (15 km sw): Adeliges Damenstift. Das dreiflügelige Hauptgebäude wurde mehrmals umgebaut, zuletzt 1909 in barocken Formen. In der Kapelle aus dem 17. Jh. im Südflügel befinden sich ein Altarbild von Hendrick Krock* sowie 33 Gemälde mit biblischen Motiven vom selben Künstler. Sehenswert ist auch der Klostergarten.

Svendborg
Südostfünen

Einw.: 38600	S.: 256 □ F 6

Der zweitgrößte Ort Fünens, am S.-Sund gelegen, war schon im 13. Jh. zur Zeit Valdemars des Siegers eine bedeutende Stadt. Während der bürgerkriegsähnlichen Grafenfehde im 16. Jh. und während der schwedischen Kriege im 17. Jh. wurde S. stark in Mitleidenschaft gezogen. Die Stadt erlebte im 19. Jh. eine Blütezeit durch den Schiffsverkehr und den Bau einer Eisenbahnverbindung. Die 1200 m lange Brücke nach *Tåsinge* über den S.-Sund wurde 1966 fertiggestellt.

Sankt Jørgens Kirke og Hospital (etwas außerhalb): Im MA entstanden bei allen grö-

Egeskov (Svendborg), Wasserschloß ▷

Svendborg, Vor Frue Kirke

Troense (Svendborg), Valdemars Slot

ßeren Städten Dänemarks Spitäler für die Aussätzigen; diese besaßen auch eine Kirche, da die Aussätzigen wegen der Ansteckungsgefahr nicht an normalen Gottesdiensten teilnehmen durften. Die Spitalkirche in S. ist die einzige erhalten gebliebene. Sie wurde um 1300 in einem roman.-got. Übergangsstil erbaut.

Sankt Nikolai Kirke: Die roman. Backsteinbasilika wurde um 1220 errichtet. Die Sakristei und das Waffenhaus sind spät-ma. Im Inneren befindet sich ein roman. Taufstein aus Granit. – Vor der Kirche steht die Skulptur *En lille pige* (Ein kleines Mädchen) von Kai Nielsen*.

Vor Frue Kirke: Die Kirche aus dem 13. Jh. wurde in den nachfolgenden Jahrhunderten wiederholt umgebaut. Ihr heutiges neogot. Äußeres stammt von einer Restaurierung im Jahre 1884, der nur die Giebel an den Kreuzarmen und am Waffenhaus entgangen sind. Im Inneren ein Altarbild von C. W. Eckersberg* (Gethsemane).

Svendborg og Omegns Museum: Das *Heimatmuseum* ist in zwei Gebäuden untergebracht, *Anne Hvides Gård,* dem ältesten Profanbau der Stadt, einem Fachwerkhaus von ca. 1570 (Fruestræde 3), und im *Viebæltegård,* dem ehem. Armenhaus S.s, das 1872 von J. J. Eckersberg* erbaut wurde (Grubbemøllevej 13). Gezeigt wird u. a. eine Goldschmiedewerkstatt.

Weiterhin sehenswert: In der *Fruestræde 15* Gedenkzimmer für *Johannes Jørgensen* (1866–1956), der mehrere Heiligenbiographien sowie Reisetagebücher schrieb. – *Rathaus* (Torvet), ein neogot. Bau von 1881. – Zwei weitere Plastiken des berühmten Bildhauers Kai Nielsen*: bei der Bibliothek (Viebæltet 4) *Leda uden Svanen* (Leda ohne den Schwan) und bei der Schwimmhalle *Venus med Æblet* (Venus mit dem Apfel).

Umgebung

Bregninge (auf Tåsinge, 5 km s): Ma *Dorf-*

kirche. Vom Kirchturm (74 m über dem Meeresspiegel) hat man eine einzigartige Aussicht. Im Inneren sind ein Christuskopf aus Eiche von ca. 1200 und eine Kanzel von 1621 zu sehen, im Waffenhaus ein Runenstein.

Broholm (13 km nö): Romantische Herrenhausburg aus Backstein (1642); spätere Um- und Anbauten, hauptsächlich im 19. Jh.

Egeskov (bei Kværndrup, 17 km nw): Europas am besten erhaltene *Renaissance-Wasserburg.* Sie wurde 1524–54 für den Reichsmarschall Frands Brockenhuus auf 1550 ins Wasser eines kleinen Sees gerammten Eichenpfählen erbaut. Es handelt sich dabei um ein Doppelhaus mit zwei parallelen Dächern, zwei runden Ecktürmen im O und einem quadratischen Treppenturm im W. Im obersten Halbstockwerk befindet sich ein Wehrgang. – Der *Park* ist ca. 14 Hektar groß. Darin findet man einen Renaissancegarten mit Buchsbaumhecken und roten Kieswegen, einen Barockgarten mit Alleen, einem Labyrinth und Hecken, die in der Form von Tieren geschnitten sind, sowie einen Heilkräutergarten. – Das *Egeskov Veteranmuseum* ist in einer 4000 m² großen Lagerhalle sowie Stallgebäuden und Scheunen untergebracht. Ausgestellt sind Pferdewagen, alte Autos, Motorräder und Flugzeuge.

Hesselagergård (17 km nö): Die Herrenburg wurde um 1538 von Johan Friis, dem Kanzler Christians III., erbaut. Sie ist ein schmales, längliches Bauwerk, drei Stockwerke hoch, mit steilem Satteldach, zwei Ecktürmen und einem Treppenturm. Auf dem Speicher befindet sich ein umlaufender Wehrgang mit Schießscharten. Bes. eindrucksvoll sind die Renaissancegiebel nach venezianischem Vorbild. Die Innenausstattung aus der Zeit von Friis ist teilweise noch erhalten, u. a. Kalkmalereien, auf denen Hirsche dargestellt sind. – 4 km entfernt liegt die *Hesselager Kirke.* Das urspr. roman. Bauwerk wurde um 1550 von Friis mit Giebeln versehen, die mit denen von Hesselagergård identisch sind. Im Inneren steht in der N-Kapelle ein niederländischer Altar aus dem frühen 16. Jh. Außerdem zahlreiche bemalte Grabsteine aus dem späten 16. Jh. – N v. Hesselager liegt der größte Findling Dänemarks, der *Hesselager-* oder

Hesselagergård (Svendborg), Herrensitz ▷

Dammesten. Er hat einen Durchmesser von 46 m, eine Höhe von 12 m und ist über 1000 Tonnen schwer.

Hvidkilde (5 km w): Das weiße, dreiflügelige *Barockpalais* wurde 1742 an der Stelle einer Renaissanceburg aus dem 16. Jh. errichtet. Es besitzt zwei Stockwerke und ein Mansarddach; der Architekt war wahrscheinlich Philip de Lange*. Das Palais liegt sehr schön am Hvidkilde-See. Der *Park* wurde um 1770 ebenfalls im Stil des Barock angelegt.

Troense (auf Tåsinge, 6 km sö): Dorf mit zahlreichen strohgedeckten Fachwerkhäusern aus der Zeit zwischen 1760 und 1800. Bes. sehenswert ist die *Grønnegade*. Im *ehem. Schulhaus* von 1790, Ecke Strandvejen/Grønnegade, befindet sich ein *Schiffahrtsmuseum* mit vielen Schiffsmodellen, Logbüchern etc. – 1 km s liegt *Valdemars Slot*. Das Schloß wurde 1639–44 von Christian IV. für seinen Sohn Valdemar Christian erbaut. Die Pläne für die dreiflügelige Anlage stammten von Hans von Steenwinckel d. J.*. 1658, während der Schwedenkriege, wurde es zerstört und 1678 von dem Seehelden Niels Juel gekauft, der es wiederaufbauen ließ. 1754–56 wurde die Anlage von dem holsteinischen Architekten Georg Dietrich Tschierscke* im Stil des Rokoko aus- und umgebaut. Parallel zum Hauptgebäude entstand eine Straße mit identischen Portalhäusern an jedem Ende. Der Hofplatz, in dessen Mitte ein künstlicher See liegt, wird von Wirtschaftsgebäuden und einem Teepavillon begrenzt. 14 Räume des Schlosses und die *Schloßkirche* können besichtigt werden; in den Räumen ist ein *Museum für Admiral Niels Juel* und sein Geschlecht eingerichtet. Im s Wirtschaftsgebäude sind Königsschaluppen zu sehen, die älteste von ca. 1780.

Sønderborg/Sonderburg Als/Alsen	
Einw.: 27 800	S. 256 □ D 7

Die Stadt, erstmals 1256 erwähnt, wurde nach einer Burg benannt, die vermutlich im 12. Jh. zum Schutz gegen die Wenden erbaut worden war. Diese hatten Als wiederholt überfallen und große Teile seiner Bevölkerung vornehmlich nach Norddeutschland als Sklaven verkauft. Im MA war S. Streitobjekt der dän. Krone und der holsteinischen Herzöge; es wechselte häufig den Besitzer. Erwerbszweige zu dieser Zeit waren Handwerk, Landwirtschaft und Schiffsbau sowie die Heringsfischerei im Øresund; au-

Sønderborg Slot

ßerdem bestand ein reger Handel mit den Ostseehäfen und Norwegen. S. hatte viel unter kriegerischen Auseinandersetzungen zu leiden; 1864 wurde ein Viertel der Stadt zerstört. Heute ist die Stadt wegen ihrer schönen Lage am Als-Sund ein Zentrum des Fremdenverkehrs. Daneben gibt es etwas Industrie (u.a. Herstellung von Landmaschinen und Bekleidung).

Sønderborg Slot: Das Schloß geht auf einen Verteidigungsturm aus dem 12. Jh. zurück. Dieser wurde in den nachfolgenden Jahrhunderten zu einer ringförmigen Burganlage ausgebaut, die im frühen MA so gut wie uneinnehmbar war. 1340 heiratete hier der König Valdemar Atterdag. Der 1754 abgebrochene *Blaue Turm* diente 1532-49 Christian II. als Gefängnis. 1549-70 wurde die Burg auf Veranlassung von Christian III. und seiner Frau Dorothea von Hercules von Oberberg* zu einem vierflügeligen Renaissanceschloß umgebaut. Aus dieser Zeit stammt die *Kapelle* im N-Flügel. Die vier Sterngewölbe werden von einer schlanken Granitsäule in der Mitte des Kirchenraumes getragen. In den Gewölben sieht man Dänemarks älteste Stuckarbeiten: 20 nach unten blickende Medusenköpfe. Die urspr. Ausstattung ist weitgehend erhalten (Altar von 1550-60, Kanzel von ca. 1620 und Marmortaufstein von 1557). In einem Nebenraum befindet sich die *Herzog-Hans-Grabkapelle.* Das Portal aus schwarzem Marmor mit Figuren, Säulen und Reliefs aus Alabaster ist eine flämische Arbeit der Hochrenaissance (um 1586). Das Hauptrelief am Scheitelpunkt zeigt die Familie des Herzogs kniend bei der Auferstehung. Über der Kirche liegt der *Tanzsaal* Königin Dorotheas. 1718-26 wurde das Schloß im Stil des Barock umgebaut; dabei wurden alle Ecktürme bis auf den nw abgebrochen. 1864-1918 diente es als dt. Kaserne; seit 1921 ist es ein *Museum.* Die Sammlungen beschäftigen sich hauptsächlich mit der Geschichte Südjütlands ab 1800, den Kriegen 1848-50, 1864 und 1914-18 und der Volksabstimmung 1920, nach der S. wieder an Dänemark kam.

Christianskirke (Ringgaden): Die nach Christian X. benannte Kirche wurde um 1957 nach Plänen von Kaare und Esben Klint* erbaut. In neogot. Stil gestaltet, hat sie starke Ähnlichkeit mit der Grundtvigskirche in Kopenhagen.

Sankt Marie Kirke: Die ma Kirche erhielt ihr heutiges Aussehen bei einem Umbau im späten 16. Jh. Sie gehörte urspr. zu einem *Spital für Aussätzige.* Der Turm wurde 1883

Augustenborg (Sønderborg), Augustenborg Slot

Sønderborg, Sankt Marie Kirke

Broager (Sønderborg), Backsteinkirche

erbaut. Im dreischiffigen Innenraum befinden sich ein Altaraufbau von 1618, ein Kruzifix aus der Zeit um 1525, eine Kanzel von 1599 und ein Bronzetaufbecken von 1600, außerdem der Gebetsstuhl des Herzogs Alexander aus dem Jahre 1624.

Rådhuset (Torvet): Das neoklassizistische *Rathaus* wurde 1932/33 nach Plänen von Holger Mundt* erbaut. Es besitzt drei Stockwerke und ein Kupferdach.

Umgebung

Asserballe (12 km nö): Ma *Dorfkirche* mit einem Kruzifix aus der Zeit um 1475, einem Altarbild von 1719 und einer Kanzel von 1745. – Im *Pfarrhof* (1834/35) wurde der Schriftsteller *Herman Bang* (1857–1912) geboren. Sein 1899 erschienener Roman »Tine« spielt in Asserballe und beschreibt das Schicksal einer Frau zur Zeit des Krieges von 1864.
Augustenborg (6 km nö): *Augustenborg Slot.* Das dreiflügelige Schloß wurde 1770–76 für Herzog Christian Frederik im Stil des Rokoko errichtet. In der überwiegend klassizistischen *Schloßkapelle* im N-Flügel stehen Altar, Kanzel und Orgel übereinander an der O-Wand; die Fürstenloge befindet sich gegenüber an der W-Wand. Die Stuckarbeiten stammen von einem Italiener aus Lugano: Michel Angelo Taddei*, der auch den Gartensaal des Schlosses dekoriert hat. Der Taufstein aus Alabaster (1806) ist ein Geschenk des russischen Zaren Alexander I. Zur Schloßanlage, in der sich ein *psychiatrisches Krankenhaus* befindet, gehört auch ein dreiflügeliger Wirtschaftshof, der 1733–67 erbaut wurde und in dessen Mittelflügel ein turmartiges Torhaus mit einem Glockentürmchen liegt. – Im großen Schloßpark steht ein hübsches Palais, das 1786–88 errichtet wurde.
Broager (8 km sw): Die schönste got. *Backsteinkirche* S-Jütlands wurde Anfang des 13. Jh. erbaut. Die ungewöhnlichen Doppeltürme stammen aus dem frühen 15. Jh. Im späten MA wurde die Kirche zu einer

Dybbøl (Sønderborg), Düppeler Mühle

Kreuzkirche umgebaut. Von den Kalkmalereien sind die in der Apsis die ältesten (um 1250); dargestellt sind Christus und die Apostel. Die Fresken im Chorgewölbe (Jüngstes Gericht) und im n Querschiff (das Martyrium des hl. Georg) entstanden im 16. Jh. Die Holzskulptur in der Vorhalle (um 1500, restauriert im 19. Jh.) zeigt den hl. Georg mit gezogenem Schwert auf einem sich aufbäumenden Pferd. Die Kanzel wurde 1591 geschaffen, das Altarbild 1720. Auf dem Kirchhof steht ein hölzerner Glockenturm aus dem Jahre 1650.

Dybbøl/Düppel (3 km w): *Dybbøl Banke/ Düppeler Schanzen.* Ein natürlicher Höhenzug, der w von Sønderborg beginnt und bei der *Düppeler Mühle* eine Höhe von 68 m erreicht (schöne Aussicht). Er wurde am 5. April 1849 während des 1. Schleswig-Holsteinischen Krieges zum ersten Mal eingenommen; damals war er noch unbefestigt. Als sich die dän. Truppen 1864 vom Danewerk hierher zurückzogen, gab es zehn unzureichende Schanzen, die heute mit Steinen markiert sind. Trotzdem gelang es, die Stellung 34 Tage lang bis zum Hauptsturm am 18. April 1864 zu halten. Auf dän. Seite waren mehr als 1200 Opfer zu beklagen. Die Dänen waren den Deutschen weit unterlegen; sie benutzten noch Vorderlader. Auf einem kleinen Friedhof liegen 334 dän. und 28 dt. Gefallene der Schlacht vom 18. April. In der Mühle, die nach einem Brand im Jahre 1934 rekonstruiert wurde, befindet sich ein *Museum* mit Uniformen, Waffen u. a. - In der ma *Kirche* gibt es Kalkmalereien aus der Zeit um 1500; dargestellt sind Christi Auferstehung und Himmelfahrt sowie eine Prostituierte und eine »ehrbare Frau«. Das Altarbild stammt von 1736, die Kanzel von 1605. Der Taufstein ist romanisch. Kruzifix aus der Zeit um 1250.

Gråsten/Gravenstein (12 km w): *Gråsten Slot.* Das urspr. Barockschloß wurde 1700-08 für den Statthalter von Schleswig, Frederik Graf Ahlefeldt, und seinen Bruder Hans erbaut. 1757 brannte es bis auf den N-Flügel mit seinen Endpavillons ab. In den nachfolgenden Jahren wurde der S-Flügel in schlichteren Formen wiedererrichtet und mit dem N-Flügel durch ein Korridorgebäude verbunden, das den urspr. Hauptflügel ersetzte und 1842 in seiner Mitte auf eine Breite von drei Fenstern dreigeschossig ausgebaut wurde. Dieser Mittelflügel, der von einem Türmchen bekrönt wird, gibt dem Schloß seinen bes. Charakter. – Die barocke *Schloßkapelle* im N-Flügel besitzt eine prächtige Stuckdecke. Im O-Teil sieht man die Verkündigung, in der Mitte die Dreieinigkeit und im W-Teil das Jüngste Gericht. Sehenswert sind außerdem der Orgelprospekt (1709), die von Säulen getragene Empore und der Altar mit Kopien von Gemälden von van Dyck und Tintoretto. In der Kirche hängen außerdem 72 Kopien von berühmten Gemälden, u.a. ein Porträt Luthers und eines von Melanchthon. – Der große *Park* wurde um 1700 angelegt und 1935 restauriert. Hier wurden früher auch die berühmten *Gravensteiner Äpfel* gezüchtet. In dem Schloß, das heute eine der kgl. Residenzen ist, schrieb Hans Christian Andersen während eines 14tägigen Aufenthaltes im Jahre 1845 das berühmte Märchen »Den lille Pigen med Svovlstikkerne« (»Das kleine Mädchen mit den Zündhölzern«).

Nordborg/Norburg (25 km n): Hier wurde 1157 von König Svend Grathe – wie in Sønderborg – eine Burg zum Schutz gegen die Wenden errichtet. Im MA spielte sie eine bedeutende Rolle; 1261 beispielsweise war hier der zu diesem Zeitpunkt nur zwölfjährige König Erik Klipping gefangen. Die Burganlage wurde während des Krieges mit Schweden 1665 zerstört und 1667 wieder-aufgebaut. Was man heute sieht, ein Gebäudetrakt, wurde 1909 unter Verwendung älterer Mauern errichtet und beherbergt eine *Fortbildungsschule*. – In der 1 km entfernten *Kirche* aus dem MA gibt es eine herzogliche Grabkapelle mit elf Särgen aus der Zeit zwischen 1628 und 1765, außerdem ma Kalkmalereien und eine Kanzel von 1625.

Notmark (12 km nö): Roman. *Dorfkirche* aus Feldstein. Bemerkenswert ist der mächtige W-Turm aus der 1. Hälfte des 13. Jh. In einer n Seitenkapelle von 1762 befindet sich der prachtvolle farbige Grabstein der Eheleute Thomas Sture und Berte Ahlefeldt aus dem 16. Jh. Die geschnitzte Kanzel entstand um 1560. – Der *Pfarrhof* aus dem Jahre 1688 gilt als der schönste Fachwerkbau der Insel Als. Wohnräume und Stallungen befinden sich unter einem Dach.

Nybøl (8 km w): *Windmühle*, die um 1840 nach holländischem Vorbild erbaut wurde. Auch das Innere der Mühle ist fast noch im Originalzustand erhalten.

Ulkebøl (3 km nö): Die roman. *Dorfkirche* wurde um 1786 im Stil der Schloßkapelle

Nordborg (Sønderborg), Schloßanlage

von → Augustenborg umgebaut. Der helle Innenraum besitzt ein Tonnengewölbe aus Holz und Emporen an der N- und W-Wand. Bes. sehenswert sind die frühgot. Kreuzigungsgruppe aus der Zeit um 1250 und der Altar aus Antwerpen (1525).

Vester Sottrup (8 km nw): Roman. *Dorfkirche.* Das Langhaus wurde um 1200 errichtet, die Chorverlängerung um 1500. Der Turm stammt aus dem 15. Jh., die Turmspitze von 1862. Im Chor sind Kalkmalereien aus dem Jahre 1525 zu sehen. Die Kanzel wurde 1642 von dem Flensburger Claus Gabriel geschnitzt.

Thisted Nordjütland (Thy)	
Einw.: 29700	S. 254 □ B 3

Im 14. Jh. gehörte T., das damals noch ein Dorf war, dem Bischof von Børglum. Die Haupterwerbszweige waren Fischfang und Seehandel. 1524 erhielt T. die Stadtrechte. Erst 1840, nach Anlage des Hafens, entwikkelte es sich wieder zum Zentrum der Provinz Thy – nach einer mehr als 200jährigen Periode des Niedergangs. Die Stadt liegt an der Thisteder Bucht (Thisted Bredning) des Limfjordes.

In T. wurde 1847 der Schriftsteller *Jens Peter Jacobsen* geboren, der bei uns durch die Werke »Mogens« (1872), »Fru Marie Grubbe« (1876) und »Niels Lyhne« (1880) bekannt geworden ist. In Dänemark machte er sich auch einen Namen mit der Übersetzung der Werke von Charles Darwin. Jacobsen starb 1885 an Tuberkulose. Sein Grab befindet sich auf dem Friedhof bei der Kirche. Einer der größten Verehrer Jacobsens in Deutschland war Rainer Maria Rilke. Rilke lernte Dänisch, um Jacobsen in der Originalsprache lesen zu können, und übersetzte seine Gedichte ins Deutsche.

Kirke (Vestergade): Die um 1500 aus gel-

Thisted, Kirche

bem Backstein, Kalkstein und den Granitquadern eines Vorgängerbaus errichtete Kirche ist die einzige Backsteinkirche dieser Gegend. Das gewölbte spätgot. Langhaus ist ungewöhnlich breit und besitzt nur ein Seitenschiff (im N), das sich zum Hauptschiff in niedrigen, spitzbogigen Arkaden öffnet. Zur Innenausstattung der Kirche gehören ein roman. Granittaufstein, ein Altar aus dem Jahre 1520, ein weiterer Altar im Turmraum von 1717 (J. J. Thrane*) sowie eine Kanzel, die der berühmte Bildschnitzer Mikkel van Groningen* 1594 geschaffen hat. Außerdem kann man eine Reihe von Grabsteinen sehen; der älteste stammt aus dem 12. Jahrhundert. und trägt eine Runeninschrift.

Thisted Bibliothek (Tingstrupvej): In der 1938 von Jens Foged* erbauten Bibliothek befindet sich u. a. auch das *stadthistorische Archiv*. Die Ausleihhalle ist mit Gemälden von Jens Søndergaard* geschmückt (1937-39). - Vor der Bibliothek steht eine *Skulptur* von Svend Wiig-Hansen*. - Im nahe gelegenen Park befindet sich ein *Gedenkstein* für den Pädagogen *Kristen Kold* (1816-70) mit einem Bronzerelief von Hans W. Larsen*. Kold eröffnete 1851 die zweite dän. Volkshochschule in Ryslinge auf Fünen.

Thisted Museum (Museet for Thy og Vesterhanherred, Jernebanegade 4): *Heimatmuseum*. Spezialsammlungen befassen sich mit Kristen Kold und J. P. Jacobsen (zu sehen sind u. a. sein Sofa mit Lesepult, sein Schreibtisch und eine Büste von ihm, die Axel Locher* 1935 anfertigte).

J. P. Jacobsens Fødehus (Skolestræde 8): In diesem Haus aus dem 18. Jh. wurde *Jens Peter Jacobsen* 1847 geboren; heute ist hier das *regionalhistorische Archiv* untergebracht. - Am Kystvej in einem Garten ist auch noch das Lusthaus erhalten, das Jacobsens Vater seinem schwindsüchtigen Sohn als Schreib- und Studierstube erbauen ließ. Hier schrieb Jacobsen »Marie Grubbe«.

Außerdem sehenswert: Beim *Wasserturm* stößt man auf das längste Hünengrab Dänemarks; es ist 175 m lang. - Das *Rathaus* wurde 1853 nach Plänen von M. G. Bindesbøll* erbaut. - Auf dem Lilletorv steht eine Büste des Pfarrers *Hans Christian Sonne* (1906, Rasmus Andersen*). Sonne gründete 1866 in T. die erste Einkaufsgenossenschaft Dänemarks. Nach abendlichen Versammlungen mit Arbeitern in den Lagerhäusern am Hafen war er zu der Überzeugung gekommen, daß es mit Predigen allein nicht getan sei, um etwas an dem Elend der Ar-

Thisted, Rathaus

beiter zu ändern. Bald folgten der Einkaufsgenossenschaft eine Krankenkasse, eine Bibliothek und eine Schrebergartenkolonie. – In einem Haus am Markt wurde 1775 der Geograph und Revolutionär *Malthe Conrad Bruun* geboren. – Im *Christiansgave Park* befinden sich neben einer Freilichtbühne auch die Büsten zahlreicher dän. Könige, u. a. von B. Thorvaldsen*, H. W. Bissen* und V. Bissen*.

Umgebung

Agger (35 km sw): S des Dorfes Agger liegt die *Agger Tange,* eine 10 km lange und 3 km breite, ziemlich flache Sandbank. Sie bildete sich erst um das Jahr 1100. Es wird berichtet, daß König Knud der Große 1027 bei Agger in den Limfjord gesegelt sei. Bis ins 19. Jh. hinein wurde die Agger Tange wiederholt von Sturmfluten durchbrochen.

Hanstholm (20 km n): Großer *Fischerei-* und *Fährhafen* mit Verbindung nach Norwegen und zu den Färöer. Mit den Bauarbeiten wurde 1917 begonnen; sie wurden während des 2. Weltkrieges unterbrochen und erst 1967 abgeschlossen. – Der 30 m hohe *Leuchtturm* wurde 1843 erbaut. Er war 1889 Dänemarks erstes Leuchtfeuer, das elektrisch betrieben wurde. Man kann ihn noch aus einer Entfernung von 55 km sehen. – In den Dünen am Strand stehen noch die *Bunker,* die die Deutschen während des 2. Weltkrieges bauen ließen. Die dt. Besatzung hatte damals eine Stärke von etwa 10000 Mann. Die gesamte Bevölkerung von H. war evakuiert. – Westlich von H. liegt die *Hansted Kirke.* Auf dem Relief des roman. Taufsteins im Inneren sind zwei Löwen abgebildet: der eine mit einem Fuß, der andere mit einem Menschenkopf im Maul. Der Kopf einer got. Holzskulptur (um 1500) zeigt vermutlich den hl. Dionysius.

Hillerslev (8 km n): Hier steht die größte roman. *Kirche* auf Thy. Die Fassade ist mit zahlreichen Bildsteinen verziert. Der roman. Altartisch besteht aus Granit; die gewaltige, aus einem Stück gearbeitete Platte ruht auf einer Mittelsäule. Got. Kruzifix von 1475, Kanzel von 1654 (Jens Nielsen*).

Hvidbjerg (32 km sw): Aus Granitquadern errichtete roman. *Kirche.* Eine hängende Holzskulptur aus der Zeit um 1750 zeigt Jonas im Maul des Walfisches. Die Kanzel stammt von 1596, ein got. Kruzifix von ca. 1475. Die Tür (1668) hat Beschläge von ca. 1300.

Hørdum Kirke (zwischen Hørdum und Koldby, 18 km sw): Granitquaderkirche, bestehend aus Chor, Chorapsis und Langhaus. Der Westturm, der bereits der dritte Turm der Kirche ist, wurde 1955 erbaut. Im Waffenhaus befindet sich ein Bildstein; dargestellt ist eine Szene aus der Edda: Der Gott Thor fischt nach der Midgardschlange, einem riesigen Meeresungeheuer, das die mythologische Verkörperung des die Erde umschlingenden Weltmeeres ist. Kanzel von 1625; Altar von 1600 im Schiff.

Jannerup (14 km w): Das got. Langhaus der *Kirche* ersetzte um 1500 das Langhaus einer Stabkirche. Die Innenausstattung ist außerordentlich sehenswert. Der Altar wurde 1648 von Peder Jensen Kolding* geschnitzt; im Hauptfeld ist das Abendmahl zu sehen. Der Beichtstuhl aus dem Jahre 1688 ist ein Werk von Søren Pedersen*; dieser war entweder ein Geselle oder der Sohn von Peder Jensen. Die Deckenbemalung im Chor stammt von 1722; sie sollte die Gemeinde zum Spenden animieren: Jesus zeigt auf eine Witwe, die ihr Scherflein in der Synagoge stiftet. Für die Spenden gibt es einen Op-

Hvidbjerg (Thisted), Kirche, Jonas

ferstock aus dem 17. Jh., aus einer Zeit, als J. noch ein bedeutender Wallfahrtsort war. Er besitzt zwei gewaltige Schlösser. Den Schlüssel zu dem einen hatte der Probst, den zu dem anderen der Stiftsschreiber; damit sollte verhindert werden, daß sich die Gutsbesitzer aus der Umgebung bereicherten.

Lild Kirke (n v. Frøstrup, 24 km nö): Roman. Granitquaderkirche. Über dem Ostfenster des Chores befindet sich ein Relief mit einer Darstellung des Kreuzeslammes.

Lild Strand (28 km nw): Fischerdorf. Im *»Strandgård«* wohnte 1901 der Maler *Emil Hansen*. Hier hielt er um die Hand von Ada Vilstrup an und beschloß, seinen Namen in Nolde zu ändern.

Lodbjerg Kirke (33 km sw): Die einsam in den Dünen gelegene Kirche stammt aus dem späten MA; sie wurde um 1520 aus Backstein erbaut. Im Inneren sind noch Spuren von Kalkmalereien aus der 1. Hälfte des 16. Jh. zu sehen. Der Altar entstand 1585, die Kanzel 1601. – Der in der Nähe gelegene *Leuchtturm* wurde 1883 errichtet; von seiner Spitze hat man eine einzigartige Aussicht.

Lundhøj (nö v. Hurup, 28 km sw): Etwa 5000 Jahre altes und 6,5 m langes *Ganggrab*. Die Decke der mannshohen Grabkammer wird von vier gewaltigen Steinen gebildet.

Nors (8 km n): Roman. *Dorfkirche*. Zur Innenausstattung gehören ein Kruzifix aus der Zeit um 1500, eine Kanzel von ca. 1600 und ein Altar aus dem Jahre 1883. Die Empore (1641) ist mit sechs Gemälden (1679) geschmückt; auf einem von ihnen ist die Nors-Kirche zu sehen.

Sjørring (8 km w): Bemerkenswert an der um 1150 aus Granitquadern erbauten roman. *Kirche* ist das von Säulen flankierte Nordportal. Das Waffenhaus stammt aus der Zeit um 1500; der Westturm wurde erst 1929 errichtet (Hother Paludan*). Im Inneren befinden sich ein Altar von ca. 1600, eine prächtige geschnitzte Kanzel von 1639, ein Kruzifix von ca. 1350 sowie Gestühl von 1590. – Auf dem Friedhof sieht man ein roman. *Bischofsgrabmal*. Es besteht aus zwei liegenden Steinen mit hochstehenden Giebelsteinen; der eine der beiden liegenden Steine zeigt einen Bischof im vollen Ornat. Er soll Engländer gewesen und an der Westküste gestrandet sein; behauptet wird auch, daß er die Pest nach Dänemark gebracht habe. – Die *Sjørring Volde* (Wälle) bezeichnen die Stelle, wo einmal im MA an einem inzwischen ausgetrockneten See eine *Königsburg* lag.

Snedsted (16 km sw): Vermutlich um 1125 aus Granitquadern erbaute *Kirche*. Der Westturm stammt aus der Zeit um 1500, das Waffenhaus aus dem Jahre 1883. Altar von 1670 mit einem Altargemälde von J. J. Thrane* (1710).

Tømmerby Kirke (bei Frøstrup, 22 km nö): Roman. Kirche mit spätgot. Turm und spätgot. Waffenhaus. Bemerkenswert sind die sechs Granitreliefs an der Außenwand der Chorapsis; dargestellt sind zwei Männerantlitze, ein hornblasender Jäger und ein von einem Hund verfolgter Hirsch. Neben dem roman. Altartisch, der von vier Säulen getragen wird, steht ein roman. Grabstein aus dem 12. Jh. Ein Stein im Waffenhaus wird von vielen als Fruchtbarkeits- oder Phallusstein angesehen.

Vester Vandet (10 km nw): Roman. *Kirche;* sie besteht nur aus Langhaus und Chorapsis. Im Inneren sind ein got. Kruzifix von ca. 1425, eine Kanzel von 1690 und eine Standuhr von 1754 zu sehen, auf deren Zifferblatt ein Segelschiff abgebildet ist. In die Nordwand der Apsis ist der Grabstein eines vornehmen Gutsbesitzers aus der Nachbarschaft eingemauert; er stammt aus dem Jahre 1676 und wurde von dem führenden Renaissancebildhauer Gert van Groningen* geschaffen. Der Kronleuchter wurde 1552 gefertigt.

Vestervig (34 km sw): Am n Ortsausgang bei der Klosterkirche hat man eine *Siedlung aus der röm. Eisenzeit* ausgegraben. Nur eines der Häuser hatte einen Stall. Die Bewohner lebten wahrscheinlich vom Fischfang. Die *Kirche* ist das einzige erhaltene Gebäude eines *Klosters* (des einzigen auf Thy), das vermutlich um 1110 gegründet wurde; es war dem hl. Thøger geweiht. Urspr. eine dreischiffige Basilika mit Querschiff, Chor und Chorapsis, verfiel die Kirche im Laufe der Jahrhunderte und wurde 1917–21 von dem Architekten Mogens Clemmensen* ohne das Querschiff restauriert und rekonstruiert. (Der got. Turm entstand 1450.) Die Arkaden zu den Seitenschiffen ruhen wechselweise auf runden und rechteckigen Säulen, was engl. Einfluß erkennen läßt. Die Gewölbe stammen aus dem frühen 15. Jh. An der

Südseite des Chores ist ein Bildquader eingemauert, das sog. Wahrzeichen von V.; es zeigt zwei Menschen- und zwei Tierköpfe. Im Inneren der Kirche befinden sich Kalkmalereien aus der Zeit zwischen 1475 und 1525; zu sehen ist u.a. ein dudelsackspielendes Schwein. Der Altar aus dem Jahre 1730 war urspr. für den Dom in Viborg bestimmt; das Gemälde dazu stammt von Mogens Thrane*. Kanzel aus dem frühen 17. Jh. - Auf dem Kirchhof liegt das Grab von Liden Kirsten, der Schwester Valdemars I., die hier mit ihrem Liebhaber, dem Prinzen Buris, begraben sein soll. Der Grabstein für den Pfarrer Tue, gestorben 1216, ist der älteste datierte Grabstein in Dänemark. - 200 m nw hat man die *Fundamente einer ma Gemeindekirche,* einer einschiffigen Kreuzkirche, ausgegraben.

Tønder/Tondern Südjütland	
Einw.: 12600	S. 256 □ B 7

T. wird erstmals 1130 von dem arabischen Geographen Idrisi erwähnt. 1243 erhielt es die Stadtrechte. 1238 ließen sich dort Franziskanermönche nieder, die 1530 von Frederik I. als erste Mönche nach der Reformation vertrieben wurden. Die Anlage von Poldern im 16. Jh. ließ den Hafen von T. versanden. Im 17. Jh. entwickelte sich unter niederländischem Einfluß eine regelrechte Industrie für Spitze; Anfang des 19. Jh. waren 12000 Frauen mit der Herstellung von Spitze beschäftigt. T. ist eine der hübschesten Kleinstädte Dänemarks mit einem sehr gut bewahrten Stadtbild. Am schönsten ist vielleicht die *Uldgade* mit ihren Erkerhäusern.

Kristkirken (Østergade): Die Backsteinkirche wurde 1591/92 als Ersatz für eine ma Kirche *(Nikolaikirche)* erbaut, die man wegen Baufälligkeit abreißen mußte. Nur den Turm (mit achteckiger Spitze) der alten Kirche (um 1520 errichtet) ließ man stehen. Der Baustil ist ma; lediglich die flachen Gewölbe lassen den Einfluß der Renaissance erkennen. Das Langhaus ist dreischiffig; das Mittelschiff ist höher und breiter als die Seitenschiffe. Der Chor ist ebenso breit und hoch wie das Mittelschiff und hat einen

Tønder, Kristkirken

dreiseitigen Ostabschluß. - Die Hauptattraktion der Kirche ist ihre Innenausstattung. Der Altar in drei Etagen wurde 1696 von Peter Petersen* geschaffen, die Kanzel 1586, das Gestühl 1592/93. Das Becken des Taufsteins (um 1300) besteht aus belgischem Marmor. Eine Seltenheit stellt der Lettner (Chorschranke mit Lesepult) zwischen Schiff und Chor dar; er wurde 1625 gefertigt. Bes. Beachtung verdienen auch die zahlreichen Grabmäler aus dem 17. und 18. Jh. für die Vieh- und Spitzenhändler der Stadt und ihre Familien. Die Porträts zeigen uns die Menschen, die die schönen Häuser der Stadt einmal bewohnten. - Der Dichter *H.A. Brorson* (1694-1764) war 1729-37 Pfarrer der Kirche. Vor der Kirche steht ein Standbild von ihm, geschaffen von Gunnar Hammerich*.

Das Gebäude der *Lateinschule* wurde 1612 aus Backstein und Granitquadern der abgebrochenen Nikolaikirche erbaut. Es ist zweistöckig (Kirkepladsen 11).

Amtmandsboligen (Jomfrustien 6): Das

Tønder, Store Apotek

Haus des Landrats wurde nach dem Abriß von *Schloß Tønderhus* von J. G. Rosenberg* 1768 im Stil des Rokoko errichtet. Der gleiche Architekt zeichnete auch die Pläne für die Odd-Fellow-Loge in Kopenhagen. Heute gehört das Gebäude der dän. Schornsteinfegerinnung. - Ein Gedenkstein erinnert an den Lehnsgrafen *O. D. Schack,* den Vorsitzenden der Nordschleswigschen Wählervereinigung (Johannes Bjerg*, 1954).

Digegrevens Hus (Vestergade 9): Das *Deichgrafenhaus,* ein Backsteingebäude, wurde 1777 für den Bürgermeister und reichen Spitzenhändler Carsten Richten errichtet. Das prachtvolle Rokokoportal wird von zwei Erkern flankiert. Auf dem hinteren Teil des Grundstücks (Allégade 12) steht ein *Lagerhaus* aus Fachwerk aus dem Jahre 1779. - *Vestergade 14* wurde 1794 erbaut. Es ist dem Deichgrafenhaus ziemlich ähnlich, aber im Unterschied zu diesem besteht das Portal im Louis-seize-Stil nicht aus Sandstein, sondern aus Holz.

Rådhuset (Torvet 1): Das *Rathaus* von T. ist eines der ältesten Rathäuser in Dänemark; es wurde 1643 errichtet. Die Fassade wurde 1867 verputzt. - Das spätgot. Nachbarhaus *(Torvet 11)* ist - zwischen 1560 und 1570 erbaut - das älteste Haus in der Stadt. Der Erker ist neueren Datums.

Store Apotek (Østergade 1): Es handelt sich um eines der größten und schönsten Bürgerhäuser in T. Es wurde um 1670 errichtet; seit 1697 ist in ihm eine *Apotheke* - urspr. hieß sie »Hauptapotheke« - untergebracht. Bes. sehenswert ist das barocke Sandsteinportal. - *Østergade 13* ist ein Backsteinhaus im Renaissancestil von 1668. *Nr. 15* wurde vermutlich um 1770 errichtet; das klassizistische Portal stammt von etwa 1800. *Nr. 25* ist ein Fachwerkhaus mit gemauerter Fassade zur Straße (um 1800). *Nr. 56* wurde 1729 erbaut; es war urspr. ein Kaufmannshaus mit einem Speicher unter dem Dach. - *Østergade 69,* das *ehem. Waisenhaus,* wurde 1729-31 mit Mitteln aus einer Erbschaft des vermögenden Spitzenhändlers Peter Struck erbaut. Hier lag im MA das *Heiliggeistspital.* Seit 1939 befindet sich in dem zweistöckigen Gebäude mit schieferbekleidetem Turm die *Bibliothek des Staatsseminars.*

Sønderjyllands Kunstmuseum (Kongevejen): Das Museum, das in einem Anbau (1971 von Peter Koch* und N. Rode-Møller*) des Tønder Museums untergebracht ist, zeigt dän. Kunst ab 1920.

Tønder Kirkemuseum (Nørregade): Das lokalhistorische Kirchenmuseum wurde 1957 gegründet.

Tønder Museum (Kongevejen): Zu sehen ist u. a. der *»Kagmand«,* eine Holzfigur mit Reisig in der Hand, die von 1699 bis 1920 auf dem Marktplatz von T. stand. Sie symbolisierte Recht und Ordnung: Übeltäter wurden früher in T. an einem Pfahl (Kag) festgebunden und öffentlich durchgeprügelt. Besichtigen kann man außerdem die größte Sammlung Delfter Fliesen und holländischer Fayence in Skandinavien, eine Sammlung von Silberarbeiten aus der Gegend, Spitze sowie die Zellen aus einem Gefängnis, in deren Holzwänden sich die Gefangenen verewigt haben. Untergebracht ist das Museum im *Torhaus* von Schloß Tønderhus, das 1750/51 abgebrochen wurde, und in einem 1922/23 von L. Thaysen* errichteten Gebäude. Hinter dem Museum hat man den Grundriß von Schloß Tønderhus rekonstruiert.

Umgebung

Brede (bei Bredebro, 15 km n): Ma *Kirche* mit reichhaltigem Inventar. Der Altar stammt von 1620, die Kanzel von 1612 (Laurids Snedker*); die beiden Kruzifixe sind aus dem 15. Jh. Ein Grabmal von 1676 erinnert an einen gewissen Jørgen Martensen, der 30jährig in türkischer Gefangenschaft gestorben ist. Auf dem Gemälde sieht man, wie er von einem Türken ausgepeitscht wird.

Burkal Kirke (13 km ö): Roman. Backsteinkirche. Im Chor sind Kalkmalereien aus der Zeit um 1500 zu sehen. Der Altar wurde 1622 geschaffen, die Kanzel 1615, die Holztaufe um 1620, die Kruzifixgruppe etwa 1525.

Bylderup-Bov (15 km ö): Die *Bylderup Kirke* ist eine roman. Backsteinkirche, bestehend aus Langhaus, Chor und Chorapsis. Der Turm wurde 1627 errichtet. Zur Innenausstattung gehören ein Altar von ca. 1600 und eine Kanzel von 1585.

Emmerlev Kirke (15 km nw): Roman. Kirche aus Feldstein. Sie wurde Anfang des 13. Jh. bereits umgebaut; dabei erhielt sie einen Chor aus Backstein. Die Gewölbe stammen aus der Zeit um 1400; Sakristei, Waffenhaus und Westturm entstanden um 1500. Die drei Tore in der Kirchhofsmauer wurden 1648 gefertigt; die Roste, die früher das Vieh fernhalten sollten, sind noch zu sehen. In der Kirche befinden sich ein Altar von ca. 1450 und eine Kanzel von ca. 1600 (Laurids Snedker*).

Gallehus (4 km nw): Der Name bedeutet »Galgenhaus«; hier befand sich einmal der Richtplatz von → *Møgeltønder.* 1639 und 1734 wurden hier die berühmten *Goldhörner* gefunden. Zwei Gedenksteine bezeichnen die Fundstellen; sie wurden 1907 aufgestellt. Die Goldhörner stellen den bedeutendsten Goldfund aus der germ. Eisenzeit dar. Sie wurden vermutlich um 400 n. Chr. angefertigt und befanden sich in der kgl. Kunstkammer in Kopenhagen, bis sie 1802 von einem Goldschmied gestohlen und eingeschmolzen wurden. Es gibt verschiedene Rekonstruktionen nach Zeichnungen, die letzten von 1979, die im Nationalmuseum in Kopenhagen zu sehen sind. Das längere Horn wog fast 3 kg, das kürzere 3,5 kg. Das kürzere trug die Inschrift: »Ich Lægast, Holtes Sohn (der aus Holte?) machte das Horn«. Beide Hörner waren mit Menschen-, Tier- und Fabelfiguren verziert. Über ihre urspr. Verwendung herrscht Unklarheit; vielleicht handelt es sich um Kulthörner eines Heiligtums, Trinkgefäße eines vornehmen Mannes oder um Blasinstrumente. Wer sie vergraben hat und warum sie vergraben wurden, ist ebenso wenig bekannt.

Højer/Hoyer (13 km w): Nachdem Tønder im 16. Jh. durch den Bau von Deichen vom Meer abgeschnitten wurde, entwickelte sich das Bauerndorf zu Südjütlands Ausfuhrhafen für Vieh. Diese Blütezeit dauerte bis ins späte 18. Jh. Die *Kirche* ist spätromanisch. An der Tür zu ihrem Waffenhaus hängt eine Eisenkette mit einem Halsring; hier war früher der Pranger. Die Innenausstattung besteht aus einem Flügelaltar von ca. 1450, einer Kanzel von 1591, einem roman. Taufstein aus Kalkstein, einem Kruzifix von ca. 1250 und zwei Prozessionskruzifixen aus der Zeit um 1300 und 1400. – In der *Skolegade 3* steht das älteste datierte Haus des Ortes aus dem Jahre 1708. – Die *Mühle,* ein 30 m hohes Bauwerk aus Holz mit 7 Stockwerken, wurde 1857 errichtet; sie wurde 1976 restauriert und als *Museum* eingerichtet. – Die *Sturmflutsäule* bei der Schleuse, die man 1976 errichtet hat, zeigt den Wasserstand bei allen bekannten Sturmfluten. In einer einzigen Nacht im Jahre 1634 ertranken zwischen Ribe und Tønder 6200 Menschen und mehr als 50 000 Haustiere. Das Meer verschlang damals 1300 Bauernhöfe, 28 Mühlen und 19 Kirchen. Die letzte Sturmflut ereignete sich am 3. Januar 1976; damals brach der Deich, so daß Tønder evakuiert werden mußte. – Die *alte Schleuse* wurde 1861 erbaut, die *neue* 1980. Durch den neuen Deich, der eine Länge von 12 km hat, wurden 1000 ha Land gewonnen.

Løgumgårde (17 km n): *Nørre Løgum Kirke.* Die Kirche ist vermutlich die älteste Backsteinkirche in Südjütland; sie wurde um 1200 erbaut. Die Gewölbe, der Westturm und das Waffenhaus stammen aus dem späten MA. Zur Innenausstattung gehören ein Altar aus der Zeit um 1500, der um 1700 verändert wurde, eine Kanzel aus dem Jahre 1648, ein roman. Granittaufstein und ein Kruzifix von ca. 1300.

Løgumkloster/Lügumkloster (18 km n): Das Kloster war im 12. Jh. von den Zisterziensern in Seem bei Ribe gegründet worden; 1173 wurde es nach Løgumkloster verlegt. Der Ort entstand um die Klosteranlage herum. Vom 17. bis zur Mitte des 19. Jh. war der Ort nach Tønder das zweite Zentrum der Klöppel- oder Spitzenindustrie; in der Blütezeit waren hier 1000 Klöpplerinnen beschäftigt.

Das *Kloster* wurde nach den Regeln des Zisterzienserordens in einer unbewohnten und wasserreichen Ebene erbaut. Die Kirche bildete einmal den Nordflügel einer umfangreichen Gebäudeanlage aus Backstein. Außer ihr ist nur noch ein kleiner Teil des Ostflügels erhalten; in ihm befinden sich der Kapitelsaal, die Sakristei und das ehem. Dormitorium (Schlafsaal) der Mönche, in dem heute eine *Bibliothek* eingerichtet ist. Außerdem gibt es hier noch eine ma Heizungsanlage. Das Dormitorium ist mit dem s Kreuzarm der Kirche über eine Treppe verbunden, so daß die Mönche auch nachts zum Gebet in den Chor der Kirche gelangen konnten. - Der Bau der *Kirche* dauerte von ca. 1225 bis 1325, der Übergangszeit von der Romanik zur Gotik. Der Ostgiebel mit seinen zweimal drei übereinanderliegenden Fenstern und seinen Blendbögen ist eines der schönsten Zeugnisse dieses Übergangsstils. Der Westgiebel ist rein gotisch, was damit zusammenhängt, daß Kirchen im MA von O nach W gebaut wurden. Der Innenraum des Gotteshauses ist ungewöhnlich groß: Mittelschiff, die beiden niedrigeren Seitenschiffe und die Kreuzarme sind zusammen fast so breit, wie die Kirche lang ist. An den Kreuzarmen befinden sich drei Seitenkapellen. Urspr. waren die Wände weißgekalkt; das Mauerwerk wurde erst bei einer Restaurierung durch H. Lønborg-Jensen* und C. M. Smidh* zu Beginn dieses Jahrhunderts freigelegt. Die Innenausstattung besteht aus einem Altar von ca. 1500, einem Reliquienschrank aus der 1. Hälfte des 14. Jh., einer Holztaufe mit Himmel von 1707 (Peter Petersen*), einer Renaissancekanzel von ca. 1580, einem got. Triumphkruzifix aus der Zeit um 1300 und zahlreichen ma Holzskulpturen, u. a. einer Pieta aus der Werkstatt von Claus Berg* in Odense (um 1525). - 1959-61 wurde in Verbindung mit dem Ostflügel von Rolf Graae* und Richard Aas* ein *»Refugium«* mit Platz für 45 Gäste gebaut. Bei diesem befindet sich ein Glockenspiel aus dem Jahre 1973 mit 49 Glocken; es wurde zur Erinnerung an Frederik IX. gefertigt. Zu hören ist es um 8, 11, 15, 17, 18.30 und 21 Uhr.

Løgumkloster Slot. Das Bauwerk im Renaissancestil stößt an die Südwestecke der Klosterkirche. Es war einmal das Wohnhaus des herzoglichen Amtmanns und wurde 1614 erbaut, nachdem L. 1580 wieder in den Besitz der Gottorper Herzöge gekommen war. Im Giebel über dem Tor war urspr. das Wappen des Herzogs von Gottorp, Johan Adolf, zu sehen. Als L. 1721 wieder an Dänemark kam, drehte man den Stein um und ließ in die Rückseite den Namenszug Frederiks IV. und das dän. Reichswappen einhauen. Eine Gedenktafel erinnert an den Dichter *H. A. Brorson* (1694-1764), der hier 1717-21 Hauslehrer war.

In der Østergade 13 liegt das *Kunstmuseum Holmen* für die Malerin und Bildhauerin *Olivia Holm-Møller* (1875-1970).

4 km s von L. liegt der *Draved Skov,* Dänemarks einziger Urwald, d. h. ein Wald, der nicht forstwirtschaftlich genutzt wird. Er hat eine Ausdehnung von 198 ha.

Møgeltønder (4 km w): Hier gab es im frühen MA eine kgl. Burg, *Møgeltønderhus,* der heutige Herrensitz *Schackenborg. Møgeltønder* bedeutet »Groß-Tondern«. Bis 1400 hieß Tønder selbst noch *Lille Tønder,* »Klein-Tondern«- - Die *Kirche* wurde in drei Abschnitten erbaut. Der ö Teil um 1200, der w zwischen 1275 und 1300. Der Turm entstand im späten MA; er wurde 1628 erhöht, nachdem er teilweise eingestürzt war. An der Nordseite des Chores wurde 1763 eine Grabkapelle mit geschwungenem Giebel für das Grafengeschlecht Schack errichtet. Sie besitzt ein Sandsteinportal von 1853. Der Chor ist mit Renaissance-Kalkmalereien aus der Zeit um 1550 geschmückt, die 1898 von dem dt. Restaurator A. Wilckens* restauriert wurden. Dieser nutzte die Gelegenheit, um neben Moses die Porträts des Grafen Schack und dessen Sohn Didrik hinzuzufügen; beide sind an ihrer modernen Kleidung (Jakkett und Krawatte) zu erkennen. Neben den

Heiligen Drei Königen ist die Gräfin Schack zu sehen, Wilckens selbst an der Südwand. Der Altar wurde um 1500 geschaffen (Oberteil ca. 1700), die Kanzel 1694. Die Orgel v. 1679 ist neben der Orgel der Schloßkirche von Frederiksborg die älteste Orgel in Dänemark; sie wurde 1956 restauriert. - Die *Schackenborg* wurde auf dem Gelände von Møgeltønderhus für Hans Schack um 1664 errichtet. Ihre Rokokofassade erhielt die dreiflügelige Anlage bei einem Umbau Mitte des 18. Jh. Nur der Schloßpark ist für die Allgemeinheit zugänglich. Das Torhaus stammt aus dem 17. Jh., der Pferdestall von 1785. - Die gepflasterte Straße zum Schloß *(Slotsgade)* mit ihren alten Linden gilt als die schönste Dorfstraße in Dänemark. Sie wird von strohgedeckten Backsteinhäusern mit Erkern gesäumt. Um 1680 wurde sie angelegt; die ältesten Häuser entstanden etwa 1730. Bemerkenswert sind einige Eingangstüren aus dem späten 18. Jh.

Randerup (über Bredebro, 23 km nw): Ma *Kirche.* Hier waren der Psalmendichter Hans Adolph Brorson, sein Vater und sein Großvater Pfarrer. Die Innenausstattung besteht u. a. aus einem Altar von 1651, einer Kanzel von 1611 und einem roman. Granittaufstein.

Rudbøl (10 km sw): Grenzort. Die Grenze verläuft entlang der Hauptstraße; die Häuser im W sind dän., die Häuser im O dt. Hinter der Grenze auf der dt. Seite liegt in *Seebüll (Søbøl)* das *Nolde-Museum* (Stiftung von Ada und Emil Nolde). Nolde, eigtl. Emil Hansen, wurde 1867 in Nolde bei Bylderup-Bov geboren; er starb 1956 und ist zusammen mit seiner Frau bei seinem Haus begraben.

Trøjborg Ruin (nw v. Visby, 15 km nw): Ruine eines prächtigen Renaissanceschlosses aus dem späten 16. Jh. Neben Fundamenten und Mauerteilen sind ein Portal und die Südmauer in voller Höhe erhalten. Bevor man das Schloß baute, gab es hier eine *Burg,* die erstmals 1347 genannt wird. Im Jahre 1854 ließ der Bauer Knud Lausten Knudsen den Bau abreißen, nachdem er ihn dem dän. Staat als Seminargebäude angeboten hatte, damit seine Kinder keine Herrschaftsallüren bekämen. Der berühmte dän. Pädagoge *Christen Kold* (vgl. Thisted) war bei Knudsen Hauslehrer. Hier gewann er die Einsicht, daß Kinder leichter durch selbständiges Kombinieren als durch bloßes, mechanisches Auswendiglernen Wissen erwerben könnten.

Møgeltønder (Tønder), Kirche Sankt Nikolai

Ubjerg (4 km s): Die ma *Kirche* steht auf einer Anhöhe in der Marsch. Der Chor und die Apsis wurden um 1200 aus Backstein erbaut; das Schiff wurde erst 100 Jahre später errichtet. 1690 wurde die Apsis umgebaut. Die flache Decke des Kirchenschiffes ist bemalt; dargestellt sind u. a. Adam und Eva. Der Altar wurde 1743 geschaffen, die Kanzel 1783; der Granittaufstein ist romanisch. Das got. Kruzifix stammt aus der Zeit um 1500; zwei Heiligenfiguren entstanden um dieselbe Zeit. - Das *Pfarrhaus,* eines der ältesten in Dänemark, wurde 1675 errichtet; urspr. befanden sich im Westende ein Stall und eine Tenne. Der Anbau entstand 1790.

Visby Kirke (12 km nw): Die roman. *Kirche* wurde für den Besitzer von → *Trøjborg,* Peder Rantzau, 1590 im Renaissancestil umgebaut. Der Altar stammt von 1593, das Kruzifix von ca. 1475 und die Taufe aus dem Jahre 1591.

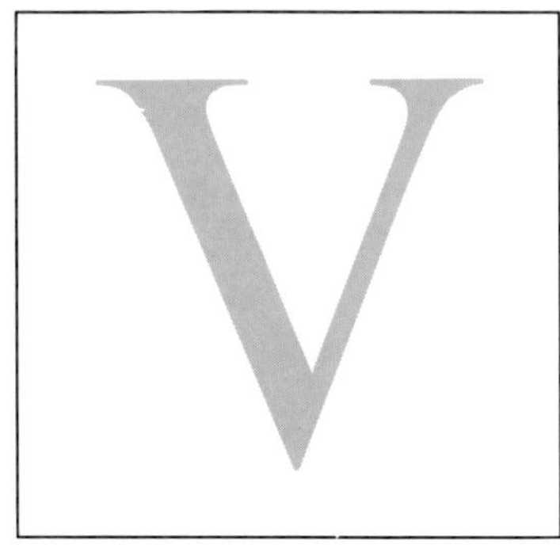

Varde Westjütland	
Einw.: 18300	S. 256 □ A 5

V. ist eine der ältesten Städte Dänemarks. Sie entstand an einer Furt über den Varde-Fluß und erhielt bereits 1231 die Stadtrechte. Im MA gab es hier eine Burg und zwei Kirchen, von denen eine 1809 abgebrochen wurde. Heute besitzt die Stadt Eisen- und Stahlindustrie.

Sankt Jacobi Kirke (Torvet): Die aus Granitquadern errichteten Apsis, Chor und Langhaus der Kirche sind romanisch; der Turm aus Backstein stammt aus den späten MA (Turmspitze 1869 von L. A. Winstrup*). Das Querschiff wurde 1809–12 von Mikkel Stobberup* unmittelbar nach dem Abriß der zweiten Kirche erbaut. Gleichzeitig erhielt das Langhaus ein hölzernes Tonnengewölbe. Zur Innenausstattung gehören eine äußerst seltene Gußeisentaufe von 1437 (Nicolaus Klokkestøber*) sowie ein Altar aus dem Jahre 1616 und eine Kanzel von 1640; diese ist mit einem vermutlich älteren Alabasterrelief und einer Inschrift in zwölf Sprachen geschmückt. – Bei der Kirche steht eine *Statue von Frederik VII.* von N. Schmidt* (1885).

Den Kampmannske Gård (Storegade 33): Barockes Patrizierhaus, das 1781 erbaut wurde, nachdem der Vorgängerbau 1777 abgebrannt war. Über dem Portal steht »Ex cinere redivivus anno 1781« (Auferstanden aus der Asche im Jahre 1781).

Varde Museum (Lundvej 4): *Kulturhistorisches* Museum mit Silber, Möbeln (Interieurs von der Renaissance bis zum Klassizismus), Textilien, jütländischem Steingut sowie Landschaftsgemälden. Große Sammlung mit Werken des dän. Malers Christian Lyngbo*. – Beim Museum liegt die *Arnbjerg-Anlage,* ein Park, der bereits 1829 angelegt wurde. Der *Pavillon* ist aus dem Jahr 1899. Hier gibt es ein Modell der Stadt V. im 19. Jh. sowie zwei Skulpturen von Anker Hoffmann*: *Vardepigen* und *Liggende kvinde* (Mädchen aus Varde und Liegende Frau, 1965).

Außerdem sehenswert: Das *Rathaus* aus dem Jahre 1872 (L. A. Winstrup*). Im Rathaussaal stehen zwei Skulpturen v. Anker Hoffmann*: *Laksedrengen* und *Brøndpigen* (Lachsjunge und Brunnenmädchen, 1955). – *Sillasens Hus* (Torvet) wurde 1797 von Mikkel Stobberup* für die Pfarrerswitwe Madam Brorson errichtet. – Das *Zollamtsgebäude* in der Storegade 1 wurde 1863 von L. A. Winstrup* erbaut.

Umgebung

Henne (24 km nw): Hier gibt es die größten und schönsten Dünen an Jütlands W-Küste. Vom n gelegenen *Blåbjerg,* einer 64 m hohen Wanderdüne, hat man eine einzigartige Aussicht. – Die *Kirche* stammt aus dem MA. Altar von ca. 1500, Kanzel von 1573, got. Kreuzigungsgruppe aus der Zeit um 1300. Von den beiden Seitenaltären ist einer ein Marienaltar; die Reformation scheint offensichtlich nie ganz in diese entlegene Gegend vorgedrungen zu sein.

Ho (über Oksbøl, 24 km sw): Got. *Kirche* aus der Zeit um 1450. – Im Garten des Pfarrhauses steht eine Statue des Dichters *Thomas Lange* (1829–87). – In Ho wird Ende August *Dänemarks größter Schafsmarkt* abgehalten. – Die Halbinsel Skallingen s des Ortes ist wegen ihrer vielen Vogelarten bes. für Ornithologen interessant (Naturschutzgebiet).

Janderup (8 km w): Ma *Kirche* mit einer sehr hübschen Innendekoration aus gemalten Blattornamenten (um 1520). Altar von 1645; Kanzel von ca. 1600; Kruzifix aus dem 14. Jh.

Nørholm (11 km nö): Neoklassizistisches

Gutshaus aus dem Jahre 1780. Das eingeschossige Bauwerk besitzt ein Mansarddach und einen Dreikantgiebel über dem Portal und den beiden neben diesem gelegenen Fenstern (Entwurf vermutlich von Johannes Wiedeveldt*). Wassermühle aus Fachwerk aus dem 18. Jh.
Nørre Nebel (23 km nw): Ungewöhnlich lange ma *Dorfkirche* aus Granit und Tuffstein. Kalkmalereien aus dem späten 16. Jh.; dargestellt ist u. a. der Sündenfall. Altar von ca. 1600, Kanzel von 1575 mit Schalldeckel aus dem Jahre 1600. – In der Bredgade 76 befindet sich das *Blåbjerg Museum,* ein kulturhistorisches Museum.
Oksbøl (14 km w): *Ål Kirke,* roman. Kirche aus dem 12. Jh. mit got. Gewölbe im Chor. Interessante Kalkmalereien an der N-Wand des Langhauses aus dem 12. Jh.; zu sehen sind Szenen aus der Nikolaus-Legende: Seine Taufe. Wie er zu einem Wirtshaus kommt, in dem der Wirt gerade drei Gäste erschlagen hat. Die Frau des Wirts stiehlt ihren Geldbeutel; auf dem Feuer steht der Topf in dem sie gekocht werden sollen. Der hl. Nikolaus erweckt sie zum Leben. Des weiteren bewahrt er drei Mädchen davor, an ein Freudenhaus verkauft zu werden, indem er ihrem Vater (!) eine Geldbörse durch das Fenster zuwirft. Fast ist man versucht, von den Comics des MA zu sprechen! Ebenfalls an der N-Wand ist ein berühmter Reiterkampffries zu sehen. Den Historikern gibt er wichtige Aufschlüsse über Waffen und Ausrüstung zur Zeit König Valdemars des Siegers (14. Jh.). Roman. Taufstein; das Becken hat die Form einer Tonne. Altar von ca. 1500; Kanzel von 1637. – In der Kirkegade 1 befindet sich ein *Heimatmuseum,* u. a. mit Gegenständen aus einem Flüchtlingslager, das sich während des 2. Weltkriegs in Oksbøl befand. Damals hatte der Ort zeitweilig 40000 Einwohner. – Ein großer *Friedhof für die dt. Flüchtlinge* liegt am Ortsrand am Weg nach Børsmose. – Am südlichen Ortsrand liegt der Gutshof *Hesselmed* aus dem Jahre 1745 (Seitenflügel von 1833).
Ølgod (24 km nö): Große roman. *Kirche* aus Granitquadern. Der Turm ist spät-ma. Die Innenausstattung ist im Renaissancestil gehalten. Sehr sehenswert ist die Gußeisentaufe aus dem Jahre 1455; das Becken wird von vier Frauenfiguren getragen. – *Heimatmuseum* in der Vestergade 49.

Vejle
Ostjütland

Einw.: 49600	S. 256 □ D 5

Die Stadt V. entstand an einer Furt über den Sønderå. Erstmals wird sie im 13. Jh. genannt; im Jahre 1327 erhielt sie die Stadtrechte. Im frühen MA gab es hier eine *Burg.* Brände, die Pest und Kriege führten im 16. und 17. Jh. zu einem Niedergang. 1786 brannte fast die ganze Stadt. Der erneute Aufschwung begann, als V. Ende des 18. Jh. Verwaltungsstadt wurde. Zahlreiche Industrien ließen sich in V. nieder, eine Entwicklung, die durch den Bau eines neuen Hafens 1827 und den Anschluß an das Eisenbahnnetz 1868 noch verstärkt wurde. Heute ist V. eine blühende Stadt, die sich wegen ihrer Naturschönheiten auch bei Touristen großer Beliebtheit erfreut.

Sankt Nikolai Kirke (Kirketorvet): Der älteste Teil der Kirche, die n Langhauswand, stammt aus dem 13. Jh. Im 14. Jh. wurde die Kirche durch den Einzug von Gewölben zweischiffig umgebaut. Um 1500 wurde sie durch den Anbau eines südlichen Seitenschiffes dreischiffig; zur gleichen Zeit entstanden die Kreuzarme. Im 19. Jh. wurde die Kirche wiederholt restauriert. Der neogot. Turm stammt von 1862, der Chor von 1856. Im Inneren befinden sich ein roman. Granittaufstein, der älter als die Kirche selbst ist, eine Kanzel im Renaissancestil von 1575, eine klassizistische Altartafel (1791, Jens Hiernø*) und ein Prozessionskruzifix aus der Zeit um 1525. In einer Seitenkapelle ist die gut erhaltene Moorleiche von Haraldskær zu sehen; sie stammt aus der Zeit um 450 v. Chr. und wurde 1835 gefunden. – Vor der Kirche steht eine Statue des dän. Historikers *Anders Sørensen Vedel* (1542–1616) von dem Bildhauer Povl Søndergaard* (1953).

Vor Frelsers Kirke (Strandgade): Die Glasfenster und die Altardekoration der 1907 erbauten Erlöserkirche wurden von Jais Nielsen* geschaffen, die Fresken von Jens Møller-Jensen*.

Pedersholm: Das barocke Gebäude wurde zwischen 1770 und 1775 unter Mitwirkung des Bildhauers Jens Hiernø* errichtet.

Engum (Velje), Dorfkirche, Innenansicht

Rådhus: Das *Rathaus* wurde 1878/79 von C. Lendorf* erbaut. Es ähnelt mit seinem Turm einem spätgot. Herrensitz. – Vor dem Rathaus steht die Skulptur *»Handel, Industrie und Landwirtschaft«* des Isländers Sigurjon Olafsson* (1954).

Vejle kulturhistoriske Museum og Veijle Kunstmuseum (Flegborg 16): Im *Kulturhistorischen Museum* wird die Geschichte der Stadt dokumentiert. Eine Spezialsammlung befaßt sich mit der Gewinnung von Mooreisen in der Eisenzeit. Im *Kunstmuseum* sind dän. Gemälde und Skulpturen des 20. Jahrhunderts sowie eine Graphiksammlung zu sehen. – Vor dem Museum steht eine Büste des Archäologen *J. J. A. Worsaae* (1821–85) von Rasmus Andersen* (1921). Worsaae war 1874/75 Kultusminister und führte die Unterteilung der drei vorgeschichtlichen Hauptperioden nach dem Werkstoff (Stein-, Bronze- und Eisenzeit) ein.
Die Skulptur *»Siddende Pige«* (1933, Sitzendes Mädchen) ist ein Werk von Povl Søndergaard*.

Umgebung

Billund (27 km w): *Legoland.* Der Vergnügungspark mit einem Miniaturland aus ca. 25 Millionen Legosteinen wurde 1968 eröffnet. Zu sehen sind ma Städte, u. a. Ribe und Amsterdam, sowie Teile von Celle und Goslar, außerdem bekannte Bauwerke wie Schloß Koldinghus, die Düppeler Mühle, Amalienborg und der Viborger Dom, die Akropolis von Athen und der Eiffelturm (1,6 m hoch). – In einem *Museum* sind 350 alte Puppen und 40 Puppenstuben ausgestellt. – *Lego,* eine Kurzbezeichnung für *»leg god«* (= spiel gut), wurde 1958 von dem Zimmermann Ole Kirk Christiansen und seinem Sohn Godtfred erfunden. Es handelt sich dabei um einen Druckknopfstein aus Kunststoff (Acrylnitril, Butadien und Styropolymerisaten).
Bredsten (11 km w): Roman. *Kirche* aus Schwemmstein. Ihr heutiges Aussehen erhielt sie bei einem Umbau, den der Staatsrat Gerhard de Lichtenberg 1742 durchführen

ließ. Bes. sehenswert sind die geschwungenen Giebel und die zwiebelförmige Turmspitze. Die Ausstattung besteht u.a. aus einem Kruzifix von ca. 1500, einem Altar von 1742 und einer Kanzel von 1750.

Engelsholm (nw v. Bredsten, 16 km w): Der Herrensitz wurde 1592/93 für den Bruder des berühmten Astronomen Tyge Brahe, Knud Brahe, erbaut. Der Baumeister war wahrscheinlich Hercules von Oberberg*. Das längliche zweistöckige Bauwerk besitzt quadratische Ecktürme, die von dem Architekten Nicolaus Hinrich Rieman* mit zwiebelförmigen Spitzen versehen wurden, nachdem Gerhard de Lichtenberg den Besitz 1731 erworben hatte. In dem Gebäude ist heute eine Schule untergebracht. - 1733 baute Rieman auch die 3 km w gelegene roman. *Kirche von Nørup* um. Ihre Turmspitze ist mit denen von Engelsholm fast identisch. Sehenswert ist das Barockinventar aus dem 18. Jh.: Altar, Kanzel, Gestühl, der Deckel auf dem roman. Granittaufstein und eine geschlossene Herrschaftsloge.

Engum (über Bredal, 10 km nö): Roman. *Dorfkirche* aus Schwemmstein. Chor und Schiff wurden im 12. Jh. errichtet; der Westturm und das Waffenhaus sind spät-ma. Die Gewölbe stammen aus der Zeit um 1400. Die Kalkmalereien an der Chorwand (Kain und Abel) entstanden etwa 1225. Altar (1759), Kanzel (1765) und Orgelprospekt (1765) sind im Stil des Rokoko gestaltet; sie wurden von den Schnitzern von Samsø, Vater und Sohn Jens Jensen, geschaffen.

Hover Kirke (5 km n): Aus Schwemmstein errichtete roman. Kirche. Die flache Holzdecke wurde 1955 von Mogens Jørgensen* bemalt. Kruzifix aus der Zeit um 1225, Prozessionskruzifix von ca. 1500, Kanzel von 1684 und roman. Taufstein. Der frei stehende, gemauerte Glockenturm entstand 1866.

Jelling (13 km nw): Vor rund 1000 Jahren befand sich hier der *Königshof* von Gorm dem Alten, seiner Frau Thyra Danebod und ihrem Sohn Harald Blauzahn. - Hier liegen die zwei größten Grabhügel Dänemarks; zwischen ihnen steht eine roman. Kirche, und s von dieser findet man zwei Runensteine, den *großen* und den *kleinen Jellingstein.*

Die Grabhügel haben einen Durchmesser von ca. 70 m und eine Höhe von ca. 11 m. Der nördliche wird *Thyras Hügel* genannt.

Jelling (Velje), Runenstein

1820 fand man bei der Vertiefung eines Brunnens, der sich auf dem Hügel befand, eine 6,75 m lange, 2,5 m breite und 1,45 m hohe Grabkammer aus Eichenbohlen. Die Wände des leeren Grabes waren mit Wollstoff verkleidet gewesen. - Der südliche Hügel, *Gorms Hügel,* wurde - wie Ausgrabungen 1861 bewiesen haben - nie für Begräbnisse benutzt. Man fand lediglich zwei Reihen von Bautasteinen (insgesamt etwa 50), die in einem spitzen Winkel aufeinander zulaufen; dabei handelt es sich wahrscheinlich um die Reste einer Schiffsetzung. Man hat sie n des Hügels wieder aufgestellt.

Der *kleinere Runenstein* diente bis 1630 als Bank vor der Kirche. Der Text aus der 1. Hälfte des 10. Jh. lautet: »König Gorm machte diesen Stein für Thyra, seine Frau, Dänemarks Besserer.« Es handelt sich hier um das erste Mal, daß der Name Dänemark überhaupt genannt wird. - Der *große Runenstein* besitzt drei Seiten und ist 2,4 m hoch. Er wird auch die »Geburtsurkunde Dänemarks« genannt, weil er das erste hi-

Jelling (Velje), Kirche, Wandmalereien

storische Dokument überhaupt ist, über das Dänemark verfügt. Die Inschrift stammt aus der Zeit nach 960; sie verläuft in waagerechten Zeilen, nicht in senkrechten, was sehr ungewöhnlich war. Der Text lautet: »Harald der König gebot, dieses Denkmal zu setzen für Gorm, seinen Vater, und Thyra, seine Mutter, der Harald, der ganz Dänemark und Norwegen gewann und die Dänen zu Christen machte.« Auf der zweiten Seite des Steins sieht man einen Löwen mit einer Schlange, auf der dritten eine Christusfigur, die Arme zu einer segnenden Gebärde ausgebreitet. Lange Zeit hielt man das Bild für eine Darstellung König Haralds im Ringpanzer.

Die *Kirche* wurde vor 1100 errichtet; der Turm stammt aus dem 15. Jh. Davor gab es hier drei hölzerne Kirchen, die durch Feuer zerstört wurden. Unter einer von diesen ließ Harald Blauzahn wahrscheinlich seine Eltern (in geweihter Erde) begraben, nachdem er zum Christentum übergetreten war. Die ungeordnete Lage der beiden Skelette, die hier gefunden wurden, läßt jedenfalls darauf schließen, daß sie von einem anderen Ort hierher überführt worden waren. – Die Kirche besitzt eine Balkendecke. Die Kalkmalereien waren einmal die ältesten in Dänemark; der Putz, auf dem sie sich befanden, war jedoch so brüchig, daß sie 1875 durch Kopien ersetzt wurden (Magnus Petersen*). Dargestellt sind die Kindheitsgeschichte des Johannes und die Taufe Jesu im Jordan. Die Kanzel wurde ca. 1700 geschaffen, der Altar ca. 1525. Die modernen Kalkmalereien im Chor sind Werke von J. T. Skovgaard*, dem Sohn von Joakim Skovgaard*. – Gegenüber der Kirche liegt ein kleines *Museum*.

Munkebjergskov (6 km ö): Hübscher *Wald* an der Südseite des Vejle-Fjords. Von dem 93 m hohen *Munkebjerg* (Mönchsberg) hat man eine sehr schöne Aussicht.

Rosenvold (26 km ö): Sehr hübsch an einem Hang zum Vejle-Fjord gelegener Renaissance-Herrensitz mit zwei runden Ecktürmen. Er wurde 1585 fertiggestellt; die Bauherrin war Karen Gyldenstierne, die Witwe eines Rosenkrantz, nach dem der Besitz be-

nannt ist. Das zweigeschossige Gebäude besaß bis 1816 einen Treppenturm auf der Hofseite. Es ist von einem Wassergraben umgeben.
Skibet (8 km w): Die roman. *Kirche* wurde um 1150 aus Schwemmstein erbaut. Im späten MA wurde sie nach W verlängert; an der Nordseite wurde eine Sakristei, an der Südseite ein Waffenhaus angebaut. Das prächtige roman. Tympanonrelief des Südportals befindet sich heute im Westgiebel; es zeigt einen Löwen. Im Inneren sind Kalkmalereien aus der Zeit um 1200 und 1510 zu sehen; die älteren zeigen die Legende vom heiligen Gral.
Tirsbæk (8 km ö): Dreiflügeliger *Herrensitz* aus dem 16. Jh. Der Mittelflügel besitzt eine Tordurchfahrt mit einem Tonnengewölbe. Der Turm in der Nordwestecke des Hofes stammt aus dem Jahre 1577. Die Wirtschaftsgebäude aus Fachwerk entstanden im 18. Jh.

Viborg Mitteljütland	
Einw.: 39200	S. 254 □ C 4

Wie aus archäologischen Untersuchungen hervorgeht, gab es dort, wo heute V. liegt, bereits im 8. Jh. eine Siedlung. Sie entstand an der Kreuzung der von N nach S und von O nach W verlaufenden Hauptstraßen. 1065 wurde V. Bischofssitz; 1150 erhielt es die Stadtrechte. Im 11. Jh. wurden die dän. Könige hier gekrönt, in den späteren Jh. huldigte man ihnen hier nur. Vom 11. Jh. bis ins 14. Jh. war V. außerdem Münzort und Tagungsort des Landesthings. Es gab damals zehn Kirchen und fünf Klöster. Die Reformation, Kriege und Brände (1667 und 1726) führten vorübergehend zum Niedergang der Stadt, aber bereits im 18. Jh. erlangte V. wieder seine führende Stellung, u. a. als administratives Zentrum. Heute ist V. eine blühende Handels- und Verwaltungsstadt mit wenig Industrie, die wegen ihrer vielen alten Häuser und hübschen Lage an zwei Seen auf Touristen eine große Anziehungskraft ausübt.

Domkirke: Der Grundstein zu dem Dom wurde 1130 gelegt. Nach zahlreichen Bränden und schlecht ausgeführten Renovie-

Viborg, Domkirke

rungsarbeiten war die Kirche 1862 so baufällig, daß sie geschlossen werden mußte. Zu dieser Zeit war sie äußerlich durch Umbauten im Barockstil geprägt. Schließlich beschloß man, das gesamte Bauwerk bis auf die Krypta abzureißen und in roman. Formen wiederaufzubauen; die Arbeiten dauerten bis 1876. Die Architekten waren N. S. Nebelong*, J. Tholle* und H. B. Storck*. Heute wirkt das Gebäude wie aus einem Modellbaukasten errichtet, monoton in seiner Regelmäßigkeit. Kritiker behaupten, daß dies auch auf die maschinelle Bearbeitung des schwedischen Granits zurückzuführen sei, mit dem der Backstein verkleidet ist. – Die Krypta ist dreischiffig; sie besitzt zwölf Gewölbe, die auf sechs Säulen und zehn Halbsäulen ruhen. An der w Außenwand wird das Fenster von zwei roman. Granitreliefs flankiert: zwei Löwen, die Pranken zum Schlag erhoben. Die gesamte Kirche wurde zwischen 1899 und 1906 (die Decke 1912/13) von Joakim Skovgaard* mit biblischen Motiven ausgemalt; unter seinen Mitarbeitern befand sich u. a. auch der Maler Niels Larsen Stevns*. Vor dem Altar (1876, H. B. Storck* und C. C. Peters*) befindet sich das Grab des Königs Erik Klipping, der 1286 in Finderup sw v. V. ermordet wurde.

Etwas ö des Domes liegt der dreiflügelige *Bischofshof.* Die Keller mit Rippengewölben stammen von einem ma Marienkloster; die zwei darüber liegenden Stockwerke wurden nach dem Stadtbrand von 1726 von dem Altonaer Baumeister Claus Stallknecht im Barockstil erbaut.

Søndre Sogns Kirke: Die *Kirche der südlichen Gemeinde* war urspr. die Klosterkirche eines 1227 gegründeten *Dominikanerklosters.* Der dreischiffige Backsteinbau wurde bei dem Stadtbrand im Jahre 1726 bis auf den Chor und das Mittelschiff zerstört und 1728 wiederaufgebaut. Die Arbeiten wurden von Claus Stallknecht* geleitet. Von der Ausstattung ist bes. der vergoldete Altar bemerkenswert, eine Arbeit aus Antwerpen von 1520. Er stand urspr. in der Schloßkirche von Christiansborg in Kopenhagen; 1728 schenkte ihn Frederik IV. der Kirche. Das Gestühl und die Wandverkleidung wurden 1734-36 von Mogens Christian Thrane* bemalt; die etwa 200 Bilder zeugen vom Pietismus der damaligen Zeit. Der W-Turm wurde 1696-1701 errichtet.

Hans Tausens Minde (Sankt Mogensgade): In diesem *Park* stand die 1829 abgebrochene Kirche der nördlichen Gemeinde *(Nørre Sogns Kirke);* ihr Grundriß wird durch eine Hecke angedeutet. Im »n Seitenschiff« befinden sich drei ma Grabsteine. Auf dem aus dem Jahre 1492 soll der Johannitermönch und Reformator *Hans Tausen* (1494-1561), der spätere Bischof von Ribe, gestanden haben, als er hier 1525 die erste protestantische Predigt in Dänemark hielt. Ein Gedenkstein mit einem Relief des Thorvaldsen-Schülers H. E. Freund* (1836) erinnert daran.

Sehenswerte Bauwerke: In der Sankt Mogensgade 1 steht ein schönes barockes *Patrizierhaus* aus dem 18. Jh. *Nr. 7* und *9* sind spätgot. Bürgerhäuser aus der Zeit um 1520. Nr. 8, der klassizistische *Morvilles Gård,* wurde 1798 von Villads Stilling erbaut. *Nr. 12* ist der letzte Überrest eines 1235 gegründeten *Franziskanerklosters;* 1541 wurde es in ein Krankenhaus umgewandelt. Das schlichte Bauwerk stammt aus dem späten 14. und frühen 15. Jh. und wurde nach dem Stadtbrand von 1726 umgebaut. Das Haus *Nr. 26* ist aus dem Jahre 1790. Nr. 31, der sog. Erkerhof *(»Karnapgård«)* - der Erker befindet sich am Seitenflügel -, wurde um 1530 großenteils aus Steinen von abgebrochenen Kirchen errichtet. Gegenüber, *Nr. 32,* steht ein weiteres schönes klassizistisches Bauwerk, der *Ursins Gård,* 1802 von Villads Stilling erbaut; interessanterweise weist nur die Fassade zur Straße hin Stukkatur auf, während die drei übrigen schmucklos sind.

Das Haus des Baumeisters Stilling kann man am *Nytorv 6* besichtigen; drei Stockwerke hoch und elf Fenster breit mit einem schwarzen Walmdach, war es, als es 1813 erbaut wurde, das größte Privathaus in V. Am Nytorv sind weiterhin sehenswert *Nr. 3,* die Schwanenapotheke *(Svaneapoteket)* 1727 errichtet, und *Nr. 4,* ein Bürgerhaus aus der 1. Hälfte des 18. Jh. - An der Ecke zur Store Sankt Hansgade steht der *Stiftsamtsgård,* ein spätbarockes Bauwerk aus dem Jahre 1758. Der Seitenflügel wurde 1895 von Hack Kampmann* in neogot. Stil umgebaut. Kampmann errichtete auch die *Kathedralschule* (1916, Ecke Ålborgvej/Gamle Skivevej) und das *Landesarchiv* (1890/91) in der Store Sankt Hansgade 2.

In der *Leonistræde 4* sieht man das Haus des Dompropstes, ein spätgot. Bauwerk aus der Zeit um 1500; im 19. Jh. befand sich hier ein Frauengefängnis.

Den Heibergske Fuglesamling (Centralbiblioteket, Vesterbrogade 15): Die in der *Stadtbücherei* ausgestellte Sammlung umfaßt mehr als 400 ausgestopfte, überwiegend dän. Vögel, darüber hinaus Vogeleier und Fledermäuse.

Skovgaard Museet (Domkirkestræde 2): Das Museum ist der Malerfamilie *Skovgaard* und ihren Freunden und Schülern gewidmet. Zu sehen sind Skizzenbücher, Skulpturen und Zeichnungen von Joakim Skovgaard*, dem Schöpfer der Fresken im Viborger Dom, sowie Werke des Bruders Niels und des Vaters Peter Christian; vertreten sind außerdem Niels Larsen Stevns* und Thorvald Bindesbøll*. Das Museum ist im *Alten Rathaus* untergebracht, das

Viborg, Viborg Stiftmuseum

1728–30 von Claus Stallknecht* in barokken Formen errichtet wurde.

Viborg Stiftmuseum (Hjultorvet 9–11): In dem *kulturhistorischen Museum* sind Gegenstände aus der Bronzezeit, dem MA und der Neuzeit ausgestellt.

Außerdem sehenswert: In einem Park *(Borgvold)* zwischen Nørresø und Søndersø sind die letzten Reste einer ma Burg *(Viborg Slot)* zu sehen. Hier steht auch die Skulptur *Vandjomfru* (Wasserjungfrau) von L. V. Schwantaler (1884).

Umgebung

Asmild (am ö Ortsrand): Wahrscheinlich diente die roman. *Kirche,* die um 1100 aus Feldstein und Schwemmstein erbaut worden war, bis zur Vollendung des Viborger Doms als Domkirche. 1132 wurde hier bei einer Abendmesse Bischof Eskil vor dem Altar ermordet; hinter dem Attentat stand vermutlich der König Erik Emune. Altar und Kanzel stammen aus dem Jahre 1625, die Orgel von 1703. Im Waffenhaus befindet sich ein Runenstein aus der Wikingerzeit. – Vom Kirchhof hat man einen hübschen Ausblick über den *Søndersø.* Der Grabstein von Bjarne Johnson wurde von Thorvald Bindesbøll* entworfen; für den von Peter Skovgaard war Joakim Skovgaard* verantwortlich.

Daugbjerg (18 km w): Die *Kalkgruben* aus der Zeit König Gorms des Alten (10. Jh.) wurden 1922 entdeckt. Die Stollen liegen in einer Tiefe bis zu 70 m (Besichtigung während der Sommermonate).

Finderup (10 km sw): In F. wurde in der Cäciliennacht (22. 11.) des Jahres 1286 König Erik Klipping ermordet. Von der Kirche, die als Buße errichtet wurde, ist nichts mehr erhalten; an ihrer Stelle steht heute ein Kreuz. – Östlich davon befindet sich in der schlichten ma *Dorfkirche* ein Altar aus der Zeit um 1620.

Frederiks (16 km sw): Benannt nach König Frederik V. Hier wurden ab 1760 dt. Kolonisten, hauptsächlich aus der Rhein- und Maingegend, angesiedelt; ihre Aufgabe war die Kultivierung der Heide. In der 1766 gebauten *Kirche* saßen nicht, wie sonst üblich, die Männer rechts, d.h. im S, und die Frauen links, also im N, sondern Dänen rechts und Deutsche links.

Hald (8 km s): *Herrensitz* nw vom Hald-See. Das heutige Hauptgebäude, das sog. *fünfte Hald,* wurde 1789 als Tor- und Wagenhaus erbaut. Das klassizistische Bauwerk, in dem heute ein Kulturzentrum untergebracht ist, hat die beachtliche Länge von 17 Fenstern. Bei der Einfahrt stehen 16 große Grenzsteine (1759-62), die einmal das Jagdrevier Frederiks V. bezeichneten. Von dem vierten Hald sind nur noch zwei Pavillons aus der Zeit um 1700 s des Hauptgebäudes erhalten, von den drei anderen nur mehr die Fundamente. Am eindrucksvollsten ist das *dritte* oder *Bischofs Hald* (Bischofs Hald deswegen, weil es von Bischof Jørgen Friis um 1529 erbaut worden war). Auf einer Landzunge im See sind noch heute zwei Räume mit Tonnengewölbe und ein gemauerter Gang durch den O-Wall sowie die Fundamente von zwei Türmen erhalten; der eine hatte eine 3,5 m dicke Mauer und einen inneren Durchmesser von 5,5 m. Das *zweite* oder *Niels Bygges Hald* (14. Jh.) liegt sw des Parks, das *erste Hald,* dessen Entstehungszeit unbekannt ist, ö des Hauptgebäudes. In einer restaurierten Fachwerkscheune werden Modelle dieser Gebäude sowie eine geologische Ausstellung gezeigt.

Hvolris (ö v. Bjerregrav, 17 km nö): Hier hat man ein *vorgeschichtliches Dorf* ausgegraben, das vermutlich von 2500 v. Chr. bis 1300 n. Chr. bestand. Aus der jüngeren Steinzeit findet sich ein kreisförmiger Kultplatz mit 136 Randsteinen. Die drei großen Steine in seiner Mitte bezeichnen vermutlich Sonnenauf- und Sonnenuntergang am längsten Tag des Jahres. Aus der Eisenzeit und dem frühen MA sind Hausfundamente und Gräber zu sehen.

Karup (22 km sw): Von der ma *Wallfahrtskirche* steht nur noch das Schiff. Hier gab es einmal eine heilige Quelle (Blinde sollen wieder sehend geworden sein) und ein Madonnenbild, das Tränen vergoß: Angeblich war der Kopf hohl und wurde mit Wasser gefüllt.

Lynderupgård (über Skals, 18 km n): N-Jütlands ältester Herrensitz aus Fachwerk. Die dreiflügelige Anlage mit zwei Stockwerken wurde 1566 für Kristoffer Rosenkrantz errichtet; sie ist von einem Graben umgeben. Im Hof steht ein gußeiserner Springbrunnen aus dem 16. Jh.

Mønsted (15 km w): In den westlich von M. gelegenen *Kalkgruben* wurde bereits um das Jahr 1000 Kalk abgebaut. Die Länge der Stollen beträgt etwa 35 km; die tiefsten Stollen liegen ca. 35 m unter der Erdoberfläche. Im frühen 19. Jh. arbeiteten die Bergleute hier 14 bis 16 Stunden am Tag. Erst nach einem Besuch Frederiks VI. besserten sich die Verhältnisse etwas. Damals erhielten die Gruben auch ihren Namen: *»Frederiks Kalkbrud«* (Frederiks Kalkbruch), im Volksmund auch *Kongegravene* (Königsgräber). 1953 wurden die Gruben, deren Kalk u.a. beim Bau des Doms in Ribe und von Schloß Gottorp bei Flensburg Verwendung fand, stillgelegt. Eine Besichtigung ist möglich. - Im Dorf findet man eine schöne roman. *Kirche* aus Granitquadern mit roman. Reliefs in den Außenwänden von Chor und Turm.

Pederstrup (14 km nö): Kleine roman. *Dorfkirche* in der Nähe des idyllischen Rødsø-See in der Rodung. Im Unterschied zu den meisten anderen ma Kirchen in Dänemark besitzt diese keinen Turm: Die Glocke hängt im W-Giebel. Im Inneren befindet sich ein roman. Granittaufstein; auf dem Relief sind Löwen sowie vier Männerköpfe dargestellt. Außerdem gibt es an der W-Wand eine got. Holzskulptur des Apostels Petrus und an der S-Wand ein got. Triumphkruzifix, beide aus der Zeit um 1500. Altar und Kanzel sind von ca. 1600.

Sjørslev (15 km s): Die im MA aus Granitquadern errichtete *Kirche* wurde 1786-92 im Stil des Rokoko umgebaut. Bes. sehenswert ist die Stuckdecke. Granittaufstein aus dem 12. Jh. - Auf dem Kirchhof steht eine Grabkapelle im Stil der Ka'aba in Mekka (1938); sie wurde für den Apotheker Peter Johansen de Neergaard erbaut, dessen Grabstein sich im Inneren der Kirche befindet.

Tjele Hovedgård (15 km nö): Der Herrensitz ist als einer der Schauplätze von Jens Peter Jacobsens (1847-85) historischem Roman »Marie Grubbe« (1876 erschienen) bekannt geworden. Außer Jacobsen haben auch H.C. Andersen und Steen Steensen Blicher das Schicksal von *Marie Grubbe* literarisch abgehandelt. Marie Grubbe war eine Adlige im 17. Jh., die zuerst mit dem Sohn Frederiks III., Ulrik Frederik Gyldenløve, verheiratet war, dann einen Adligen niederen Ranges ehelichte und schließlich mit dem Kutscher des Gutes fortlief. Nachdem ihr dritter Mann 1711 wegen eines Mordes ins Gefängnis geworfen wurde, beendete sie ihre Tage als Fährmannsfrau und Besitzerin eines kleinen Gasthofes auf Falster. – Am ältesten ist der got. S-Flügel. Das zweistökkige Gebäude mit einer Grundfläche von nur 10 × 17 m stammt aus dem frühen 15. Jh. und gilt als der älteste Profanbau Dänemarks. Die über 1 m dicken Feldsteinmauern sind außen mit Ziegeln verkleidet. Bei Restaurierungsarbeiten im Jahre 1969 fand man Fresken aus der Zeit um 1510. Der mittlere Flügel ist etwas jünger und bestand urspr. aus Fachwerk. Der N-Flügel wurde 1585 errichtet. Die hübschen Stallungen aus Fachwerk entstanden etwa 1650. – Nahe bei dem Gut steht eine roman. *Granitquaderkirche* mit Turm und Sakristei aus dem 16. Jh. Das Innere wird von einem riesigen Marmor- und Alabastergrabmal für den Adligen Geert Diderich Levetzau, 1740 von Friederich Ehbisch* gefertigt, beherrscht. Ehbisch schuf auch den Marmorsarkophag im Turmraum. Levetzaus zwei Frauen – die eine starb ein Jahr vor ihm, die andere ein Jahr nach ihm – sind auf dem Kirchhof beigesetzt, da sie Bürgerliche waren; damals hatten sie offiziell den Status von Haushälterinnen.

Torning (20 km s): *Blicheregnens Museum*. Kulturhistorisches Museum mit vielen Erinnerungsstücken an den Schriftsteller *Steen Steensen Blicher* (1782–1848), untergebracht in einem Pfarrhaus aus dem 18. Jh. Hier schrieb Blicher, der von 1800 bis 1825 Pfarrer in Torning und dem nördlich davon gelegenen Lysgård war, die Novelle »Tagebuch eines Dorfkantors«, die ihn berühmt machte.

Tårupgård (16 km nw): Der am Hjarbæk-Fjord gelegene *Herrensitz* wurde um 1580 für den Kanzler Niels Kaas, teilweise aus Fachwerk, errichtet und 1747–50 umgebaut. – Die nahe gelegene *Dorfkirche* ist roman.; W-Turm und Waffenhaus sind spät-ma. Im 16. Jh. wurde der Chor umgebaut und mit einer Apsis versehen, die als Sakristei dient. In der s Seitenkapelle (16. Jh.) befindet sich ein prachtvolles Marmor- und Sandsteingrabmal für den Besitzer von Tarupgård, Tønne Juul (1684), der die Kanzel und die eindrucksvolle Herrschaftsloge stiftete. Der Renaissancealtar hingegen ist ein Geschenk von Niels Kaas; er stammt aus der Werkstatt Mikkel van Groningens* und hat Inschriften in lat., griech., hebräischer, dt. und dän. Sprache. – *Hjarbæk Fjord* ist seit 1967 ein Wildreservat. Bes. interessant ist es für Vogelliebhaber; hier befinden sich Nist- und Rastplätze einer Großzahl von Wasservögeln.

Lynderupgård (Viborg), Fachwerkanlage

Vium (16 km s): Hier wurde am 6. November 1782 als Sohn des Pfarrers der Schriftsteller *Steen Steensen Blicher* geboren, der sich vor allem mit an den amerikanischen Schriftsteller Edgar Allan Poe erinnernden Erzählungen einen Namen gemacht hat. Die bekannteste ist »En Landbydegns Dagbog« (»Tagebuch eines Dorfkantors«, 1824). Blicher starb 1848 in *Spentrup* bei → Randers. – In der mittelalterlichen *Kirche* sind ein Altar aus dem Jahre 1652, eine Kanzel von 1600 und ein roman. Granittaufstein zu sehen.

Vordingborg Südseeland	
Einw.: 19700	S.258 □ H 7

Der Ort an der schmalsten Stelle des Storstrøm entstand um eine große Burg, die von Valdemar dem Großen um 1170 angelegt wurde. Die Stadtrechte erhielt er 1415. Valdemar der Große startete von hier seine Feldzüge über See. Kurz vor Beginn des 20. starb er im Mai 1182 auf der Burg. Das ist jedoch nicht das einzige bedeutende Ereignis, das in V. stattgefunden hat. Valdemar der Sieger stiftete hier im Jahre 1241 das erste dän. Gesetzbuch, »Den Jyske Lov« (Das jütländische Recht). Mit dem Bau einer Landstraße, der heutigen A 2, nach Kopenhagen um 1790 nahm die Bedeutung der Stadt zu. Die Brücke nach Falster, die eine Fährverbindung ersetzte, wurde 1937 errichtet. Seit 1913 ist V. Garnisonstadt.

Ruinterrænet med Gåsetårnet (Zugang vom Slotstorv): Einige Mauerreste, Fundamente und Keller der Burg Valdemars des Großen sind noch erhalten, u.a. Teile der Ringmauer, die einmal 800 m lang war. Der einzige vollständig erhaltene Teil der Burganlage ist der *Gåsetårn* (Gänseturm), den Valdemar Atterdag 1366 errichten ließ. Der Backsteinturm ist bis zu den Zinnen 26 m hoch, bis zur Spitze, zur Goldgans, 36 m. Die Mauerdicke beträgt 3,5 m, der Durchmesser 11,5 m. Im Inneren gibt es sieben Stockwerke; im untersten befand sich der Kerker. Das dritte Stockwerk wird durch eine Holzwand unterteilt. Die 5 m langen und 50 cm breiten Eichenplanken stammen von einem roman. Bauwerk und sind wesentlich älter als der Turm selbst; diese Wand ist eines der wenigen Beispiele roman. Holzarchitektur in Dänemark. Die goldene Gans auf der Turmspitze war von Valdemar Atterdag als Verhöhnung der Hanse gedacht; als sie ihm 1367 den Krieg erklärte, verglich er sie mit einem Schwarm schreiender Gänse. – Auf dem Gelände der Burg liegt auch das *Südseelands-Museum,* in dem die Stadtgeschichte dokumentiert wird. Außerdem gibt es ein *Meir-Aron-Goldschmidt-Zimmer:* Goldschmidt (1819–87), aus einer Vordingborger Kaufmannsfamilie stammend, war der erste dän. Verfasser, der jüdisches Milieu schilderte.

Vordingborg, Gåsetårnet

Vor Frue Kirke: *Frauenkirche.* Der Chor der Backsteinkirche entstand vermutlich um 1400, das dreischiffige Langhaus nach 1432. In diesem Jahr gab der Papst der Kirche das Recht, Ablaßbriefe zu verkaufen, um eine Renovierung und Erweiterung zu finanzieren. Das Geld scheint jedoch nur für das Langhaus gereicht zu haben. Turm, Waffenhaus und Sakristei (mit einem wunderschönen Blendgiebel) sind späteren Datums. Bemerkenswert im Inneren sind vor allem die Kalkmalereien aus der Zeit um 1470 im Chor (u.a. Verkündigung, Geburt und Anbetung der Heiligen Drei Könige) und der barocke Altar. Der Altar wurde um 1640 von Abel Schrøder d.J.* geschaffen; im Hauptfeld sieht man die Kreuzigung, darunter das Abendmahl und darüber das Monogramm Christians IV.

Außerdem sehenswert: Das *Rathaus* wurde 1843–45 in neogot. Stil von Peter Kornerup* erbaut. Bemerkenswerterweise liegen die Fenster des zweistöckigen Gebäudes nicht – wie bis dahin üblich – übereinander, sondern sind verschoben. – Nördlich von V. liegt das *Staatskrankenhaus Oringe.* Die ältesten der 32 Gebäude wurden Mitte des 19. Jh. von Michael Gottlieb Bindesbøll* erbaut.

Umgebung

Kalvehave (16 km ö): Von hier aus führt eine Brücke nach Koster Land auf Møn. Sie heißt nach der Frau Christians X. *Königin-Alexandrine-Brücke.* - In der roman. *Kirche* befinden sich ein Altar und eine Kanzel von ca. 1600 sowie ein spätgot. Kruzifix von ca. 1500.

Knudshoved (ca. 10 km nw): Die Halbinsel ist ca. 15 km lang und nur 0,5-1 km breit. In dem urwaldähnlichen Wald *Knudskov* liegt ein *Ganggrab* aus der Zeit um 2500 v. Chr.

Køng (12 km n): Ma *Kirche.* Der ungewöhnliche Kirchturm stammt aus dem Jahre 1792. Auf dem flachen Dach mit Geländer aus Schmiedeeisen steht ein kupfergedeckter, achteckiger Pavillon, in dem einmal eine Sternwarte untergebracht gewesen sein soll. - In K. entstand Dänemarks erste Industrie: 1774 wurde von dem Großkaufmann Niels Ryberg die *»Køng Fabrik«,* eine Spinnerei, gegründet. Ryberg begann als einer der ersten mit dem Flachsanbau in Dänemark. 1786 waren in dem Betrieb 425 Menschen beschäftigt; im 19. Jh. wurde er stillgelegt.

Praestø (18 km nö): Kleinstadt am Praestø-Fjord, die im MA dem Benediktinerkloster *Skovkloster* bei → Næstved gehörte. - Die got. *Kirche* aus Backstein wurde im 15. und 16. Jh. erbaut. Bemerkenswert sind das s Seitenschiff, das von außen wie drei nebeneinanderliegende Kapellen wirkt, sowie der fünfseitige Chor. Der Turm aus der Zeit um 1400 stammt in seinem unteren Teil von einer Vorgängerkirche, über die nichts bekannt ist. Im Inneren befinden sich ein geschnitzter Altar von Abel Schrøder d. J.* (1657) und ein Epitaph, das von seinem älteren Bruder Ejler Abelsen* geschaffen wurde. Im s Seitenschiff sind Fresken von ca. 1500 zu sehen: groteske Männerköpfe, die die Zunge herausstrecken. - 1 km nö liegt *Nysø,* ein Herrensitz, der 1671-73 von dem Kaufmann Jens Lauritsen erbaut wurde. Es handelt sich dabei um den ersten Barock-Herrensitz in Dänemark und den ersten Herrensitz überhaupt, der von einem Nichtadligen errichtet wurde. Das zweigeschossige Gebäude, Hauptflügel und zwei kurze Seitenflügel, ist auf drei Seiten von Wasser umgeben. Nach S liegt ein Garten im franz. Stil. Hier befindet sich auch ein sechseckiges *Atelier,* das 1838 für den Bildhauer *Bertel Thorvaldsen* erbaut wurde. Eine Sammlung mit Statuen und Reliefs von Thorvaldsen* ist im Ostflügel des Wirtschaftsgebäudes untergebracht.

Rosenfelt (1 km w): Neogot. *Herrensitz,* der 1878/79 von H. Sibbern* erbaut wurde. Bemerkenswert ist der Wirtschaftshof mit

Vordingborg, Vor Frue Kirke

achteckigem Innenhof, der 1776/77 von C.J. Zuber* errichtet wurde.

Sværdborg (11 km n): Ma *Dorfkirche* mit hochgot. Kalkmalereien aus der Zeit um 1400. Dargestellt sind die Kindheits- und Leidensgeschichte Jesu sowie ein richtender Christus. Bes. bemerkenswert sind jedoch die sog. 15 Warnungen vor dem Weltuntergang, u.a. alles Lebende stirbt, das Wasser brennt, die Sterne stürzen vom Himmel.

Udby (9 km n): Roman. *Kirche* aus Feldstein, die älter ist, als eine Inschrift im Waffenhaus angibt. Dort steht: »År 1179 er denne Kirke bygt af Esbern Snare!« (Im Jahre 1179 wurde diese Kirche v. Esbern Snare erbaut). Um 1179 wurden vermutlich nur die Kreuzgewölbe eingezogen. Der Turm stammt aus dem 15. Jh., ebenso das Waffenhaus, die Sakristei und eine Seitenkapelle. Im Inneren finden sich Kalkmalereien aus dem 14.-16. Jh. - Neben der Kirche liegt der mehr als 300 Jahre alte *Pfarrhof*. Hier wurde 1783 der Kirchenlieddichter und Gründer der Volkshochschulen *Nicolai Frederik Severin Grundtvig* geboren. Im strohgedeckten Kaplansflügel ist ein kleines *Grundtvig-Museum* eingerichtet.

Ærøskøbing Ærø	
Einw.: 4800	S. 256 □ E 7

Æ. (Stadtrechte 1398) erlangte erste Bedeutung durch den Handel mit Südjütland. In der Stadt gibt es eine große Zahl von Fachwerkhäusern aus dem 17., 18. und 19. Jh., die Æ. ein ungewöhnlich einheitliches Stadtbild verleihen.

Die *Kirche* wurde 1756 errichtet; in ihr befindet sich eine Renaissancekanzel aus dem Jahre 1634. - *Philip Kochs Hus* (1645) in der Søndergade ist das älteste Haus der Stadt. *Priors Hus* in der gleichen Straße war einmal das Bürgermeisterhaus; es wurde 1698 erbaut. - In der Vestergade bes. sehenswert sind die *Apotheke* von 1784 und das *Posthaus* von 1749. - In der Smedgade 22 befindet sich die *Flaschenschiffsammlung* Peter Jacobsens mit ca. 400 verschiedenen Flaschenschiffen sowie zusätzlich Schiffsmodellen. Außerdem gibt es in Æ. noch zwei weitere kleine Museen: Das *Ærø Museum* im *Landfogedgård* (Landvogthof, Brogade) beherbergt u.a. eine Sammlung von hübschen Volkstrachten. Im *Hammerichs Hus* kann man Möbel und alte Kacheln besichtigen (Ecke Brogade/Gyden).

Umgebung

Bregninge (10 km w): Ma *Dorfkirche*. Die Kalkmalereien im Chor stammen aus der Zeit um 1525, die im Schiff von 1513; dargestellt sind u.a. Szenen aus dem Leben Johannes' des Täufers. Im Inneren sind außerdem ein geschnitzter Flügelaltar vermutlich aus der Werkstatt von Claus Berg* (um 1525) und eine Kanzel von 1612 (4 Holzfiguren stammen von ca. 1500) zu sehen.

Marstal (13 km sö): Hübsches Fischer- und Hafenstädtchen; größter Ort auf Ærø. In der *Kirche* (1737/38, Kreuzarm 1771, Turm 1920) hängen sechs Schiffsmodelle. Die Empore hieß früher Kommandobrücke, weil hier die Kapitäne ihre Plätze hatten. Für die Apostel auf dem Altargemälde (1881 von Carl Rasmussen*) haben offensichtlich Seeleute aus M. Modell gesessen. Der roman. Taufstein befand sich urspr. in der Kirche von Tranderup. - In der Prinsengade 4 liegt das *Jens-Hansen-Seefahrtsmuseum;* gezeigt werden Schiffsmodelle, Galionsfiguren, Salutkanonen, Kapitänsbilder, Porzellan und Fayence.

Store Rise (7 km s): In der ma *Dorfkirche* aus Kreide- und Schwemmstein befindet sich ein Flügelaltar aus der Zeit um 1475. Die geschnitzten Reliefs mit der Leidensgeschichte Christi stammen wahrscheinlich von einem um 1300 entstandenen Passionsfries. Das Monogramm Christians VII. am oberen Rand ist von 1773. Die Bemalung ist nicht original; sie stammt ebenfalls aus dem 18. Jh. Die Farben entsprechen ganz dem Geschmack der Rokokozeit.

Søby (16 km nw): *Søbygård.* Auf den Fundamenten und Kellern einer gewaltigen ma Burganlage steht jetzt ein Bauernhof (Wohnhaus von 1784). Einer der gewölbten Keller war einmal der Kerker; die Ketten und Fußeisen sind im Ærø Museum ausgestellt.

Tranderup (5 km sw): Ma *Dorfkirche.* Der Turm wurde 1832 von C. F. Hansen* errichtet. Die Kalkmalereien aus dem frühen 16. Jh. sind überwiegend ornamental, mit Ausnahme der Darstellung einer Madonna und eines segnenden Bischofs. Die Kanzel wurde 1703 von Anthoni Gynther* geschnitzt.

Åbenrå/Apenrade

Südjütland

Einw.: 21 000	S. 256 □ C 6

Å., das 1335 die Stadtrechte erhielt, war schon immer die größte Hafenstadt S-Jütlands. Es ist bekannt für Orgelbau, Maschinen- und Lebensmittelherstellung. Seine Entstehung verdankt es wohl dem Umstand, daß sich hier ein natürlicher Hafen an der in S-N-Richtung verlaufenden Landstraße befindet. Bereits um 1200 gab es hier eine Burg. Im MA hatte die Stadt stark unter den kriegerischen Auseinandersetzungen zwischen Holstein und Dänemark zu leiden. 1556 und 1610 brannte sie ab. 1629 herrschte eine Pestepidemie.

In Blåkrog w v. Å. wurde 1783 der berühmte dän. Maler *Christoffer Wilhelm Eckersberg** geboren.

Sankt Nikolai Kirke: Bis zur letzten Restaurierung 1949–56 war die Backsteinkirche eines der eigenartigsten Gotteshäuser Dänemarks: Über der Vierung der einschiffigen Kreuzkirche erhob sich ein gewaltiger Turm. Bei der Restaurierung wurde der Kirche von Kaare und Esben Klint* weitgehend das Aussehen zurückgegeben, das sie nach der Fertigstellung um 1260 hatte: Apsiden an den O-Wänden der Kreuzarme, Gewölbe im Langhaus. Der Turm aus dem Jahre 1908 wurde abgebrochen und durch einen Dachreiter nach dem Vorbild des ursprünglichen aus dem 17. Jh. ersetzt. Der Chor wurde 1640/41 und erneut 1757–59 verlängert. Im Inneren befinden sich eine

Åbenrå, Rathaus

Åbenrå, Nachtwächterfigur (Vägterspladsen)

barocke Altartafel von 1642, eine Kanzel von 1565 mit Himmel von 1626 und ein roman. Taufstein aus der Zeit um 1250.

Brundlund Slot: 1411 ließ Königin Margarethe die *Burg* in Å. abbrechen und s von ihr das Schloß Brundlund errichten. Die von einem Wassergraben umgebene Anlage erhielt ihr schmucklos-weißes Äußeres bei einem Umbau 1805-07 (C. F. Hansen*). Heute ist das Schloß die Wohnung des Landrats.

Rådhuset (Storegade): Das klassizistische *Rathaus* wurde 1828-30 nach Plänen des Architekten von Frederik VI., C. F. Hansen*, errichtet. Es besitzt zwei Stockwerke und ein Walmdach. Im Saal befindet sich eine Sammlung von Porträts dän. Könige und Königinnen, u.a. das Porträt Caroline Mathildes, der Frau des geisteskranken Christian VII., von Jens Juel*.

Åbenrå Museum (H. P. Hanssens Gade 33): Die Sammlungen beschäftigen sich mit der Vor- und Frühgeschichte der Stadt sowie der Schiffahrt. Zu sehen sind u.a. der Nybølmann, ein Skelett aus der Bronzezeit, und 200 Flaschenschiffe, außerdem dän. Kunst. Das Gebäude wurde 1937 von Jep Fink* errichtet, der auch das hübsche *Theater* in der Havnegade (400 Plätze, 1923-25) entworfen hat. - Vor dem Museum steht die Plastik *Siddende Dreng* (Sitzender Junge) von Astrid Noack*.

Außerdem sehenswert: Zahlreiche Bürgerhäuser aus dem 18. Jh.: *Klinkbjerg 1*, ein einstöckiges Haus mit Erker aus dem Jahre 1767; es besitzt den spitzen Giebel, der für die Gegend typisch ist. In der *Slotsgade: Nr. 11* und *13* stammen aus der Zeit um 1675, *Nr. 15* von 1713, *Nr. 14* von 1767, *Nr. 28* von 1797 und *Nr. 29* von 1770. Das zweistöckige Haus in der *Søndergade 20* (1758) besitzt eine sehr hübsche Rokokofassade. Sønderport 1 liegt die *Schwennesen Stiftelse* von 1772; in dem niedrigen einstökkigen Gebäude mit zwei Giebeln befanden sich urspr. sechs Wohnungen. - Vor der *Bibliothek* (Haderslevvej 3) sieht man die Skulpturen *Læsende Kvinde* (Lesende Frau) von Ulf Rasmussen* und *Siddende Pige* (Sitzendes Mädchen) von Gerhard Henning*.

Umgebung

Bov (bei Padborg, 26 km s): Die roman. *Dorfkirche* wurde im späten 12. Jh. aus Feldstein erbaut. In das Waffenhaus (1817) gelangt man durch das urspr. roman. N-Portal. Im Inneren ist eine roman. Skulpturengruppe aus der Zeit um 1250 zu sehen: die Taufe Jesu, die Figuren (Jesus, Johannes der Täufer und ein Diakon mit Handtuch) sind lebensgroß.

Felsted (11 km sö): Im 13. Jh. aus Backstein errichtete *Kirche*, bestehend aus Chor und Schiff. Der hölzerne Glockenturm stammt aus dem Jahre 1769. Die Innenausstattung besteht u.a. aus einem roman. Granittaufstein mit einem Relief, das einen Jäger mit Speer und Jagdhorn, zwei gesattelte Pferde und ein Boot mit Menschen zeigt. Der hübsche *Pfarrhof* mit Reetdach wurde 1787 erbaut.

Frøslevlejren (bei Padborg, 26 km s): Das *Frøslevlager* ist ein ehem. dt. Internierungs-

Åbenrå, Sankt Nikolai Kirke

lager, das 1944 von den Dänen erbaut wurde. Im Wachturm und in einer der Baracken ist heute ein *Museum* eingerichtet. Dieses Lager passierten in den neun Monaten seines Bestehens 12000 Widerstandskämpfer; entgegen den Vereinbarungen wurden viele davon anschließend an dt. Lager und Gefängnisse überstellt, wo sie umkamen.

Hellevad (13 km nw): Hübsche ma *Kirche,* die aus Granitquadern errichtet wurde und aus Chor und Langhaus besteht. Der Turm ist spät-ma; das Waffenhaus entstand 1841. Im Inneren ist im Turmbogen eine lat. Inschrift aus dem Jahre 1521 zu lesen: »Wenn sich die Großen schlagen, müssen es die Kleinen ausbaden.« Der Pfarrer in H. wurde in Flensburg wegen Anstiftung des Apenrade-Aufruhrs 1610 hingerichtet; als offizieller Grund für die Hinrichtung wurde allerdings Zauberei genannt.

Hjordkær (9 km w): Die *Kirche,* nur aus einem schlichten Langhaus bestehend, wurde 1520–22 erbaut, das Waffenhaus 1761. Der hölzerne Glockenturm, der auf einem Grabhügel steht, wurde 1793 errichtet. Altartafel aus der Zeit um 1600 mit späteren Ergänzungen. Die Kanzel von 1625 wurde 1780 teilweise von dem Apenradener Jes Jessen* bemalt.

Hovslund (12 km nö): *Runenstein* aus der Wikingerzeit, der sich von 1864 bis 1920 in Potsdam befand. In acht mächtigen Runen steht auf dem gewaltigen Granitblock lediglich »hairulfR«, der Männername Herulf. – 2 km n liegt die *Immervad Bro,* über die jahrhundertelang der Heerweg verlief. Die Brücke, die ältere Bauwerke ersetzte, stammt von 1786.

Kliplev (13 km s): Die spätgot. *Kirche* war bis zu Luthers Zeit eine Wallfahrtskirche; hier wurde der dän. Heilige St. Hjælper verehrt (vgl. *Store Nustrup* bei → Haderslev). Das Langhaus der Kirche ist älter als der höhere Chor (um 1400–50 und um 1500); gleichzeitig mit dem Chor wurden Sakristei und Waffenhaus sowie drei Seitenkapellen errichtet. Zwei der Seitenkapellen, die einander gegenüberliegen, sind Grabkapellen der Brüder Jørgen und Benedict Ahlefeldt, die das Gut *Søgård* 3 km w besaßen, das im

17. Jh. zerstört wurde und von dem nur noch die Fundamente erhalten sind. Ein hölzernes Taufbecken (1613) und die Kanzel (1610) wurden von dem Flensburger Heinrich Ringerinck* geschaffen. Im Chor sind Kalkmalereien aus der Zeit um 1600 zu sehen (das Jüngste Gericht); die Darstellungsweise ist noch vorreformatorisch. – Auf dem Kirchhof steht Dänemarks ältestes Holzbauwerk: ein *Glockenturm* aus Eichenholz aus dem 14. Jh. Er war vermutlich auch als Wehrturm vorgesehen; vom Glockenraum aus, der einen äußerst soliden Fußboden hat, konnte man eventuelle Angreifer mit schweren Steinen bewerfen.

Løjt Kirkeby (6 km nö): Roman. *Kirche*, Chor und Langhaus stammen aus dem 12. Jh.; Seitenkapellen und Turm sind spätma. In den Chorgewölben befinden sich Fresken von 1530; dargestellt sind groteske Köpfe und ornamentale Ranken. Ungewöhnlicherweise waren diese Kalkmalereien des südjütländischen Malers Peter L. . .ykt* nie übertüncht. Der geschnitzte spätgot. Altar entstand etwa 1520. Die Kanzel wurde 1557 geschaffen; sie wurde 1787 von dem Maler Jes Jessen*, dem Lehrer Ekkersbergs, überarbeitet, der etwa zur gleichen Zeit auch die Bestuhlung bemalte. Typisch für die Rokokozeit ist ein Gemälde, das von links aus gesehen Jesus am Kreuz, von rechts aus gesehen seine Auferstehung zeigt.

Ålborg, Sankt Budolfi Kirke

Varnæs (13 km ö): Roman. *Kirche* aus Granitquadern. Die Innenausstattung besteht u. a. aus einem roman. Kruzifix aus der Zeit um 1200 und einer Altartafel von ca. 1480 mit einem Gemälde von Jes Jessen* (1790, Abendmahl). Am Glockenturm (16. Jh.) hängen ein Halseisen und die Kette für ein weiteres. Offensichtlich hatte man damals noch mehr Gründe, in die Kirche zu gehen: Hier befand sich der Pranger.

Øster Løgum (8 km n): In der ma *Dorfkirche* ist ein geschnitzter spätgot. Altar aus der Zeit um 1525 zu sehen.

Ålborg Nordjütland	
Einw.: 154 100	S. 254 □ D 2

Å. liegt etwa 20 km von der Ostmündung des Limfjordes entfernt an einer Stelle, wo dieser nur 600 m breit ist. Es ist nach Kopenhagen, Århus und Odense Dänemarks viertgrößte Stadt und eine der ältesten überhaupt.

Geschichte: Um das Jahr 1000 wird der Ort zum ersten Mal erwähnt. Im 11. Jh. wurden hier Münzen geprägt. Damals gab es wahrscheinlich auch eine durch einen Wall und Gräben geschützte *kgl. Burg*. 1342 erhielt Å. die Stadtrechte. Zu dieser Zeit gab es zahlreiche Kirchen und Klöster, von denen aber die meisten nach der Reformation verschwanden. Die bürgerkriegsähnliche Grafenfehde (Bauernkrieg) 1534–36 zog Å. stark in Mitleidenschaft. Skipper Klement, der Anführer der aufständischen Bauern, verschanzte sich mit seinen Mannen in der Stadt, konnte sie aber gegen die kgl. Truppen – ein Söldnerheer – unter Graf Johann Rantzau nicht lange halten. Die Angreifer legten Å in Schutt und Asche und töteten etwa 2000 Bauern. Skipper Klement wurde 1536 in Viborg hingerichtet. Dank des Kornhandels und der Heringsfischerei begann danach eine erneute Blütezeit, die bis zum Beginn der Kriege mit Schweden im 17. Jh. dauerte. Erst gegen Ende des 18. Jh. schien Å. sich davon erholen zu können. Der Verlust Norwegens, des wichtigsten Handelspartners, im Jahre 1814 und die w

Durchbrüche des Limfjordes 1824 bedeuteten erneute Rückschläge, zumal der Hering aus dem Limfjord verschwand. - Seit der 2. Hälfte des 19. Jh. entwickelte sich Å. zu einer bedeutenden Industriestadt: Werften, Textilfabriken, Brennereien *(Ålborg Akvavit)*, Tabakfabriken, Ziegeleien und Zementwerke entstanden.

SAKRALBAUTEN

Sankt Budolfi Kirke (Algade): Die dreischiffige Kirche, seit 1554 Dom, ist nach einem engl. Heiligen benannt, dem Schutzpatron der Seeleute und Fischer, der im 7. Jh. lebte. Der Turm, das Waffenhaus und die l Gebäudehälfte wurden im 15. Jh. erbaut. Der Chor wurde erst 1941-43 von E. Packness* errichtet. Darunter liegt eine Krypta, die als Versammlungsraum dient, hier sind auch einige Reste einer roman. Vorgängerkirche aus dem 11. Jh. zu sehen. Der Turm wurde nach einem Brand 1663 umgebaut und 1778-80 mit dem barocken, durchbrochenen Turmhelm versehen (Laurids Lienberg*), der eines der Wahrzeichen der Stadt ist. Darin befindet sich ein Konzertglockenspiel (1970), das zu jeder vollen Stunde von 9 Uhr bis 22 Uhr zu hören ist. - Die Innenausstattung ist ungewöhnlich reichhaltig. In der Vorhalle finden sich Kalkmalereien aus der Zeit zwischen 1513 und 1523; dargestellt sind die hl. Katharina, der hl. Gregorius und der hl. Augustinus, Abraham opfert Isaak, sowie Jesus befiehlt auf der Flucht nach Ägypten den Bäumen, Maria Schatten zu spenden, eine der Legenden aus der Kindheit Jesu. Der Altar und die Kanzel wurden von Lauritz Jensen* geschnitzt (1689 und 1697). Der Orgelprospekt stammt aus dem Jahre 1749, der Taufstein aus zweifarbigem Marmor von 1728. Außerdem gibt es eine Reihe schöner Grabsteine aus dem 17.-19. Jh.

Vor Frue Kirke (Bredegade): Die Kirche geht auf eine Granitquaderkirche aus dem 12. Jh. zurück. Ihr heutiges Äußeres erhielt sie bei einem Umbau 1877/78 (J. E. Gnudtzmann*). Zur Peder Barkesgade sieht man noch das urspr. n Säulenportal der roman. Kirche, das engl. Einflüsse erkennen läßt. Bes. sehenswert von der Innenausstattung sind eine eiserne Taufe von 1619, eine Kanzel aus dem Jahre 1581 mit Aufgang von 1601 sowie ein spätgot. Kruzifix aus der Zeit um 1500.

Helligåndsklostret (C. W. Obelsplads): Das *Heiliggeistkloster* ist Dänemarks älteste soziale Einrichtung. Es wurde 1431 gegründet und ist heute ein Pflegeheim mit 60 Plätzen. Aus der Zeit der Gründung stammt der Westflügel; der Nordflügel entstand um 1500, etwa 1510 der n Teil des Ostflügels und der Querflügel. Der s Teil des Ostflügels mit Kreuzgang und Kapitelsaal wurde um 1520 errichtet, die Verlängerung des Westflügels schließlich im Jahre 1681. Bes. sehenswert sind die gewölbten Keller des Westflügels, der zweischiffige Saal im Querflügel sowie die Kalkmalereien im Kapitelsaal aus der Zeit um 1500; dargestellt sind der richtende Christus, ein Engel mit Posaune, eine harfen- und eine lautenspielende Meerjungfrau, eine Verlobungsszene, ein Mönch und ein Bischof, die Kreuzigung sowie die sündige Liebe (eine nackte Hexe führt einen jungen Mann in Versuchung).

Gug Kirke (Byplanvej): Ein interessanter Betonbau, der 1972 von Inger und Johannes Exner* errichtet wurde.

Margrethe Kirke (sw Stadtrand, Revling-

Ålborg, Rathaus

bakken): Kirchenneubau aus dem Jahre 1972. Im Inneren ist Grethe Elisabeth Nordhagens* Gemäldezyklus »Gemeinschaft und Freude« zu sehen. - Im Hof ist ein Stein mit einer *Felszeichnung* aus der älteren Bronzezeit aufgestellt.

Skalborg Kirke (sw Stadtrand, Digtervejen): Die Altarpartie der 1969/70 erbauten Kirche wurde von Erik Heide* geschaffen.

PROFANBAUTEN

Jens Bangs Stenhus (Østerågade 9): Das Gebäude ist wohl das prachtvollste und größte (fünf Stockwerke) bewahrte Patrizierhaus aus der Zeit der Renaissance, der Epoche Christians IV. Es wurde für den Großkaufmann *Jens Bang* 1623/24 errichtet, ungewöhnlicherweise nicht aus Fachwerk, sondern aus Backstein mit Sandsteinornamenten, die deutlich den Einfluß der niederländischen Renaissance erkennen lassen. Die Stockwerke haben unterschiedliche Höhe, weil diese von funktionalen Gesichtspunkten bestimmt wurde. Bes. eindrucksvoll sind die fünf geschwungenen Giebel. In dem Gebäude befindet sich eine Klause mit historischer Einrichtung. - Østerågade 23, der *Hamborggård*, ist eines der größten Fachwerkgebäude in Dänemark. Drei Stockwerke hoch mit zwei ebenso hohen Seitenflügeln zum Hof, wurde es um 1600 erbaut. Man sollte nicht versäumen, einen Blick in den Innenhof zu werfen. - Ein weiteres ansehnliches Kaufmannshaus ist Nr. 25, *Jørgen Olufsens Gård*; das Fachwerkhaus mit einer Fassade aus Backstein wurde 1616 errichtet. Die Fenster im Erdgeschoß waren für die damalige Zeit ungewöhnlich groß. Jens Bang war Jørgen Olufsens Bruder; es wird behauptet, daß er diesen mit seinem Steinhaus noch habe übertreffen wollen, was ihm zweifellos gelungen ist.

Rådhus (Gammel Torv 2): Das spätbarocke zweigeschossige *Rathaus* wurde 1757-62 von Daniel Popp* erbaut. Der Giebel ist nach dem Vorbild des alten Kopenhagener Rathauses gestaltet, das 1795 abbrannte. Über dem Eingang kann man den Wahlspruch Frederiks V. lesen: »Klugheit und Festigkeit«. - In unmittelbarer Nähe in der Adelgade 6 steht der *Brix Gård*, ein Renaissancehaus aus Stein (um 1600, umgebaut in der 1. Hälfte des 19. Jh.) mit Hinterhaus aus Fachwerk (ebenfalls um 1600).

Ålborghalle (Europaplads): In dem größten Kongreß-, Konzert- und Kulturzentrum Skandinaviens befinden sich u. a. zwei Theater, ein Großrestaurant, eine Kegelbahn und neun Säle, die bis zu 3400 Plätze haben. Das Gebäude wurde 1949-53 nach Plänen von Preben Hansen*, Arne Kjær*, Otto Fankild* und Johannes Jørgensen* errichtet. Im Foyer ist eine 540 m^2 große Wanddekoration von Richard Mortensen* zu sehen.

Ålborghus (Slotsplads): Das Schloß ist das einzige Beamtenschloß, das so bewahrt ist, wie diese Gebäude vom dän. König nach der Reformation zur Verwaltung der Domänen errichtet worden sind. Es wurde 1539 nach der Grafenfehde für Christian III. erbaut: drei Flügel aus Fachwerk um einen Hof, der nach N zum Fjord hin durch eine Festungsmauer abgeschlossen wurde. Von diesem Bauwerk stehen nur noch der Ostflügel und die Festungsmauer, die zum Bau des Nordflügels von Christian IV. 1633 mitverwendet wurde. Der Südflügel stammt aus dem Jahre 1770. - Bis 1660 war hier der Sitz des Lehnsmannes; heute befinden sich hier Wohnung und Büros des Stiftsamtmannes. Bes. sehenswert sind die Kerker und die unterirdischen Gänge.

Öffentliche Plastiken: An der Vesterbro ist *Gåsepigen* (Das Gänsemädel) von Gerhard Henning* (1937), eine Stiftung der C.-W.-Obels-Tabakfabrik, zu sehen, an der Bispensgade *Cimbrertyren* (Der Kimbrerstier) von A. J. Bundgaard* (1937), ein Geschenk der Dänischen Spiritusfabrik. - Im *Kildepark*, dem ältesten Park der Stadt, 1802 eingeweiht, stehen Skulpturen von Annemarie Carl-Nielsen* (*Bacchuskind*, 1906), J. A. Jerichau* (Ein Pantherjäger, 1845, *Adam und Eva nach dem Sündenfall*, 1848-49), Bertil Thorvaldsen* (*Drei Grazien*, 1848) und Carl J. Bonnesen* (u. a. *Tänzerin*, 1936). - Am Hobrovej befindet sich eine Statue von *Skipper Klement* von Johannes Bjerg* (1931) - Vor dem Hauptbahnhof, auf dem Kennedy's Plads, ein *Reiterstandbild Christians IX.* von C. J. Bonnesen (1910).

MUSEEN

Den Danske Udvandrerarkiv (Peder Barkesgade 5, bei der Vor Frue Kirke): Sammlung von Büchern, Briefen und Photographien, die die Auswanderung aus Dänemark zum Thema haben. Hier befindet sich auch das *Lokalhistorische Archiv.*

Nordjyllands Kunstmuseum (Kong Christians Allé 50): Das Kunstmuseum wurde 1968–72 nach Plänen des finnischen Architektenehepaares Elissa und Alvar Aalto* und des dän. Architekten Jean-Jacques Baruël* erbaut. Zur Verwendung kamen dabei Beton und Ziegel, verkleidet mit Carrara-Marmor, der mit dem Grün des hinter dem Museum liegenden Wäldchens kontrastiert. – Ausgestellt ist hier hauptsächlich zeitgenössische Kunst von Mitgliedern der 1948 gegründeten Gruppe *COBRA* (COBRA steht für Copenhagen, Brussels und Amsterdam; diese bezeichnen die Herkunftsländer der Mitglieder Asger Jorn*, Karel Appel*, Constant* und Corneille*). Außerdem findet man dän. Kunst des späten 19. Jh. sowie Werke von Picasso*, Max Ernst*, Fernand Leger*, Le Corbusier*, Nevelson*, Moore*, Antes* und Alechinsky* sowie der dän. Maler Richard Mortensen* und Carl Henning Pedersen*. – Im *Skulpturenpark* stehen u. a. Plastiken von Fritz Koch*, Edgar Funch* und Ib Geertsen*.
In der Nähe des Museums erhebt sich der 50 m hohe *Ålborgturm,* der eine hervorragende Aussicht über die Stadt und über den Limfjord gewährt. Als dreibeinige Stahlkonstruktion wurde er 1933 für die Nordjütländische Ausstellung gebaut.

Ålborg Historiske Museum (Algade 48): Die Ausstellungsstücke des *Historischen Museums* dokumentieren die Geschichte der Stadt von der Steinzeit über die Zeit der Ständegesellschaft bis zur Zeit der mächtigen Kaufleute. Bes. sehenswert sind eine Kaufmannsstube von 1602 mit einer Holztäfelung im Renaissancestil, die Glassammlung sowie die Ausgrabungsfunde des Wikinger-Begräbnisplatzes *Lindholm Høje* (bei → Nørresundby): Glasperlen, Armreife, Kämme, Ringe, Spielsteine etc.

Ålborg, Jørgen Olufsens Gård ▷

Ålborg, Jens Bangs Stenhus

Tivoliland (Kjellerupsvej): Vergnügungspark mit 80 Attraktionen sowie einer Freilichtbühne. Er ist von April bis September geöffnet.

Zoologiske Have (Mølleparkvej): Nach Kopenhagen Dänemarks zweitgrößter *zoologischer Garten* mit mehr als 1500 Tieren, u. a. Raubtieren, Pinguinen und Seelöwen. – Beim Eingang steht die Skulptur *»Wilder Mann«* von C. J. Bonnesen* (1926).

Außerdem sehenswert: In der *Nørregade* (Nr. 1 und 9) stehen zwei Fachwerkhäuser aus dem 17. Jh. – Die *Hauptpost* (Algade 42–44) wurde 1910 von Hack Kampmann* erbaut; sie erinnert mit ihrem Erker am Ostgiebel, ihrem achteckigen Treppenturm und ihrem oberen Halbgeschoß, das wie ein mittelalterlicher Wehrgang wirkt, an eine der dän. Herrenburgen aus dem 16. Jh. – *Algade 61* ist neben Schloß Ålborghus eines der ältesten Fachwerkhäuser der Stadt; es wurde nach der Überlieferung zwischen 1560 und 1570 erbaut.

Veranstaltungen: Die Spielzeit des *Ålborg Teater* (Jernbanegade 9, 1878 von dem Theaterbesitzer Julius Petersen errichtet und wiederholt umgebaut) dauert vom 15. August bis zum 15. Mai – *Pferderennen* finden vom 1. April bis zum 1. Dezember auf der *Ålborg Væddeløbsbane* (Skydebanevej) statt. – Jeden Samstag gibt es vom 2. Juni bis zum 1. September auf dem C. W. Obels Plads einen *Antiquitäten- und Trödelmarkt.*

Umgebung

Biersted (22 km nw): Ma *Kirche* mit hochgot. Kalkmalereien (um 1400) an der Nordwand des Langhauses (Christus und Pilatus). Die Kanzel wurde 1588 geschaffen. Die Kirche liegt auf einer 33 m hohen Anhöhe, von der aus man eine gute Rundsicht hat.

Birkelse (19 km nw): *Herrensitz.* Das Hauptgebäude aus Backstein (16. Jh.) wurde nach einem Brand 1819 umgebaut;

gleichzeitig wurden die beiden Seitenflügel aus Fachwerk errichtet.

Dronninglund Hovedgård (w des Ortes Dronninglund, 29 km nö): Der *Herrensitz* ging aus dem Kloster der Benediktinernonnen *Hundslund* hervor, das vermutlich 1268 gegründet wurde. Nach der Reformation wurde es aufgehoben und kam 1690 in den Besitz von Königin Charlotte Amalie, die dem Besitz den Namen *Dronninglund* gab. Die Anlage besteht aus drei weißgekalkten, zweistöckigen Flügeln, die ihr heutiges neoklassizistisches Äußeres bei Umbauten 1755 (Laurids Thurah*) und 1786 erhielten. Die *ehem. Klosterkirche* ist mit dem Südflügel verbunden und besteht aus einem spätroman. Schiff, das in spätgot. Zeit erhöht und gewölbt sowie mit Kreuzarmen versehen wurde. Etwas später, um 1600, entstanden der Turm und der Langhauschor. Die Kalkmalereien im s Kreuzarm aus dem Jahre 1520 stellen u.a. Reiterkampfszenen dar; bes. Aufmerksamkeit verdient dabei ein Bild des auf einem Elefanten reitenden Alexanders des Großen. An der Westwand des Hauptschiffes findet sich eine Kalkmalerei aus der Zeit um 1500 (der hl. Thomas). Die Innenausstattung ist umfangreich: Roman. Granittaufstein mit geschnitztem Dekkel von 1723, Kanzel von 1580, Altargemälde von ca. 1600, Herrschaftsgestühl von 1580 und eine Herrschaftsloge von ca. 1600, außerdem adelige Grabmäler aus dem 16. und 17. Jh. – 5 km n befindet sich in einem hübschen Wäldchen der höchste Punkt Nordjütlands, *Knøsen*, 136 m hoch.

Gjøl (über Nørresundby, 20 km w): Roman. *Dorfkirche*. Über dem Südportal ist ein Reliefstein zu sehen, auf dem neben dem Sündenfall, Maria mit dem Kind, einem Engel, einem Bischof und dem Kreuzeslamm auch ein Steinmetz bei der Arbeit dargestellt ist. Möglicherweise handelt es sich dabei um Meister Goti selbst, der den Stein behauen hat; es wäre dann Dänemarks ältestes Selbstporträt. Im Chor Renaissance-Kalkmalereien aus der Zeit um 1530 (u.a. Jesu Stammbaum und Abraham opfert Isaak). Altar von ca. 1520.

Gudum (20 km sö): Roman. *Kirche*. Die ö Gewölbe sind mit Renaissance-Kalkmalereien aus der Mitte des 16. Jh. geschmückt; dargestellt sind u.a. das Jüngste Gericht, David und Goliath, die Kreuzigung, die Versuchung Jesu (der Teufel hat einen Penis mit Widerhaken), Moses am Roten Meer und Jonas mit dem Walfisch. Kanzel von ca. 1600; spätgot. Kruzifix aus der Zeit um 1520. – Sw der Kirche liegt der Herrensitz Gudumlund, der um 1775 erbaut wurde. 1777 erwarb ihn der Landrat Friedrich v. Buchwald (1747–1814), der entscheidend zur Befreiung der dän. Bauern beitrug.

Gunderup (16 km sö): Die roman. *Kirche* aus Granitquadern wird wegen ihrer Größe auch »Himmerlands Dom« genannt. Turm, Sakristei, Waffenhaus und Südkapelle aus Backstein stammen aus dem späten MA. In der Südmauer befindet sich ein roman. Reliefstein; zu sehen ist darauf eine Hand, die einen Schlüssel hält. Im Waffenhaus stehen zwei Runensteine aus der Wikingerzeit. Auf den Kalkmalereien in der Südkapelle (um 1500) sind der hl. Christophorus und Maria (Pfeiler) dargestellt. Sehenswerter roman. Taufstein.

Hals (31 km ö): Ort mit Fährhafen an der Mündung des Limfjordes. Von den *Befestigungen*, die 1627 von den Truppen Wallensteins angelegt und 1653/54 und 1675–79 ausgebaut wurden, sind nur noch das *Pulvermagazin*, das *Zeughaus* und eine *Schanze* erhalten; der Rest wurde 1848 geschleift. – Die ma *Kirche* besitzt einen Altar von 1598 mit einem Gemälde aus dem Jahre 1899 (A. Dorph*). Die Kanzel ist mit einigen naiven Holzreliefs geschmückt: Adam und Eva mit Klee (anstelle von Feigenblättern) sowie ein Baum der Erkenntnis mit Trauben.

Jetsmark Kirke (bei Pandrup, 26 km nw): Roman. Granitquaderkirche mit got. Turm. Die gesamte Kirche wurde in spätgot. Zeit (1474) ausgemalt. Das Leben Jesu und der qualvolle Tod der verschiedensten Heiligen ist auf sehr unterhaltsame Weise dargestellt. Einige der Bilder könnte man als soziale Satire bezeichnen, beispielsweise die Darstellung von Adligen und Geistlichen am Eingang zur Hölle (Bis zu den Bauernkriegen des 16. Jh. sind es nur noch einige Jahrzehnte!). Im Waffenhaus befindet sich ein Runenstein aus der Zeit um 900; darauf steht zu lesen: »Hove setzte diesen Stein für seine Brüder Thorleik und Ride.«

Kongstedlund (über Kongerslev, 26 km sö): Der zweistöckige Westflügel des *Herrensitzes* wurde 1592 für den adligen Gutsbesitzer Niels Juul im Renaissancestil erbaut. Das prächtige Sandsteinportal auf der Hofseite stammt aus dem Jahre 1640. Der niedrige

Südflügel wurde Ende des 18. Jh. errichtet. Das Bauwerk ist von Gräben und Wällen umgeben.

Lindenborg (hinter Fjellerad, 20 km s): 1583 für den Reichsrat Corfitz Viffert errichteter *Herrensitz*. Der Hauptflügel mit den Ecktürmen wurde möglicherweise von dem Architekten von *Schloß Kronborg* bei → Helsingør, Antonius van Opbergen*, geplant; 1764 wurde er umgebaut. Der ö Seitenflügel stammt von 1616. Im 14. Jh. hieß die Besitzung *Næs;* 1673 wurde sie von Claus Daa in *Dåsborg* umgetauft. Claus Daa wurde 1678 auf Geheiß seiner Frau erschossen. Seit dieser Zeit heißt das Gut Lindenborg.

Lindholm Høje (über Nørresundby, 7 km nw): Skandinaviens größtes *Gräberfeld* aus der Wikingerzeit (8.–10. Jh.) Jahrhundertelang war es unter einer ungefähr 4 m dicken Flugsandschicht verborgen, bis es 1952–59 ausgegraben wurde. Man hat 682 Gräber gezählt, von denen 200 die Form von Schiffsetzungen haben. Am n Fuß des Hügels befand sich in den Jahren 600–1100 ein Dorf; auf seiner Spitze wurden Spuren eines ellipsenförmigen Hauses in Stabbauweise gefunden.

Nibe (21 km sw): Altes Städtchen am Limfjord. Die *Kirche* ist ein got. Backsteinbau aus der Mitte des 15. Jh., bestehend aus Langhaus mit dreiseitigem Ostabschluß, s Kreuzarm mit Waffenhaus und Westturm (1733 umgebaut). In der Kirche hängt das Modell (1703) eines Bootstyps, mit dem Jahrhunderte hindurch im Limfjord Heringe gefangen wurden. Altar von 1704, Kanzel von 1706 und eine Empore mit Bildern der Leidensgeschichte von 1707.

Nørholm (13 km w): Aus Granitquadern errichtete roman. *Kirche* mit Turm und Waffenhaus aus dem späten MA. Im Chorgewölbe sind ornamentale spätgot. Kalkmalereien zu sehen. Die Kirche ist berühmt für ihren spätgot. Flügelaltar aus der Werkstatt van der Heides (um 1500). Vor dem Kreuz kniend sieht man den Bischof Jens Andersen Baldenak, der zur Zeit Christians II. lebte und für das sog. Stockholmer Blutbad im Jahre 1520 (bei dem zahlreiche Adlige und Geistliche den Tod fanden) mitverantwortlich war. Auf den Seitenflügeln sind König Knud der Heilige (um 1043–86) und der hl. Dominikus (1170–1221), der Stifter des Dominikanerordens, dargestellt. Kanzel von 1632.

Nørresundby (5 km n): Nach N., der *Stadt nördlich des Sunds,* am Nordufer des Limfjordes gelangt man entweder über die 1879 erbaute Eisenbahnbrücke, die 1933 errichtete Autobrücke oder durch den 1969 fertiggestellten Autobahntunnel mit sechs Fahrspuren. – Vor der Eingemeindung nach Ålborg war der Ort eine selbständige Stadt (Stadtrechte 1900). Am Marktplatz (Torvet) steht das 1922–37 erbaute *Rathaus;* in dem dreiflügeligen neoklassizistischen Gebäude sind auch eine Apotheke und ein Postamt untergebracht. Auf dem Marktplatz steht eine Plastik von Henrik Starcke* *(Steinhund).* Vom Markt gelangt man in die Fußgängerzone *Vestergade* mit modernen Kunstwerken von Kai Nielsen*, Edgar Funch* und Jørgen Brynjolf*. – Die *Kirche* geht auf eine roman. Dorfkirche zurück; sie wurde wiederholt umgebaut. Kanzel von 1706. – Das *Stadtgeschichtliche Museum* befindet sich im 1791 errichteten *Bryggergård* (Østergade 8), dem ältesten Bauwerk in N. (neben der Kirche). – Von *Skansenbakken* (Schanzenhügel), dem heutigen Stadtpark, hat man eine hervorragende Aussicht über den Limfjord. Die Schanzen wurden 1626 während der Schwedenkriege angelegt.

Nørre Tranders (4 km ö): Die auf einer Anhöhe gelegene *Kirche* diente jahrhundertelang als Seemarke. Der ungewöhnlich große roman. Bau (33 m lang) wurde in der 2. Hälfte des 12. Jh. erbaut; er besteht aus Chor, Chorapsis, Langhaus und einer Vorhalle, die vermutlich einmal das Untergeschoß eines Turmes bildete. Die vier Gewölbe der Vorhalle, die auf einer schlanken Granitsäule ruhen, sind roman.; die Gewölbe in Chor und Langhaus sowie der Turm und das Waffenhaus sind spät-ma. An der Nord- und Südfassade des Langhauses befinden sich zwei roman. Säulenportale. Kalkmalereien von 1500 (dargestellt sind u. a. die hl. Katharina mit Schwert, der hl. Nikolaus mit den drei jungen Männern, die er vor dem Tode bewahrt haben soll, der hl. Laurentius mit dem Rost), Altar von 1625, Kanzel aus der Zeit um 1750 sowie eine spätgot. Kreuzigungsgruppe von 1525. – In der Nähe liegt die *erste dän. Schrebergartenkolonie,* die 1884 von Jørgen Bertelsen gegründet wurde.

Rebild Bakker/Lincoln Blokhuset (31 km s):

Lindenborg (Ålborg), Renaissanceschloß ▷

Saltum Kirke (Ålborg), Fresken in der Kirche

Am Nordwestrand des Rold Skov gelegenes hügeliges *Heidegebiet*. 1912 schenkten es dän. Auswanderer in Amerika dem dän. Staat als Nationalpark. Hier findet jedes Jahr am 4. Juli, dem amerikanischen Unabhängigkeitstag, ein großes Volksfest statt. - Im *Lincoln-Blockhaus* ist das *dän.-amerikanische Auswanderermuseum* untergebracht. Es wurde 1934 eröffnet und ist eine genaue Kopie des Hauses, in dem der amerikanische Präsident Abraham Lincoln (1809-65) seine Kindheit verlebte. Das Baumaterial stammt aus den USA; jeder Bundesstaat stiftete einen Balken. Ausgestellt sind u.a. Gegenstände aus der amerikanischen Pionierzeit und die Zeitung, in der der Mord an Lincoln bekanntgegeben wurde. - Nordöstlich davon steht Anders Bundgaards* *Kimbrerstein* (1924) mit der Inschrift »Die Kimbern zogen aus diesen Gegenden«. Dieser Auszug soll sich 115 v. Chr. ereignet haben. Über die genaue Jahreszahl herrscht Unklarheit; jedenfalls wurde der germ. Stamm 101 v. Chr. bei Vercellae von den Römern unter Marius vernichtend geschlagen.- Eine weitere Sehenswürdigkeit ist das *Spielmanns-, Jagd- und Forstwirtschaftsmuseum* mit einer großen Sammlung von Spielmannsinstrumenten.

Der *Rold Skov* ist der größte Wald Dänemarks; er mißt 20 km in O-W-Richtung und 10 km in N-S-Richtung. Hier wachsen hauptsächlich Nadelbäume. Der Wildbestand ist beachtlich; es gibt sogar Reiher. Der am Ostrand des Rold Skov gelegene *Madum-See* ist der sauberste See in Dänemark. Die *Ravnkilde* (Fuchsquelle) bei den Rebild Bakker hat eine konstante Temperatur von 7 °C.

Saltum Kirke (36 km nw): Die urspr. roman. *Kirche* wurde in spätgot. Zeit umgebaut. Im Chorgewölbe finden sich Kalkmalereien aus der Reformationszeit mit Rankenornamenten und Phantasiewesen, die nie übermalt wurden. Altar mit got. Figuren aus dem 15. Jh., Kreuzigungsgruppe aus der Zeit um 1500, Kanzel von ca. 1600 und im Chor der roman. Grabstein eines Mönchs.

Store Restrup (hinter Frejlev, 10 km sw): Schlichter, dreiflügeliger *Rokoko-Herrensitz*, der 1723 für den General und späteren Grafen Christian Levetzau erbaut wurde. Im Rittersaal sind Wandgemälde aus dem 18. Jh. und in einem Zimmer im Westflügel Bildtapeten mit Jagdszenen zu sehen.

Sulsted Kirke (12 km n): Die roman. Granitquaderkirche mit spät-ma Turm ist berühmt für ihre Kalkmalereien aus dem Jahre 1558. Sie wurden von Hans Maler* aus Randers im Auftrag von Just Høeg, dem damaligen Besitzer des Herrensitzes Vang, ausgeführt. Dargestellt ist die Lebens- und Leidensgeschichte Christi; ein dän. Text kommentiert sie. 1599 wurden die Bilder verändert; die Figuren erhielten, der neuen Mode entsprechend, andere Hüte und Hosen. Der urspr. Zustand wurde bei einer Restaurierung 1882 wiederhergestellt. Die Bilder waren, was ungewöhnlich ist, nie überkalkt. Holztaufe, Kanzel und Altar aus der Zeit um 1600. Im Turmraum befindet sich der Grabstein von Just Høeg mit dessen lebensgroßem Porträt. - In unmittelbarer Nähe liegt die ebenfalls roman. *Hammer Kirke* mit Kalkmalereien von 1640. Westlich der Kirche entspringt eine heilige Quelle.

Svenstrup (8 km s): Ma *Kirche* mit roman. Taufstein, Altartafel aus der Zeit um 1600 und Kanzel von 1575. - Ein Gedenkstein

(1936) erinnert an die »Schlacht im Bauernkrieg 16. X. 1534«. Das Bauernheer errang hier im Moor unter Skipper Klement einen Sieg, bevor es am 18.12.1534 von Graf Johann Rantzau in Ålborg vernichtend geschlagen wurde.

Sønderholm (13 km w): Aus Granitquadern erbaute roman. *Kirche,* bestehend aus Langhaus, Chor und Chorapsis mit einem got. Backsteinturm. Im Chor sind Renaissance-Kalkmalereien (um 1556) zu sehen: Szenen aus der Bibel und die Wappenschilder der Urahnen des Ehepaares Kirsten Friis und Gabriel Gyldenstierne, denen das Gut Store Restrup gehörte. Damals galt nur derjenige als wirklich adlig, dessen sämtliche Ururgroßeltern dem Adel entstammten. Für das Ehepaar Friis-Gyldenstierne existieren also die Wappenschilder von 32 Adelsfamilien: beginnend im O (im Uhrzeigersinn) mit dem Wappen der Familie Gyldenstierne, dann Bille, Skinkel, Frille, Munk, Lunge, Barsebæk, Juel, Vendelbo, Galen, Sandberg, Basse, Due, Høg, Linbek, Thott, Brahe, Serlin, Grubbe, Vind, Glob, Krabbe, Høg, Dyre, Bille, Sappi, Reberg, Myre, Gøye, Banner, Høg und Friis. - Altar aus der Zeit um 1600 (mit Gemälde von ca. 1750), spätgot. Kruzifix von ca. 1500 und Kanzel von ca. 1550. Die Tür hat Beschläge aus dem 12. Jh. Der Turmraum dient als Grabkapelle; diese besitzt ein Stuckportal (1735) mit Schmiedeeisengitter. Die beiden Marmorsarkophage entstanden 1734 bzw. 1756. Das Renaissancegrabmal für das Ehepaar Friis-Gyldenstierne aus dem Jahre 1555 hat einen Bronzerahmen.

Tingbæk Kalkminer (an der E 3, 30 km s): In den an eine Kathedrale erinnernden Räumen der *Mine* sind über 100 Skulpturen der Bildhauer Bundgaard*, A. Laier* und Bonnesen* ausgestellt, u. a. die Modelle für den Gefionbrunnen in Kopenhagen, den St.-Katharina-Brunnen in Ribe sowie den Kimbrerstier in Ålborg; außerdem Bonnesens Modelle für die Skulpturen im Kildepark in Ålborg. - In einer Scheune bei der Mine wird eine Ausstellung über die Sturmkatastrophe 1981 gezeigt, bei der große Teile des dän. Waldes zerstört wurden.

Vang (über Vestbjerg, 12 km n): Barocker *Herrensitz.* Die dreiflügelige Anlage (eingeschossig) wurde 1788 errichtet. Überreste von Verteidigungswällen sind noch zu erkennen. Park. 2 km n liegt der neoklassizistische *Bjørumgård.* Der Herrensitz, der aus einem zweistöckigen Hauptflügel mit zwei niedrigen Seitenflügeln besteht, wurde im frühen 19. Jh. erbaut.

Vodskov (10 km nö): Die *Kirche* wurde 1907-09 von Peder Vilhelm Jensen-Klint* erbaut. Architektonisch ist sie eine Kombination aus Romanik, Gotik und Renaissance. Die Innenausstattung wurde ebenfalls von Jensen-Klint entworfen.

Voergård (35 km nö): Der Renaissance-Herrensitz aus Backstein liegt zwischen *Flauenskjold* und *Præstbo.* Der Nordflügel wurde 1520 für den Bischof Stygge Krumpen errichtet; er besitzt zwei Stockwerke über einem gewölbten Keller mit Kerker. Im Dachgeschoß befinden sich Schießscharten und Pechnasen. Der Ostflügel stammt aus den Jahren 1586-91. Er verfügt ebenfalls über zwei Stockwerke und außerdem über zwei achteckige Ecktürme sowie zwei Treppentürme zum Hof. Die Fassade ist mit Sandsteinornamenten geschmückt; bes. eindrucksvoll ist das Portal. Als Baumeister vermutet man den Niederländer Philip Brandin. Die Innenausstattung besteht u. a. aus Stuckdecken und Goldledertapeten aus dem 18. Jh. sowie Möbeln im Louis-quinze- und Louis-seize-Stil. Heute ist hier ein *Museum* mit der einzigartigen Kunstsammlung des Grafen Overbeck Clausen eingerichtet: Gemälde von Rubens*, El Greco*, Raphael*, Frans Hals* und Watteau* (bei einigen Werken ist die Urheberschaft allerdings umstritten) sowie das komplette Geschirr von Napoleon I. und das Porzellan, das Ludwig XVI. und Marie Antoinette vor ihrer Hinrichtung benutzten. Das Gebäude ist von einem Wassergraben umgeben. Wirtschaftsgebäude aus dem 18. Jh.

Volsted (über Ellidshøj, 20 km s): Kleine roman. *Kirche* (Granitquader) aus dem frühen 12. Jh. Die Tür zum Waffenhaus (1873) wird von Granitreliefs umrahmt, die der Steinmetz Goti geschaffen hat, der auch beim Bau der Kirche von Gjøl n des Limfjordes tätig war. Auf einem Stein findet man die Inschrift: »Goti edefecit« (Goti hat dies gebaut). Altar von 1625 mit Gemälde von R. Petersen* (1954); Kanzel von 1550.

Øster Brønderslev (26 km n): Roman. *Kirche* aus dem 12. Jh. Geschnitzte Kanzel aus der Zeit um 1600.

Øster Hørnum (über Svenstrup, 16 km sw): Im MA aus Granitquadern errichtete *Kir-*

Århus, Sankt Clemens Kirke (l), Flügelaltar im Dom (r)

che. Roman. Taufstein mit lat. Inschrift; Altar von 1604 mit Gemälde aus dem Jahre 1702. Im Nordfenster des Chores steht eine roman. Marienfigur aus der Zeit um 1250, in der Südostecke des Langhauses eine Holzskulptur des hl. Laurentius aus dem Jahre 1175, die Kanzel stammt aus dem Jahre 1604.

Årestrup (über Støvring, 28 km sw): Roman. *Dorfkirche,* bestehend aus Langhaus, Chor und Chorapsis. Der Westturm und die Gewölbe stammen aus dem späten MA. Im Inneren ist eine Holzskulptur aus der Zeit um 1500, die schwarze St. Anna, zu sehen, an der Südwand des Chores das Relief *»Abels Tod«* von Anders Bundgaard*.

Århus Ostjütland	
Einw.: 247 000	S. 254 □ E 4

Å. ist die zweitgrößte Stadt Dänemarks und nach Kopenhagen auch die zweitwichtigste Industriestadt. Pflanzenöle, Bier, Textilien, Maschinen und Lokomotiven werden dort hergestellt. Außerdem gibt es einige große Werften. Der Hafen ist einer der verkehrsreichsten Häfen Skandinaviens.

Geschichte:
Å. entstand in der 1. Hälfte des 10. Jh. Der Name bedeutet »Haus an der Flußmündung«. Bereits 948 gab es hier einmal einen Bischof (Reginbrand); danach verlieren sich die Geschicke der Stadt wieder im Dunkel. Wir erfahren erst wieder, daß sie im 11. Jh. Münzort war. Zu dieser Zeit war sie von Wällen und Gräben umgeben, was noch an den Straßennamen *Søndervold* (Südwall), *Borgporten* (Burgtor), *Volden* (Wall) und *Graven* (Graben) zu erkennen ist. 1050 wurde Å. von dem norweg. König Harald Hardråde geplündert. In den nachfolgenden Jahrhunderten wurden zahlreiche Kirchen erbaut. 1441 erhielt Å. die Stadtrechte. Im MA war die Stadt ein Zentrum des Handels, der Seefahrt und der Fischerei; ihre Handwerker standen in hohem

Århus, Vor Frue Kirke

Ansehen. Im 15. und 16. Jh. gab es mehrere Pestepidemien sowie zwei Stadtbrände, nach denen die Verwendung von Strohdächern verboten wurde. Zunächst hatte Å. im 17. Jh. stark unter Kriegen zu leiden, bevor es im 18. Jh. eine neue Blütezeit erlebte. Malz, Teer und Korn wurden nach Norwegen exportiert, Malz und Butter nach England und Roggen und Hafer nach Lübeck. Durch den Krieg 1807–14 verlor die Stadt mit Norwegen einen wichtigen Markt, ein wirtschaftlicher Rückschlag, der durch den Bau einer Eisenbahnlinie nach Randers 1862 und die Erweiterung des Hafens 1877 ausgeglichen werden konnte.

Å. ist der Geburtsort des Altertumsforschers *Ole Worm* (1588–1654), des Astronomen *Ole Rømer* (1644–1710) und des Barockarchitekten *Laurids Thurah* (1706–59).

SAKRALBAUTEN

Sankt Clemens Kirke/Domkirken (Bispetorvet): Der Dom ist mit 93 m die längste Kirche in Dänemark. Der Grundstein wurde 1197 von Bischof Peder Vognsen gelegt. Die roman. Basilika mit Kreuzarmen, die man im 13. Jh. errichtete, wurde im 15. Jh. in der Zeit des Bischofs Jens Iversen Lange im Stil der Hochgotik umgebaut. Der Chor wurde durch zwei Seitenschiffe mit gleicher Höhe wie das Mittelschiff erweitert; den Ostabschluß bilden nun drei Seiten eines Achtecks. In den Ecken zwischen Chorabschluß und Seitenschiffen wurden zwei runde Treppen errichtet, die sich über das Dach der Kirche erheben. Der Chor erhielt ein Sterngewölbe und größere Fenster sowie schlankere Säulen. – Der Umbau des Langhauses war nicht so umfassend: Zwar hielten auch hier got. Formen ihren Einzug, die Proportionen der Romanik blieben jedoch erhalten. In der Westverlängerung des Mittelschiffs und s der Rodsten Marselischen Kapelle (1420 von Bischof Bo Mogensen errichtet) ließ Bischof Peder Vognsen einen Turm bauen, der ebenfalls 93 m hoch ist. Der Turmhelm von Mogens Clemmensen* stammt aus den Jahren 1927–31. Urspr. wa-

ren zwei Türme als Verlängerung der Seitenschiffe geplant gewesen.
In der gesamten Kirche sind *Kalkmalereien* aus der Zeit um 1500 von äußerst unterschiedlicher Qualität zu sehen. Dreimal findet sich im Hauptschiff das Wappen des Bischofs Jens Iversen Lange. In den Gewölben der Vierung sieht man u.a. den richtenden Christus und den Patron der Kirche, den hl. Clemens. Im Hochchor sind weitere Wappen dargestellt. Bes. interessant im Chorumgang ist die Darstellung von ma Martern, bei deren Anblick man sich an Kafkas »Strafkolonie« erinnert fühlt. Weitere Kalkmalereien finden sich in den Querschiffen und den Seitenschiffen. - Bei dem *Flügelaltar* handelt es sich um den größten ma Altar in Skandinavien; er wurde von der Werkstatt Bernt Notkes* nach Plänen des Meisters um 1479 geschaffen. Im Hauptfeld sind die hl. Anna selbdritt sowie Johannes der Täufer und der hl. Clemens mit dem Wappen des Stifters Jens Iversen Lange zu sehen. Auf den Flügeln sieht man die Apostel und auf den Flügelaußenseiten - gemalt - die Leidensgeschichte Christi sowie - was ungewöhnlich ist - Szenen aus seiner Kindheit. Das gußeiserne Taufbecken wurde 1481 von dem Flensburger Peter Hansen geschaffen; die Kanzel ist eine Arbeit von Mikkel van Groningen* (1588). - In der Kirche befinden sich über 80 *Grabmäler;* das letzte Begräbnis fand 1805 statt. Eines der ältesten ist das des Bischofs Jens Iversen Lange aus dem Jahre 1482. Das Epitaph des Adligen Jørgen Skeel hat die Form eines Prachtportals. - Die *Orgel* mit urspr. 44 Stimmen wurde 1728-30 von Lambrecht Daniel Carstens gebaut. In den 30er Jahren wurde sie um 44 Stimmen erweitert; sie ist damit heute die größte Kirchenorgel in Dänemark.
Vor dem Dom steht ein *Reiterstandbild Christians X.* von Helen Ree Schou* (1955).

Vor Frue Kirke og Kloster (Vestergade): Hier wurde um 1080 eine Schwemmsteinkirche erbaut, die dem Heiligen der Seeleute, St. Nikolaus, geweiht war. Sie war bis etwa 1200 Dom des Stiftes Å. 1955-57 wurde unter Leitung von C.G. Schultz* die dreischiffige Krypta dieser Kirche ausgegraben und restauriert; sie ist der älteste gewölbte Raum des Nordens. In Skandinavien gab es im frühen MA nur vier Krypten, und zwar in Lund, Viborg, Odense und Å. - Um 1246 kam die Kirche in den Besitz der Dominikaner, die sie fast ganz umbauten: zunächst den Chor noch im 13. Jh., dann das Schiff im 15. Jh. Das s Seitenschiff mit seinen prächtigen Blendgiebeln stammt aus dem späten 15. Jh.; als Baumaterial fand diesmal Backstein Verwendung.
Im Inneren der Kirche sieht man im Chor Wappenschildfriese aus verschiedenen Epochen; vermutlich handelt es sich um die Wappen derjenigen, die einmal die Kirche beschenkt hatten. An der Ostwand befindet sich das dän. Königswappen mit den beiden Löwen (um 1340); an der Südwand werden die Wappenschilder von Adelsdamen gehalten (um 1375). Die Wappen an der Nordwand sind aus der Zeit um 1500. An der Südwand ist außerdem der hl. Laurentius dargestellt. - Im ö Gewölbe des Hauptschiffs kann man die Inschrift lesen: »MCDLXXXX Anno domini hoc opus fecit venerabilis prior frater Thomas Johis« (Im Jahre des Herrn 1490 machte der ehrwürdige Prior Bruder Thomas Jensen diese Arbeit). Es ist jedoch nicht ganz klar, um was für eine Arbeit es sich handelt: um den Bau selbst oder nur um seine Ausschmükkung. Der Flügelaltar von Claus Berg* entstand 1525; die Außenseiten sind mit Heiligenfiguren bemalt. Das Kruzifix wurde 1520 geschaffen. Außerdem befinden sich zahlreiche Grabmäler aus dem 17. und 18. Jh. in der Kirche.
Die Kirche bildet den Südflügel des *ehem. Dominikanerklosters* und späteren *Hospitals.* Der älteste Teil des Klosters ist das Ostende des Nordflügels; es wurde zwischen 1250 und 1275 errichtet. Die übrigen Gebäude wurden in der 2. Hälfte des 15. Jh. erbaut, der Westteil des Nordflügels, der Westflügel und der Kreuzgang; letzterer wurde 1784 bis auf den Abschnitt zur Kirche, der schöne got. Gewölbe aufweist, abgerissen. Der Ostflügel wurde 1878 abgebrochen und durch einen neuen ersetzt. Im Westflügel liegt der ehem. *Kapitelsaal.* Die Kreuzgewölbe werden von zwei schlanken Säulen getragen. Die Kalkmalereien stammen aus der Zeit um 1525; dargestellt sind der thronende Gott, Christus und die Anbetung. An der Nordwand sieht man zwei Bauern mit Ackergerät und zwei Landsknechte. So hat man sich wohl die Beteilig-

ten an den Bauernaufständen (und an deren Niederschlagung) Anfang des 16. Jh. vorzustellen.

Katolske Kirke (Ryesgade): Die neogot. Kirche wurde 1879–80 von Friedrich von Schmidt* erbaut. Schmidt war an der Vollendung des *Kölner Doms* beteiligt; sein Hauptwerk ist das *Wiener Rathaus* (1872–82).

Sankt Lukas Kirke (Ingerslev Boulevard): Die klassizistische Kirche wurde 1921–26 aus dem hellen Kalkstein aus Fakse erbaut. Die Architekten waren Anton Frederiksen* und Kaj Gottlob*. Die Deckenbemalung stammt von Johan Georg Andersen*.

PROFANBAUTEN

Det gamle Rådhus (Domkirkepladsen): Das sog. *alte Rathaus* wurde 1857 nach Plänen von C. G. F. Thielemann* aus rotem Backstein errichtet. Es besitzt drei geschwungene Giebel.

Hovedbibliotek (Mølleparken): Die *Hauptbibliothek,* ein typischer Repräsentant der Monumentalarchitektur der 30er Jahre, wurde 1931–34 nach Plänen von A. Mogensen* und H. Salling-Mortensen* erbaut. Der Grundplan ist T-förmig. Die Anbauten zum Garten stammen aus den Jahren 1964–67. – Die beiden Architekten bauten 1945–51 auch die *Møllevangsskole* an der Vestre Ringgade.

Marselisborg Slot (im S der Stadt, Kongevejen): *Kgl. Sommerresidenz.* Das weiße, zweistöckige Bauwerk wurde 1899–1902 nach Plänen von Hack Kampmann* erbaut; es finden sich darin Anklänge an die dän. Monumentalarchitektur des 17. und 18. Jh. Das Schloß war das Hochzeitsgeschenk des dän. Volkes für Kronprinz Christian (den späteren Christian X.) und Kronprinzessin Alexandrine von Mecklenburg-Schwerin. (Christian X. war übrigens der erste dän. König, der das Abitur machte.) – Der *Park* mit Rosengarten ist außerhalb der Residenzperiode zugänglich. Im südlichen Teil befindet sich ein forstbotanischer Garten, der 1923 angelegt wurde. – In unmittelbarer Nähe des Schlosses liegen ein Gedächtnispark *(Mindepark)* für die 4000 dän. Gefallenen des 1. Weltkrieges, im Jahre 1925 angelegt, mit einem Monument von Axel Ekberg* und Axel Poulsen*, sowie der *Rømer Have* (Rømer-Garten), ein Blumenpark, der von dem Industriellen C. Rømer gestiftet wurde.

Rådhuset (Park Allé und Rådhuspladsen): Das *neue Rathaus* wurde 1938–42 nach Zeichnungen der Architekten Arne Jacobsen* und Erik Møller* auf dem Gelände eines ehem. Friedhofs errichtet. Im Park sind auch heute noch Grabsteine zu sehen. Das Gebäude aus Stahlbeton ist mit norweg. Marmor aus Porsgrunn verkleidet. Das Dach besteht aus Kupfer; der Turm ist 60 m hoch (hervorragende Aussicht). Die Innenausstattung ist ausgesprochen gediegen: Fußböden aus Eichenholz, das man im Moor gefunden hat, sowie aus ital. Mosaiken, Wandverkleidung aus Buchenholz. Die Westwand der Festhalle besteht ganz aus Glas. Die Wände des Stadtratssaals sind mit Mahagoni aus Kuba verkleidet. Auf dem Fußboden liegt ein Teppich, der in Umrissen den Stadtplan von Å. zeigt. – Auf dem Rathausplatz steht der *»Grisebrønd«* (Schweinebrunnen, 1950) von Mogens Bøggild*, s des Gebäudes die Skulptur *»Agnete og Havmanden«* (Agnete und der Meermann, 1941) von Johannes Bjerg*.

Stadion (Stadion Allé): Das Stadion, ein neoklassizistisches Bauwerk, wurde 1920 nach Plänen von A. Høeg-Hansen* erbaut. Es wurde während des Krieges von den Deutschen als Vergeltung für Sabotageakte zerstört und 1954 wiederaufgebaut (C. F. Møller*). – In der Nähe des Stadions liegen der Vergnügungspark *»Tivoli Friheden«,* die *Pferderennbahn* und die *Trabrennbahn.*

Statsgymnasium (Fenrisvej 33): Das Gymnasium wurde 1956–58 errichtet (A. Gravers* und Johan Richter*). Das rechteckige, eingeschossige Bauwerk besitzt einen Innenhof. Die Vorhalle ist mit einem Gobelin von Asger Jorn* und Pierre Wemaëre* aus dem Jahre 1961 geschmückt, der »Den lange rejse« (Die lange Reise) betitelt ist, der Festsaal, der eine Glaswand zum Innenhof hat, mit einem 90 m^2 großen Keramikrelief von Jorn aus dem Jahr 1959.

Århus Teater (Bispetorvet): Das Theater, das dem Dom direkt gegenüberliegt, wurde 1898–1900 von Hack Kampmann* errichtet. Im Giebel über dem Hauptportal ist eine Szene aus einem Stück von Ludvig Holberg dargestellt (Hans Tegner*). Der Zuschauerraum hat rund 800 Plätze. In der blauen Kuppel kann man Jugendstildekorationen (Schwäne, Möwen u. a.) aus Keramik sehen. Im Foyer sind Stuckarbeiten von K. Hansen-Rejstrup* zu bewundern. – Beim Theater wurde 1953 von C. F. Møller* ein *Kulturhaus* mit Konzertsaal erbaut. Im Foyer ist ein Mosaik von Mogens Bøggild* und Agnete Varming* zu sehen.

Århus Universitet (Universitetsparken, Eingang: Nørrebrogade und Langelandsgade): Die zweite Universität Dänemarks wurde 1928 gegründet; die Gründung der Kopenhagener Universität erfolgte bereits 1479. Das erste Gebäude auf dem 15 ha großen hügeligen Gelände im N von Å. wurde 1933 erbaut; die Architekten der Anlage waren C. F. Møller*, Kay Fisker* und Povl Stegmann*. Das markante Hauptgebäude, in dem sich auch die Aula befindet, wurde 1947 eingeweiht. – Auf dem Gelände steht außerdem die *Staatsbibliothek* (1963, C. F. Møller*) mit einem 17 Stockwerke hohen Magazin, dem sog. *Buchturm*. – Die Universität besitzt eine *Klassische archäologische Sammlung* mit Funden aus Griechenland, Italien, dem Nahen Osten und Ägypten sowie große *Abguß-* und *Münzsammlungen*.

MUSEEN

Dansk Brandværnsmuseum (Dalgas Avenue/Filtenborg Plads): Das *Dänische Feuerwehrmuseum* ist in einem ehem. Straßenbahndepot eingerichtet. Es ist das größte Museum dieser Art in der ganzen Welt mit mehr als 60 Fahrzeugen, darunter Pferdegespanne und Handwagen. Die älteste Feuerwehrspritze stammt aus dem Jahre 1850.

Dansk Pressemuseum og Arkiv (Halmstadgade 11): Das Museum liegt im Nordteil der *dän. Journalistenhochschule*. In der Ausstellung wird die Geschichte der gedruckten Presseerzeugnisse dargestellt. Das *Archiv* umfaßt Zeitungsausschnitte und eine große Sammlung historischer Literatur zum Pressewesen.

Den gamle By (Vesterbro). *Freilichtmuseum*, in dem man über 50 verschiedene Häuser aus überwiegend jütländischen Orten findet. Nur vier sind aus solidem Mauerwerk erbaut; vier bestehen aus Holz, der Rest aus Fachwerk. – Auf einer Anhöhe steht das *»Helsingør Teater«* (1816); gegenüber befinden sich eine *Schule* aus Kerteminde (Fünen) von 1714 und ein 40 m langes Fachwerkhaus aus Hobro (ca. 1820). Den Mittelpunkt des Museums bildet der *Bürgermeisterhof* aus dem Jahre 1597, den man bereits 1912 vom Lilletorv hierher versetzte. Gegenüber sieht man vier Gebäude eines *Kaufmannshofes* aus Ålborg, ein Stapelhaus von 1585, ein zweistöckiges Steinhaus von 1634, ein gelbgestrichenes klassizistisches Gebäude aus dem frühen 19. Jh. und ein Fachwerkhaus aus dem späten 16. Jh.; in ihnen sind Sammlungen von Möbeln, Kirchenkunst, Öfen, Keramik und Silber untergebracht. Zu dem Ensemble gehören u. a. auch ein weiteres *Lagerhaus* aus Ålborg aus der Zeit um 1550 und ein Gebäude, in dem eine *Brauerei* eingerichtet ist. In einem Haus aus Næstved (18. Jh.) befinden sich ein *Spielzeugmuseum* und die *musikhistorische Sammlung;* man betritt sie durch das *Textilmuseum*, das in einem Seitenflügel aus Ålborg von 1650–60 eingerichtet ist. Ein *Postamt* befindet sich in einem Haus aus Åbenrå aus dem 17. Jh. mit einem gemauerten Giebel von 1738. – Das *Haus eines Gerbers* aus Randers stammt von ca. 1650. – *Povl Pops Hus* wurde 1571 in Ålborg für den damaligen Bürgermeister Povl Pop errichtet. Das Inventar aus dem 18. Jh. stammt aus der *Christianshavn Apotheke* in Kopenhagen. Im Garten dieses Hauses steht ein außerordentlich hübscher *Pavillon* aus dem späten 18. Jh. – Daran schließt sich *Marcus Bechs Gård* von 1593 an, in dem das *Stadthistorische Museum* von Å. untergebracht ist. Auf dieses Gebäude folgen einige Häuser aus Haderslev aus dem späten 18. Jh., in denen Schnitzer- und Zimmermannswerkstätten eingerichtet sind. Im Nachbarhaus aus Viborg (1830) befindet sich ein *Fahrradmuseum*. Der *Lille Rosengård* gegenüber ist ein »Mietshaus« aus dem Jahre 1741; in den sechs Wohnungen sind heute die Werkstätten von Kerzenmachern, Nadelmachern, Seifensiedern, Böttchern und Schuhmachern zu sehen. Zur selben Gebäudegruppe gehören auch eine *Tabakmanufaktur* von 1700-50, eine *Mühle* von ca. 1700, in der sich die Museumsverwaltung befindet, und eine *Seilerei*. - Die *Wassermühle* stammt aus dem 18. Jh. Das sind jedoch längst nicht alle der interessanten Häuser und Sammlungen.

Naturhistoriske Museum (Universitetsparken, Nørrebrogade): In diesem Museum wird die Naturgeschichte Dänemarks dargestellt. Bes. sehenswert sind der Afrikasaal im Keller und die Dioramen (plastische Schaubilder) im zweiten Stockwerk.

Videnskabhistoriske Samling (Observatorievej 3): Die *Wissenschaftsgeschichtliche Sammlung* ist eine Abteilung des *Instituts für exakte Naturwissenschaften* an der Universität Å. Gezeigt wird die Entwicklung von Mathematik, Physik, Chemie und Astronomie vom Altertum bis heute. - Im Observatorievej liegt auch die *Ole-Rømer-Sternwarte*, die 1909-11 von A. Høeg-Hansen* erbaut wurde.

Vikingemuseet (Clemenstorv, im Keller der »Andelsbank«): Bei Ausgrabungen in den 60er Jahren fand man hier die Reste eines Walles, der eine *Wikingersiedlung* umgab. In dem Museum sind ein rekonstruiertes Stück des Walles und die Ausgrabungsfunde zu sehen.

Århus Kunstmuseum (Vennelystparken): Die dän. Kunst von etwa 1770 bis heute wird hier in Malerei, Skulptur und Graphik vorgestellt. Bes. umfassend sind die Sammlungen der Malerei des Goldenen Zeitalters (1. Hälfte des 19. Jh.), u. a. vertreten durch die Maler Abildgaard*, Rørbye* und P. C. Skovgaard*, und die der Klassiker des 20. Jh., repräsentiert durch Künstler wie Giersing*, Weie*, Isakson*, Lundstrøm*, Willumsen*, Søndergaard*, Høst*, Carl-Henning Pedersen* und Richard Mortensen*. - Bei der gezeigten ausländischen Kunst liegt der Schwerpunkt auf Graphik. - In dem Museum finden ständig Sonderausstellungen sowie Veranstaltungen (Vorträge, Konzerte u. ä.) statt. - Das Museum wurde nach Plänen von C. F. Møller* aus gelben Backsteinen und gelben Dachziegeln erbaut und 1967 eröffnet. Im Vortragssaal hängt eine Kopie des Frieses mit Thorvaldsens Heimkehr 1838 vom Thorvaldsen-Museum in Kopenhagen (Original von Jørgen Sonne*).
Der *Vennelystpark* ist der älteste Park in Å.; er wurde 1824 angelegt.

Außerdem sehenswert: In Å. befinden sich einige der schönsten Bauten des Architekten Hack Kampmann*: abgesehen vom Theater und Schloß Marselisborg das Gebäude der *Zollkammer* am Hafen (1897), die *ehem. Staatsbibliothek* in der Vester Allé 12 (1898-1902) und seine Villa, die *Villa Kampen*, am Strandvej 104 mit Aussicht über die Å.-Bucht. - Beim Freilichtmuseum Den gamle By liegt der *Botanische Garten*; er ist etwa 21,5 ha groß. Die Gewächshäuser, die der Universität gehören, sind zugänglich. Die Skulptur *»Venus«* von Anker Hoffmann* stammt aus dem Jahre 1930. Außerdem sind die Büsten einiger bedeutender Dänen, u. a. die des Schriftstellers *Steen Steensen Blicher*, zu sehen.

Veranstaltungen: Jedes Jahr findet am 1. Samstag im September und an den darauffolgenden neun Tagen die *Århuser Festwoche* statt. Das Programm ist außerordentlich vielseitig: Ausstellungen, Opern-, Ballett- und Theateraufführungen sowie Konzerte mit internationalen Künstlern. Darüber hinaus gibt es Sportveranstaltungen. - Die Spielzeit des Theaters und der angeschlossenen kleineren Bühnen dauert vom 1. August bis zum 15. Juni.

Umgebung

Framlev (13 km w): Große roman. *Kirche* aus Schwemm- und Feldstein. Im Ostgiebel befindet sich ein Kreidesteinrelief, das den gekreuzigten Christus über einem Tierkopf zeigt. Auf dem Tympanonrelief über dem Südportal ist ein Löwe dargestellt. Das Waffenhaus und der Westturm der Kirche sind spät-ma. Kalkmalerei auf der l Seite der Triumphwand aus dem 13. Jh. (Madonna). Der Altar wurde 1590 geschaffen, die Kanzel 1602 (Morten Snedker*).
Galten (n v. Hadsten, 26 km nw): Ma *Kirche* aus Schwemm- und Kreidestein. Der Turm mit achteckigem Obergeschoß und zwiebel-

förmiger Spitze wurde 1697/98 von Ernst Brandenburger* erbaut. Im Chor sind Kalkmalereien aus der Zeit um 1540 zu sehen, u.a. eine Darstellung des Johannes, die große Ähnlichkeit mit Martin Luther hat. Altar von ca. 1650 mit einem Gemälde von A. Dorph* (1872); Kanzel ebenfalls aus der Zeit um 1650; roman. Granittaufstein.

Granslev (w v. Hadsten, 32 km nw): Die im MA aus Granitquadern errichtete *Kirche* wurde 1766 von Christian Mørup* umfassend umgebaut. Er errichtete das s Waffenhaus und die n Grabkapelle für die Familie de Lichtenberg. Die Ausstattung (Altar und Kanzel) stammt aus dem 18. Jh. – 3 km n liegt der Herrensitz *Bidstrup*. Die dreiflügelige Anlage wurde in der 2. Hälfte des 16. Jh. errichtet und 1754–60 von Nicolaus Hinrich Rieman* im Stil des Rokoko für Gerhard de Lichtenberg umgebaut.

Hornslet (21 km nö): Die roman. *Kirche* wurde im 15. Jh. nach W verlängert; gleichzeitig erhielt sie ein Waffenhaus und Gewölbe. Im 16. Jh. ließ Reichsrat Jørgen Ottesen Rosenkrantz die Kirche im Renaissancestil umbauen (Westturm, Erhöhung des Waffenhauses um eine Etage, Chorverlängerung mit Grabkapelle an der Südseite); der Architekt war derselbe wie der von Rosenholm. Rosenkrantz ließ die *Grabmäler* seiner Vorfahren nach Hornslet schaffen, u.a. aus Mariager und Randers. Bes. sehenswert davon ist das Grabmal seines Enkels Erik Rosenkrantz und seiner drei Frauen aus Marmor und Sandstein. Mit einer Kette ist daran ein Buch festgemacht, das seine Leichenpredigt enthält. Der Bildhauer war Abraham Wuchter*. Daneben ist das Grabmal von Eriks Vater, dem gelehrten Holger Rosenkrantz, zu sehen. Die Kalkmalereien stammen aus der Zeit um 1250; was dargestellt werden soll, ist ungeklärt. Der Granittaufstein ist romanisch. Der Altar weist im Mittelteil ein Relief aus der Werkstatt von Claus Berg* in Odense auf: die Kreuzigung; die beiden Räuber neben dem Erlöser hängen mit dem Kopf nach unten. Die Kanzel (1667) ist mit einigen Holzfiguren von Peder Jensen Kolding* verziert. Der Küsterstuhl auf der Südseite des Chores wurde von Mikkel van Groningen* geschaffen (16. Jh.).

Lisbjerg (10 km n): In der teilweise roman. *Kirche* befand sich bis 1867 einer der berühmten goldenen Altäre; er ist jetzt im Nationalmuseum in Kopenhagen ausgestellt. Der neue Altar wurde 1887 von Jørgen Roed* geschaffen.

Lyngby (11 km w): Roman. *Dorfkirche* aus Granitquadern. An der Nordwand des Schiffes entdeckte man 1975 Kalkmalereien aus dem 12. Jh.; dargestellt ist u.a. eine Tur-

Hornslet (Århus), Kirche (l), Fresko an der Nordwand im Kircheninneren (r)

nierszene. Roman. Granittaufstein. Altar aus der Zeit um 1600.

Malling (14 km s): Die aus Granitquadern errichtete roman. *Kirche* (12. Jh.) wurde im späten MA umgebaut. Das Schiff wurde nach W verlängert; ein Turm, ein Waffenhaus und eine Sakristei wurden errichtet sowie Gewölbe eingezogen. Das Tympanonrelief über dem Südportal zeigt Daniel in der Löwengrube. Der Altar stammt aus der Zeit um 1500, die Kanzel, die vermutlich Peder Jensen Kolding* geschnitzt hat, von ca. 1660. - Der *Kirchhof* war einmal mit einer 2,5 m dicken Mauer befestigt. Reste dieser Befestigung, die Fundamente eines Tores und die eines runden Turms, die um 1180 zum Schutz gegen die Wenden errichtet worden sein dürften, sind noch erhalten.

Moesgård (8 km s): Das klassizistische Hauptgebäude wurde 1776-78 für den dän. Gesandten in Stockholm C. F. Güldencrone erbaut. Die zwei niedrigen Seitenflügel sind schräg dazu angeordnet. In den Wirtschaftsgebäuden (1792-93) befindet sich heute das *Prähistorische Museum* von Århus. Die ethnographischen und archäologischen Sammlungen zeigen Funde aus der Eisenzeit, Bronzezeit, Steinzeit und Zeit der Wikinger. Eine bes. Sehenswürdigkeit stellt der *Grauballemann* dar, eine 2000 Jahre alte Moorleiche. Sie ist hervorragend erhalten: Haut, Haare, Fingernägel und der Schnitt durch den Hals, der dem Mann beigebracht wurde, als er als Opfer eines Fruchtbarkeitskultes hingerichtet wurde, sind sehr gut zu sehen. Spezialsammlungen befassen sich mit Grönland und Nuristan, einem Landstrich im Hochgebirge im Osten Afghanistans (Kopie eines Hauses mit Einrichtung). Ein *»Vorgeschichtlicher Fußweg«* führt durch den Wald an Hünengräbern und rekonstruierten Häusern aus der Eisen- und Wikingerzeit vorbei. - In der Nähe liegt die *»Waldmühle«*, eine Wassermühle, die 1785 erbaut wurde. Hier befindet sich heute eine Gastwirtschaft, ein beliebtes Ausflugsziel der Århuser.

Mørke (25 km nö): Roman. *Dorfkirche*. Bes. sehenswert ist das Südportal: Seitlich sieht man ein Untier, das gerade dabei ist, einen Mann zu verspeisen. Eine ähnliche Szene ist auf einem Bildquader neben der Tür für den Geistlichen dargestellt. Altar von 1631; roman. Granittaufstein.

Mårslet (7 km s): Roman. *Kirche* mit spätma (got.) An- und Umbauten. An der Südwestecke des Waffenhauses steht ein roman. Grabstein. Die Kanzel entstand 1604; der Granittaufstein ist romanisch. - Der *Kirchhof* war vermutlich wie der von → *Malling* auch einmal befestigt.

Rosenholm (Århus), Renaissanceschloß

Rosenholm (über Hornslet, 23 km nö): Renaissanceherrensitz aus Backstein. Er wurde ab 1559 für Jørgen Ottesen Rosenkrantz errichtet und hat sich seit dieser Zeit immer im Eigentum der Familie Rosenkrantz befunden. Es handelt sich dabei um eine geschlossene, vierflügelige Anlage. Der Grundplan ist trapezförmig, d. h. der Torflügel ist länger als der Hauptflügel, der gegenüber liegt. Der zweistöckige Hauptflügel besaß urspr. Korridore zur Hofseite, die sich im Stil ital. Paläste in Arkaden zum Hof öffneten; er wird von zwei runden Ecktürmen zum Wassergraben hin flankiert. Der Torflügel ist genau symmetrisch und hat an jedem Ende turmartige Pavillons. Der Torturm besitzt eine Spitze von 1863. – Die Seitenflügel, die Torflügel und Hauptflügel miteinander verbinden, sind niedriger und relativ schlicht gestaltet. Der nördliche entstand noch vor dem Tod von Jørgen Rosenkrantz 1596, der südliche wurde erst für dessen Sohn Holger Rosenkrantz erbaut. Holger Rosenkrantz war ein Gelehrter, der mit dem im Exil lebenden Astronomen Tyge Brahe korrespondierte. Seine christliche Dogmatik in 32 Bänden wurde verboten. Daß er gute Taten und Erlösung in Zusammenhang brachte, war bei den Kirchenoberen unpopulär.
Rosenholm ist einer der wenigen Herrensitze, die man besichtigen kann. An den Wänden des *Winterzimmers* sind Goldledertapeten aus Spanien zu sehen. Hier befindet sich auch ein Porträt der Königstochter Leonora Christina von Karel van Mander*. Im *Rittersaal* hängt ein Gemälde Frederiks V. von Carl Gustav Pilo*. Im *Torflügel* kann man 300 Jahre alte Gobelins aus Flandern bewundern. Sehenswert ist auch eine Sammlung spanischer und maurischer Möbel. In der ehem. Wäschekammer sind Scherben u. ä. ausgestellt, die man 1962 bei der Säuberung des Schloßgrabens fand. Die *Kapelle* im Torflügel stammt aus dem Jahre 1604; hier befindet sich ein Kruzifix aus der Zeit um 1525. – Im *Park* steht ein Renaissancepavillon, der *Pirkentavl* genannt wird. Die Fassade ist in einer Weise dekoriert, wie es auch einmal für den Hauptflügel vorgesehen war.

Skivholm Kirke (n v. Herskind, 15 km w): Roman. Kirche mit spät-ma Turm und Waffenhaus. Die Chorapsis ist eine Rekonstruktion von 1899. Die Gewölbe wurden 1503 ausgemalt; bemerkenswert ist eine symbolische Darstellung der Leiden Christi. Die Innenausstattung besteht u. a. aus einer Marienfigur aus der Zeit um 1300 und einer Kanzel von ca. 1600.

Tilst (7 km nw): In T., einer Vorstadt von Århus, gab es einen der ersten *Großmärkte* in Dänemark; er wurde am 7. Oktober 1970 eröffnet. – Die roman. *Kirche* wurde im 12. Jh. aus Feldstein erbaut. Turm und Waffenhaus sind spät-ma, ebenso die Gewölbe. Die Kalkmalereien an der Nordwand des Schiffes stammen aus der Mitte des 15. Jh.; dargestellt ist die Leidensgeschichte. Kanzel 1633; der Taufstein ist romanisch.

Todbjerg Kirke (vor Hårup, 15 km n): Roman. Kirche, die im 12. Jh. aus Granitquadern erbaut wurde. Das Tympanonrelief über dem Südportal zeigt den gekreuzigten Christus, umgeben von Maria, Johannes, Longinus und Stephaton; auf dem Tympanonrelief des zugemauerten Nordportals ist Daniel in der Löwengrube dargestellt. Roman. Kalkmalereien (um 1200) sind an der Nordwand des Chores zu sehen: Szenen aus dem Alten Testament (Adam und Eva). Roman. Granittaufstein.

Register der Fachausdrücke

Abakus (griech.-lat. »Tischplatte«): Deckplatte über dem Kapitell einer Säule.
Ädikula: Wandnische, die zur Aufstellung einer Büste oder Statue dient; meist mit → Giebel, → Pfeilern oder → Säulen verziert.
Agnus Dei (lat. »Lamm Gottes«): Symbol Christi mit der Kreuzesfahne.
Akanthus: Schmuckelement, das sich vor allem am → korinthischen → Kapitell findet und aus der stilisierten Darstellung eines scharf gezackten, distelähnlichen Blattes entwickelt wurde.
Altar: Opfertisch bei Griechen und Römern. Tisch des Herrn im christlichen Glauben. In katholischen Kirchen neben dem Hauptaltar oft mehrere Nebenaltäre für verschiedene Heilige, in protestantischen Kirchen meist nur ein Altar.
Altaraufsatz: Schreinartiger Aufbau über dem Altartisch.
Altarauszug: Oberer, abgehobener Teil des → Altaraufsatzes.
Altargerät: Gefäße und Requisiten für die gottesdienstlichen Handlungen am → Altar.
Altarretabel: → Altaraufsatz.
Ambo: Pult an den Chorschranken in altchristl. und mittelalt. Kirchen; Vorläufer der → Kanzel.
Andachtsbilder: Kleinere Kunstwerke mit Einzeldarstellungen, die an Nebenaltären gezeigt werden und der religiösen Erbauung dienen.
Anfänger: Unterster Stein eines Gewölbes oder Bogens.
Anna selbdritt: Darstellung von Anna, Maria und dem Jesusknaben.
Antependium: Frontverkleidung des Altartisches.
Apsis: Abschluß des → Chors, meist halbkreisförmig. In der Regel Standort des → Altars.
Aquädukt: Wasserleitung, oft als über eine Bogenbrücke geführter Kanal, bei den Römern häufig zu Monumentalbauten entwickelt.
Aquamanile: Gießgefäß oder Schüssel für rituelle Waschungen bei der kath. Liturgie.
Arabeske: Ein stilisiertes Blattwerk, das als Schmuckmotiv verwendet wird.
Architrav: Steinerner Hauptbalken über den → Säulen.
Archivolte: Bogenlauf über romanischen und gotischen Portalen.
Arkade: Bogen, der von → Säulen oder → Pfeilern getragen wird. Mehrere Arkaden werden zu Bogengängen zusammengefaßt. Wenn die Arkaden keine Öffnung haben (und nur aus dekorativen Gründen verwendet werden), spricht man auch von Blendarkaden.
Arkatur: Von Pfeilern oder auch Säulen getragene Bogenstellung.
Attika: Eine (meist reich verzierte) Wand, die über das → Gesims einer Säulenreihe gemauert wird und das Dach verdecken soll.
Aufgehendes Mauerwerk: Der sichtbare (oberirdische) Teil des Mauerwerks.
Aula: Halle, Versammlungssaal.
Auslucht (niederdeutsch Utlucht): Gebäudeerker auf massivem Sockel (→ Erker).

Backstein: Ziegel, der im Brand gehärtet worden ist (im Gegensatz zum natürlichen Gestein).
Backsteingotik: Bauten aus → Backstein in den Formen der → Gotik. Vorwiegend in Nord-, Ost- und Süddeutschland zu finden.
Baldachin: Schutzdach über → Altären, Grabmalen, Statuen und Portalen.
Balkendecke: Holzdecke aus unverputzten Balken über einem → Schiff; durch die Balken ist die Dekke meist in Dekorationsfelder unterteilt.
Baluster: Kleine bauchige oder profilierte Säule.
Balustrade: Aus → Balustern gebildetes Geländer.
Baptisterium: Taufkirche oder Taufkapelle, in der Regel Zentralbau.
Barbakane: einer mittelalterlichen Stadtbefestigung vorgelagerter Torbau, meist gerundet und mit Schießscharten versehen.
Barock: Stilbezeichnung für die Kunst- und Kulturepoche ab etwa 1600 bis etwa 1750. Bestimmend sind kraftvoll bewegte, ineinandergreifende Formen.
Basilika: Griechische Königshalle; im Kirchenbau Bezeichnung für eine mehrschiffige Kirche (→ Schiff), deren Satteldach über dem Hauptschiff höher ist als die Pultdächer über den Seitenschiffen. Siehe auch → Säulenbasilika und → Pfeilerbasilika.
Basis: Fuß einer → Säule oder eines → Pfeilers, meist breit auslaufend und dekorativ gestaltet.
Basrelief (auch: Flachrelief): Aus der Fläche nur wenig vortretende, Rundungen lediglich andeutende Skulptur.
Bauhütte: Die Werkstatt der Handwerker, die an einem Kirchenbau beteiligt waren.
Bergfried: Hauptturm einer Burg, letzte Zufluchtsstätte bei Belagerungen.
Bering: Mantelmauer einer Burg.
Beschlagwerk: Schnitzwerk der → Renaissance, das bandeisernen Zierbeschlägen nachgebildet wurde.
Biedermeier: Kunst- und Kulturepoche (v.a. im deutschsprachigen Raum) v. ca. 1815–ca. 1850.
Blattkapitell: Gotisches → Kapitell, bei dem die Grundform von feinen Blattornamenten überzogen ist.
Blendarkade: → Arkade.
Blende: in die Wand eingetieftes Feld oder der Wand vorgelegtes architektonisches Motiv mit der Wirkung einer Scheinarchitektur.
Blendmaßwerk: → Maßwerk.
Blockbau: Holzbauweise, bei der die tragenden Wände aus waagrecht aufeinandergeschichteten Balken konstruiert sind; auch gewetteter oder gestrickter Bau genannt (Gegenteil: → Ständerbau).
Bogenformen: Der Bogen dient zur Überbrückung größerer Spannweiten im Steinbau.
Bogenfries: Ein → Fries in der Form von Rundbogen (häufig bei romanischen Bauwerken).
Bossenquader: Quaderstein, der an der Sichtfläche gerundet vorsteht (→ Quader).
Bündelpfeiler: In der Gotik beliebte → Pfeilerform. Um Kernpfeiler gruppieren sich kleinere und größere Dreiviertelpfeiler.

Campanile: frei stehender Glockenturm einer Kirche, in Italien stark verbreitet.
Carré Savoyard: Burganlage über regelmäßigem viereckigem Grundriß, an den Ecken vorspringende Rundtürme, einer davon als Wohnturm ausgebildet.
Cella: Hauptraum des antiken Tempels mit dem Götterbild.

Chor: Der meist erhöhte und in der Regel östlich gelegene Abschluß des Kirchenraumes. Der Chor hat meist nicht die gleiche Breite wie das → Schiff. Er dient zur Aufnahme des → Altars. Im Mittelalter war der Chor oft durch Schranken zum übrigen Kirchenraum abgegrenzt.
Chorgestühl: Sitzreihen für die Geistlichkeit bzw. in Klosterkirchen für die Mönche und Nonnen, zu beiden Seiten des → Chors aufgestellt.
Chorgitter: Etwa seit dem 17. Jh. anstelle des Lettners verwendetes Gitter.
Chorumgang: Ein Gang, der durch die Fortführung der Seitenschiffe entsteht und um den → Chor herumführt.
Confessio: Vorform der ma Krypta. Unter dem Hochaltar angelegtes Märtyrer- oder Kirchenheiligengrab; Verehrungs- und Bekenntnisstätte.
Cosmatentechnik: Mosaikarbeiten, meist ornamental aus Marmor angefertigt.

Dachformen, *Pultdach:* eine einzige schräg ansteigende Dachfläche. *Satteldach:* zwei schräge, gegeneinander aufsteigende Dachflächen, an den Enden durch einen Giebel begrenzt. *Tätschdach:* flach geneigtes Satteldach. *Walmdach:* Satteldach, bei dem auch die Giebelseiten mit einer Dachfläche (Walm) versehen sind. *Krüppelwalmdach:* Walmdach, bei dem nur der obere Giebelteil abgewalmt ist. *Zeltdach:* vier steil aufsteigende Dachflächen über viereckigem Grundriß, z. B. als Turmabschluß. Vgl. → Klebdach.
Dachreiter: Türmchen über dem Dachstuhl.
Deesis: Darstellung des thronenden Christus, flankiert von Maria und Johannes d. Täufer.
Dienste: Dünne Säulen oder Rundstäbe, die einer Wand oder einem Pfeiler vorgelagert sind, meist zur Unterstützung des Gewölbes.
Diptychon: Zusammenklappbare zweiteilige (Altar-)Tafel.
Dolmen: Großsteingrabform (→ Megalithgräber).
Doppelkapelle: Eine zweigeschossige Kapelle.
Dorische Säulenordnung: → Ordnung, bei der die → Säulen ohne → Basis direkt auf den Boden gesetzt sind und flache, wulstförmige → Kapitelle tragen.
Draperie (franz. drap. »Tuch«): Dekoration mit Stoffen, Behänge aus Stoffen und deren malerische Darstellung.
Dreipaß: einem Kreis eingeschriebenes kleeblattförmiges → Maßwerkmotiv in der Gotik.

Ecce-Homo (lat. »Seht, welch ein Mensch!«): Darstellung Christi mit der Dornenkrone.
Echauguette: erkerartig vorkragendes Wachtürmchen.
Eckrisalit: vorspringende Eckpartie eines Gebäudes.
Empire-Stil: Klassizistischer Kunststil in Frankreich zu Beginn des 19. Jh., mit griechisch-römischen und ägyptischen Vorbildern.
Empore: Zwischengeschoß; in der Kirche meist Galerie für Sänger und Orgel.
Englischer Garten: Im Gegensatz zur (franz.) geometrischen Barockanlage hat der engl. Garten Landschaftscharakter und ist aufgelockert.
Englischer Gruß: Verkündigung des Engels an Maria.
Epiphanie: Erscheinungsfest eines Gottes bzw. Christi (vgl. Dreikönigsfest am 6. Januar).
Epitaph: Gedenktafel oder Gedenkstein an Wand oder Pfeiler, oft über Grab des Verstorbenen.
Eremitage: Pavillon in Park- und Gartenanlagen, einsam gelegenes Schloß.
Erker: In sich geschlossener vorspringender Anbau an die Außenwand eines Gebäudes. Oft ein Dekorationselement.
Eselsrücken: → Bogenformen.
Eselstreppe: Stufenloser Aufgang eines Turms, vermutlich benutzt, um Esel das Baumaterial hinauftragen zu lassen. Daher sog. Eselstürme an mittelalterlichen Domen.
Exedra: Apsis, überwölbt mit einem Kuppelausschnitt.
Exvoto: Ein aufgrund eines Gelübdes gestiftetes Bild; Votivbild, -tafel.

Fachwerk: Balken, die als tragende Teile benutzt werden, sind mit Lehm oder Ziegeln aufgefüllt.
Fassade: Haupt- oder Schauseite eines Bauwerks.
Fassung: Bemalung.
Fayence: Töpferwaren mit Glasurüberzug, benannt nach der italienischen Stadt Faënza.
Fiale: Ziertürmchen in der → Gotik; oft als Bekrönung eines → Strebepfeilers.
Figurenkapitell: Das → Kapitell einer Säule, das zu einer Figur ausgearbeitet worden ist.
Filigranwerk: Ursprünglich Goldschmiedearbeit, bei der Gold- und Silberdraht ornamentartig auf eine Metallunterlage gelötet werden. Auch auf vielfach durchbrochene Schnitzwerke und Stukkaturen übertragen.
Fischblase: Flammenförmige Ornamentform im gotischen → Maßwerk.
Flamboyant-Stil: Bezeichnung für die Stilform der englischen und französischen Spätgotik mit flammenden Ornamenten (→ Fischblase) im → Maßwerk.
Flechtband/Flechtwerk: Ornament mit dem Motiv ineinander verschlungener Streifen, im Frühmittelalter häufig verwendet.
Flügelaltar: Der → Altaraufsatz hat ausklappbare, meist reich geschnitzte oder bemalte Flügel.
Fresko: Auf den noch feuchten Kalkputz werden Wasserfarben ohne Bindemittel aufgetragen. Beim Trocknen des Mörtels verbinden sich die Farben besonders haltbar mit dem Putz.
Fries: Schmuckstreifen zum Abschluß oder als Untergliederung einer Wand. Der Fries kann flächig oder plastisch sein, er kann aus Figuren oder → Ornamenten bestehen.
Frontale: Zusätzliche, vor die Vorderseite des Altars zu setzende Tafel.
Frontispiz/Fronton: Giebeldreieck über einer Fassadenfront, einem Portal oder einem Altaraufsatz.

Gaden: In der Architektur Bezeichnung für Obergeschoß.
Galerie: Ein langgestreckter Raum; oft werden → Emporen und → Arkadengänge auch Galerie genannt.
Ganggräber: Großsteingrabform (→ Megalithgräber).
Gaube: Als Giebelhäuschen ausgebildetes Dachfenster.
Gebälk: Balkensystem eines Holzbauwerks. Im Steinbau der → Renaissance und des → Barock werden → Architrav, → Fries und → Gesims zusammen als Gebälk bezeichnet.
Gebundenes System: Quadratisches Schema eines Grundrisses (vorwiegend in romanischen Kirchen). Ausgehend von der quadratischen 6-Vierung sind jeweils gleich große Gewölbequadrate in allen Richtungen angefügt. In den Seitenschiffen

entsprechen jeweils zwei kleinere Gewölbequadrate den größeren Quadraten des Mittelschiffes.
Gesims: Ein vorspringender Wandabschluß.
Gesprenge: Abschließende Bekrönung des → Altaraufsatzes.
Gewölbe: Bogen- oder haubenförmiger Abschluß eines Raums.
Gewölbeformen: *Tonnengewölbe:* Gewölbe mit dem Querschnitt eines Halbkreis-, Segment-, Korb- oder Spitzbogens. *Stichkappengewölbe:* Tonnengewölbe, das durch einen seitlich einschneidenden Kappenkranz, meist mit Fensteröffnungen, begrenzt ist. *Kreuzgewölbe/Kreuzgratgewölbe:* rechtwinklige Durchdringung von zwei gleich hohen Tonnengewölben, die Durchdringungslinien heißen Grate. *Kreuzrippengewölbe:* Kreuzgratgewölbe mit tragenden Rippen entlang der Grate. *Sterngewölbe:* sternartig verzweigtes Rippengewölbe.
Giebel: Stirnseite; bei Gebäuden mit Sattel- oder Pultdach dreieckig und meist senkrecht. Auch über Fenstern oder Türen. - Staffel-, Treppengiebel.
Gobelin: Bildteppich.
Gotik: Epoche der europäischen Kunst und Kultur, die von der Mitte des 12. Jh. bis ins 16. Jh. reicht.
Graffiti: Eingekratzte Inschriften oder Zeichnungen, meist an Wänden antiker Gebäude.
Grisaille: Malerei in verschiedenen Grauabstimmungen.
Gurtbogen: Eine konstruktive und dekorative Unterstützung des Gewölbeabschnitts, die sich rippenartig als Bogen quer zur Längsachse spannt.

Halbsäulen: Nur mit ihrem halben Durchmesser, im Querschnitt halbkreisförmig aus der Wand vortretende Säulen.
Hallenchor: Ein → Chor, der aus mehreren, jedoch gleich hohen → Schiffen besteht.
Hallenkirche: Im Gegensatz zur → Basilika sind Hauptraum und → Seitenschiffe gleich hoch; ohne → Querhaus.
Halsgraben: Künstlich geschaffener Graben, der Burgen vom Landrücken trennt. Oft auch Zugang über Zugbrücken.
Hängewerk: Konstruktion in Holz oder Stahl zur Bewältigung großer Spannweiten, vor allem im Brückenbau angewendet: ein waagrechter Hängebalken wird von einer oder mehreren Hängesäulen gehalten, die mit den Brückenenden verstrebt sind.
Heidenhäuser: mit »Heidenhaus«, »Heidenwölbi«, »Heidenstock« bezeichnet der Volksmund Architekturformen, die wegen ihres Alters ungewöhnlich erscheinen und deshalb mit Abergläubischen verbunden werden.
Helm: Der Abschluß eines Turmes.
Hochaltar: Zentraler Hauptaltar einer Kirche.

Ikonostasis: In der Ostkirche Bilderwand zwischen Allerheiligstem und Gemeinderaum.
Immaculata: Die Unbefleckte, Ehrenname Marias.
Inkarnation: Fleischwerdung.
Inkrustation: Farbige, ornamentale Einlegearbeiten in Stein zur Verzierung v. Wand- u. Fassadenflächen.
Intarsia: Einlegearbeit in Holz, Stuck, Stein etc.
Ionische Säulenordnung: → Ordnung, bei der die → Säulen auf einer mehrgliedrigen → Basis stehen und das → Kapitell durch zwei Schneckenbögen charakterisiert ist.

Joch: Grundeinheit des durch → Pfeiler, → Säulen oder → Gurtbogen gegliederten Raumes.
Jugendstil: Nach der Münchner Zeitschrift »Jugend« benannte Stilrichtung, die sich gegen die Übernahme alter Formen wendet und neue, der Natur entnommene Ausdrucksformen schafft. Schwerpunkt von 1895 bis um 1905.

Kämpfer: Steinplatte zwischen → Säule bzw. → Kapitell und Bogen oder Gewölbe.
Kalotte: Gewölbte Kuppel in Form eines Kugelabschnitts.
Kalvarienberg, *Calvaire:* plastische Darstellung der Kreuzigungsgruppe und des Kreuzigungsberges, oft Wallfahrtsort.
Kamee: Stein oder Edelstein mit erhaben geschnittener Darstellung.
Kampanile, *Campanile:* (meist frei stehender) Glockenturm.
Kannelüren: Senkrechte Rillen am Schaft von Säulen oder Pfeilern.
Kanon: Regelmäßiges, wiederkehrendes Maß.
Kanzel: Erhöhter Platz in der Kirche, von dem aus die Predigt gehalten wird. Oft von einem → Baldachin oder einem → Schalldecken überdeckt.
Kapellenkranz: Mehrere um den Chor gezogene Kapellen.
Kapitell: Abschließender, kopfartiger Teil einer → Säule. Die Form der Kapitelle ist ausschlaggebend für Stil oder → Ordnung.
Kapitelsaal: Versammlungsraum der Klostergemeinde.
Kappe: ausgeschiedenes Teilstück eines Gewölbes (→ Gewölbeformen).
Karnies (griech. koronis »gekrümmt«): Leiste mit leicht S-förmig gekrümmtem Profil.
Kartause (ital. Certosa): Kloster der Kartäuser mit einzelnen Wohnzellen und Gärten, Kreuzgang, Kirchen und Kapitelsaal.
Kartusche: Zierrahmen, mit dem Wappen, Initiale oder Inschriften eingefaßt sind.
Karyatide: → Gebälk tragende Figur.
Kassettendecke: Diese in rechteckige Felder unterteilte Decke ist durch → Ornamente, Bemalung oder anderen Schmuck ausgeprägt.
Kassettengewölbe: Ein von einer rechteckigen Kassette angeschnittenes → Kloster- oder Haubengewölbe in regelmäßiger Folge.
Kehrgiebelhaus: ein Giebelhaus mit → traufständig anschließendem Nebengebäude.
Kenotaph: Grabdenkmal, an anderer Stelle errichtet als das tatsächliche Grab.
Kielbogen: → Bogenformen.
Klangarkade (auch: Schallarkade): Bogenförmige Schallöffnungen im Glockengeschoß eines Kirchturms.
Klassizismus: Von klassisch-antiken Vorbildern ausgehende Stilrichtung, die zwischen etwa 1770 bis etwa 1830 ihren Höhepunkt erreichte.
Klebdach: An der Außenwand über Fenstern und Portalen angefügtes Vordächlein.
Klostergewölbe: (Haubengewölbe): Ein kuppelähnliches, waagrecht gerade abschließendes Gewölbe aus Tonnenabschnitten.
Knorpelstil: Die vorbarocke Form des → Ornaments, aus dem → Beschlagwerk entwickelt, mit ohrmuschelartigen Formen.
Knospenkapitell: Abwandlung des → korinthischen Kapitells in frühgotischer Zeit.
Konche: Halbrunder, sich in einen Nebenraum öffnender Raum, besonders Halbkuppel der Apsis.
Konsole: Wandvorsprung, Balkenstütze.

Kopfreliquiar: → Reliquiar in Kopf- oder Büstenform.
Korbbogen: Flachgedrückter Rundbogen.
Korinthische Säulenordnung: Reiche Zierformen kennzeichnen bei dieser → Ordnung die → Kapitelle. Die → Basis ähnelt der → ionischen Ordnung.
Kragstein: Aus der Mauer herausragender Stein, der als Stütze, als Auflage oder auch nur als Träger für eine Büste dient.
Kranzgesims: Abschlußgesims der Fassade unter dem Dachansatz.
Kreuzgang: Meist gewölbtes, nach innen durch → Arkaden geöffnetes Geviert, das als Umgang im Hof eines Klosters dient und an einer Seite an die Kirche anschließt.
Kreuzgewölbe: Ein → Gewölbe, bei dem sich zwei → Tonnengewölbe rechtwinklig kreuzen. Man unterscheidet das einfache Kreuzgratgewölbe von dem Kreuzrippengewölbe, bei welchem die Schnittkanten durch Rippen verstärkt sind.
Kruzifixus: Kreuz mit einer Darstellung des Gekreuzigten.
Krypta: Unterkirche, Grabraum, meist unter dem → Chor gelegen. Oft sind Kirchen über einer alten Krypta errichtet worden.
Kuppelformen, wichtigste: *Pendentif- oder Hängekuppel:* über quadratischem oder vieleckigem Grundriß gewölbte halbrunde Kuppel mit ausgeschiedenen Seitenflächen. Die von der Kuppelwölbung in den Kuppelansatz überleitenden sphärischen Dreiecke heißen *Pendentifs* oder *Hängezwickel. Tambourkuppel:* Pendentifkuppel mit zylindrischem oder polygonalem Zwischenstück *(Tambour, Trommel),* das zwischen Pendentifs und Halbkugel geschoben ist. Der obere Abschluß einer Kuppel wird meist durch eine → Laterne gebildet.

Laibung: Fläche des Mauereinschnitts bei Fenstern und Türen.
Langhaus: Hauptteil der Kirche, für die Gemeinde bestimmt (ohne → Chor und → Apsis).
Laterne: Runder oder polygonaler, mit Fenstern versehener kleiner Aufbau über der Scheitelöffnung einer Kuppel oder als Turmbekrönung.
Laubengang: Bogengang, der dem Erdgeschoß eines Baus vorgelagert ist.
Lettner: Wand oder Brüstung zwischen → Chor und → Mittelschiff, die den klerikalen Bereich vom Laienraum trennt.
Lichtgaden: Fensterzone der Hochwand im Mittelschiff einer → Basilika, auch *Obergaden* genannt.
Lisene: Schwach aus der Wand vortretender senkrechter Mauerstreifen ohne Basis und Kapitell.
Loggia: Nach außen geöffnete Säulenhalle eines Bauwerks, häufig im Obergeschoß.
Loretokapelle: Architektonische Nachahmung des Muttergottes-Hauses, das der Legende nach durch Engel von Nazareth nach Loreto bei Ancona (Mittelitalien) versetzt wurde.
Luginsland: Ein hochragender, häufig alleinstehender oder vorgesetzter Wart- und Aussichtsturm; in Städten auch als Feuerwacht benutzt.
Lukarne: Kleines Dachfenster.
Lünette: Halbkreisförmiges Feld über Türen und Fenstern, oft mit Malerei oder Plastik.

Mandorla: Heiligenschein in zugespitzter Mandelform, der eine ganze Heiligengestalt (Maria oder Christus) umgibt.
Manierismus: Kunststil zwischen → Renaissance und → Barock (ungefähr von 1530–1630). Der Manierismus vernachlässigt natürliche und »klassische« Formen zugunsten gewollter Künstlichkeit der Manier.
Mansarde: Ein abgeknicktes Dach, wobei der untere Teil steiler als der obere ist. Der gewonnene Raum wird ebenfalls Mansarde genannt und läßt sich gut für Wohnzwecke benutzen. (Benannt nach dem Franzosen F. Mansart)
Maschikuli: Kleine Öffnungen zwischen einem vorkragenden Zinnenkranz, bei mittelalterlichen Wehrbauten zum Ausguß von Pech und Schwefel bestimmt.
Maßwerk: Gotische geometrische Zierformen, vor allem für die Ausgestaltung von Fensterbögen oft verwendet. Liegen die Zierbogen direkt auf der Wand, spricht man von Blendmaßwerk.
Mausoleum: Ein prächtiges Grabmal, meist in der Form eines Hauses oder Tempels.
Medaillon: Meist runde od. ovale Rahmung eines Ornaments oder Freskos (aus Stuck, Stein u. ä.).
Megalithgräber: Auch Hünengräber genannt. Aus großen Steinblöcken oder -platten errichtete Grabbauten, ursprünglich mit einem Erdhügel überdeckt. Zwei Haupttypen, *Dolmengrab,* aus mehreren Trag- und ein bis zwei Decksteinen bestehende Gruft, und *Ganggrab,* aus Wand- und Decksteinen errichtete Grabkammer mit einem Gang, der zur eigentlichen Grabkammer führt.
Menhir: Roh behauener, senkrecht aufgestellter Stein aus vorgeschichtlicher Zeit.
Mensa: Die Deckplatte des Altars.
Mezzanin: Halb- oder Zwischengeschoß.
Miniatur: Kleinformatiges Bild; handgemalte Bilder in alten Handschriften.
Mittelschiff: Mittleres → Schiff der → Basilika oder der mehrschiffigen → Hallenkirche.
Mönchschor: Jener Teil des → Chores, der den Mönchen vorbehalten ist, oft abgeschlossen.
Monstranz: Schmuckgerät, in dem (meist hinter Glas) die geweihte Hostie gezeigt wird.
Mosaik: Wand-, Boden- oder Gewölbeschmuck, zusammengefügt aus kleinen bunten Steinchen, Glasscherben oder anderen Materialien.
Münster: Große Klosterkirche bzw. große Stiftskirche, vor allem in Rheinnähe gebräuchlich.
Muschelwerk: Zierornamente, die dem Muschelmotiv nachempfunden sind; vor allem in der späten → Renaissance und im → Rokoko.

Narthex: Vorhalle von Basiliken und Kirchen.
Netzgewölbe: Ein → Gewölbe, bei dem sich die Rippen mehrfach kreuzen. Vor allem zur Zeit der → Gotik anzutreffen.
Neubarock: Reaktion auf den kühlen → Klassizismus. Die Wiederverwendung der Formen des → Barock entwickelte sich im letzten Drittel des 19. Jh. als ein historisierender Prunkstil mit übertriebenem plastischem Schmuck und auffälligen Farben.
Neugotik (Neogotik): Historisierender Kunststil, mit dem man im 19. Jh. die Bauformen und Schmuckornamente der → Gotik neu beleben wollte.
Nonnenchor: → Empore, auf der Nonnen dem Gottesdienst beiwohnen.

Obelisk: Frei stehender Pfeiler mit quadratischem Grundriß und pyramidenartiger Spitze.
Oculus: Runde Fensteröffnung.
Odeon: Meist rundes Gebäude, in dem musikalische und andere musische Aufführungen stattfinden.
Oktogon: Gebäude mit achteckigem Grundriß.
Olifant: Das Wunderhorn Rolands, ein Signal-

und Kriegshorn aus Elfenbein, reich geschnitzt und in Edelmetall gefaßt.

Ophistodom: Beim griechischen Tempel Raum hinter der → Cella.

Orangerie: Teil barocker Schloß- und Parkanlagen, ursprünglich für die Überwinterung der während des Sommers im Freien aufgestellten Orangenbäume und anderer südlicher Gewächse gedacht. Oft erhielten die Orangerien jedoch Festräume für große Hofgesellschaften.

Oratorium: Kleine Kapelle, die in der Regel nicht für die Öffentlichkeit zugänglich ist, oft dem → Chorraum angegliedert.

Orgelprospekt: Schauseite einer Orgel.

Ornament: Regelmäßig sich wiederholende Zierformen. Wiederkehrende Ornamente sind oft unter anderen Begriffen zusammengefaßt (z. B. → Fries).

Ossarium: → Beinhaus.

Ottonische Kunst: Kunst aus der Zeit der Könige Otto I., Otto II. und Otto III. (936–1002). Anreger und Finanziers dieser Kunst waren die Könige sowie Würdenträger der Kirche.

Pagode: Süd- und ostasiatischer Reliquienschrein und Tempel.

Pala: Altaraufsatz.

Palas: Wohnbau einer Burg.

Pallium: Ein mantelähnlicher Umhang der Römer, im Mittelalter Krönungsmantel für Könige und Kaiser, später auch bei Erzbischöfen.

Paneel: Brusthohe Holzvertäfelung.

Panorama: In der Kunst ein Rundgemälde, vor allem zur Darstellung von Schlachten und Städteansichten.

Pantheon: Den Göttern geweihter Tempel. Nach dem Vorbild des Pantheons in Rom (Rundbau).

Paradies: → Atrium.

Parament: Sakrale Bekleidungsstücke, z. B. des Priesters oder des Altars.

Patio: Innenhof des Hauses, bes. in Spanien.

Pavillon: Meist mehreckiger oder runder Bau in Parkanlagen. Bei Barockschlössern verbinden sehr häufig Eckpavillons den Hauptbau mit den davon abzweigenden → Galerien.

Pechnasen: Kleine, an der Unterseite geöffnete Erker bei mittelalterlichen Burgen, durch die man heißes Pech auf die Angreifer schütten konnte.

Pendentifkuppel: → Kuppelformen.

Peristyl: Einen Hof umgebende Säulenhalle, bei profanen wie sakralen Bauten verbreitet.

Pesel: Wohnraum und Zentrum norddeutscher Bauernhäuser.

Pfalz: Wohnstatt für Könige und Kaiser, die im Mittelalter nicht an einem Ort residierten, sondern ihren Sitz regelmäßig wechselten.

Pfeiler: Stützglied wie die → Säule, doch von recht- oder mehreckigem Grundriß.

Pfeilerbasilika: Die Bogen des → Schiffes der → Basilika liegen auf → Pfeilern.

Piano Nobile: Das wichtigste (edelste) Geschoß eines Profanbaues, meistens das 1. Obergeschoß z. B. mit Prunk- und Repräsentationsräumen.

Pieta: Darstellung der trauernden Maria mit dem Leichnam des Sohnes auf dem Schoß.

Pieve (ital. »Pfarrkirche«): Mit bes. Rechten ausgestattete, häufig etwas außerhalb der Ortschaften gelegene, meist dreischiffige Pfarrkirche.

Pilaster: → Pfeiler, der aus einer Wand hervortritt (Halbpfeiler), mit → Basis und → Kapitell.

Pinakothek (griech.): Bildersammlung.

polychrom: Vielfarbig ausgeführt; Farben deutlich gegeneinander abgesetzt; Ggs. monochrom.

Polygon: Vieleck.

Polyptychon: Ein aus mehreren Tafeln (Flügeln) zusammengesetztes (Altar-)Bild.

Portikus: Von → Pfeilern gestützte Vorhalle.

Porträt (franz. »Portrait«): Darstellung v. a. des Antlitzes eines Menschen in Malerei oder Plastik.

Postament: Sockel eines Standbildes.

Predella: Unterbau des → Altars.

Presbyterium: Ursprünglich »Raum der Priester«, heute allgemeine Bezeichnung für den → Chor bzw. die → Apsis einer Kirche.

Prior: Bei Benediktinern und verwandten Orden Stellvertreter des Abts in einer Abtei oder Hausoberer in einem Priorat; bei Dominikanern und Kartäusern der Klostervorsteher.

profan: Das Gegenteil von → sakral, also Kunst, die nicht mit dem religiösen Bereich in Verbindung steht. Zu den Profanbauten zählt man z. B. Rathäuser, Burgen, Schlösser, Bürgerhäuser etc.

Propstei: Dom- oder Stiftskapitel.

Propyläen: Die Eingangshalle monumentaler Bauten. Vorbild späterer Bauten waren die Propyläen auf der Akropolis in Athen (entstanden 437 bis 432 v. Chr.).

Prospekt: → Orgelprospekt.

Prothyros: Einfriedung vor der Tür des römischen Hauses.

Protorenaissance (Vorrenaissance): Florentinische Baukunst im 11. und 12. Jh.

Pulpitum: Frei stehende Kanzel.

Pultdach: → Dachformen.

Purifizierung (lat. »Reinigung«): Entfernung v. An- oder Umbauten; Wiederherstellung des urspr. Äußeren und Inneren.

Pylon: Eingangstor bei griech. Tempeln und Palästen.

Quader: Behauener Block aus massivem Stein.

Quadriga: Ein vierspänniger Wagen.

Querhaus oder **Querschiff:** Raum in der Kirche, quer zum → Langhaus (→ Basilika).

Querschnitt: Ein gedachter Schnitt quer durch ein Gebäude zur Darstellung der Architektur.

Refektorium: Speiseraum in Klöstern.

Relief: Bildhauerarbeit, bei der die Figuren halbplastisch aus der Fläche herausgeschnitten (Holz) oder gemeißelt (Stein) sind. Je nach der Stärke der Erhebung spricht man von Flach-, Halb- oder Hochrelief.

Reliquiar: Behälter, in dem die Reliquien eines Heiligen aufbewahrt werden.

Remter: Speisesaal einer → Ordensburg (→ Refektorium).

Renaissance: Stilbezeichnung für die bildende Kunst ab etwa 1500 bis etwa 1600. Die Renaissance fällt zusammen mit dem Ende des mittelalterlichen Weltbilds und dem Beginn einer neuen, an der Antike orientierten Lebenshaltung (ital. rinascimento = Wiedergeburt).

Rippe: Tragendes Konstruktionselement eines Gewölbes mit Band-, Rundstab- und Birnstabprofil; in der Spätzeit des Gewölbebaus wurden die Rippen der selbsttragenden Schale als dekorative Oberflächengliederung vorgeblendet (→ Gewölbeformen).

Risalit: Aus der Fluchtlinie vortretender Teil eines Gebäudes, der dessen volle Höhe erreicht.

Rocaille: Reich gestaltete, muschelähnliche → Kartusche, die namengebend für das → Rokoko wurde.

Rokoko: Stilbezeichnung für die Zeit des ausklingenden → Barock (etwa 1720–70), mit eleganten, leichten, oft verspielten, vor allem ovalen Formen.
Rollwerk: Bandartiges Ornament, dessen sich aufrollende Enden plastisch ausgeformt sind. Motiv vieler Holzarbeiten vor allem im 16. Jh. in Flandern und Holland (→ Beschlagwerk).
Romanik: Die zusammenfassende Bezeichnung für die Kunst vom Jahr 1000 bis ins 13. Jh. In ihren Bauwerken ist die Romanik bestimmt von Rundbogen, ruhigen Ornamenten und einer insgesamt schweren Haltung.
Romantik: Kunstrichtung zu Beginn des 19. Jh., die sich vor allem in der Literatur (Märchen), Malerei und Musik ausbreitete. Sie nimmt Formen und Motive des Mittelalters wieder auf und bedeutet eine Abkehr von den rationalen Normen des → Klassizismus.
Rosette: Rosenartige Dekorationsform, z. B. in Kassetten oder an Friesen.
Rotunde: Rundbau.
Ründe/Ründi: Halbrunde Holzverschalung unter einem Hausgiebel.
Rundling: Dörfer, die sich regelmäßig um den (runden) Marktplatz herum entwickelt haben.
Runen: Schriftzeichen der ältesten germanischen Schrift, wahrscheinlich im 1. Jh. n. Chr. entstanden; bestehend aus vertikalen und diagonalen Strichen und in Holz, Stein oder Metall geritzt, z. T. mit magischer Bedeutung.
Rustika: Mauern aus → Quadern, deren Schauseite absichtlich unbehauen geblieben ist.

Saalkirche: Stützenfreier Kircheninnenraum, also ohne → Seitenschiff.
Sacra Conversazione: Madonna inmitten mehrerer Heiliger, seit dem 15. Jh. v. a. in der ital. Malerei gebräuchlich.
Säkularisation: Umwandlung geistlicher Besitztümer in weltliche, vor allem in der Zeit unter Napoleon (1803).
sakral: kirchlich, geistlich (im Gegensatz zu → profan).
Sakramentshäuschen: Gehäuse zur Aufbewahrung der geweihten Hostien. In der späten → Gotik entstanden zahlreiche große Sakramentshäuschen, die zu bedeutenden Kunstwerken ausgestaltet sind.
Sanktuarium: Allerheiligstes der Kirche, Altarplatz.
Sarkophag: Meist reich verzierter steinerner Sarg.
Satteldach: Von zwei schräg gegeneinander gestellten Flächen gebildetes Dach. Die 2 Giebel befinden sich an den Schmalseiten.
Säule: Stützglied mit kreisförmigem Grundriß, Gliederung in Basis, Schaft und Kapitell. Säulenordnungen sind durch strenge Maß- und Proportionsregeln gekennzeichnet und kommen in den klassischen bzw. den von der Klassik beeinflußten Stilepochen vor (→ Pfeiler).
Säulenbasilika: → Basilika, die von → Säulen gestützt wird (im Gegensatz zur → Pfeilerbasilika).
Schalldeckel: → Kanzel.
Schiff: Der Raumteil einer Kirche; daraus einschiffige oder mehrschiffige Kirchen; letzter durch → Säulen oder → Pfeiler aufgeteilt.
Schildbogen: Ein das Joch gegen die Wandseiten hin begrenzender Gewölbebogen (→ Gewölbeformen).
Schlußstein: Stein im Scheitel eines Bogens oder Rippengewölbes, häufig plastisch verziert oder bemalt.
Schwibbogen: Quer über einen Raum gezogener, 2 Wände verbindender freier Bogen als Mauerstütze oder Element der Raumgliederung.
Seitenschiff: Seitlich gelegenes → Schiff, durch → Säulen oder → Pfeiler vom Hauptraum der Kirche getrennt.
Sepultur: Für Begräbnisstätten reservierter Kirchenraum.
Serliana: → Palladiomotiv.
Sgraffito: Kratzputz.
Sockel: Vorspringender unterer Teil einer Wand, eines → Pfeilers oder einer Säule.
Spiegelgewölbe: Ein langgestrecktes → Klostergewölbe, das im Scheitel mit einer waagrechten Fläche schließt.
Spitzbogen: → Bogenformen.
Spolie (lat. spolia »Beute«): Wiederverwendetes Glied (Kapitelle, Säule, Stein u. ä.) eines älteren Bauwerks.
Sprengwerk: → Gesprenge.
Stabkirche: Holzkirche (in Deutschland fast ausschließlich im Harz) aus senkrecht stehenden Planken und Pfosten.
Stabwerk: Senkrechte Stäbe zur Gliederung gotischer Fenster und Fassaden (→ Maßwerk).
Staffelgiebel: Giebel mit treppenartiger Stufung, auch Treppen- oder Stufengiebel.
Staffelhalle/Stufenhalle: Hallenkirche oder Pseudobasilika, deren Mittelschiff höher ist als die Seitenschiffe, jedoch ohne direkte Belichtung des Mittelschiffs (→ Basilika).
Steinsetzung: Aus kultischen Zwecken, häufig um Gräber herum, aufgestellte Steinblöcke in der Form von Schiffen (Schiffssetzung, Bootsgrab) oder in Kreisform (Richterring).
Stichkappengewölbe: Ein von dreieckigen Kugelflächen eingeschnittenes → Tonnengewölbe.
Strebepfeiler: Die in der Gotik ungewöhnlich großen Fensteröffnungen forderten eine Abstützung der Außenmauern durch → Pfeiler und Halbbögen. Dieses Strebewerk fing den Gewölbedruck auf.
Strebewerk: System von Strebepfeilern und -bögen an Außenwänden zur Abstützung von Mauern und Gewölben; im got. Kirchenbau häufig verwendet.
Strickbau: → Blockbau.
Stuck: Ein leicht formbarer Werkstoff aus Gips, Kalk, Sand und Wasser, der v. a. im 17./18. Jh. zur plastischen Ausschmückung von Innenräumen gedient hat.
Stukkatur: Ornamentale und figürliche Stuck-Dekoration v. a. im Barock.
Synagoge: Jüdisches Gotteshaus.

Tabernakel: Altargehäuse für die Hostie.
Tabor: Befestigtes Lager, Befestigung besonders in der Steiermark gegen Türkeneinfälle; auch Taborkirche.
Tambour: Unterbau einer Kuppel, in der Regel zylindrisch oder polygonal.
Terrakotta: Gebrannte, unglasierte Tonerde.
Thermenfenster: Senkrecht dreigeteiltes Halbkreisfenster, aus der römischen Thermenarchitektur übernommen.
Tonnengewölbe: → Gewölbe, das einer Tonne gleicht, die in Längsrichtung durchgeschnitten wird.
Transenne: In die Fensteröffnungen eingefügte Holz- oder Steinplatten (Vorläufer der Fensterverglasung).
Traufe, Dachtraufe: Untere horizontale Begrenzung eines Daches.
Triforium: Laufgang in der Wand unter den Fen-

stern von Mittelschiff, Querschiff und Chor, besonders in gotischen Kirchen.
Triptychon: Dreiteiliges Altarbild.
Triumphbogen: Geschmückter Torbogen.
Tudorstil: Baustil, der Elemente der → Gotik und der → Renaissance verbindet; benannt nach der englischen Familie Tudor (etwa um 1530 bis um 1600).
Tumba: Aufbau über einer Grabstelle.
Tympanon: Das Bogenfeld über dem mittelalterlichen Portal.

Vedute: Gemälde oder Zeichnung mit der genauen Darstellung einer Stadt oder Landschaft.
Verblendung: Verkleidung von Bauteilen, die nicht sichtbar sein sollen.
Vesperbild: → Pietà.
Vierpaß: Ornament des got. Maßwerks: vier einem Kreis eingeschriebene, kleeblattförmig angelegte Kreissegmente.
Vierung: Die Stelle, an der sich → Lang- und → Querhaus kreuzen.
Viztum: Stellvertreter des Landesherrn, meist in bischöflichen Herrschaften.
Vollplastik: Allseits plastisch gearbeitetes Bildwerk (dagegen → Relief).
Volute: Spiralenförmiges → Ornament.
Vortragekreuz: Ein hauptsächlich bei Prozessionen benutztes Kreuz.
Vorzeichen: → Portikus.
Votivaltar (lat. votum »Gelübde«): Infolge eines Gelübdes gestifteter Altar; ebenso Votivkirche oder -kapelle.

Walmdach: → Dachformen.
Wandvorlage: Gliederung oder Verstärkung (Stabilisierung) einer Wand durch Dienste, Halbsäulen, Lisenen, Pilaster oder Pfeiler.
Wange: Seitlicher Abschluß des → Chorgestühls.
Wehrgang: Zur Verteidigung hergerichteter Laufgang in den oberen Partien einer Ringmauer.
Wehrkirche: Im MA befestigte, teilweise burgartige Kirche mit festem Turm, Umwallung, Schießscharten und Wehrgang im Obergeschoß; in Kriegszeiten Zufluchtsort für die Bevölkerung.
Weicher Stil: Spezifische Erscheinung in der deutschen Malerei und Plastik der Spätgotik mit fließenden Gewandfalten und zartem Gesichtsausdruck.
Welsche Haube: Geschwungenes Haubendach für Türme, Vorläufer der → Zwiebelhaube.
Westwerk: Monumentaler Westabschluß bei Kirchen aus karolingischer, ottonischer und romanischer Zeit. Als Kirche für den Herrscher vorgesehen und deshalb oft auch mit einem eigenen Altar ausgestattet.
Wimperg: Giebelartige Bekrönung über got. Portalen und Fenstern, meist aus Maßwerk konstruiert.
Würfelkapitell: Aus der Durchdringung von Würfel- und Kugelform entwickeltes → Kapitell der romanischen Stilepoche.

Zackenstil (auch: Knitterstil): In der Spätgotik, sogar bereits in der Spätromanik auftretender Stil, Falten an (Schnitz-)Figuren sehr scharf (zackig, knitterig) zu gestalten.
Zeltdach: → Dachformen.
Zentralbau: Baukörper mit gleich oder nahezu gleich langen Hauptachsen, im Grundriß dem Kreis, Quadrat, regelmäßigen Vieleck oder griechischen Kreuz angenähert.
Ziborium (auch Ciborium): Großer von Säulen getragener steinerner → Baldachin über dem → Altar.
Zopfstil: Stilrichtung aus der Zeit zwischen → Rokoko und → Klassizismus (etwa um 1760–80); geprägt von strenger Ausdrucksweise.
Zwerchhaus: Dachhäuschen mit einem Giebel, der quer zum Hauptdach steht.
Zwerggalerie: Gang in der Außenmauer unter dem Dachgesims; nach außen geöffnet und meist reich verziert.
Zwickel: Teilgewölbe, das meist zu einer Kuppel überleitet (→ Kuppelformen).
Zwiebelhaube: Dach in der Gestalt einer Zwiebel.
Zwinger: Das Gelände zwischen den inneren und äußeren Mauern der mittelalterlichen Stadtbefestigungen. Hier wurden oft Tiere gehalten. Im → Barock errichtete man an dieser Stelle dann oft Vergnügungsstätten.

Künstlerregister

Ortsregister

Im dänischen Alphabet stehen die Buchstaben Æ, æ, Ø, ø und Å, å erst nach Z. Die kursiven Ortsnamen geben die Reihenfolge nach dem deutschen Alphabet wieder. Bei den halbfetten Ortsnamen handelt es sich um Hauptorte.

Anschluß - Seite 256

Anschluß - Seite 257

Anschluß - Seite 254
A
B
C
4
5
6
7
8°
8°30'
9°
56°
55°30'
55°
Rindum
Gammelsogn Kirke
Ringkøbing
Ringkøbing Fjord
Sædding Kirke
Nørre Vium
Søby
Hvide Sande
Stavning Lufthavn
Borris
Skjern
Skjern Å
Omme Å
Brande
Nørre Snede
Lønborg
Ølgod
Jylland
(Jütland)
Nørre Nebel
Henne
Jelling
Engelsholm
Hover Kirke
Billund
Bredsten
Skibet
Nørholm
Varde Å
Janderup
Oskbøl
Varde
Nybjerg Mølle
Øster Starup
Egtved
Viuf
Bryndum
Bække
Ho
Hjerting
Endrup
Andst Kirke
Esbjerg
Tjæreborg
Bramming
Malt
Askov
Vejen
Kolding
Sønderskovgård
Skanderup
Vonsild
Fanø
Kærgård
Skibelund Krat
Vamdrup
Vilslev
Farup
Rødding
Christiansfeld
Ribe / Ripen
Sønder Hygum
Oksenvad
Tyrstrup
Seem
Fladså
Gram
Mandø
Hviding
Store Nustrup
NORDSEE
Rejsby
Roager
Haderslev / Hadersleben
Brøns
Vedsted
Rømø / Röm
Hovslund
Øster Løgum
Randerup
Løgumgårde
Hellevad
Brede
Løgumkloster
Åbenrå / Apenrade
Trøjborg Ruine
Hjordkær
Visby Kirke
Emmerlev Kirke
Højer / Hoyer
Gallehus
Tønder / Tondern
Bylderup-Bov
Møgeltønder
Kliplev
Sylt
Rudbøl
Ubjerg
Burkal Kirke
Frøslev-lejren
Bov
Niebüll
Flensburg
Föhr
Amrum
BUNDESREPUBLIK
Nordfriesische Inseln
Pellworm
Nordstrand
Husum
Legende
im Text beschriebener Hauptort
im Text beschriebener Umgebungsort
Autobahn
Hauptstraße
Nebenstraße
Eisenbahn
Flughafen
Staatsgrenze
Maßstab 1 : 1 000 000
0
10
20 km

Anschluß - Seite 255
Anschluß - Seite 258
D
E
F
G
4
5
6
7
9°30'
10°
10°30'
56°
55°30'
Kattegat
Samsø
Samsø Bælt
Sjælland
(Seeland)
Store Bælt
Fyn
(Fünen)
Lille Bælt
Als
Langelands
Bælt
Lolland
Flensburger Förde
DEUTSCHLAND
OSTSEE
Femer Bælt
Fehmarn
Gammel Rye
Veng
Herning
Moesgård
Mårslet
Malling
Øm Kloster
Bryrup
Skanderborg
Odder
Randlev
Østbirk
Ørridslev
Hunslund
Tamdrup
Hansted
Åkær
Gylling
Bygholm
Stensballegård
Horsens
Boller
Glud
Stenderup
Engum
Vejle
Tirsbæk
Palsgård
Munkebjergskov
Rosenvold
Kalundborg
Bregninge
Lerchenborg Slot
Årby
Viskinge
Fredericia
Bogense
Kørup
Taulov
Harritslevgård
Gyldensteen
Hofmansgave
Hakenør
Vejlby
Sæby
Glavendrup
Asperup
Middelfart
Søndersø
Dallund
Udby
Nørre Åby
Kærsgard
Kerteminde
Kølstrup
Ladby
Langesø
ODENSE
Birkende
Rynkeby
Wedellsborg
Dalum
Den Fynske Landsby
Hollufgård
Hindemae
Juelsberg
Trelleborg
Slagelse
Fjelstrup
Ørsted
Fraugde
Nyborg
Korsør
Tårnborg Kirke
Gerlev
Sandager
Krengerup Slot
Holckenhavn
Brahesborg
Boeslunde
Åstrupgård
Assens
Ørbæk
Skælskør
Øsby
Hårby
Ringe
Svindinge
Starup
Hagenskov
Sandholt
Sønder Vilstrup
Løgismose
Arreskov
Egeskov
Hesselagergård
Østrupgård
Stensgård
Brahetrolleborg
Broholm
Løjt Kirkeby
Kaleko Mølle
Holstenshus
Horne
Fåborg
Svendborg
Nordborg/ Norburg
Hvidkilde
Bøstrup
Varnæs
Bregninge
Troense
Vester Sottrup
Notmark
Felsted
Augustenborg
Tranekær
Ulkebøl
Asserballe
Søby
Nybøl
Rudkøbing
Frederiksdal
Købelev
Pederstrup
Gråsten/ Gravenstein
Sønderborg/ Sonderburg
Ærø
Ærøskøbing
Dybbøl/ Düppel
Broager
Bregninge
Halstedkloster
Tranderup
Marstal
Langeland
Store Rise
Sløtø
Nakskov
Søllested
Kappel
Rudbjerggård
Bagenkop
Schleswig
Puttgarden
Eckernförde
Kiel
Hamburg
Kiel
Hamburg

Anschluß - Seite 255

Anschluß - Seite 257

Göteborg
Stockholm
Helsingborg
SCHWEDEN
Landskrona
Øresund
KØBENHAVN / Kopenhagen
Malmö
Trelleborg
Ystad
Søborg
Hellebæk
Esrumgård
Gurre
Helsingør (Elsinore)
Tikøb
Humlebæk
Fredensborg
Hillerød
Nivå
Rungsted
Hørsholm
Birkerød
Lynge
Farum
Søllerød
Bastrup
Frederiksdal
Kongens Lyngby
Tårbæk-Klampenborg
Charlottenlund
Hellerup
Ordrup
Sorgenfri
Måløv
Ballerup
Ledøje
Brønshøj
Roskilde
Vallensbæk
Store Magleby
Dragør
Snodelev
Gammel Køgegård
Køge
Billesborg
Vallø Slot
Gjorslev Slot
Hårlev
Karise
Juellinge
Store Heddinge
Højerup
Vemmetofte Kloster
Fakse
Lille Heddinge
Præstø
Møn
Liselund
Keldbymagle
Elmelunde
Stege
Borre
Magleby
Keldbylille
Klintholm
Damsholte
Fanefjord Kirke
Åstrup
OSTSEE
Christiansø
Sandvig
Allinge-
Hammershus
Vang
Tejn
Jons Kapel
Ols Kirke
Gudhjem
Hasle
Ruts Kirke
Rø
Østerlars Kirke
Ny Kirke
Svaneke
Louisenlund
Knuds Kirke
Almindingen
Paradisbakkerne
Ibs Kirke
Rønne
Nylars Kirke
Åkirkeby
Bodils Kirke
Neksø
Peders Kirke
Povls Kirke
Bornholm
DEUTSCHE DEMOKRATISCHE REPUBLIK
Legende
im Text beschriebener Hauptort
im Text beschriebener Umgebungsort
Autobahn
Hauptstraße
Nebenstraße
Eisenbahn
Flughafen
Staatsgrenze
Maßstab 1 : 1 000 000
0 10 20 km

Abkürzungen

bes.	besonders
christl.	christlich
d. Ä.	der Ältere
dän.	dänisch
d. J.	der Jüngere
d. Gr.	der Große
d. h.	das heißt
dt.	deutsch(e)
ehem.	ehemalig(e)
eigtl.	eigentlich(e)
engl.	englisch
ev.	evangelisch
franz.	französisch
gegr.	gegründet
germ.	germanisch
got.	gotisch
griech.	griechisch
Hl., hl.	Heilige(r), heilig(e)
ital.	italienisch
Jh.	Jahrhundert
Jtd.	Jahrtausend
kath.	katholisch
kgl.	königlich
km	Kilometer
l	links
lat.	lateinisch
Ldkr.	Landkreis
m	Meter
ma	mittelalterlich
MA	Mittelalter
N	Norden, Nord-
n	nördlich
norweg.	norwegisch
O	Osten, Ost-
ö	östlich
r	rechts
röm.	römisch
roman.	romanisch
S	Süden, Süd-
s	südlich
schwed.	schwedisch
sog.	sogenannt(e)
St.	Sankt
u. a.	und andere, unter anderem
u. ä.	und ähnliche
urspr.	ursprünglich
usw., etc.	und so weiter
v.	von
vgl.	vergleiche
W	Westen, West-
w	westlich
z. B.	zum Beispiel